Bruno Schienmann

Kontinuierliches Anforderungs-management

Prozesse – Techniken – Werkzeuge

ADDISON-WESLEY

An imprint of Pearson Education

München • Boston • San Francisco • Harlow, England
Don Mills, Ontario • Sydney • Mexico City
Madrid • Amsterdam

Die Deutsche Bibliothek – CIP-Einheitsaufnahme

Ein Titeldatensatz für diese Publikation ist bei
Der Deutschen Bibliothek erhältlich.

5   4   3   2   1

05   04   03   02

ISBN 3-8273-1787-8

© 2002 by Addison-Wesley Verlag,
ein Imprint der Pearson Education Deutschland GmbH
Martin-Kollar-Straße 10–12, D-81829 München/Germany
Alle Rechte vorbehalten
Einbandgestaltung: Christine Rechl, München
Titelbild: Karl Blossfeldt Archiv – Dimorphoteca aurantiaca, Ringelblume;
Ann und Jürgen Wilde, Zülpich/VG Bild-Kunst Bonn, 2001.
Lektorat: Martin Asbach, masbach@pearson.de
Satz: reemers publishing services gmbh, Krefeld, www.reemers.de
Druck und Verarbeitung: Bercker, Kevelaer
Printed in Germany

Inhalt

Vorwort

Jede Anwendungsentwicklung erfordert die Ermittlung und Verwaltung von Anforderungen. Nur wenn wir eine genaue Vorstellung davon haben, was unsere Kunden benötigen und wollen, können wir ihnen die gewünschte Anwendung zur Verfügung stellen. Dabei gilt grundsätzlich: Je früher es gelingt, die Anforderungen der Kunden korrekt festzuhalten, desto kostengünstiger und schneller kann eine passende Lösung entwickelt werden. Wird das Anforderungsmanagement umfassend eingeführt, können zudem Änderungen in den Anforderungen schneller erkannt und effektiver integriert werden.

Warum ist Anforderungsmanagement so wichtig? Untersuchungen zeigen, dass mehr als die Hälfte aller Anwendungsentwicklungsprojekte die Projektlaufzeit weit überziehen und etwa ein Drittel aller Projekte ergebnislos abgebrochen wird. Ursache hierfür sind zum überwiegenden Teil Fehler, die auf ein mangelndes Anforderungsmanagement zurückzuführen sind.

Dieses Buch beschreibt, was Anforderungsmanagement ist und mit welchen Hilfsmitteln es effizient durchgeführt werden kann. Es soll helfen, ein erfolgreiches Anforderungsmanagement aufzubauen, das

▷ zu einer verstärkten Kundenorientierung der Entwicklungsprozesse führt,

▷ die Grundlage für die Entwicklung qualitativ hochwertiger Produkte legt und

▷ eine effektive Anwendungsentwicklung in Projekten sicherstellt.

Die Kernidee des vorliegenden Buches ist es, dazu das Anforderungsmanagement umfassend aus den drei Sichten *Kunde*, *Produkt* und *Projekt* zu entfalten:

▷ **Kunden** stellen Anforderungen, um Lösungen für ihre Probleme zu erhalten.

▷ **Produkte** stellen Lösungen für die Probleme der Kunden dar.

▷ In Entwicklungs-**Projekten** werden diese Produkte oder Lösungen realisiert.

Anforderungsmanagement wird als phasen- und projektübergreifender, kontinuierlicher Prozess verstanden, der von der Erhebung einer Kundenanforderung bis zur Lösungsbereitstellung und anschließenden Kundenbetreuung in einer Organisation eingeführt und verankert werden muss. Ein solcher Prozess leistet dann auch einen wesentlichen Beitrag zur erfolgreichen Anpassung von Organisationen an neue Herausforderungen.

Wie dieses Buch entstanden ist

Das vorliegende Buch geht auf die Entwicklung eines Leitfadens für das Anforderungsmanagement im *Informatikzentrum der Sparkassenorganisation (SIZ)*[1] zurück. Ausgangspunkt für die Erarbeitung dieses Leitfadens waren Diskussionen und Workshops zur effizienten Verwaltung und Umsetzung von Anforderungen in Entwicklungsprojekten der Sparkassen-Finanzgruppe. Dabei wurde der systematische phasen- und projektübergreifende Umgang mit Anforderungen als wesentlicher Faktor für eine erfolgreiche Anwendungsbereitstellung erkannt. Nach einem intensiven Erfahrungsaustausch mit Kollegen innerhalb und außerhalb der Sparkassen-Finanzgruppe wurde im SIZ ein Leitfaden für ein solches kontinuierliches Anforderungsmanagement entwickelt.

Die Idee, den in diesem Leitfaden beschriebenen Ansatz einem größeren Leserkreis zugänglich zu machen, wurde angeregt durch Projektmitarbeiter und Nutzer in der Sparkassen-Finanzgruppe sowie von Kollegen aus dem akademischen Umfeld. Inzwischen wurden zwar einige fundierte wissenschaftliche Arbeiten und auch eine Reihe praxisnaher Bücher zum Thema Requirements Engineering publiziert, das Thema Anforderungsmanagement wird dabei allerdings fast immer nur isoliert aus Sicht eines Entwicklungsprojektes behandelt oder auf das Änderungsmanagement reduziert. Selbst neuere Literatur zu diesem Thema, welche explizit den Management-Aspekt hervorhebt, bietet nur ansatzweise eine übergreifende, integrierte Perspektive, wie sie in diesem Buch dargelegt wird.

Wer dieses Buch lesen sollte

Dieses Buch wendet sich in erster Linie an Praktiker, die in ihrer täglichen Arbeit mit dem Management von Anforderungen befasst sind:

▶ **Entwickler,** Anforderungsanalytiker und Modellierer, die Methoden und Techniken kennen lernen wollen, welche ihnen helfen, die richtigen Anforderungen effizient zu ermitteln, zu dokumentieren und zu verwalten.

▶ **Projektleiter,** die erfahren wollen, welche Hilfsmittel das Anforderungsmanagement anbietet, um Projekte besser zu planen, zu kontrollieren und zu steuern.

---

1. Ausführliche Informationen über das SIZ und die Partnerunternehmen der SIZ-Gemeinschaft sind im Internet unter *www.siz.de* zu finden.

▷ **Methoden/Verfahrens-Mitarbeiter, Organisatoren** und **IT-Strategen,** die Vorgaben für den Umgang mit Anforderungen entwickeln und deshalb verstehen wollen, welche Konzepte das Anforderungsmanagement zur Verbesserung der Entwicklungsprozesse beinhaltet.

Weitere Leserkreise sind:

▷ **Studenten,** die Vorlesungen zum Requirements Engineering hören und eine vertiefende Sicht auf die Gesamtorganisation des Anforderungsmanagements erhalten wollen.

▷ **Dozenten** und **Wissenschaftler,** welche praxisrelevante Lehrmaterialien suchen und einen Überblick des Standes und der Herangehensweisen in der industriellen Praxis erhalten wollen.

Vom Leser werden Grundkenntnisse der objektorientierten Anwendungsentwicklung erwartet. Das Verständnis einiger Beispiele erfordert Kenntnisse der Unified Modeling Language (UML), weiterhin sind Grundkenntnisse der Geschäftsprozessmodellierung mit Ereignisgesteuerten Prozessketten (EPK) sinnvoll.

Aufbau und Gliederung

Das Buch besteht im Wesentlichen aus acht Kapiteln, welche inhaltlich in vier Teile gegliedert werden können:

▷ Teil 1 – Einführung in das Anforderungsmanagement

- Kapitel 1 – **Motivation** – regt das Thema anhand von Fakten, bekannten Problemen und Schwierigkeiten an und zeigt die daraus sich ergebende Zielrichtung für ein effektives Anforderungsmanagement auf.

- Kapitel 2 – **Grundlagen** – gibt eine Einführung in das Thema und erläutert die wesentlichen Kernideen und Aktivitäten.

▷ Teil 2 – Aktivitäten und Ergebnisse

- Kapitel 3 – **Aufgaben und Vorgehen** – beschreibt durchgängig die Aktivitäten und Abläufe im Anforderungsmanagement zusammen mit den Querschnittsprozessen des Risiko-, Änderungs- und Umsetzungsmanagements.

- Kapitel 4 – **Spezifikation von Anforderungen** – behandelt die verschiedenen Anforderungsarten und Ergebnistypen von der Rohanforderung über die Kundenanforderung bis zum Lastenheft und Pflichtenheft.

▷ Teil 3 – Hilfsmittel für das Anforderungsmanagement

- Kapitel 5 – **Richtlinien und Empfehlungen** – gibt Hinweise und zeigt Techniken für den richtigen Umgang und die Verwaltung von Anforderungen auf.

- Kapitel 6 – **Werkzeuge** – widmet sich der Werkzeugbetrachtung. Es enthält eine Übersicht verschiedener Werkzeuge im Anforderungsmanagement und stellt vor, wie anhand eines Bewertungsschemas eine Werkzeugauswahl erfolgen kann.

▶ Teil 4 – Organisation

- Kapitel 7 – **Business Engineering** – beschäftigt sich mit der Rolle des Anforderungsmanagements im Rahmen eines umfassenden Ansatzes der Organisationsgestaltung.

- Kapitel 8 – **Einführung und Prozessverbesserung** – befasst sich mit der Adaption und Einführung des Anforderungsmanagements in einer Organisation.

Ein Anhang mit einem Literaturverzeichnis und einem Index schließt dieses Buch ab.

Danksagung

Allen, die zur Entstehung dieses Buches direkt oder indirekt beigetragen haben, möchte ich an dieser Stelle herzlich danken. Dieser Dank gilt hauptsächlich den Mitarbeitern und Reviewpartnern des SIZ-Projektes »Produktmanagement für SKO-weite und Kooperationsanwendungen: Teil Anforderungsmanagement«. Namentlich hervorheben möchte ich besonders Klaus Pohl, Dieter Küspert und Klaus Rottke. Ohne ihr Engagement und ihren Sachverstand in diesem Projekt hätte auch dieses Buch nicht geschrieben werden können. Dieter Küspert und Klaus Rottke haben mit ihren Beiträgen zum SIZ-Leitfaden für das Anforderungsmanagement auch dieses Buches stark beeinflusst. Von Klaus Pohl stammen wesentliche Inhalte der Werkzeugbetrachtung in Kapitel 6. Seine vielen Anregungen und Ratschläge trugen wesentlich zum Gelingen dieses Buches bei.

Die Darstellung des Anforderungsmanagements im Business Engineering (Kap. 7) nutzt Ergebnisse aus dem SIZ-Projekt »Geschäftsprozessmodellierung und Übergang in die Anwendungsentwicklung«. Dank gebührt deshalb auch allen Kollegen, die an diesem Projekt mitgearbeitet haben.

Die Inhalte dieses Buches basieren auf den Erfahrungen vieler weiterer Kollegen innerhalb und außerhalb der Sparkassen-Finanzgruppe. Stellvertretend für sie alle möchte ich namentlich René Barrois, Dieter Fabian, Detlef Hannich, Arno Hiestermann, Katrin Klaetke, Rudolf Koster, Friedhelm Krebs, Jutta Michely, Günther Müller-Luschnat, Jörg Noack und Sven Straßenburg anführen.

Dem Geschäftsführer des SIZ, Herrn Alexander von Stülpnagel, danke ich für die Unterstützung dieser Veröffentlichung. Das engagierte und kreative Umfeld im SIZ hat eine solche Publikation überhaupt erst möglich gemacht.

Bonn, im September 2001

Bruno Schienmann

1 Motivation

»Unsere Anforderungen bleiben während eines Entwicklungsprojektes weitgehend stabil, da wir die eigentlichen Kundenprobleme systematisch ermittelt und priorisiert haben und früh-zeitig eine klare Produktvision und Projektabgrenzung existierte. Natürlich gibt es auch Änderungen. Diese werden aber in einem kontrollierten, für alle Beteiligten transparenten Prozess in die Umsetzung geführt. Das Projektteam kann sich auf die Detaillierung und Umsetzung der Anforderungen konzentrieren. Es existieren klare Auftraggeber-/Auftrag-nehmer-Strukturen zwischen Kunden, Produktmanagern und Entwicklung. Da wir ein kontinuierliches Risiko- und Umsetzungsmanagement verfolgen, kennen wir jeweils den aktuellen Projektstatus und können Problemen aktiv entgegenwirken. Das Verhältnis zwi-schen Entwicklung, Kunden und Anwendern ist gut, alle Gruppen arbeiten eng zusam-men.« (ein zufriedener IT-Leiter)

Träumereien? Diese fiktive Schilderung eines IT-Leiters entspricht wohl nicht den Erfahrungen der meisten Leser. Abbildung 1.1 kommt der Situation in vielen Projekten und Organisationen sicherlich näher (angelehnt an Wirtschaftswoche [1973] 46, S. 3).

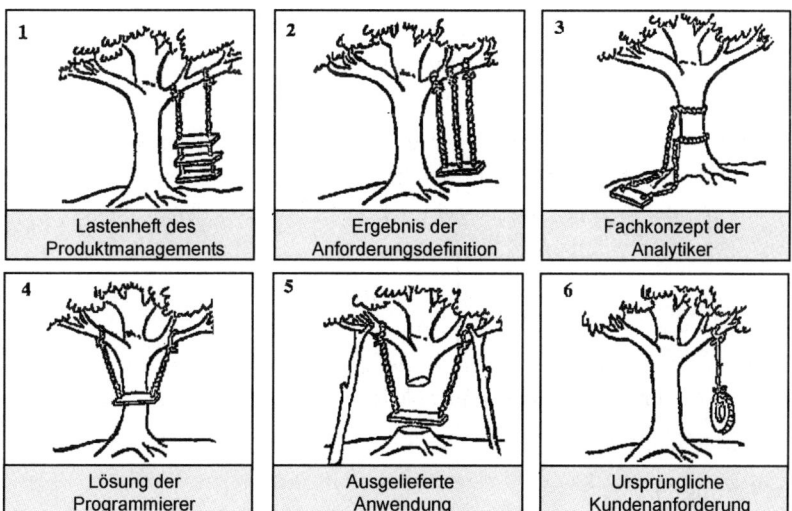

Abbildung 1.1: Warum Anforderungsmanagement?

Entwicklungen und Praxiserfahrungen in den letzten Jahren haben gezeigt, dass durch ein systematisch betriebenes Anforderungsmanagement das oben skizzierte Szenario keine Vision bleiben muss. Bewährte Methoden, Techniken und Werkzeuge stehen bereit, um das Ziel eines effektiven Anforderungsmanagements schrittweise zu verwirklichen.

In diesem Kapitel wird das Thema Anforderungsmanagement motiviert, erläutert und eingegrenzt. Die wesentlichen Ideen und der Nutzen eines umfassenden Anforderungsmanagements werden deutlich gemacht und damit die Grundlage für das Verständnis der folgenden Kapitel gelegt.

1.1   Herausforderungen

Betrachtet man die gegenwärtige Praxis der Software-Entwicklung, so ist das Anforderungsmanagement oft unbefriedigend gelöst. Das Vorgehen ist häufig wenig strukturiert. Rollen und Kompetenzen werden nach Gewohnheit eingenommen, Ergebnisse, Entscheidungen und Planungen sind für die Beteiligten schwer nachvollziehbar. Vor allem bereitet es große Mühe, Anforderungen konsistent und stabil zu halten. Hierbei stellt sich aber die Frage, ob sich Anforderungen tatsächlich so schnell ändern. Wird an diesen häufigen Änderungen nicht vielmehr deutlich, wie oberflächlich Anforderungen zunächst erhoben und validiert wurden?

Untersuchungen der Standish Group [Standish95] zeigen, dass die Hauptursache für Verzögerungen und das Scheitern von Projekten fehlendes oder mangelhaftes Anforderungsmanagement ist. Umgekehrt wird dort festgestellt: »... managing requirements well was the factor most related to successful projects.« Die folgenden zehn Punkte stellen die von der Standish Group ermittelten hauptsächlichen Gründe für das Scheitern von Anwendungsentwicklungsprojekten dar. Die kursiv aufgeführten Punkte betreffen unmittelbar den Umgang mit Anforderungen:

1. *Unvollständige Anforderungen (13,1 %)*

2. *Mangelnde Nutzerbeteiligung (12,4 %)*

3. Ressourcenknappheit (10,6 %)

4. *Unrealistische Erwartungen (9,9 %)*

5. Mangelnde Managementunterstützung (9,3 %)

6. *Wechselnde Anforderungen (8,7 %)*

7. Mangelnde Planung (8,1 %)

8. Produkt obsolet (7,5 %)

9. Unzureichendes IT-Management (4,3 %)

10. Technologische Probleme (4,3 %)

Als Ursache für das Scheitern von Projekten stehen mit etwa 40 % also Fehler an erster Stelle, die unmittelbar das Anforderungsmanagement betreffen.

Zu ähnlichen Ergebnissen kommt eine Studie der *European Software Process Improvement Training Initiative* (ESPITI), welche verschiedene Schwierigkeiten in Anwendungsentwicklungsprojekten untersuchte [ESPITI95]. Die am häufigsten genannten Probleme betrafen Mängel in der Spezifikation von Anforderungen (ca. 50 %) und Defizite in der Verwaltung von Kundenanforderungen (ca. 40 %). Demgegenüber wurde etwa die Kodierung in mehr als 40 % aller erhobenen Fälle als kein oder als geringes Problem genannt.

Die diesen Problemen zugrunde liegenden Ursachen und deren Folgen sind den verschiedenen am Entwicklungsprozess beteiligten Personen in ihren unterschiedlichen Rollen sicherlich wohl bekannt.

▶ **Entwicklung:** Aus Sicht der Entwicklungsteams stehen geeignete Fachexperten oft nicht ausreichend zur Verfügung. Auch sind die Zielvorgaben häufig unzureichend und Ressourcen viel zu knapp kalkuliert. Nach [Leffingwell99, S. 191] sind beispielsweise Aufwands*unter*schätzungen von 200 % bei Projekten keine Seltenheit. In dem Bemühen, möglichst viele Informationen zusammenzustellen, wird eine Vielzahl von Anforderungen gesammelt und unreflektiert definiert. Die Entwickler reiben sich auf in der Menge der teilweise veralteten, teilweise widersprüchlichen Informationen, der wechselnden Randbedingungen und der Änderungen der Anforderungen.

▶ **(Produkt-)Management:** Für Entscheidungen und Produktplanungen liegen häufig nur unzureichende Informationen vor. Vielfach werden bei risikobehafteten Entscheidungen zu optimistische Randbedingungen unterstellt. Auf Analysen, welche die Stabilität und Korrektheit der Randbedingungen validieren, wird ebenso verzichtet wie auf Notfallpläne (Fallback-Strategien). Deshalb werden Änderungen der Randbedingungen ignoriert, obwohl in vielen Fällen rechtzeitig gegengesteuert werden könnte. Kontinuierliches Risiko- oder Änderungsmanagement findet nur in den seltensten Fällen statt.

▶ **Kunde (Anforderungssteller):** Die Kunden fühlen sich mit ihren Fachproblemen von den Entwicklungsabteilungen unverstanden und allein gelassen. Der Umgang mit Anforderungen in der Anwendungsentwicklung ist für den Kunden nicht transparent, der jeweilige Status der Umsetzung ist unbekannt. Zeitliche Verzögerungen der Anwendungsbereitstellung sind üblich und die ausgelieferten Anwendungen entsprechen oft nicht den Vorstellungen der Kunden. Der fehlende Dialog zwischen Kunden, Benutzern und Entwicklern führt zu gegenseitigem Unverständnis, es herrscht Sprachlosigkeit und teilweise offene Ablehnung.

Ohne Anspruch auf Vollständigkeit geben diese Punkte einen Eindruck von der Vielfalt der Schwierigkeiten im Umgang mit Anforderungen. Systematisch betriebenes Anforderungsmanagement hilft diese Probleme erfolgreich zu bewältigen. Dabei können bereits durch sehr einfache Maßnahmen, wie etwa eine frühzeitige Priorisierung der Anforderungen, gute Erfolge erzielt werden.

Um jedoch grundlegende Verbesserungen zu erreichen, genügt es nicht, einzelne Techniken, wie *Anwendungsfälle (use cases)* für die Spezifikation von Anforderungen oder *Quality Function Deployment (QFD)* für die Produktplanung, einzuführen sowie einzelne organisatorische Maßnahmen, wie etwa ein *Change Control Board*, zu etablieren. Stattdessen muss ein projekt- und phasenübergreifendes Anforderungsmanagement als kontinuierlicher Prozess vom Kunden zum Kunden in einer Organisation eingeführt und schrittweise verankert werden (vgl. dazu etwa [Pohl99a]).

1.2 Vision und Kernidee

Die Kernidee des vorliegenden Buches ist es, das Anforderungsmanagement aus den drei Sichten *Kunde*, *Produkt* und *Projekt* zu entfalten und damit den Prozess von der Erhebung einer Anforderung bis zur Bereitstellung einer Lösung durchgängig zu gestalten:

1. **Kundenorientierung:** Kunden stellen Anforderungen, um Lösungen für ihre Probleme zu erhalten. Ihre Kundenanforderungen müssen sich weder auf konkrete Produkte noch Projekte beziehen.

2. **Produktorientierung:** Produkte mit Anwendungen stellen Lösungen für diese Probleme und die daraus resultierenden Anforderungen der Kunden dar. Produktanforderungen werden auf der Basis von Kundenanforderungen spezifiziert und in Projekten umgesetzt.

3. **Projektorientierung:** In Anwendungsentwicklungsprojekten mit begrenzter Laufzeit und definierter Zielsetzung werden Produkte realisiert und damit Problemlösungen für den Kunden bereitgestellt.

Kundenanforderungen können also zunächst produktneutral gestellt oder erhoben werden. Um zu vermeiden, dass Anforderungen, welche nicht unmittelbar einem Produkt oder einer Anwendung zuordenbar sind, nicht erfasst werden, dürfen sie nicht *nur* aus der Sicht spezifischer Produkte erhoben werden. Analog ist ein kontinuierliches projektübergreifendes Anforderungsmanagement erforderlich, um sicherzustellen, dass Anforderungen projektneutral ermittelt werden können.

Aus diesen drei Sichten leiten sich die zentralen Aufgaben- bzw. Prozessbereiche des Anforderungsmanagements ab (vgl. Abbildung 1.2).

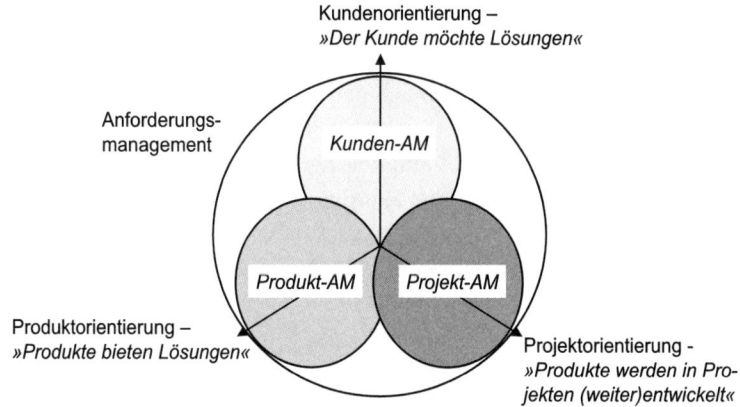

Abbildung 1.2: Die drei Prozessbereiche des Anforderungsmanagements

1. **Kunden-Anforderungsmanagement (Kunden-AM):** Das Kunden-AM stellt sicher, dass die Kundenbedürfnisse in der Systementwicklung berücksichtigt und in Produkte umgesetzt werden.

2. **Produkt-Anforderungsmanagement (Produkt-AM):** Das Produkt-AM sorgt für die Nachhaltigkeit und Profitabilität der Produktentwicklung. Es überführt Kunden- in Produktanforderungen und fasst diese zu Produktreleases zusammen.

3. **Projekt-Anforderungsmanagement (Projekt-AM):** Das Projekt-AM detailliert die Produktanforderungen und setzt diese unter Einhaltung der gesetzten Rahmenbedingungen um.

Jeder dieser drei Bereiche beschäftigt sich unterschiedlich mit Anforderungen, mit speziellen Ausrichtungen, Methoden und Techniken. Die Unterscheidung zielt darauf ab,

▷ durch klare Aufgabengebiete eine Konzentration der Prozessverantwortlichen auf die jeweiligen Kernkompetenzen (Kunde, Produkt, Projekt) zu ermöglichen,

▷ eindeutige Verantwortungsbereiche mit definierten Auftraggeber- und Auftragnehmerrollen ohne Rollenkonflikte festzulegen,

▷ den Umgang mit Anforderungen für alle Beteiligten vom Kunden bis zur Produktion transparent zu machen,

▷ ein geeignetes Umfeld für die Umsetzung von Anforderungen auch in leichtgewichtigen, schnellen Anwendungsentwicklungsprozessen zu schaffen.

Die Unterscheidung dieser Prozessbereiche soll nicht unnötigen, zusätzlichen Verwaltungsaufwand für die Anwendungsentwicklung erzeugen. Im Gegenteil – die Aufteilung der Verantwortlichkeiten und die kontinuierliche Wahrnehmung von Aufgaben im Kunden-AM und im Produkt-AM schaffen geeignete Rahmenbedingungen für leichtgewichtige Entwicklungsprojekte und schnelle Entwicklungszyklen, da frühzeitig kleine Produktreleases geplant, beauftragt und realisiert werden können.

Trotz dieser Trennung ist im Anforderungsmanagement natürlich eine enge Zusammenarbeit und Koordination dieser drei Bereiche erforderlich. Dabei hat das Produkt-AM eine zentrale Aufgabe. Es stellt die Nachhaltigkeit der Produkt(familien)entwicklung sicher und entzerrt bzw. synchronisiert das Kunden-AM (die Fachseite) und das Projekt-AM (die Anwendungsentwicklung). Durch die Produktplanungen schon auf der Ebene der Anforderungen ergibt sich eine höhere Verbindlichkeit in den Vereinbarungen mit dem Kunden.

Die Integration der drei Bereiche Kunden-AM, Produkt-AM und Projekt-AM ermöglicht eine durchgängige End-to-end-Betrachtung des Anforderungsmanagements von der initialen Aufnahme einer Rohanforderung des Kunden über die Produktplanung bis zur Umsetzung der Anforderung in einem Entwicklungsprojekt oder Kleinstauftrag. Das Kunden-AM sichert die kundenorientierte Ausrichtung der Entwicklungsprozesse, das Produkt-AM schafft die Grundlage für die Entwicklung qualitativ hochwertiger und profitabler Produkte, das Projekt-AM gewährleistet die effektive Umsetzung. Zusammenfassend lautet die Zielrichtung des Anforderungsmanagements:

> Das Etablieren nachhaltiger Produktentwicklungen sowie einer stärkeren Kundenorientierung durch ein kontinuierliches projektübergreifendes Vorgehen.

1.3   Warum Anforderungsmanagement?

Die Anwendungsentwicklung beschäftigt sich als eine der *Sciences of the Artificial* mit der Konstruktion künstlicher Gegenstände mit geplanten Eigenschaften (vgl. [Simon85]). Diese künstlichen Gegenstände oder Artefakte dienen einem bestimmten Zweck, wobei zur Zweckerfüllung die Abstimmung der Beschaffenheit des Artefakts mit seinem Zweck und seiner Umwelt erforderlich ist: »Whether a knife will cut, depends on the material of its blade and the hardness of the substance to which it is applied.« [Simon85, S. 6]

Der Entwurf eines Anwendungssystems lässt sich in diesem Sinne als das zweckgerichtete planende Anpassen der Beschaffenheit dieses Systems an die Aufgabenstellungen des jeweiligen Anwendungsbereichs auffassen. Wesentliche Aufgabe und Zielsetzung des Anforderungsmanagements ist es, die aus diesen Aufgabenstellungen resultierenden Anforderungen an das System zu spezifizieren und an Veränderungen des Anwendungsbereichs anzupassen. Nur wenn die Problemstellung im Anwendungsbereich genau bekannt ist, kann in der Anwendungsentwicklung eine zweckmäßige Lösung entwickelt werden.

Die Einführung und konsequente Umsetzung des Anforderungsmanagements in einer Organisation bietet folgenden Nutzen:

▷ Anforderungen werden über den gesamten Lebenszyklus von der Antragstellung oder Ermittlung beim Kunden bis zur Umsetzung im Entwicklungsprojekt konsistent und für die Beteiligten transparent verwaltet. Die Entwicklung wird wesentlich durch kundenseitig abgestimmte Anforderungen vorangetrieben und ist somit zielorientierter.

▷ Es existieren eindeutige Verantwortungsbereiche für den Umgang mit Anforderungen aus Sicht des Kunden, des Produktes und des Projektes. Rollenkonflikte werden durch definierte Auftraggeber- / Auftragnehmerrollen im Sinne eines vertragsorientierten Vorgehens minimiert.

▷ Fest definierte Aufgabengebiete erlauben eine Konzentration auf die jeweiligen Kernkompetenzen (Kunde, Produkt, Projekt). Der Verantwortliche für das Kunden-AM muss kein Produktmanagement leisten, der Produktmanager muss keine Projektanforderungen verwalten.

▷ Die ausreichende Stabilität und Vollständigkeit von Anforderungen wird geprüft und es wird, etwa durch Abnahmekriterien, eine frühzeitige kundenseitige Validierung erreicht. Zwischen allen Beteiligten und Betroffenen (so genannten *stakeholdern*) wird eine anfangs erzielte Einigung bezüglich der Anforderungen auch bei Änderungen aufrechterhalten.

▷ Es wird versucht, Defizite und Defekte von Anforderungen frühzeitig aufzudecken und in einem definierten Prozess zu beheben. Die Anwendungsentwicklung kann auf diese Weise wesentlich effizienter und kostengünstiger durchgeführt werden.

▷ Die Entwicklungszyklen können beschleunigt werden, da die Identifikation von Kundenanforderungen und die Ableitung von Produktanforderungen kontinuierlich erfolgen. Dadurch werden schlankere Entwicklungsprozesse möglich, welche mit weniger Risiko behaftet sind.

Aus Sicht der Anwendungsentwicklung beschreiben insbesondere die letzten beiden Punkte wesentliche Nutzenaspekte eines Anforderungsmanagements. Nach einer Studie von Jones stellen fehlerhafte Anforderungen die häufigste Ursache für Defizite oder Defekte von Anwendungen dar [Jones94]. Ihre Behebung verursacht mit Abstand mehr Kosten als etwa Design- oder Programmierungsfehler, einfach deshalb, weil ihre Korrektur zu Folgeaufwendungen in späteren Entwicklungsphasen führen und teilweise auch korrumpierende Wirkung auf bisherige Entwurfsentscheidungen haben kann. Je früher deshalb fehlerhafte Anforderungen entdeckt und behoben werden, desto kostengünstiger ist der Entwicklungsprozess.

In [Davis93, S. 25ff] werden diese Aussagen durch verschiedene Untersuchungen belegt. Diese zeigen, dass die relativen Kosten für die Korrektur von fehlerhaften

Anforderungen sprunghaft mit den Entwicklungsphasen steigen. Die Entdeckung und Beseitigung eines Fehlers in der Kodierungsphase verursacht nach Davis beispielsweise die zehnfachen Kosten gegenüber einer unmittelbaren Korrektur noch in der Anforderungsdefinition (vgl. Abbildung 1.3).

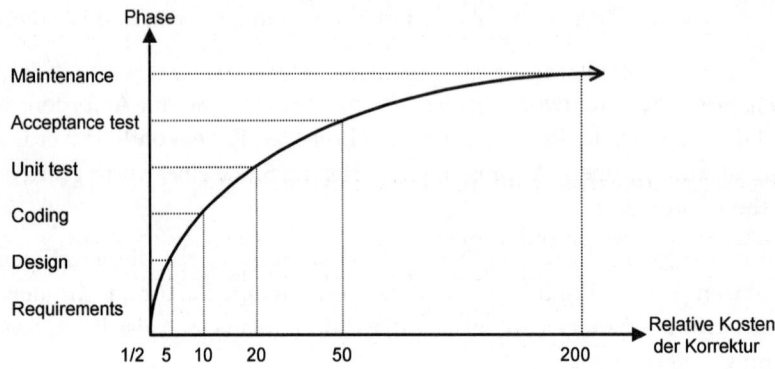

Abbildung 1.3: Relative Kosten für die Korrektur von Anforderungen

Auch wenn die ermittelten Zahlen in ihrer Höhe sicherlich angezweifelt werden können, zeigen sie doch, dass schon geringe Verbesserungen im Umgang mit Anforderungen einen erheblichen Nutzen für die Anwendungsentwicklung hervorbringen.

Einen anderen Ansatz, die Effizienz der Anwendungsentwicklung zu steigern, verfolgen neue leichtgewichtige, agile Vorgehensmodelle wie *Extreme Programming* [Beck99] oder *Crystal Clear* [Cockburn02]. Diese Modelle haben zum Ziel, den Entwicklungsprozess selbst flexibel und robust gegenüber Änderungen und fehlerhaften Anforderungen zu halten, indem die Anzahl der Ergebnistypen und -dokumente radikal reduziert, ein stark iteratives Vorgehen in sehr kleinen Schritten gewählt und kooperativ in kleinen Teams entwickelt wird.

Sicherlich werden weiterhin schwergewichtige Vorgehensweisen mit langen Projektlaufzeiten und umfangreichen Teams notwendig sein, etwa zur Entwicklung von Telekommunikationsanlagen oder Abwicklungssystemen bei Banken. Da agile Entwicklungsprozesse aber oft weniger risikobehaftet sind und dem Kunden eher einen Nutzen im Sinne einer lauffähigen Anwendung bringen, wird diese Form des Vorgehens sicherlich zunehmen. Hier hilft das kontinuierliche Anforderungsmanagement, übersichtliche Projekte mit definiertem Umfang und klaren Zielen zu planen, Mindestanforderungen der Revision an die Dokumentation von Entwicklungsergebnissen zu genügen und das typische Risiko eines *requirements* oder *scope creeping*, d.h. einer Verschiebung des Projektfokus, zu vermindern.

1.4 Ausrichtungen des Anforderungsmanagements

Die Dringlichkeit und Wichtigkeit einer eingehenden Beschäftigung mit dem Anforderungsmanagement ist seit vielen Jahren unbestritten. Eine fundierte und breite Auseinandersetzung findet im Software Engineering und im Systems Engineering aber erst seit einigen Jahren statt, wobei die Euphorie um die *Unified Modeling Language (UML)* und deren Einsatz im Rahmen der objektorientierten Modellierung sowie die Bemühungen zur Entwicklung standardisierter Vorgehensmodelle die Entwicklung sehr vorangetrieben haben.

1.4.1 Anforderungsmanagement im Software Engineering

Im Software Engineering wird Anforderungsmanagement häufig mit den Stichworten Änderungsmanagement und Nachvollziehbarkeit (Traceability) in Verbindung gebracht und insbesondere aus Sicht eines Entwicklungsprojektes behandelt. Exemplarische Vertreter dieser Sichtweise sind etwa Kotonya und Sommerville [Kotonya98].

Anforderungen sind im Laufe eines Entwicklungsprojektes nicht stabil und ändern sich. Das Anforderungsmanagement dient dazu, diese unvermeidlichen Änderungen von Anforderungen im Vorfeld zu erkennen, zu planen und zu steuern sowie ihre Auswirkungen lokal zu halten. Folgende Faktoren führen zu diesen Änderungen:

▷ Fehler, Konflikte, Inkonsistenzen in den ursprünglichen Anforderungen,

▷ besseres Verständnis der Kundenwünsche oder Änderung der Kundenprioritäten,

▷ technische Probleme, Kostenüberschreitung, Überschreitung der Projektlaufzeit bei der Umsetzung von Anforderungen,

▷ Änderung der Systemumgebung und organisatorische Veränderungen.

Die drei grundsätzlichen Aufgaben des Anforderungsmanagements sind deshalb,

1. das Management von Änderungen abgestimmter Anforderungen,

2. das Management von Beziehungen zwischen Anforderungen,

3. das Management von Abhängigkeiten zwischen Anforderungsdokumenten und anderen Entwicklungsergebnissen.

Die systematische Änderung von Anforderungen setzt grundsätzlich deren systematische Erfassung und Dokumentation in einer Anforderungsdatenbank voraus, um Zusammenhänge zwischen Anforderungen zu erfassen, zu verwalten und Änderungen nachzuvollziehen. Sind Anforderungen auf diese Weise erfasst, kann die Änderung in drei Schritten erfolgen (vgl. Abbildung 1.4):

▷ In der Problemanalyse und Spezifikation wird zunächst untersucht, welche Probleme dem Änderungswunsch zugrunde liegen. Daraufhin wird eine genaue Beschreibung des Änderungswunsches erstellt.

▷ In der Änderungsanalyse und Kostenabschätzung wird untersucht, welche Subsysteme und Komponenten von den Änderungen betroffen sind und welche Kosten durch Änderungen entstehen.

▷ Die Durchführung der Änderung erfolgt unter der Voraussetzung, dass die untersuchten Änderungen angenommen werden. Dies beinhaltet die Planung, die Umsetzung und die Kontrolle der Umsetzung.

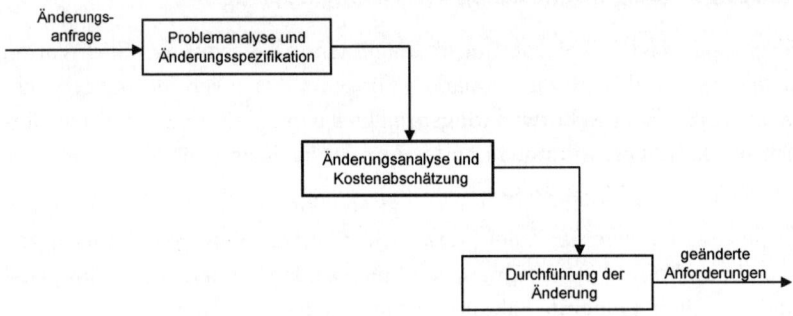

Abbildung 1.4: Schritte im Änderungsmanagement (nach [Kotonya98, S. 124])

Das Änderungsmanagement ist sicherlich eine Kernaktivität im Anforderungsmanagement. Eine Beschränkung auf den Umgang mit Änderungen erschließt aber nur ein geringes Nutzenpotenzial.

Sehr viel umfassender behandeln deshalb beispielsweise Leffingwell und Widrig das Thema Anforderungsmanagement [Leffingwell99]. Sie zeigen Bezüge zum Produkt- und Kundenmanagement auf und beleuchten den Beitrag des Anforderungsmanagements zur Produkt- und zur Projektplanung sowie zum Projektcontrolling. Diese umfassendere Sicht auf das Anforderungsmanagement verfolgen zumeist Ansätze, welche auf dem Systems Engineering basieren. Allerdings bleiben hier oft Fragen hinsichtlich der konkreten Nutzbarkeit im Rahmen der Anwendungsentwicklung offen.

1.4.2 Anforderungsmanagement im Systems Engineering

Das Systems Engineering behandelt die Erstellung von (komplexen) Systemen inklusive Hardware und Software. Es umfasst alle Aktivitäten der Planung, der Entwicklung, der Einführung und des Betriebs eines Systems über dessen gesamten Lebenszyklus. Martin et al. unterscheiden vier Kernprozesse des Systems Engineering [Martin96]:

▶ Der Kernprozess *Systems Engineering Management* plant, kontrolliert und steuert die verschiedenen Entwicklungsprozesse.

▶ Im Kernprozess *Anforderungs- und Architekturdefinition* werden Anforderungen erhoben, die Architektur einer Lösung wird entwickelt und die Zuordnung von Anforderungen zu Elementen der Lösung hergestellt.

▶ Der Kernprozess *Systemintegration, Validierung und Verifikation* dient der Zusammenführung und der Qualitätssicherung von Komponenten. Hier wird laufend geprüft, ob Zwischenergebnisse die festgelegten Anforderungen erfüllen.

▶ Das *Systems Engineering Controlling und Integration* umfasst Aufgaben wie das Projektmanagement, Risikomanagement, Technologie-Monitorring, Projekt-Controlling, Konfigurationsmanagement und das projektübergreifende Anforderungsmanagement.

Auch im Systems Engineering werden Änderungsmanagement und Verfolgbarkeit als wichtige Aufgaben des Anforderungsmanagements betrachtet. Grundsätzlich wird das Thema aber sehr viel umfassender behandelt. Das Anforderungsmanagements umfasst den gesamten Prozess von der initialen Kundenanforderung oder dem Auftrag bis zur Entwicklung einer Lösung, dem Betrieb und der anschließenden Weiterentwicklung.

Stevens et al. unterscheiden dabei explizit zwischen einem Kundenanforderungsprozess und einem Systemanforderungsprozess [Stevens98]. Ähnlich werden Aspekte wie das Risikomanagement oder die Reifegradverbesserung als wesentliche Aufgaben eines erfolgreichen Anforderungsmanagements betrachtet.

1.4.3 Fazit – Weshalb wird Anforderungsmanagement zukünftig noch wichtiger?

Dem in diesem Buch beschriebenen Ansatz für das Anforderungsmanagement liegt die oben skizzierte umfassende Sichtweise des Systems Engineering zugrunde. Während das Systems Engineering allerdings die allgemeine Entwicklung von Systemen behandelt, fokussiert der hier vorgestellte Ansatz auf die Software-Entwicklung und -Bereitstellung.

Die Notwendigkeit eines umfassenden Ansatzes für das Anforderungsmanagement basiert auf der Einsicht, dass die Ursachen für viele Probleme beim Umgang mit Anforderungen in Entwicklungsprojekten gar nicht in den Projekten selbst zu finden sind. Unrealistische oder mangelnde Projektplanung im Produktmanagement, etwa bezüglich Fertigstellungsterminen, kann in einem Projekt zwar teilweise aufgefangen werden, etwa durch Priorisierung der Anforderungen oder inkrementelle Systementwicklung, zufriedene Kunden und eine längerfristige Kundenbindung sind damit aber nicht zu erreichen (von der Zufriedenheit der Projektmitarbeiter ganz zu schweigen).

Eine wirkliche Verbesserung wird nur dann erreicht werden, wenn der gesamte Prozess des Anforderungsmanagements – ausgehend von der Erhebung einer Kundenanforderung und Beauftragung bis zur Lösungsbereitstellung und anschließenden Kundenbetreuung – optimiert und als kontinuierlicher, permanenter Prozess in einer Organisation verankert wird.

Ein solches kontinuierliches Anforderungsmanagement wird dann auch einen wesentlichen Beitrag zur erfolgreichen Anpassung von Organisationen an neue Herausforderungen im Rahmen eines umfassenden *Enterprise Change Management (ECM)* leisten. Abbildung 1.5 skizziert vier der zentralen Herausforderungen, welche durch ein Anforderungsmanagement besser bewältigt werden können.

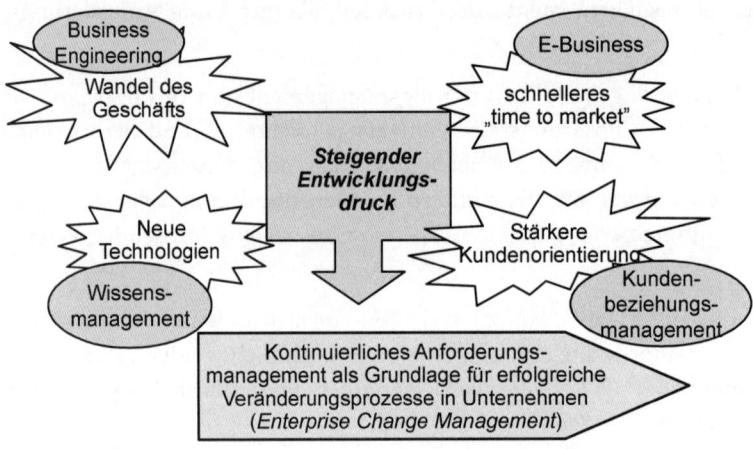

Abbildung 1.5: Neue Herausforderungen in der Anwendungsentwicklung

E-Business erfordert sehr schnelle Entwicklungszyklen. Die Frage der schnellen Anwendungsentwicklung verschiebt sich zunehmend zur Frage der schnellen Anwendungsbereitstellung. Die Entscheidung zwischen »make-or-buy« wird immer häufiger durch »buy« beantwortet. Um die notwendigen Entscheidungen zur Auswahl und Integration von Anwendungen und Komponenten schnell und trotzdem auf einer sicheren Grundlage treffen zu können, müssen Anforderungen permanent ermittelt, fortgeschrieben und mit vorhandenen Geschäftsmodellen abgeglichen werden. Kontinuierliches Anforderungsmanagement ermöglicht dadurch rasche Entwicklungszyklen und ein schnelles Reagieren auf neue Herausforderungen.

Verstärkte Kundenorientierung verbunden mit einer Individualisierung der Kundenbeziehung sind ein wichtiges Kennzeichen erfolgreicher Unternehmen. *Kundenbeziehungsmanagement (Customer Relationship Management, CRM)* wird deshalb zunehmend wichtig. Anforderungsmanagement (in diesem Fall insbesondere das Kunden-AM) hilft eine langfristige Kundenbindung aufzubauen, indem Kundenbedürfnisse und Kundenprozesse systematisch aufgenommen und untersucht werden.

Werden eigene Produkte auf der Grundlage dieser Kundenprozesse gestaltet, können sich Unternehmen gegenüber dem Kunden als umfassende Lösungsanbieter und -integratoren in dessen Wertschöpfungskette positionieren. Dass dadurch auch völlig neue Geschäftsfelder entstehen können, zeigen Beispiele aus dem Finanzdienstleistungsbereich. Hier steht in vielen Fällen nicht mehr der Verkauf eines Produktes oder einer Finanzdienstleistung wie einer Überweisung oder eines Bausparvertrages im Vordergrund, sondern die Unterstützung und Abwicklung des gesamten Kundenprozesses, etwa eines Immobilienkaufs, um langfristig eine enge Kundenbeziehung aufzubauen und Cross-Selling-Potenziale zu realisieren.

Anforderungsmanagement bildet in zweifacher Hinsicht einen wichtigen Ausgangspunkt für das *Wissensmanagement* einer Organisation. Zum einen stellen Anforderungen selbst natürlich eine zentrale Wissensquelle dar, da sie am deutlichsten die eigentliche Intention und Essenz einer Anwendung beschreiben. Zum anderen geben neue Anforderungen wichtige Hinweise für die Erschließung neuer Wissensquellen und können damit die Personalentwicklung einer Organisation fördern. Da jede Einführung neuer Technologien Vorlaufzeiten erfordert, kann das Anforderungsmanagement als Seismograph dafür dienen, erforderliches Wissen neu aufzubauen oder weiterzuentwickeln.

Als ein Beispiel für diese seismographische Funktion kann der Bereich der Workflow-Systeme genannt werden. Anforderungen zur durchgängigen Unterstützung von Geschäftsprozessen könnten etwa im IT-Bereich dazu genutzt werden, Wissen zu Workflow-Systemen aufzubauen oder weiterzuentwickeln und damit der Gefahr entgegenzuwirken, Kunden an Konkurrenten zu verlieren, welche neue Entwicklungen in diesem Bereich nutzen, um bessere und schnellere Kundenlösungen bereitzustellen.

Business Engineering verfolgt das Ziel, das Geschäft und die abgeleiteten Geschäftsprozesse von Unternehmen systematisch zu strukturieren und an Veränderungen in relevanten Umweltsegmenten rasch anzupassen. Die Gestaltung dieses Wandels des Geschäfts erfordert praktisch immer die Anpassung und Weiterentwicklung der unterstützenden Informationstechnologie. Anforderungsmanagement bildet die Brücke zwischen dem Business Engineering für die systematische Gestaltung des Geschäfts und dem Software Engineering für die systematische Gestaltung der Anwendungen und ist damit ein wichtiger Erfolgsfaktor für den reibungslosen Übergang vom Geschäft in die IT.

Diese Punkte machen deutlich, warum Anforderungsmanagement zukünftig noch wichtiger werden wird und seine Effizienz wesentlich die Effizienz der gesamten Anwendungsentwicklung bestimmen wird – zumindest aus der Sicht des Kunden! Alle vier Punkte werden in den folgenden Kapiteln näher beleuchtet. Dem Punkt Business Engineering wird ein eigenes Kapitel gewidmet, da mit der Bedeutung des Business Engineering auch der Übergang in die Anwendungsentwicklung und damit das Anforderungsmanagement als kontinuierlicher Prozess zunehmend Gewicht erhalten wird.

Der Bedarf für ein solches Anforderungsmanagement soll abschließend mit einer Research Note der Gartner Group vom 3. November 1998 aufgezeigt werden. Unter dem Titel »What We Need is Requirements Management« fordern die IT-Analysten dort: »Therefore, requirements generation – whether in documents or process models – should not be viewed as just a step in development that, once completed, feeds the next step. Rather it should be part of ongoing requirements *management*.« (Research Note M-06-1448, S. 1)

1.5 Praxiserfahrungen und Anwendungsbeispiele

Die in diesem Buch vorgestellten Konzepte beruhen maßgeblich auf Praxiserfahrungen in den Verbandsrechenzentren und Landesbanken der Sparkassen-Finanzgruppe. Die erfolgreiche Nutzung dieser Konzepte im Rahmen eines Großprojektes zur Entwicklung eines Kernbanksystems wird beispielsweise in [Schienmann00] beschrieben. In [Kräft99] wird die Umsetzung des Anforderungsmanagementprozesses in einem Rechenzentrum mit Schwerpunkt auf dem Bereich des Kunden-AM vorgestellt.

Zur Illustration des beschriebenen Ansatzes werden in den folgenden Kapiteln verschiedene Praxisbeispiele aus der Sparkassen-Finanzgruppe bzw. der Finanzdienstleistungsbranche genutzt.

Als fiktives Anwendungsbeispiel dient weiterhin die Entwicklung eines Informationssystems für eine Universitätsbibliothek mit Präsenz- und Ausleihbeständen in Freihand- und Magazinaufstellungen. Der Anwendungsbereich Bibliothek dürfte den meisten Lesern zumindest aus der Rolle des Bibliotheksbenutzers heraus vertraut sein. Um das Verständnis noch zu erleichtern, werden hauptsächlich die Aufgabenfelder *Publikationsverwaltung, Ausleihverwaltung* und *Benutzerverwaltung* betrachtet. Die *Literaturerwerbung* für den Bestandsaufbau und dessen Vermehrung sowie die *Literaturerschließung* für die Katalogisierung werden nur kurz gestreift.

Die Publikations- und Ausleihverwaltung umfasst die Aufgaben des Ausleihverkehrs von der Vormerkung und Bereitstellung eines Exemplars über die Ausleihe, Verlängerung, Rückgabeaufforderung, Mahnung und Rückgabe bis zum Exemplarverlust. Die Benutzerverwaltung umfasst alle Aufgaben von der Aufnahme eines Benutzers mit der Ausweisausgabe über die Sperrung und die Wiederzulassung am Ausleihverkehr bis hin zur Abwicklung der Kündigung und Terminierung. Als Bibliotheksbenutzer gelten zum einen unterschiedliche Personengruppen (Mitarbeiter, Studenten, Externe), zum anderen können aber auch Institutionen, vor allem andere Bibliotheken, die im Rahmen einer kooperativen Bestandsvermittlung am überregionalen Leihverkehr teilnehmen, als Benutzer auftreten.

1.6 Literaturempfehlungen

Im vorliegenden Buch können nicht alle Fassetten des Themas Anforderungsmanagement in der gleichen Tiefe behandelt werden. Die folgenden Literaturhinweise sollen helfen, wichtige Aspekte weiter zu vertiefen und sich mit dem spannenden Thema auseinander zu setzen.

Thayer, R. H.; Dorfman, M.: Software Requirements Engineering. 2. Auflage. IEEE Computer Society Press 1998

Der Sammelband von Thayer und Dorfman umfasst viele gute Artikel zum Anforderungsmanagement. Er beinhaltet eine Reihe von IEEE-Standards und Richtlinien zur Spezifikation von Anforderungen. An vielen Stellen wird gezeigt, wie gute Anforderungen zu definieren sind, und darauf hingewiesen, wie Anforderungsdokumente zu erstellen und zu pflegen sind.

Davis, A. M.: Software Requirements. Objects, Functions, & States. Prentice Hall 1993

Dieses Standardwerk bietet eine hervorragende Einführung in das Requirements Engineering und stellt viele bewährte Methoden, Techniken und Ansätze für das Requirements Engineering vor. Es enthält weiterhin eine sehr umfassende, kommentierte Bibliographie (700 Einträge), die eine gute Basis für weitere Informationen bildet.

Gause, D. C.; Weinberg, G. M.: Software Requirements. Anforderungen erkennen, verstehen und erfüllen. Hanser 1993

Im Gegensatz zu den meisten anderen Publikationen handelt dieses Buch von den weichen Faktoren der Anforderungsermittlung. Es thematisiert ausführlich soziale und kognitive Aspekte des Anforderungsmanagements und enthält viele wertvolle praktische Ratschläge, wie Anforderungen aufzunehmen, zu spezifizieren und zu validieren sind. Dieses Buch ist ein Muss für jeden Praktiker.

Hofmann, H. F.: Requirements Engineering. A Situated Discovery Process. Deutscher Universitäts-Verlag 2000

Hofmann gibt einen breiten Überblick verschiedenster (Forschungs-)Ansätze im Requirements Engineering. Lesenswert ist das Buch auch aufgrund des Vergleichs der immer noch wenigen aussagekräftigen Feldstudien zum Requirements Engineering und des eigenen gesammelten empirischen Zahlenmaterials.

Jackson, M.: Software Requirements & Specifications: A Lexicon of Practice, Principles and Prejudices. Addison-Wesley 1995

Trotz der zunächst etwas ungewohnten Darstellung - das Buch ist als Lexikon aufgebaut - wird der Leser sehr schnell gefesselt von Jacksons Gabe, komplizierte Sachverhalte und Probleme im Umgang mit Anforderungen aufzubereiten und Lösungen für die aufgeworfenen Probleme zu präsentieren. In alphabetischer Reihenfolge werden verschiedene Aspekte des Anforderungsmanagements in leicht zugänglicher Form diskutiert. Das Buch kann jedem am Thema Interessierten wärmstens empfohlen werden.

Leffingwell, D.; Widrig, D.: Requirements Management. A Unified Approach. Addison-Wesley 1999

Die Autoren dieses Buches haben viele eigene Erfahrungen zum Thema Anforderungsmanagement gesammelt und stellen diese in praxisnaher Form dar. Die frühere Firma der beiden Autoren, Requisite, wurde 1997 von Rational aufgekauft. Das in dem Buch beschriebene Vorgehen zum Anforderungsmanagement ist inzwischen weitgehend in den Rational Unified Process eingeflossen, das weiterentwickelte Werkzeug RequisitePro wurde ein integrierter Teil der Werkzeug-Suiten von Rational.

Pohl, K.: Process-Centered Requirements Engineering. Wiley 1996

Dieses Buch ist für jeden von Interesse, der sich auch vertiefend mit aktuellen Forschungsansätzen zum Requirements Engineering beschäftigen möchte. Die Inhalte des Buches sind zum großen Teil im Umfeld des Esprit-Projektes NATURE (Novel Approaches to Theories Underlying Requirements Engineering) zum Requirements Engineering entstanden. Neben einem guten allgemeinen Abriss des Themas Requirements Engineering in einem ersten Teil wird in den folgenden Teilen insbesondere die notwendige methodische Unterstützung des AM-Prozesses zusammen mit einer prototypischen Werkzeugumgebung beschrieben.

Rupp, C.: Requirements-Engineering und -Management. Professionelle, iterative Anforderungsanalyse für IT-Systeme. Hanser 2001

Eines der wenigen guten deutschsprachigen Bücher zu diesem Thema. Der Autorenkreis um Frau Rupp zeigt, wie gute Anforderungen zu formulieren sind, und behandelt dabei auch wichtige Themen wie Zielfindung oder Abnahmekriterien, welche bei anderen Autoren oft zu kurz kommen. Das Buch favorisiert sehr stark einen natürlichsprachlichen, linguistischen Ansatz für die Anforderungsdefinition. Das durchgängige Beispiel aus dem Bibliothekswesen ist für den Leser leicht nachvollziehbar und trägt zur Verständlichkeit des Buches bei.

Stevens, R.; Brook, P.; Jackson, K.; Arnold, S.: Systems Engineering. Coping with Complexity. Prentice Hall 1998

Wer eine breitere, über die reine Software-Entwicklung hinausgehende, Behandlung des Themas Anforderungsmanagement sucht, ist mit dem Buch von Stevens et al. gut beraten. Das Buch wurde von den Erfindern und Entwicklern von DOORS geschrieben, einem der verbreitetsten und leistungsfähigsten Werkzeuge zum Anforderungsmanagement. Es bietet ein reiches Ideenpotenzial für die Verbesserung von Prozessen im Anforderungsmanagement. Leider fehlt dem Buch ein Index, ansonsten könnte es auch sehr als Nachschlagewerk empfohlen werden.

Wiegers, K. E.: Software Requirements. Microsoft Press 1999

Eindeutiger Schwerpunkt dieses fundierten Werkes von Wiegers ist das Anforderungsmanagement im Rahmen von Projekten. Eingeschränkt auf diesen Bereich enthält es sehr viele gute Hinweise und Tipps. Insbesondere die zahlreichen Ratschläge zur Verbesserung der Qualität von Anforderungen sind für die Praxis sehr hilfreich.

2 Grundlagen

Die Zielsetzung des Anforderungsmanagements bringt Lawrence auf den Punkt:

>»The purpose of any requirements management process can be summarized by two questions:

1 *Are we doing the right thing?*

2 *What makes us think so?*

The degree to which your requirements process answers these questions is the degree of possible success your project and product might enjoy.« [Lawrence98, S. 11]

Dieses Kapitel zeigt auf, welche Konzepte das Anforderungsmanagement zur Beantwortung dieser beiden Fragen bereitstellt. Es werden die Grundbegriffe, Aufgaben und Kernideen des Anforderungsmanagements eingeführt, um die Basis für das Verständnis der folgenden Kapitel zu legen.

2.1 Grundbegriffe

Für ein erstes grundlegendes Verständnis sind die Begriffe *Anforderung* und *Anforderungsmanagement* zentral. Eine Anforderung stellt zunächst allgemein ein fachliches oder technisches Leistungsmerkmal dar, welches die zu entwickelnde Anwendung aufweisen soll [IEEE610.12]:

1 *Eine Bedingung oder Fähigkeit, die von einer Person zur Lösung eines Problems oder zur Erreichung eines Ziels benötigt wird.*

2 *Eine Bedingung oder Fähigkeit, die eine Software erfüllen oder besitzen muss, um einen Vertrag, eine Norm oder ein anderes, formell bestimmtes Dokument zu erfüllen.*

3 *Eine dokumentierte Repräsentation einer Bedingung oder Fähigkeit wie in (1) oder (2) genannt.*

Häufig wird der Begriff Anforderung ausgeweitet auf den Entwicklungsprozess und weitere einzuhaltende Rahmenbedingungen. Die folgende Definition aus [Rupp01, S. 10] entspricht dieser umfassenderen Sichtweise, welche auch in diesem Buch vertreten wird:

>»Eine Anforderung ist eine Aussage über eine zu erfüllende Eigenschaft oder eine zu erbringende Leistung eines Produktes, eines Prozesses oder der am Prozess beteiligten Personen.«

Nach diesem Verständnis kann eine Anforderung sich beispielsweise auch darauf beziehen, dass eine bestimmte Vorgehensweise bei der Entwicklung eingehalten wird. Der Auftraggeber könnte etwa fordern, dass im Fachentwurf gewisse Aktivitäten zur Entwicklung eines konzeptionellen Datenmodells durchgeführt werden müssen und dieses Modell mit dem Werkzeug X in der Notation Y zu erstellen ist.

Was Anforderungsmanagement ist, wird in der folgenden Definition von Leffingwell und Widrig deutlich [Leffingwell99, S. 16]:

> »Requirements management is a systematic approach to eliciting, organizing, and documenting the requirements of the system, and a process that establishes and maintains agreement between the customer and the project team on the changing requirements of the system.«

Anforderungsmanagement zielt darauf ab, aus zunächst vagen und teilweise widersprüchlichen Anforderungen und Zielvorstellungen schrittweise eine vollständige und eindeutige Anforderungsdefinition zu entwickeln, welche von allen Beteiligten mitgetragen wird. Mehr als alle anderen Entwicklungsschritte ist dieser Prozess geprägt von der intensiven Kommunikation und Zusammenarbeit einer Vielzahl von Personen in ihren unterschiedlichen Rollen. Kunden, Anwender, Betreiber, Fachexperten, Produktmanager, Anforderungsanalytiker und Entwickler sind gefordert, Anforderungen gemeinsam zu erarbeiten, abzustimmen und einen gefundenen Konsens auch bei sich ändernden Anforderungen aufrechtzuerhalten.

In der Literatur variiert die Abgrenzung zwischen Begriffen wie *Anforderungsmanagement* und *Anforderungstechnik* oder *Requirements Engineering* und *Requirements Management* von Autor zu Autor. Teilweise wird der Begriff *Requirements Management* als Oberbegriff sowohl für alle Aufgaben zur Ermittlung und Definition von Anforderungen benutzt, als auch für die Steuerung, Kontrolle und Verwaltung dieser operativen Aufgaben. Andere Autoren verwenden stattdessen *Requirements Engineering* als Oberbegriff und fassen darunter operative Tätigkeiten (*Requirements Development*) und Managementaufgaben (*Requirements Management*) zusammen (vgl. etwa [Wiegers99]).

Obwohl einiges für die zweite Begriffsbildung spricht, wird in diesem Buch *Anforderungsmanagement* gemäß der oben zitierten Definition als umfassender Begriff für alle Aufgaben im Umgang mit Anforderungen verwendet. Dies hat im Wesentlichen zwei Gründe: einen inhaltlichen und einen vertrieblichen:

▶ Probleme im Umgang mit Anforderungen beruhen zumeist auf dem mangelnden Management von Anforderungen. Hier vor allem ist eine Sensibilisierung erforderlich. Die rein operativen Aufgaben, wie etwa die Beschreibung von Anwendungsfällen, werden dagegen, isoliert betrachtet, oft gut ausgeführt.

▶ Die deutsche Bezeichnung *Anforderungstechnik* für *Requirements Engineering* ist wenig verbreitet und zumindest gewöhnungsbedürftig. Mit dem Begriff *Anforderungsmanagement* dürfte es sehr viel leichter fallen, das Thema zu fördern und in einer Organisation die notwendige Managementunterstützung zu erhalten.

Dieser zweite Punkt ist wichtig. Die Einführung und Verbesserung des Anforderungs-managements in einer Organisation muss vom Management sanktioniert und gesponsert werden, um zu *nachhaltigen* Verbesserungen zu führen. Welcher der Begriffe *Requirements Engineering, Requirements Management* oder *Anforderungsmanagement* dazu allerdings am besten geeignet ist, bleibt dem Leser überlassen.

2.2 Hauptaufgaben

Welche Aufgaben sind im Anforderungsmanagement wahrzunehmen, welche grundlegenden Aktivitäten können unterschieden werden? In Abbildung 2.1 sind die Aufgaben des Anforderungsmanagements auf den drei Ebenen *Entwicklung und Durchführung, Steuerung und Verwaltung* sowie *Prozessverbesserung* skizziert.

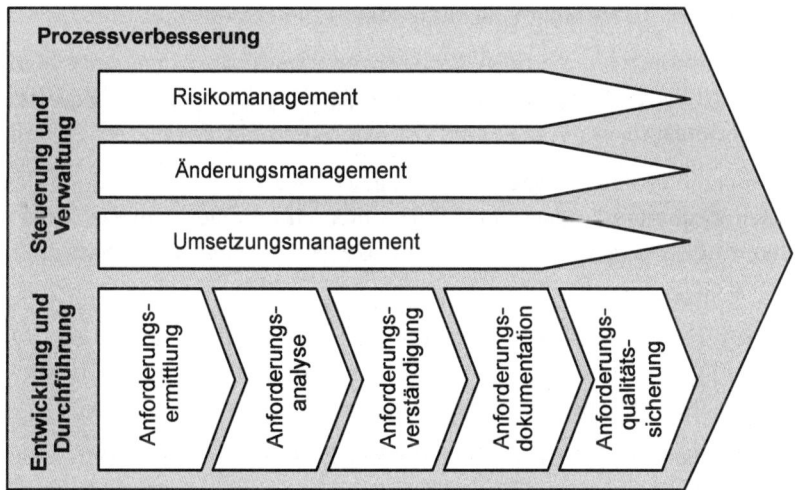

Abbildung 2.1: Hauptaufgaben im Anforderungsmanagement

Der eigentliche operative Umgang mit Anforderungen erfolgt im Entwicklungs- oder Durchführungspfad. Folgende Aufgaben sind funktional zu unterscheiden:

▶ In der **Anforderungsermittlung** werden Anforderungen, Wünsche, Empfehlungen oder einschränkende Randbedingungen entgegengenommen oder aktiv erhoben.

▶ Die **Anforderungsanalyse** dient der fachlichen Klärung und Konkretisierung der ermittelten Anforderungen.

▶ Die **Anforderungsverständigung** zielt auf die Einigung über Anforderungen und die Entscheidungsfindung über die weitere Realisierung.

▶ In der **Anforderungsdokumentation** werden Anforderungen strukturiert und gemäß vorgegebener Beschreibungsmuster spezifiziert.

▶ Die **Anforderungsqualitätssicherung** stellt durch eine Validierung und Verifikation die hinreichende inhaltliche und formale Qualität der Anforderungen sicher.

Diese Aufgaben der Anforderungsentwicklung werden natürlich nicht streng sequenziell ausgeführt. Insbesondere die Ermittlung, Analyse und Dokumentation von Anforderungen ist eng verzahnt und erfolgt oft gleichzeitig. Häufig sind auch mehrere Iterationen erforderlich, um qualitätsgesicherte Anforderungen zu erhalten.

Diese operativen Aufgaben werden von Querschnittsaktivitäten auf einer dispositiven Steuerungs- und Verwaltungsebene unterstützt:

▶ Das **Umsetzungsmanagement** beschäftigt sich mit der Verwaltung, Weitergabe und Verfolgung von Anforderungen bis zur Realisierung im Rahmen eines Entwicklungsprojekts und der Bereitstellung einer Lösung für den Kunden.

▶ Anforderungen unterliegen dauernden Änderungen. Das **Änderungsmanagement** zielt auf den kontrollierten Umgang mit Änderungen über einen definierten, systematischen Änderungsprozess.

▶ Das **Risikomanagement** dient dazu, die mit der Umsetzung von Anforderungen verbundenen Risiken zu erkennen und Maßnahmen zu ergreifen, um die Risiken zu vermeiden, zu übertragen oder sie innerhalb akzeptabler Grenzen zu halten.

Diesen Querschnittsaktivitäten übergeordnet ist wiederum eine dritte, strategische Ebene der **Prozessverbesserung**. Aufgaben dieser Ebene sind die Optimierung der Durchführungs- und Querschnittsaufgaben und die kontinuierliche Reifegradverbesserung einer Organisation im Anforderungsmanagement.

Nachfolgend werden diese Aufgaben detaillierter vorgestellt und anhand von einfachen Beispielen erläutert. Die Grundmuster dieser allgemeinen Aufgaben dienen in Kapitel 3 zur Ableitung und Vorstellung der spezifischen Aktivitäten im Kunden-, Produkt- und Projekt-AM. Wiederholt werden im Folgenden auch Vorwärtsverweise auf andere Abschnitte dieses Buches gegeben, welche die hier eingeführten Aspekte vertiefen.

2.2.1 Entwicklung und Durchführung

Ermittlung von Anforderungen

Um einem Kunden eine geeignete Lösung bereitstellen zu können, muss man zunächst sein Problem und Bedürfnis verstehen und die daraus resultierenden Anforderungen ermitteln. Jede Anwendungsentwicklung beginnt nach der Zielfestlegung deshalb mit der Ermittlung der Anforderungen an das geplante System und der Festlegung der einschränkenden Rahmenbedingungen, denen die Lösung genügen soll.

Im ersten Moment erscheint diese Aufgabe vielleicht nicht sonderlich herausfordernd, die Schwierigkeiten offenbaren sich aber meist sehr schnell. Zunächst müssen die verschiedenen Quellen, welche Wissen über das Problem haben und Anforderungen an die Entwicklung stellen können, identifiziert werden. Neben den betroffenen und beteiligten Personen (sog. *Stakeholder*) sind wichtige Quellen etwa Gesetze und Verordnungen, Organisationsstandards oder bestehende Systeme und Konkurrenzprodukte. Sollen Standardprodukte entwickelt werden, müssen mit der Unterstützung des Marketing auch relevante Marktsegmente mit potenziellen Kunden analysiert werden.

Soll beispielsweise die Ausleihverwaltung einer Universitätsbibliothek neu entwickelt werden, sind zentrale Stakeholder natürlich das Universitäts- und Bibliotheksmanagement als Kunde und Auftraggeber sowie verschiedene Klassen von Anwendern wie das Bibliothekspersonal, wissenschaftliche Mitarbeiter und Studenten oder externe Ausleiher. Wichtige Stakeholder sind sicherlich auch Administratoren und Entwickler der Anwendung. Neben diesen unmittelbar Beteiligten gibt es eine Reihe weiterer Personengruppen und Interessenvertreter, welche die Systementwicklung beeinflussen. Man denke nur an die regionale Verankerung einer Universität und die daraus folgende Forderung der Stadt nach freiem Zugang und freier Ausleihe für alle ihre Bürger.

Klar ist jedenfalls, dass nicht alle betroffenen Personen direkt an der Entwicklung beteiligt werden können, sondern Repräsentanten ausgewählt werden müssen. Sind diese Vertreter bestimmt, müssen weitere Wissensquellen und Einflussfaktoren der Anwendung identifiziert werden. Dazu gehören bestehende Anwendungen im Umfeld, etwa zur Literaturerwerbung und Literaturerschließung. Für die Abwicklung von Fernleihen müssen Anforderungen von assoziierten Bibliotheken, Bibliotheksverbünden und Zentralbibliotheken berücksichtigt werden. Weiterhin sind natürlich relevante Gesetze (z.B. zum Datenschutz oder zur Verbreitung jugendgefährdender Schriften) und Richtlinien (z.B. hinsichtlich Maßnahmen zum Strahlenschutz am Arbeitsplatz) zu identifizieren.

Die Erhebung von relevantem Wissen und Anforderungen aus diesen unterschiedlichen Quellen stellt die nächste Herausforderung dar. Bei der Erhebung zeigt sich häufig schnell, dass die Zielsetzungen und Interessen, das Problemverständnis und die Begriffsbildung bei den Beteiligten uneinheitlich sind. Teilweise wissen Anwender und Kunden(vertreter) nur vage, was sie benötigen, teilweise haben sie zwar eine Vorstellung davon, was sie wünschen, können aber diese Vorstellung nicht adäquat formulieren. Oft wird dieses Problem von den Beteiligten etwa dadurch gelöst, dass anstelle einer Anforderung eine Lösung mit ähnlichen Eigenschaften oder das Akzeptanzkriterium beschrieben wird, der Anforderungsanalytiker also das eigentliche Problem und die daraus folgende Anforderung erst rekonstruieren muss.

Nicht zuletzt aufgrund dieser Probleme hat sich inzwischen die Einsicht durchgesetzt, dass die Ermittlung und anschließende Analyse von Anforderungen letztlich als ein gemeinsamer Lern- und Problemlösungsprozess begriffen werden muss, der vorhandenes implizites Wissen für die Beteiligten explizit und verständlich macht. Eine zentrale Rolle in dieser Phase spielen deshalb unterschiedlichste Wissenserhebungs-, Kommunikations- und Kreativtechniken, welche das gemeinsame Problemlösen unterstützen.

Die verbreitetsten allgemeinen Techniken zur Anforderungsermittlung sind Fragebögen, Interviews, Anforderungsworkshops, Prototyping sowie Beobachtung und Mitarbeit. Liegen Informationen bereits in einer dokumentierten Form vor, etwa als Geschäftsprozessmodell oder als Ist-Beschreibungen von vorhandenen Systemen, kommen für die Aufbereitung auch Text- und Formularanalysen oder Protokollanalysen in Frage. Techniken, welche sich spezifisch für die Erhebung von Anforderungen in der Anwendungsentwicklung bewährt haben, sind Kartentechniken wie Snowcards oder das Durchspielen von Anwendungsszenarien (in Kapitel 5 werden diese Techniken detailliert erläutert).

Um die Erhebung und Verfeinerung von Anforderungen zielgerichtet durchzuführen, sollten Fragenkataloge oder Beschreibungsmuster für Anforderungen bereitgestellt werden. Für die Erhebung besonders geeignet sind offene W-Fragen, da sie den Lösungsraum und die Kreativität des Interviewten nicht einschränken. Tabelle 2.1 listet einige dieser Fragen auf.

WAS	Was ist das Problem, was bereitet Sorgen?
WARUM	Warum besteht dieses Problem, was ist die zugrunde liegende Zielsetzung?
WER	Wer ist von dem Problem und seinen Auswirkungen direkt oder indirekt betroffen?
WO	Wo trat das Problem auf (Stellen, Informationsobjekte, Prozessschritte ...)?
WIE	Wie kann das Problem beseitigt werden, welche Anforderungen ergeben sich?
WOMIT	Womit bewältigen Sie aktuell das Problem (Anwendungen, Dokumente ...)?
WIE VIEL	Welches sind die Anforderungen an die Problemlösung (Kosten, Dringlichkeit ...)?

Tabelle 2.1: Allgemeine W-Fragen zur Ermittlung von Anforderungen

Um das Problem und die Anforderungen abzugrenzen, sollte bei der Erhebung natürlich auch jeweils geklärt werden, was das Problem *nicht* ist oder wer davon *nicht* betroffen ist.

Manche Techniken, wie Snowcards, forcieren die Beantwortung dieser oder ähnlicher Fragen direkt durch vorgegebene Beschreibungsmuster und Rollenspiele, welche in gemeinsamen Anforderungsworkshops durchgeführt werden. Tabelle 2.2 zeigt beispielhaft das Ergebnis des Einsatzes einer solchen Technik in Form einer Snowcard. Sie enthält die Anforderung eines Bibliothekars, dass gesperrte Benutzer nicht weiter Bibliotheksexemplare zur späteren Ausleihe vormerken dürfen, damit eine Ausleihe für zugelassene Benutzer nicht blockiert wird.

Anforderung #: 4711	Anforderungstyp: *Funktional*	Anwendungsfall #: 13
Beschreibung: *Das System muss sicherstellen, dass kein gesperrter Benutzer ein Exemplar zur Ausleihe vormerken kann.*		
Auslöser: *Die Vormerkung und Ausleihe von Exemplaren ist für berechtigte Benutzer nicht möglich, solange diese durch gesperrte Benutzer blockiert werden.*		
Quelle: *Adrian Ringel (Bibliothekar)*		
Abnahmekriterium: *Kein gesperrter Benutzer darf erfolgreich eine Vormerkung eines ausgeliehenen Exemplars durchführen.*		
Kundenzufriedenheit: 4		Kundenunzufriedenheit: 5
Abhängigkeiten: *keine*		Konflikte: *keine*
Weitere Referenzen: *Protokoll des RE-Workshops vom 13.03.2001*		
Historie: *04.02.2001*		

Tabelle 2.2: Ausgefüllte Snowcard für eine Anforderung an eine Bibliotheksverwaltung

Als Ergebnis der Anforderungsermittlung sollten Anforderungen so weit vorliegen, dass sie für die am Prozess beteiligten Personen verständlich und nachvollziehbar sind.

Analyse von Anforderungen

Die Anforderungsanalyse dient dazu, ermittelte Anforderungen inhaltlich und formal zu strukturieren, zu konsolidieren und Konsistenz herbeizuführen. Beschreibungen werden so weit ergänzt und aufbereitet, dass sie eindeutig und korrekt sind, Abhängigkeiten deutlich werden und eine Einbettung in den Kontext der Anforderung möglich ist. Verbreitete Techniken zur Unterstützung dieser Aufgabe sind Anwendungsfälle [Schneider98], Problem Frames [Jackson01], CRC-Karten [Bellin95] und Begriffs- oder Bedeutungsanalysen [Ortner97] (vgl. dazu Kapitel 5). Fortgeschrittene Techniken wie Konstruktgitterverfahren oder Clusteranalysen werden eher selten genutzt. Insbesondere Anwendungsfälle und die Bedeutungsanalyse haben sich zur Analyse und zur Dokumentation von Anforderungen bewährt, wobei Anwendungsfälle natürlich häufig bereits zur Ermittlung genutzt werden.

Die Anwendungsfallanalyse untersucht, welche Dienste das System den verschiedenen Akteuren außerhalb des Systems bereitstellen muss. Jeder in sich abgeschlossene Dienst wird als Anwendungsfall modelliert. Im Rahmen dieser Modellierung werden oft Abhängigkeiten zwischen Anwendungsfällen erkannt und neue Anforderungen entdeckt. Abbildung 2.2 zeigt vier typische Anwendungsfälle *Exemplar zurückgeben*, *Exemplar ausleihen*, *Exemplar suchen* und *Exemplar vormerken* aus dem Bereich der Ausleihverwaltung. Als externe Akteure wurden der *Benutzer* der Bibliothek, der *Benutzerservice-Mitarbeiter* und die *Benutzerverwaltung* identifiziert.

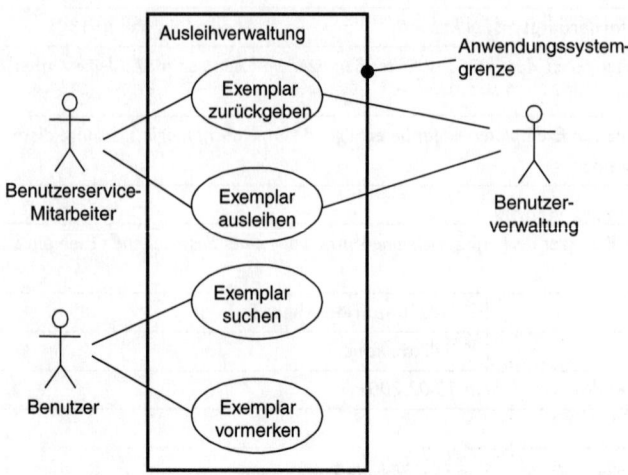

Abbildung 2.2: Anwendungsfälle in der Ausleihverwaltung

Gemäß dieser Darstellung dürfen Benutzer direkt im System Exemplare suchen und vormerken, die Rückgabe und Ausleihe von Exemplaren erfolgt aber über das Bibliothekspersonal. Die Benutzerverwaltung ist ein externes System, welches für die Verbuchung der Ausleihe Benutzerinformationen zur Verfügung stellt.

Eine solche grafische Darstellung ist natürlich nur verständlich, wenn die Anwendungsfälle und Akteure ausreichend spezifiziert sind und alle enthaltenen Fachbegriffe in ihrer Bedeutung geklärt wurden. Die Klärung dieser Begriffe ist das Ziel der Bedeutungsanalyse. Sie soll ein einheitliches Verständnis aller Beteiligten zu verwendeten Fachbegriffen (Nomenklatur) und der durch sie bezeichneten Gegenstände im Anwendungsbereich herstellen. Die Begriffsanalyse nutzt verschiedene Techniken aus der Linguistik zur zielgerichteten Bedeutungsvereinheitlichung, wie etwa die Komponenten-, Merkmals- und Klassifikationsanalyse.

Als Beispiel für die Analyse von Fachbegriffen kann die Einteilung der Publikationsarten in einer Bibliothek dienen. Der Begriff *Publikation* wird von Beteiligten immer wieder mit Bezug auf unterschiedliche Publikationsarten wie *Einzelwerk, Sammelwerk, Periodikum* und *Serie* unterschiedlich verwendet. Mittels der Bedeutungsanalyse sollen diese Termini geklärt und abgegrenzt werden.

In einem ersten Schritt werden die zu unterscheidenden Publikationsarten zunächst definiert. Einzelwerke sind in sich abgeschlossene Publikationen eines Verfassers, welche zu einer zusammenhängenden Veröffentlichung vorgesehen sind. Demgegenüber fassen Sammelwerke Publikationen mehrerer unterschiedlicher Verfasser zusammen. Ein fortlaufendes, in regelmäßigen zeitlichen Abständen erscheinendes Sammelwerk heißt Periodikum, der Terminus Serie (syn. Schriftenreihe) bezeichnet hingegen unregelmäßig erscheinende fortlaufende Sammelwerke.

Um die Abgrenzung dieser Begriffe transparent zu machen, wird eine Klassifikationshierarchie gebildet. Die folgende Abbildung 2.3 zeigt das Ergebnis der Bedeutungsanalyse zur Klassifikation von Publikationsarten für die Entwicklung der Ausleihverwaltung.

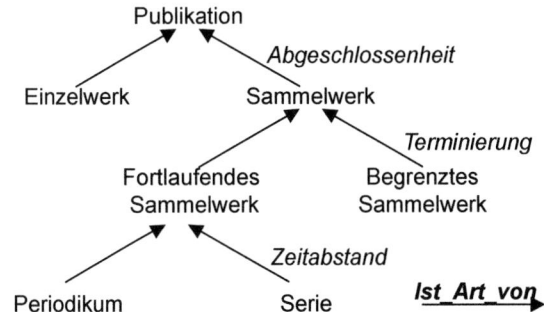

Abbildung 2.3: Klassifikation verschiedener Publikationsarten

Jede Klassifikationsstufe basiert auf einem eindeutigen Klassifikationskriterium (Diskriminator) und führt damit zu einer ausbalancierten und disjunkten Unterteilung. Als Klassifikationskriterien werden die *Abgeschlossenheit* (thematisch abgeschlossen, nicht thematisch abgeschlossen), die *Terminierung* (fortlaufend, begrenzt) und der *Zeitabstand* der Erscheinung (regelmäßig, unregelmäßig) gewählt.

Um beim Aufbau der dargestellten Klassifikationshierarchie keine Klassifikationsstufe zu überspringen, werden zusätzlich die Termini *Fortlaufendes Sammelwerk* und *Begrenztes Sammelwerk* eingeführt. Durch eine solche Klassifikation wird auf der einen Seite eine einheitliche Begriffsbildung der Beteiligten in der Anforderungsanalyse erreicht, auf der anderen Seite können solche Begriffsbildungen gut für die Ableitung von Klassenkandidaten und Vererbungshierarchien genutzt werden.

Die Analyse der Zusammenhänge zwischen Begriffen oder Anforderungen führt oft zu neuen Erkenntnissen. Tabelle 2.3 stellt exemplarisch eine zusätzliche Anforderung dar, welche sich aus der Analyse (oder Qualitätssicherung) der Snowcard aus Tabelle 2.2 ergeben könnte: Nur wenn bei einer Sperre auch alle Vormerkungen eines Benutzers gelöscht werden, wird die ursprüngliche Zielsetzung erreicht, dass berechtigte Benutzer nicht durch bereits gesperrte Benutzer an der Ausleihe gehindert werden.

Anforderung #: 4712	Anforderungstyp: *Funktional*	Anwendungsfall #: 14
Beschreibung: *Wird ein Benutzer gesperrt, müssen alle seine Vormerkungen gelöscht werden.*		
Auslöser: *Die Vormerkung und Ausleihe von Exemplaren ist für berechtigte Benutzer nicht möglich, solange diese durch gesperrte Benutzer blockiert werden.*		
Quelle: *Barbara Maier (Bibliothekarin)*		
Abnahmekriterium: *Kein gesperrter Benutzer darf in der Vormerkliste eines ausgeliehenen Exemplars stehen.*		
Kundenzufriedenheit: *5*	**Kundenunzufriedenheit:** *5*	
Abhängigkeiten: *4711*	**Konflikte:** *keine*	
Weitere Referenzen: *Protokoll des RE-Workshops vom 18.03.2001; Befund 223 der Qualitätssicherung*		
Historie: *18.03.2001*		

Tabelle 2.3: Eine weitere Anforderung bezüglich gesperrter Benutzer

Eine weitere Analyse macht sehr schnell deutlich, dass beide Snowcards Verfeinerungen der Anforderung sind, gesperrte Benutzer nicht am Ausleihverkehr teilnehmen zu lassen (vgl. Abbildung 2.4). Die Aufdeckung solcher Abhängigkeiten zwischen Anforderungen ist eine wesentliche Aufgabe der Anforderungsanalyse. Erst durch eine solche Strukturierung wird die Komplexität von Anforderungsdefinitionen handhabbar. Priorisierungen haben ohne eine Bezugnahme auf Abhängigkeiten zwischen Anforderungen nur eingeschränkten Wert.

Während der Ermittlung und Analyse von Anforderungen wird man zumeist mit gröberen Aussagen beginnen und dann sehr schnell zu Verfeinerungen vordringen. Ähnlich wie in Abbildung 2.4 dargestellt, sollten diese verschiedenen Verfeinerungsebenen dokumentiert werden. Nur durch eine solche Hierarchisierung gelingt es, die Übersicht zwischen groben Anforderungen, wie etwa »Wir benötigen ein System zur *Ausleihverwaltung in unserer Bibliothek*«, und sehr detaillierten Anforderungen, wie »Ein Benutzer darf maximal 15 Bibliotheksexemplare gleichzeitig ausleihen« oder »Ein Bibliotheksexemplar darf durch bis zu fünf unterschiedliche Benutzer vorgemerkt werden, falls es ausgeliehen ist. Ausleiher und Vormerker dürfen jedoch nicht identisch sein«, zu behalten.

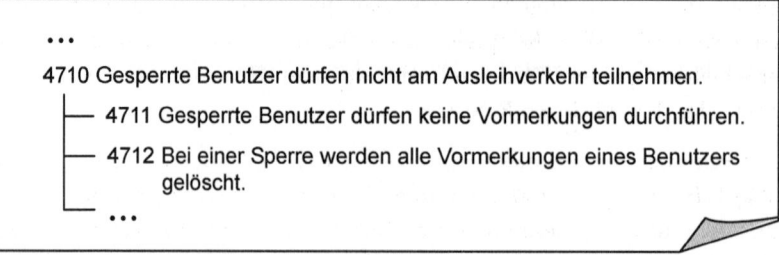

Abbildung 2.4: Strukturierung von Anforderungen

Die Strukturierung von Anforderungen ist umso wichtiger, je umfangreicher das geplante System ist. In großen Entwicklungsprojekten sollte frühzeitig das Gesamtsystem auf der Grundlage einer groben Analyse der Anforderungen partitioniert werden, um die Komplexität der Entwicklung handhabbar zu machen. Die folgende Abbildung 2.5 zeigt beispielhaft eine solche Aufteilung eines Bibliothekssystems mit dem Paket-Konzept der UML.

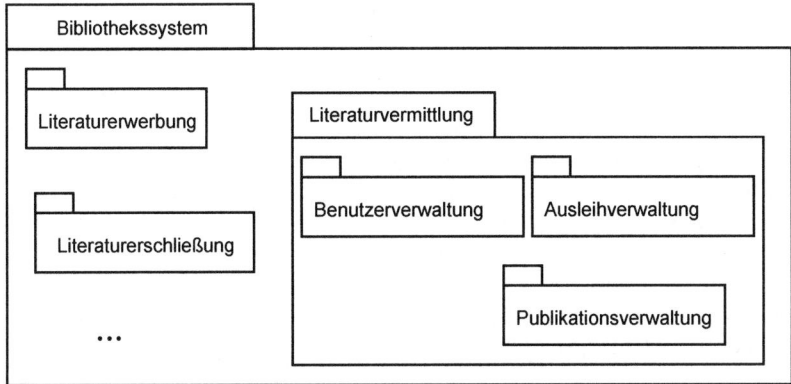

Abbildung 2.5: Horizontale Partitionierung von Anwendungen

Schließlich gehört zur Analyse von Anforderungen noch die Prüfung, ob ermittelte Anforderungen mit Geschäftszielen, unterstützenden Geschäftsprozessen und der Anwendungslandschaft konform sind. Zur Entwicklung von Standardprodukten ist weiterhin der Abgleich mit den Eigenschaften möglicher Konkurrenzprodukte empfehlenswert. Eine gute Technik hierfür ist beispielsweise *Quality Function Deployment (QFD)* [Herzwurm97].

Verständigung über Anforderungen

Unterschiedliche Beteiligte haben oft sehr unterschiedliche Vorstellungen über die Eigenschaften des geplanten Produktes. Im Anforderungsmanagement müssen deshalb oft Konflikte zwischen den beteiligten Parteien gelöst und Entscheidungen über Anforderungen getroffen werden. Beispiele für solche Entscheidungen sind etwa die Annahme oder Ablehnung einer Kundenanforderung oder die Umsetzung der Anforderung in diesem oder dem nächsten Release.

Die anstehenden Entscheidungen sollten vor einem möglichst rationalen Hintergrund im Sinne des *Win-Win-Prinzips* getroffen werden. Dazu müssen Konflikte offen gelegt, Argumente zum Für und Wider gesammelt und Entscheidungsalternativen aufgezeigt werden. Um Entscheidungen objektiver und für alle Beteiligten nachvollziehbar zu

gestalten, sollten Anforderungen quantitativ bewertet und nach Kriterien wie Wichtigkeit, Dringlichkeit oder Umsetzungsaufwand priorisiert werden.

Kleinere Konflikte zwischen Beteiligten können im Entwicklungsprozess zumeist
durch übliche Moderationstechniken beigelegt werden. Ergebnis kann etwa die Modifikation einer Anforderungen oder eine Neubewertung sein. Als ein einfaches Beispiel
für eine solche Verständigung kann die Anforderung 4712 aus Tabelle 2.3 dienen:
»Wird ein Benutzer gesperrt, müssen alle seine Vormerkungen gelöscht werden.« Wie
könnte ein Kompromiss aussehen, falls andere Stakeholder diese Anforderung als
unangemessen hart für einen gesperrten Benutzer ablehnen? Nahe liegend wäre die
Änderung der Anforderung etwa dahingehend, dass die Vormerkungen eines gesperrten Benutzers nicht sofort, sondern erst nach dem Ablauf einer bestimmten Frist
gelöscht werden. Ein gesperrter Benutzer hätte somit die Möglichkeit, durch Zahlung
säumiger Mahngebühren wieder am Ausleihverkehr teilnehmen zu dürfen und damit
seine Vormerkungen nicht zu verlieren.

Manchmal genügen diese einfachen Techniken allerdings nicht. Besteht beispielsweise
im Management der Bibliothek Uneinigkeit darüber, ob der Bibliotheksbestand im
Internet für die Suche und für Vormerkungen zugänglich gemacht werden soll, hilft
eine einfache Umbewertung nicht weiter. In Kapitel 5 wird als eine gute Technik für die
Verständigung in größeren Konfliktsituationen die Mediation vorgestellt.

Dokumentation von Anforderungen

Spezifizierte Anforderungen sollten für alle Beteiligten und Betroffenen verständlich
sein. Die Heterogenität der am Entwicklungsprozess beteiligten Personen und die Ver-
schiedenartigkeit der durchzuführenden Aufgaben erfordern den Einsatz verschiedener,
den jeweiligen Personen und Aufgaben angepassten Sprachen mit unterschiedlichen
Formalisierungsgraden und Darstellungsarten. Ausgehend von zunächst natürlichsprachlichen Anforderungen wird man in vielen Fällen zu semiformalen oder formalen
Sprachen übergehen, um Anforderungen zu präzisieren und Zusammenhänge zwischen Anforderungen modellhaft besser zu verdeutlichen.

In der Literatur werden sehr viele Spezifikationssprachen und (Varianten von) Doku-
mentationstechniken vorgeschlagen. Einen umfassenden Überblick über solche Techniken gibt das Standardwerk von Davis [Davis93]. Es behandelt Techniken wie
Petrinetze, Datenflussdiagramme, Zustandsmodelle oder Entscheidungstabellen und
gibt Empfehlungen, wann welche Technik im welchem Kontext zu welcher Problembeschreibung geeignet ist.

Mit der *Unified Modeling Language (UML)* [Booch99] hat sich für die objektorientierte
Entwicklung inzwischen ein Standard an Modellierungs- und Diagrammtechniken
durchgesetzt, für die strukturierte Entwicklung sind die *Strukturierte Analyse (SA)*

[Yourdon89] und das *Information Engineering (IE)* [Martin90] zwar weit verbreitet, ein allgemein akzeptierter Standard konnte sich aber nicht etablieren.

Die folgende Abbildung 2.6 zeigt exemplarisch die Spezifikation der Anforderungen eines kleinen Anwendungsbereichs mit der UML. Dargestellt ist der Ausschnitt eines Klassenmodells mit Geschäftsobjekten aus dem Bereich Ausleihverwaltung einer Universitätsbibliothek. Im Modell sind einige der in den letzten Abschnitten diskutierten Anforderungen spezifiziert. Dass ein Benutzer maximal 15 Exemplare ausleihen darf und dass für ein Exemplar bis zu fünf Vormerkungen eingetragen werden können, wird beispielsweise im UML-Modell durch Kardinalitäten und Beziehungen zwischen der Klasse *Benutzer* und *Ausleihexemplar* dokumentiert.

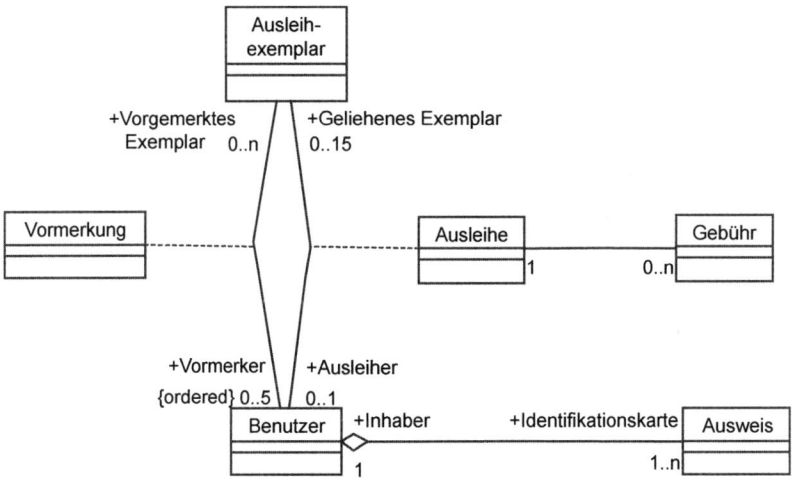

Abbildung 2.6: Initiales Klassenmodell einer Bibliothek in der UML

Dynamische Anforderungen oder zeitliche Abhängigkeiten lassen sich durch ein solches Klassenmodell jedoch nur schwer ausdrücken. Die UML sieht dafür andere Diagrammtypen und Modelle vor. Abbildung 2.7 stellt den Lebenszyklus von Objekten der Klasse *Benutzer* mit vier verschiedenen Zuständen und den entsprechenden Methoden dar, welche die Zustandsübergänge herbeiführen.

In diesem Zustandsmodell findet sich beispielsweise die Anforderung 4711 aus Tabelle 2.2 umgesetzt: »Das System muss sicherstellen, dass kein gesperrter Benutzer ein Exemplar zur Ausleihe vormerken kann.« Benutzer können gemäß diesem Modell im Zustand *gesperrt* keine Vormerkungen durchführen. Dies ist erst wieder möglich, wenn alle ausgeliehenen Exemplare zurückgegeben wurden und der Benutzer wieder in den Leihverkehr aufgenommen wurde, also leihberechtigt ist.

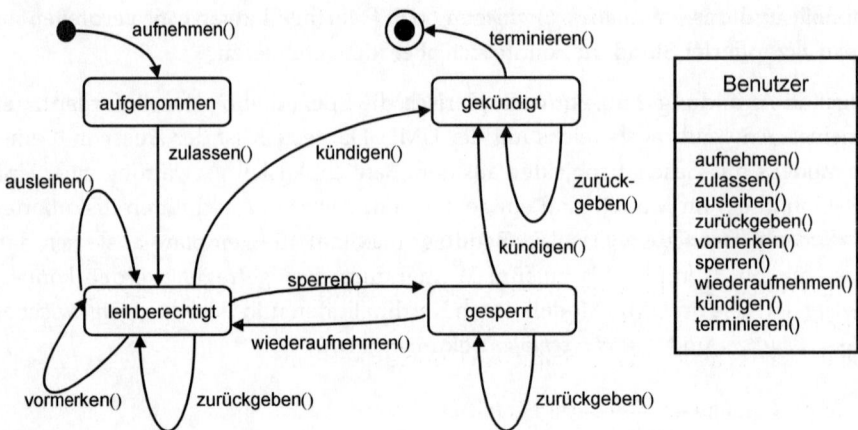

Abbildung 2.7: Lebenszyklus von Objekten der Klasse Benutzer

In Kapitel 4 dieses Buches wird ausführlich auf die Dokumentation von Anforderungen eingegangen. Es wird gezeigt, welche Anforderungen wie zu spezifizieren sind, und es werden Empfehlungen für den Aufbau von Anforderungsdokumenten gegeben.

Qualitätssicherung von Anforderungen

Abgeschlossen wird der Prozess der Anforderungsentwicklung durch die Qualitätssicherung. Die folgende Tabelle 2.4 stellt einen möglichen Befund der Qualitätssicherung zur Anforderung 4711 aus Tabelle 2.2 dar. Das Ergebnis der Einarbeitung dieses Befunds hätte anschließend zur Snowcard 4712 in Tabelle 2.3 führen können.

Befund #: 223	Anforderung #: 4711(Snowcard)	Befundtyp: Unvollständigkeit
Beschreibung: Die Forderung, dass berechtigte Benutzer nicht durch Vormerkungen von gesperrten Benutzern blockiert werden dürfen, wird durch die Anforderung nicht vollständig erfüllt. Dazu müssten auch alle vorhandenen Vormerkungen eines gesperrten Benutzers gelöscht werden. Eine solche Anforderung wurde bisher aber nicht formuliert.		
Empfehlung: Eine ergänzende Anforderung definieren, dass bei der Sperrung eines Benutzers dessen Vormerkungen gelöscht werden.		
MA Qualitätssicherung: *Tabea Frisch (Bibliothekarin)*		Datum: *10.02.2001*
Reaktion: *Der Empfehlung wird gefolgt, Anforderung wird in Snowcard #4712 aufgenommen.*		
MA Entwicklung: *Horst Winter*		Datum: *18.03.2001*
Abhängigkeiten: *keine*	Konflikte: *keine*	
Referenzen/Historie: *Protokoll des RE-Workshops vom 18.03.2001*		

Tabelle 2.4: Qualitätssicherung von Anforderungen

Die Qualitätssicherung von Anforderungen bezieht sich grundsätzlich auf die beiden Aspekte

▶ **Verifikation** – wurden die Anforderungen an das zu entwickelnde System richtig spezifiziert?

und

▶ **Validierung** – wurden die richtigen Anforderungen an das System spezifiziert?

Zur Verifikation dienen insbesondere sog. *harte* Techniken wie Inspektionen mit Befunden, Reviews oder Walkthroughs. Sie prüfen Anforderungen anhand vordefinierter Prüflisten nach formalen und inhaltlichen Gesichtspunkten.

Weiche Techniken eignen sich demgegenüber eher für die Validierung der Anforderungen zusammen mit dem Benutzer in dessen Anwendungskontext. Dazu zählen etwa das Prototyping oder die fachliche Simulation und Szenarientechniken.

Das kleine Beispiel in Tabelle 2.4 zeigt indes, dass die Trennung zwischen Verifikation und Validierung nicht immer klar zu ziehen ist und auch harte Techniken inhaltliche Mängel deutlich machen können.

2.2.2 Steuerung und Verwaltung

Umsetzungsmanagement

Aufgabe des Umsetzungsmanagements ist die Verwaltung, Weitergabe und Verfolgung von Anforderungen bis zur Umsetzung und Lösungsbereitstellung. Das Umsetzungsmanagement steuert und kontrolliert die Aktivitäten des Durchführungspfads und stimmt die verschiedenen Teilprozesse aufeinander ab. Es sorgt insbesondere für die Verbindlichkeit und Nachvollziehbarkeit aller Ergebnisse für die verschiedenen Prozesskunden (Management, Projektleiter, Produktmanagement, Entwicklung, Kundenvertreter) durch die Verwaltung von Statusinformationen und die Pflege von Bezügen zwischen Anforderungen und verbundenen Kontextinformationen.

Einige Beispiele für solche Traces finden sich in den Snowcards in Tabelle 2.2 und Tabelle 2.3. Die Felder *Quelle, Abnahmekriterium, Abhängigkeiten, Konflikte, Weitere Referenzen* und *Historie* stellen den Kontext der beschriebenen Anforderung her. Die Referenzierung auf die Quelle der Anforderung ermöglicht es dem Umsetzungsmanagement, die Anforderungssteller über Änderungen der Anforderungen oder Verzögerungen in der Umsetzung zu informieren. Besonders wichtig ist natürlich die Pflege der Abhängigkeiten zwischen den Anforderungen. Insbesondere sollte hier auch die Art der Beziehung zwischen den Anforderungen (Konflikt, Ergänzung, Abhängigkeit, Verfeinerung, Begründung, ...) festgehalten werden.

Die Verwaltung dieser Informationen stellt eine große Herausforderung für das Umsetzungsmanagement dar. Ohne eine ausreichende Werkzeugunterstützung ist ein effizientes *Tracing* nicht möglich. In Kapitel 6 werden Anforderungsmanagement-Werkzeuge vorgestellt und es wird beispielhaft gezeigt, wie diese Werkzeuge das Tracing unterstützen können.

Änderungsmanagement

Anforderungen an ein Produkt unterliegen permanenten Änderungen. Eine Änderungsrate von 2 % der Anforderungen pro Monat ist ein Durchschnittswert. Dieser Wert kann in Abhängigkeit vom Produktkontext nach oben oder nach unten variieren. Leffingwell gibt als Varianz etwa einen Wert von 1 - 4 % an [Leffingwell99, S. 372]. Eine groß angelegte Studie von Jones kommt zu ähnlichen Ergebnissen. Während der Projektlaufzeit ändern sich in kleinen Projekten bis zu 25 % der Anforderungen, in großen Projekten beträgt dieser Wert, nicht zuletzt aufgrund der längeren Projektlaufzeit, bis zu 50 % [Jones99].

Änderungsraten weit unterhalb oder oberhalb dieses Wertes sind Alarmsignale. Sehr niedrige Änderungsraten deuten darauf hin, dass Anforderungen ignoriert werden oder das Interesse an dem Produkt bereits erloschen ist. Hohe Änderungsraten können bedeuten, dass die Qualität der ermittelten Anforderungen ungenügend ist oder die Produktziele von vornherein nicht klar definiert waren. Im Falle der Bibliotheksanwendung dürfte sich die Änderungsrate eher am unteren Limit bewegen, da der Anwendungsbereich gut erfasst und aufgrund seines hohen Reifegrades sehr stabil ist.

Bewegen sich die Änderungen von Anforderungen im normalen Rahmen, sollten sie nicht »bekämpft«, sondern als treibende Kraft für den Entwicklungsprozess genutzt werden. Änderungsanforderungen zeigen, dass man sich mit dem Produkt intensiv beschäftigt und an der Entwicklung interessiert ist. Die im Allgemeinen hohe Qualität von Änderungsanforderungen unterstreicht dies.

Änderungsanforderungen sollten in einem definierten Prozess in die Umsetzung geführt werden. Als zentrale Kontrollinstanz bietet sich die Einrichtung eines sog. *Change Control Boards (CCB)* an. Es besteht aus drei bis maximal fünf Personen, welche die wesentlichen beteiligten Personengruppen vertreten. Alle Änderungsanforderungen werden durch das CCB einer Auswirkungs- und Betroffenheitsanalyse unterzogen. Im Fall einer positiven Entscheidung wird die Einarbeitung in die betroffenen Artefakte veranlasst.

Wird ein Produkt in einem sehr dynamischen Umfeld entwickelt, muss der Umgang mit Änderungen bereits bei der Planung der Anwendungsarchitektur und des Entwicklungsprozesses berücksichtigt werden. Um flexibel reagieren zu können, sollte ein Entwicklungsprozess mit mehreren Iterationen nach einem *Timeboxing-Verfahren* ins Auge gefasst werden; ggfs. kommt auch ein leichtgewichtiges, agiles Vorgehen in

Frage. Besteht Unklarheit bezüglich der Kundenanforderungen, muss ein exploratives Prototyping in der Entwicklung eingeplant werden. Ebenso sollte die Produktarchitektur flexibel gewählt werden. Architekturmuster und Komponentenmodelle bieten Ansatzpunkte, das Risiko architekturkorrumpierender Anforderungen zu minimieren.

Risikomanagement

Die Umsetzung von Anforderungen birgt eine Vielzahl von Risiken. Typische Risiken in Projekten sind etwa häufige Änderungen von Anforderungen, zu viele Anforderungen oder eine mangelnde Nutzerbeteiligung, so dass nicht klar ist, ob die richtigen Anforderungen ermittelt wurden. Durch das Risikomanagement sollen solche Risiken innerhalb akzeptabler Grenzen gehalten oder ganz vermieden werden. Eine Übertragung des Risikos auf andere Beteiligte (Kunde, Subunternehmer) ist zumeist nicht möglich.

Wichtigste Aufgaben im Risikomanagement sind

▶ die Identifikation potenzieller Risiken,

▶ die Abschätzung der Wahrscheinlichkeit des Auftretens eines Schadensfalles,

▶ die Abschätzung der Schwere und der Folgen eines Schadensfalles,

▶ die Ermittlung von Maßnahmen, um das Risiko zu übertragen oder abzuwenden.

Tabelle 2.5 zeigt einige Maßnahmen zur Risikominderung für typische Probleme im Anforderungsmanagement.

Risiko	Gegenmaßnahme
Häufige Änderungen von Anforderungen	Produktziele klären oder präzisieren
	Änderungsschwelle erhöhen
Mangelnde Nutzerbeteiligung	Anforderungsworkshop organisieren
Zu viele Anforderungen	Priorisierung der Anforderungen
	Inkrementelle Entwicklung mit Timeboxing
...	...

Tabelle 2.5: Gegenmaßnahmen zur Risikominderung

In Kapitel 5 wird mit der Risiko-Top-10 eine einfache Technik für das Risikomanagement im Rahmen des Anforderungsmanagements vorgestellt.

2.2.3 Prozessverbesserung

Jede Prozessverbesserung dient grundsätzlich dem Zweck, die Abläufe einer Organisation an neue oder geänderte Anforderungen anzupassen oder effizienter zu gestalten. Dies gilt natürlich auch für die Prozesse des Anforderungsmanagements. Die strategische Ebene der Prozessverbesserung ist für diese Anpassung und Optimierung der Aktivitäten im Anforderungsmanagement verantwortlich.

Zu den Aufgaben dieser Ebene gehört zunächst die Einführung und Etablierung des Anforderungsmanagements selbst. Dies sollte schrittweise erfolgen und sich am aktuellen Reifegrad der Organisation orientieren. Ein Stufenkonzept für dieses Vorgehen wird in Kapitel 8 vorgestellt. Anhand eines laufenden Controllings der Prozesse im Anforderungsmanagement können Fehler vermieden, Optimierungspotenziale erkannt und Verbesserungen umgesetzt werden.

2.3   Kernideen

In den vorigen Abschnitten wurden die grundlegenden Aufgaben im Anforderungsmanagement skizziert und an Beispielen erläutert. In diesem Abschnitt sollen die Rahmenbedingungen und Zielsetzungen vertieft werden.

Nach einem Modell von Pohl (vgl. [Pohl96]) werden zunächst die zentralen Dimensionen, in welchen sich der Prozess der Anforderungsentwicklung abspielt, erläutert. Anschließend werden drei für das Verständnis des Anforderungsmanagements grundlegende Begriffspaare diskutiert:

▶ **Problem** (Anwendungsbereich) und **Lösung** (Anwendungssystem oder Produkt)

▶ **Anforderung** (Kundenbedürfnis) und **Abnahmekriterium** (Kundenakzeptanz)

▶ **Fachseite** (Essenz) und **Technik** (Inkarnation)

2.3.1 Dimensionen des Anforderungsmanagements

Die Vollständigkeit einer Spezifikation, die Eindeutigkeit der gewählten Repräsentation und die erzielte Übereinstimmung bezüglich der Beurteilung aller Anforderungen und fachlicher Aussagen lassen sich als die drei wesentlichen Eigenschaften einer Anforderungsdefinition auffassen:

>*Software requirements engineering is the discipline for developing a complete, consistent unambiguous specification – which can serve as a basis for common agreement among all parties concerned – describing what the software product will do (but not how it will do it; this is to be done in the design specification).« [Boehm79, S. 47]*

Ähnlich drückt dies Martin aus, wenn er feststellt: »*the objective of requirements analysis is to obtain a clear, complete, agreed-upon requirements specification for a feasible software application.*« [Martin88, S. 19]

Pohl führte *specification, representation* und *agreement* als die drei zentralen Dimensionen ein, in welchen sich der Entwicklungsprozess von Anforderungen abspielt. In

Anlehnung an [Pohl96, S. 38] veranschaulicht Abbildung 2.8 den Prozess der Anforderungsentwicklung hin zu einer Anforderungsdefinition in diesen Dimensionen in Zusammenhang mit dem jeweiligen erreichten Problemverständnis, dem Formalisierungsgrad der gewählten Darstellungsmittel und der erzielten Übereinstimmung bei der Bewertung der Anforderungen.

Ausgehend von den Forderungen Boehms und Martins an die Eigenschaften einer Anforderungsdefinition und der Charakterisierung des Entwurfsprozesses durch Pohl soll der in den vorigen Abschnitten beschriebene Prozess zur Anforderungsentwicklung näher erläutert werden:

▶ **Spezifikation** – Was soll beschrieben werden, um zu einer möglichst vollständigen Anforderungsdefinition zu kommen?

▶ **Repräsentation** – Welche Darstellungsmittel müssen gewählt werden, damit die Anforderungen eindeutig und für die Beteiligten verständlich sind?

▶ **Geltung** – Wie können von allen Beteiligten getragene, gemeinsame Ergebnisse erarbeitet und begründet werden?

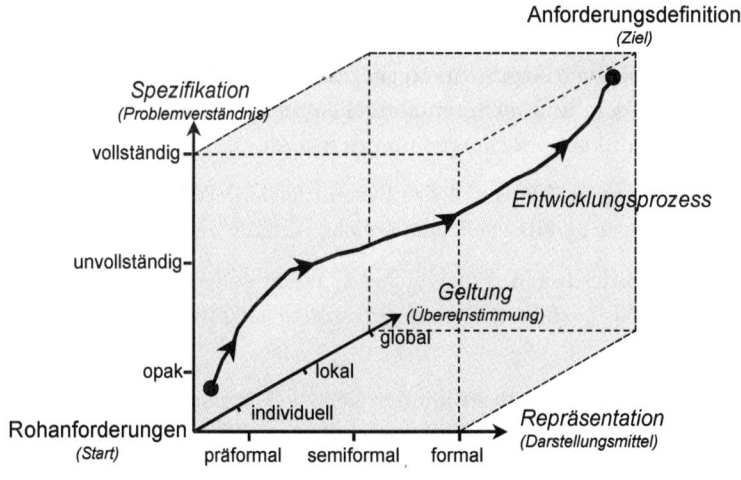

Abbildung 2.8: Zentrale Dimensionen des Entwicklungsprozesses

Spezifikation

Die Anforderungsdefinition soll alle für die Systementwicklung erforderlichen Anforderungen in ausreichender Präzision enthalten und damit das Problem vollständig beschreiben:

»Completeness of a requirements specification demands that there are no ›gaps‹ in the requirements, i.e. that the requirements specification describes all, and only, the relevant facets of the desired system.« [Stokes91, S. 16/6]

Der Grad dieser Vollständigkeit kann natürlich immer nur gegen empfohlene Standards gemessen werden. Die an der Spezifikation Beteiligten benötigen also Empfehlungen dafür, welche Anforderungen wie dokumentiert sein sollten. Zum einen muss beispielsweise festgelegt werden, dass Aussagen zum Zeitverhalten in der Anforderungsdefinition enthalten sein sollten, zum anderen muss aber auch ein Hinweis zur erwarteten Präzision gegeben werden. Anstelle einer Anforderung »Gute Antwortzeit« könnte ein Beschreibungsmuster etwa die Präzisierung »Die Antwortzeit von 95 % aller Verbuchungen einer Ausleihe soll innerhalb eines Monats nach Systemeinführung unter 1 Sekunde liegen« verlangen.

Seit Anfang der achtziger Jahre wurden eine Reihe von Rahmenwerken und Dokumentationsstandards für die Spezifikation von Anforderungen vorgeschlagen. Aufgrund ihrer Ordnungsfunktion geben diese Rahmenwerke Hinweise, welche Aspekte eines Systems in welcher Form beschrieben werden müssen und wie diese Teilbeschreibungen zu einem Gesamtmodell zu integrieren sind. Ein weit verbreiteter, oft zitierter Dokumentationsstandard ist etwa [IEEE830]. Viele Muster für Anforderungsdefinitionen in privaten oder öffentlichen Organisationen orientieren sich an diesem Standard.

In Kapitel 4 werden verschiedene Arten von zu spezifizierenden Anforderungen vorgestellt, welche sich an diesem und weiteren ähnlichen Standards orientieren. Dabei werden vier Arten von Produktanforderungen unterschieden:

1. **Funktionale Anforderungen** – Was soll das System leisten? Welche Daten sollen verarbeitet, welche Dienste bereitgestellt und welche Abläufe unterstützt werden?

2. **Nichtfunktionale Anforderungen** – In welcher Qualität sollen diese Leistungen bereitgestellt werden? Wie ausfallsicher oder performant soll etwa die Anwendung sein?

3. **Rahmenbedingungen** – Welchen Restriktionen soll die Lösung genügen? Gibt es rechtliche oder organisatorische Einschränkungen, die beachtet werden müssen?

4. **Entwicklungs- und Produktionsanforderungen** – Welchen Anforderungen soll die Entwicklung und Produktion genügen? Gibt es beispielsweise besondere Anforderungen an die Wartung des Produktes?

Diese Anforderungsarten werden weiter differenziert und Beispiele für die Spezifikation gegeben. Anschließend wird gezeigt, wie diese Anforderungen zu Dokumenten gebündelt werden können und welche weiteren Ergebnisse in diesen Dokumenten enthalten sein sollten.

Empfehlungen zur Spezifikation von Anforderungen sollen allen Beteiligten helfen, ein umfassendes, möglichst lückenloses Problemverständnis zu entwickeln. Die grundsätzliche Problematik, zu bestimmen, wann ein solches Problemverständnis ausreichend und eine Anforderungsspezifikation vollständig ist, kann systematisch allerdings nicht geklärt werden. Vollständigkeit muss immer in Bezug zur erreichten Stabilität der Aussagen und ihrem Verständnis durch die beteiligten Personen gesehen werden, um den Umfang einer Anforderungsspezifikationen sinnvoll zu begrenzen.

Repräsentation

Anforderungen sollten für alle Stakeholder verständlich sein. Erforderlich ist deshalb der Einsatz verschiedener, den jeweiligen Personen und Aufgaben angepasster Sprachen mit unterschiedlichen Formalisierungsgraden (präformal, semiformal, formal) und Darstellungsarten (textuell, grafisch, tabellarisch).

Häufig wird die Ansicht vertreten, dass zur Beschreibung von Anforderungen frühzeitig formale Sprachen – gemeint ist damit ein in seiner Syntax und seiner Semantik durch formal-logische Kalküle oder Funktionen festgelegter Repräsentationsformalismus – verwendet werden sollten, um die inhärenten Vagheiten und Mehrdeutigkeiten der natürlichen Sprache zu vermeiden. Zur eindeutigen, widerspruchsfreien Beschreibung von Anwendungen wurden deshalb eine Vielzahl unterschiedlicher formaler Spezifikationssprachen – etwa modellbasierte Sprachen wie Z und VDM oder algebraische Sprachen wie LOTOS – entwickelt.

Sicherlich sind formale Sprachen wichtig. Bei der Entwicklung sicherheitskritischer Systeme sollten sie auch frühzeitig eingesetzt werden, um durch die Formalisierung Mehrdeutigkeit zu vermeiden, Inkonsistenzen aufzudecken und automatische Code- und Testfallgenerierungen zu ermöglichen.

Empfehlungen für einen frühzeitigen Einsatz formaler Sprachen dürfen allerdings nicht verkennen, dass die Festlegung der Semantik dieser formalen Sprachen auf einer Metaebene letztlich doch wieder umgangssprachlich erfolgt. Eine Formalisierung von Entwicklungsergebnissen kann deshalb sinnvollerweise nur eingebettet in einem Klärungs- und Verstehensprozess erfolgen. Diese Klärung wird aber nicht dadurch unterstützt, dass Aussagen frühzeitig von einer den Beteiligten verständlichen Sprache in eine ihnen weniger geläufige und unverständliche Sprache übersetzt werden.

In diesem Klärungsprozess ist auch der Einsatz semiformaler oder informeller Sprachen schon allein deshalb notwendig, um bei umfangreichen Aufgabenstellungen nicht in jedem Entwicklungsschritt der Verpflichtung einer vollständigen Formalisierung nachkommen zu müssen und damit der Gefahr einer Über- oder Unterspezifikation zu unterliegen. Dies umso mehr, als semiformale grafische Sprachen wie Datenflussdiagramme oder Entity-Relationship-Diagramme im Gegensatz zu formalen Sprachen sehr gute Strukturierungsmöglichkeiten bieten und Zusammenhänge zwischen den Entwicklungsergebnissen besser veranschaulichen.

Aufgrund ihrer Ausdrucksmächtigkeit und wegen ihrer Verständlichkeit sind semiformale und insbesondere informelle Beschreibungsmittel sowieso häufig das einzige Mittel für die Kommunikation mit dem Benutzer, d.h. für die Erhebung der Anforderungen und für die Vermittlung und Validierung der Spezifikationsergebnisse.

Abbildung 2.9 gibt ein einfaches Beispiel dafür, wie ein Sachverhalt in verschiedenen Formalisierungsgraden und Darstellungsarten ausgedrückt werden kann.

präformal/ textuell	semiformal/ grafisch	formal/ prädikatenlogisch
Ein Inhaltsverzeichnis ist Teil eines Periodikums. Jedes Periodikum hat ein eindeutiges Inhaltsverzeichnis	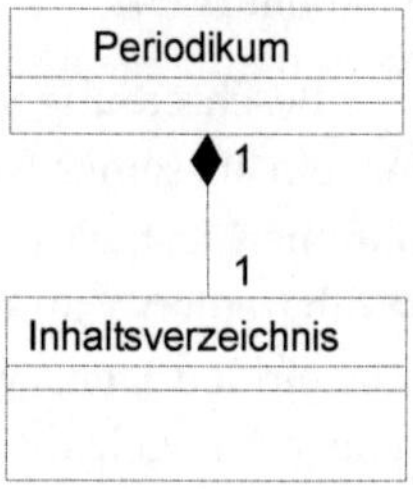 Periodikum ◆1 1 Inhaltsverzeichnis	$\forall$x:Inhaltsverzeichnis $\exists$!y:Periodikum (teil_von(x,y)) $\forall$x:Periodikum $\exists$!y:Inhaltsverzeichnis (teil_von(y,x) $\wedge$ $\forall$z:Inhaltsverzeichnis (teil_von(z,x) $\rightarrow$z = y)))

Abbildung 2.9: Verschiedene Formalisierungsgrade und Darstellungsarten

Das Beispiel macht deutlich, dass letztlich erst die Verbindung unterschiedlicher Sprachen den teilweise inkompatiblen Anforderungen an Ausdrucksstärke, Verständlichkeit, Eindeutigkeit, Strukturiertheit und Minimalität der gewählten Repräsentationen gerecht werden kann. Als Richtschnur kann gelten, dass bei den meisten kommerziellen Systemen der Anteil formaler Spezifikationen von Anforderungen unter 10 % liegen dürfte.

Geltung

Das Ergebnis des Anforderungsentwicklungsprozesses soll eine *gemeinsame*, von allen Beteiligten getragene Anforderungsdefinition sein. Mehrere Personen in ihren unterschiedlichen Rollen und mit ihren divergierenden Bedürfnissen und Zielvorstellungen müssen dazu einen Konsens über die zu lösenden Probleme des Anwendungsbereichs erzielen. Verschiedene Sichtweisen und Auffassungen müssen schrittweise vereinheitlicht und zu einer konsistenten Beschreibung der Anforderungen integriert werden.

Die Entwicklung einer Anforderungsdefinition muss aus dieser Perspektive als Lern- und Abstimmungsprozess verstanden werden. Nicht ein passives Erheben von Anforderungen, sondern die aktive und kritische Rolle als Moderator, Mentor und Gestalter kennzeichnet deshalb die Aufgabe des Anforderungsanalytikers. Ähnlich sind Anwender, Fachexperten und Kunden gefordert, aus ihren lokalen Perspektiven eine gemeinsame, einheitliche Problembeschreibung zu entwickeln. Ähnlich betonen dies Fickas und Nagarajan:

> »In our view, the production of such a specification is not so much a translation process as it is an interactive problem-solving process with both client and analyst involved supplying parts of the final product.« [Fickas88, S.38]

Natürlich bereitet es oft große Probleme, die erforderliche intensive Kommunikation und Kooperation zwischen den Beteiligten organisatorisch zu regeln und eine ausreichende Benutzerbeteilung aufrechtzuerhalten. Die Einbeziehung unterschiedlichster Interessengruppen hilft aber, monopolistische Entscheidungen, welche zu einer Akzeptanzminderung der Anwendung führen können, zu vermeiden. Unterschiedliche Sichtweisen von Beteiligten unterstützen schließlich auch die Entwicklung vollständiger Anforderungsdefinitionen, da jede Sicht verschiedene Fassetten zum Ganzen beiträgt.

Bei der Zusammenführung dieser Sichten in ein Gesamtmodell treten immer wieder Konflikte auf. Diese Konflikte resultieren aus den unterschiedlichen Zielvorstellungen der an der Systementwicklung beteiligten Personengruppen. Eine Anforderungsdefinition soll spezifizieren, was

▶ **Kunden** (Auftraggeber, Investoren, Management, Käufer) wünschen oder beauftragen,

▶ **Anwender** (direkte oder indirekte Nutzer, Fachexperten) für ihre Aufgabenerfüllung benötigen und als eine gute Lösung ansehen,

▶ **Entwickler** (Anforderungsanalytiker, Programmierer, Tester, Projektmanagement) unter gegebenen Rahmenbedingungen realisieren können,

▶ **Betreiber** (Technisches Personal) in der Produktion für administrierbar halten,

▶ **Kunden- und Produktmanager** (Kundenbetreuer, Produktleiter, Berater) in der Produktplanung vorgesehen haben und

▶ **Vertrieb und Marketing** versprechen, um Produkte profitabel vertreiben zu können.

Die Abstimmung unterschiedlicher Erwartungen und Anforderungen ist deshalb eine zentrale Aufgaben im Anforderungsmanagement. Konflikte sollten offen gelegt und im Konsens gelöst werden, da der langfristige Erfolg eines Produktes wesentlich von der Akzeptanz und dem Einvernehmen aller beteiligten Gruppen abhängt.

Zusammenfassung

Anhand der Dimensionen nach Pohl lassen sich auch die in Abschnitt 2.2.1 beschriebenen Aufgaben gut charakterisieren. Die Anforderungsermittlung trägt primär zum

Spezifikationsaspekt bei. Sie dient dazu, das Problemverständnis zu verbessern und eine vollständige Spezifikation zu erstellen. Die Anforderungsverständigung soll die globale Geltung der Ergebnisse gewährleisten. In der Anforderungsdokumentation werden die notwendigen Formalisierungsgrade und Darstellungsarten bestimmt. Die Anforderungsanalyse und die Qualitätssicherung treiben den Entwicklungsprozess in allen drei Dimensionen, sie können sowohl zu einer Verbesserung des Problemverständnisses, zur Herstellung eines umfassenderen Geltungsbereichs als auch zur präziseren Darstellung von Inhalten beitragen.

2.3.2 Problem (Anwendungsbereich) und Lösung (Anwendungssystem)

Die Unterscheidung zwischen Problem und Lösung ist für das Verständnis des Anforderungsmanagements grundlegend. Nur wenn geklärt ist, worin genau das Problem besteht und wie die Randbedingungen für eine Problemlösung aussehen, kann effizient nach einer Lösung gesucht werden.

Dem Problembereich zuzuordnen sind alle Dinge und Geschehnisse des Anwendungsbereichs. Hierzu zählen insbesondere die Aufgabenträger und die fachlichen Handlungen bzw. ihre Aufgaben, welche durch eine geplante Anwendung unterstützt werden sollen. Typische Dinge des Anwendungsbereiches Bibliothek sind beispielsweise Bücher oder andere Medien wie CDs, Microfiche, Videos und Karten, Regale für ihre Aufbewahrung, Benutzer, Bibliothekare, Ausleihtheken und Benutzerausweise. Handlungen sind etwa die Ausleihe mit der Verbuchung, die Vormerkung oder die Rückgabe eines Buches.

Dem Lösungsbereich zuzuordnen sind alle Gegenstände, welche genutzt oder entwickelt werden, um die Aufgaben des Problembereichs durch Anwendungssysteme zu unterstützen. Dazu gehört natürlich das Anwendungssystem mit seinen Hard- und Software-Bestandteilen selbst, dazu gehören aber auch alle Entwicklungs- und Produktionsaktivitäten mit Ergebnissen und Beteiligten.

Jackson hat in [Jackson95] und [Jackson01] sehr schön ausgearbeitet, dass sich die Unterscheidung zwischen Problem und Lösung oder Anwendungsbereich und Anwendungssystem am deutlichsten in der verwendeten Terminologie niederschlägt. Die Beschreibung des Problems erfolgt in der Fachsprache des Anwendungsbereichs, da die informationsverarbeitenden Handlungen im Anwendungsbereich auf Fachbegriffen basieren und diese gewissermaßen zum konstituierenden Bestand der Theorie des Fachbereichs gehören. Den Übergang zur Lösungsbeschreibung zeigen hingegen IT-Begriffe wie Relation, Entität, Transaktion oder Modul an.

Kotonya und Sommerville machen in [Kotonya98, S. 10] zwar zu Recht darauf aufmerksam, dass in der Praxis die Unterscheidung zwischen Problem und Lösung nicht immer leicht ist und Aktivitäten zum Problemverständnis und zur Lösungsbeschreibung ineinander übergehen. Trotzdem ist die Unterscheidung sinnvoll, da sie hilft, den typischen Fehler des zu frühen Übergangs in den Entwurf einer Anwendung zu vermeiden. Ohne den Anwendungsbereich ausreichend verstanden und beschrieben zu haben, etwa als sog. Geschäftsmodell (*business model*), wird direkt die Lösung im Sinne eines Anwendungsmodells (*application model*) konzipiert. Idealtypisch sollte die Beschreibung der Lösung aber erst der letzte Schritt in einer Reihe von Aktivitäten wie *Kundenanforderungen und Bedürfnisse entgegennehmen, Problem analysieren, Systemgrenzen festlegen* und *Produktanforderungen definieren* sein.

Sehr schön drückt dies auch Thomsett aus, wenn er schreibt:

> *»Simply put the question ›What are your requirements?‹ is the wrong question. The right question is, ›What is your world?‹ Once we have begun to understand our clients´ organizational culture, their pressures, their concerns, and their way of working, we can begin to get a clearer idea of them, and then it becomes so much easier to understand their requirements. To understand their systems, we need to understand their organizational culture, their dreams, and their expectations.«* [Thomsett98, S. 42]

Abbildung 2.10 verdeutlicht diese Unterscheidung zwischen Problem und Lösung noch einmal.

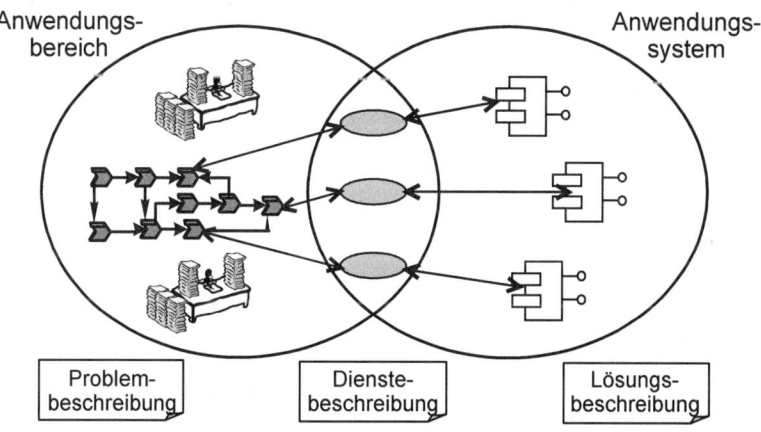

Abbildung 2.10: Unterscheidung zwischen Problem und Lösung

Die Problembeschreibung nimmt auf die Gegenstände des Anwendungsbereichs Bezug. Sie charakterisiert die Aufgaben und Ziele, welche durch das Anwendungssystem zu unterstützen sind. Die Lösungsbeschreibung umfasst demgegenüber alle Gegenstände, die sich auf die Entwicklung und Produktion des Anwendungssystems beziehen. Die Schnittstelle zwischen Anwendungssystem und Anwendungsbereich bilden die Dienste, welche das Anwendungssystem den Benutzern im Anwendungsbereich zur Verfügung stellt, und die Sachverhalte, die das Anwendungssystem kennen muss, damit es seine Aufgaben erfüllen kann.

Wie in Abbildung 2.10 angedeutet, haben sich Geschäftsprozesse inzwischen als zentrales Beschreibungs- und Gestaltungsmittel für Anwendungsbereiche durchgesetzt. In vielen Fällen erfolgt die Beschreibung dieser Prozesse noch in natürlicher Sprache, zunehmend setzen sich aber auch hier semiformale Techniken wie *Ereignisgesteuerte Prozessketten (EPK)* [Scheer98] oder UML-Erweiterungen durch.

Mit der Verbreitung des *Business Engineering (BE)* stehen dem Anforderungsmanagement auch immer häufiger bereits fertige Soll-Geschäftsprozesse zur Verfügung, welche etwa im Rahmen von BPR-Projekten *(Business Process Reengineering)* modelliert wurden. In der Rolle eines Brückenbauers ist das Anforderungsmanagement hier vor allem für den Übergang vom Problem zur Lösung bzw. vom Business Engineering zum Software Engineering zuständig. Kapitel 7 zeigt, wie die Geschäftsprozesse eines Anwendungsbereichs beschrieben werden können und wie daraus im Rahmen des Anforderungsmanagements systematisch Anforderungen für die Anwendungsentwicklung abzuleiten sind.

2.3.3 Anforderung (Kundenbedürfnis) und Abnahmekriterium (Kundenakzeptanz)

Das Begriffspaar Anforderung und Abnahmekriterium steht maßgeblich für die Kundenorientierung des gesamten Entwicklungsprozesses. Abnahmekriterien stellen einen entscheidenden Faktor für die Effizienz des Anforderungsmanagements dar. Sie erhöhen die Konsistenz von Anforderungen und bilden das verbindliche Fundament für die Integrations- und Testphase einer Anwendung. Als Validierungs- und Verifikationsgrundlage unterstützen sie das Design und die Implementierung einer Anwendung.

An der Qualität der Abnahmekriterien lässt sich die Qualität der Anforderungen – Konsistenz, Korrektheit, Vollständigkeit – ablesen. Letztlich ist eine Anforderung nur dann sinnvoll definiert, wenn sich verbindlich die Abnahmeart, das Abnahmekriterium und daraus abgeleitete Testfälle festlegen lassen. Abnahmekriterien dienen als konstruktive Qualitätssicherungsmaßnahme der Präzisierung von Anforderungen und dem Nachweis, dass eine Umsetzung gemäß den Anforderungen erfolgt ist. Indem sich der Kunde die Frage stellt »Unter welchen Umständen bin ich bereit, eine Lösung für meine Anforderung zu akzeptieren?«, wird die Klarheit von Anforderungen erhöht und vorhandene Lücken, Überschneidungen und Widersprüche werden aufgedeckt.

Da im späteren Entwicklungsprozess Abnahmekriterien ohnehin erstellt werden müssen, bedeutet ein Vorziehen dieser Aufgabe in die Anforderungsdefinition aus Projektgesamtsicht keinen Mehraufwand. Die dadurch mögliche Qualitätsverbesserung von Anforderungen führt wegen der wachsenden Aufwände für eine Fehlerbehebung in späteren Entwicklungsphasen zu große Einsparungspotenzialen, ohne zusätzliche Kosten zu verursachen.

Abbildung 2.11 verdeutlicht das Wechselspiel zwischen Anforderungen und Abnahmekriterien. Der Auftraggeber stellt seine Anforderungen, welche vom Auftragnehmer entgegengenommen und für eine Umsetzung akzeptiert werden müssen. Die zugeordneten Abnahmekriterien ermöglichen dem Auftragnehmer den Nachweis der Spezifikationstreue in der Abnahmephase. Dazu müssen sie vom Auftraggeber als verbindlich für die Abnahme akzeptiert werden. Die Erfüllung von Anforderungen oder Systemeigenschaften, welche bei Vertragsabschluß nicht durch Abnahmekriterien hinterlegt sind, darf beispielsweise gemäß der ISO-9000 Norm überhaupt nicht vom Auftraggeber geprüft werden.

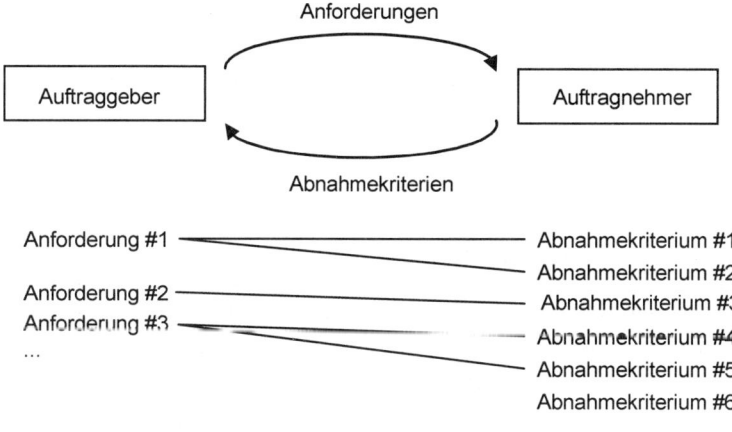

Abbildung 2.11: Unterscheidung zwischen Anforderung und Abnahmekriterium

Abnahmekriterien lassen sich durch die drei Elemente *Ausgangssituation*, *Ereignis* und *Erwartetes Ergebnis* beschreiben. Die Ausgangssituation definiert die geltenden Bedingungen vor der Durchführung des Abnahmeszenarios. Das Ereignis spezifiziert das eigentliche Abnahmeszenario, welches zum erwarteten Ergebnis führen soll. Anstelle von Abnahmekriterien werden synonym auch oft die Begriffe Annahmekriterium, Akzeptanzkriterium oder Prüfkriterium verwendet. Eine sehr ausführliche Darstellung der Nutzung und des Nutzens von Abnahmekriterien gibt [Rupp01, S. 277 ff].

Die Snowcards in Tabelle 2.2 und Tabelle 2.3 enthielten bereits Kurzbeschreibungen von Abnahmekriterien mit dem erwarteten Ergebnis. Tabelle 2.6 stellt einige Abnahmekriterien für die folgende, bereits vorgestellte, Anforderung dar: »(Anforderung #4715): Ein Bibliotheksexemplar darf durch bis zu fünf unterschiedliche Benutzer vorgemerkt werden, falls es ausgeliehen ist. Ausleiher und Vormerker dürfen jedoch nicht identisch sein.«

Abnahmekriterium #: 1	Anforderung #: 4715
Ausgangssituation: *Ein Benutzer hat ein Bibliotheksexemplar ausgeliehen.*	
Ereignis: *Der Benutzer versucht dieses Bibliotheksexemplar vorzumerken.*	
Erwartetes Ergebnis: *Das System nimmt die Vormerkung nicht an.*	
Abnahmekriterium #: 2	Anforderung #: 4715
Ausgangssituation: *Ein Bibliotheksexemplar ist durch einen anderen Benutzer ausgeliehen und es sind bereits fünf Vormerkungen durch ebenfalls andere Benutzer eingetragen.*	
Ereignis: *Der Benutzer versucht dieses Bibliotheksexemplar vorzumerken.*	
Erwartetes Ergebnis: *Das System nimmt die Vormerkung nicht an.*	
Abnahmekriterium #: 3	Anforderung #: 4715
Ausgangssituation: *Ein Bibliotheksexemplar ist durch einen anderen Benutzer ausgeliehen. Es sind bisher keine Vormerkungen eingetragen.*	
Ereignis: *Der Benutzer versucht dieses Bibliotheksexemplar vorzumerken.*	
Erwartetes Ergebnis: *Das System nimmt die Vormerkung an.*	

Tabelle 2.6: Beispiele für Abnahmekriterien

2.3.4 Fachseite (Essenz) und Technik (Inkarnation)

Eine der größten Schwierigkeiten im Anforderungsmanagement besteht darin, die Brücke zwischen Fachseite und (Software-)Technik zu schlagen. Kunden und Anwender sind primär an fachlichen Lösungen für ihre Probleme interessiert, IT-technische Aspekte spielen oft nur eine untergeordnete Rolle. Umgekehrt muss sich die Anwendungsentwicklung primär mit diesen technischen Aspekten der Realisierung von Anforderungen beschäftigen.

Gemäß dem in diesem Buch verfolgten Ansatz erfolgt die Vermittlung von Kundenseite und Entwicklung über das Produktmanagement. Dabei verschiebt sich die Bewertung von einer zunächst vor allem fachlichen Einschätzung durch die Kundenseite hin zu einer vermehrt technischen Einschätzung in der Entwicklung. Abbildung 2.12 skizziert diese Verschiebung des Blickwinkels auf ermittelte Anforderungen.

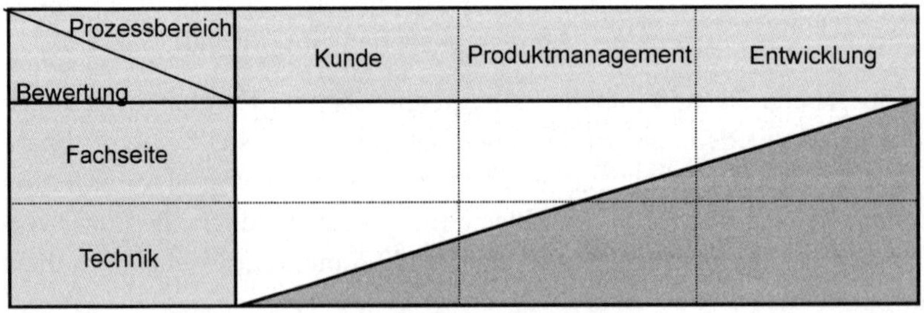

Abbildung 2.12: Verschiebung der Bewertung von Anforderungen

McMenamin und Palmer haben die Unterscheidung und den Übergang zwischen fachlichen Anforderungen und ihrer technischen Umsetzung mit den von ihnen geprägten Begriffen *Systemessenz* und *Systeminkarnation* sehr schön herausgearbeitet [McMenamin84]. Die Systemessenz umfasst die fachlichen Aufgaben und Eigenschaften einer Anwendung ohne Berücksichtigung der zugrunde liegenden Technologie. Die Essenz ist aus der Sicht des Anwenders die eigentliche Begründung dafür, dass das System konstruiert wird oder existiert. Demgegenüber beinhaltet die Systeminkarnation die technologischen Charakteristika und Einschränkungen, welche sich durch die Implementierung der Systemessenz ergeben.

Die Anforderungsentwicklung soll sich zunächst auf die Systemessenz konzentrieren, um stabilere Ergebnisse zu entwickeln und diese auch bei geänderten technischen Rahmenbedingungen weiterverwenden zu können. Erst danach erfolgt eine Konkretisierung der Anforderungen unter technischen Gesichtspunkten. Um diese Konzentration auf die Systemessenz zu erreichen, empfehlen McMenamin und Palmer die Annahme einer idealen Technologie oder Realisierungsumgebung mit einer beliebigen Anzahl von unbegrenzt leistungsfähigen Prozessoren mit einem unendlichen Speichervolumen und beliebig schnellen Übertragungswegen.

Die Unterscheidung zwischen Essenz und Inkarnation wurde in der Folge von vielen Autoren aufgegriffen (vgl. etwa [Blum93]) und weiterentwickelt. Constantine und Lockwood haben diese Ideen beispielsweise auf die Modellierung von Anwendungsfällen übertragen und propagieren die Spezifikation essenzieller Anwendungsfälle für eine benutzerzentrierte Anwendungsentwicklung [Constantine99].

2.4 Literaturempfehlungen

Gute zusammenfassende Darstellungen der Grundbegriffe, Aufgaben und Ziele des Anforderungsmanagements geben [Pohl99] und [Hofmann00]. Anhand der umfangreichen Literaturlisten ist eine vertiefende Beschäftigung mit verschiedensten Themenstellungen zum Umgang mit Anforderungen möglich.

Die drei Dimensionen des Requirements Engineering werden ebenfalls in [Pohl99] beschrieben. Eine detailliertere, ausführlichere Darstellung kann der Leser jedoch in [Pohl96] finden.

Eine Pflichtlektüre für jeden Anforderungsanalytiker sollte [Norman88] sein. Norman gelingt es hervorragend, anhand der Gestaltung von Alltagsdingen wie Wasserhähnen oder Türklinken aufzuzeigen, wie Probleme aus Sicht der Benutzer angegangen, verstanden und gelöst werden können und welche Fallstricke dabei zu beachten sind. Mehr als jede Lektüre über Anwendungsfälle oder UML hilft dieses Buch, Einsicht in Problemlösungsprozesse zu gewinnen. Weitere empfehlenswerte Bücher zum Verständnis der wichtigen Unterscheidung von Problem und Lösung sind [Jackson01] und [Kovitz98].

Nach wie vor ein empfehlenswertes Buch für jeden, der sich mit der Erhebung und Spezifikation von Anforderungen beschäftigt, ist der Klassiker [McMenamin84]. Die in diesem Buch beschriebenen Ideen haben sich als außerordentlich fruchtbar für die Anforderungsanalyse erwiesen. Auch wenn die Autoren ihre Ideen noch am Beispiel einer strukturierten, ereignisorientierten Analyse darlegen, kann dieses Buch sicherlich auch jedem objektorientierten Entwickler wertvolle Anregungen geben.

3 Aufgaben und Vorgehen

Der Schlüssel zu einem wirksamen Anforderungsmanagement sind systematische und durchgängige Prozesse. Dieses Kapitel stellt die Aktivitäten und Abläufe im Anforderungsmanagement von der Anforderung eines Kunden bis zur Bereitstellung einer Lösung dar.

3.1 Übersicht

In Kapitel 1 wurden die drei Ausrichtungen des Anforderungsmanagements motiviert:

▶ **Kundenorientierung**

▶ **Produktorientierung**

▶ **Projektorientierung**

Aus diesen Ausrichtungen leiten sich die Prozessbereiche eines kontinuierlichen Anforderungsmanagements (AM) ab: *Kunden-AM, Produkt-AM* und *Projekt-AM*. Diese sind jeweils eingebettet in ein umfassenderes Kunden-, Produkt- und Projektmanagement.

▶ **Kunden-AM als Unterstützungsprozess des Kundenmanagements:** Das Kunden-AM ermittelt die Wünsche und Bedürfnisse der Kunden. Es ist das Sprachrohr der Kunden in der Organisation und stellt die Kundenorientierung des Entwicklungsprozesses sicher. Im Kunden-AM werden Kundenanforderungen und -bedürfnisse erhoben, analysiert und bewertet. Anschließend wird entschieden, welche Anforderungen umzusetzen sind und an das Produktmanagement zur weiteren Bearbeitung gehen. Die zentrale Verantwortung für diesen Prozessbereich trägt der Kundenmanager.

▶ **Produkt-AM als Kernprozess des Produktmanagements:** Das Produkt-AM bearbeitet Anforderungen unter produkt- und IT-spezifischen Gesichtspunkten. Der Produktmanager ist verantwortlich für die Planung der Produktreleases, in welchen die Kundenanforderungen umgesetzt werden. Er veranlasst die Erstellung der Produktspezifikation (Lastenheft) und beauftragt die Entwicklung. Im Bereich

von Standardprodukten trägt das Produktmanagement oft die betriebswirtschaftliche Verantwortung für den Erfolg eines Produktes.

▶ **Projekt-AM als Querschnittsprozess in Entwicklungsprojekten:** Das Projekt-AM
nimmt die Anforderungen aus dem Produkt-AM entgegen. Es detailliert und
ergänzt diese für die Entwicklung. Nach der Erstellung des Pflichtenhefts unterstützt es das Projektmanagement bei der Aufgabe, die Anforderungen gemäß den
gesetzten Rahmenbedingungen an Zeit, Kosten und Qualität zu realisieren und
eine Lösung für die Kunden bereitzustellen. Während der Entwicklung sorgt das
Projekt-AM dafür, dass Änderungsanforderungen kontrolliert in das Projekt einfließen.

Abbildung 3.1 skizziert das Vorgehen in diesen drei Prozessbereichen mit den hauptsächlichen Aufgabenstellungen und Ergebnistypen. Das Gesamtvorgehen in diesen
drei Bereichen bildet einen kontinuierlichen End-to-end-Prozess des Anforderungs-
und Änderungsmanagements in einem Unternehmen (sog. *Enterprise Change Management, ECM*).

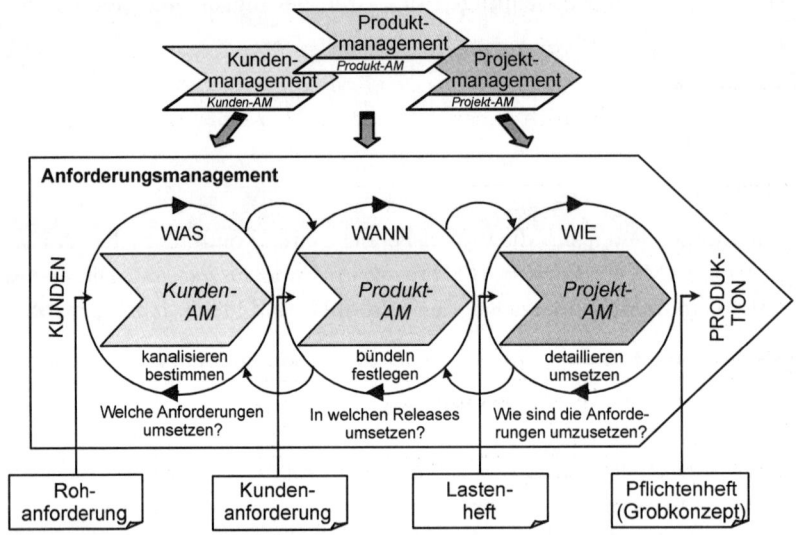

Abbildung 3.1: Prozessbereiche des Anforderungsmanagements

Die Unterteilung des Vorgehens in drei Prozessbereiche ergibt sich aus den unterschiedlichen beteiligten Rollen und Aufgaben. Die Bereiche stellen abgrenzbare Pro-
zessbausteine dar, die definierte Ergebnisse für andere, nachgeordnete Prozesskunden
bereitstellen und dazu Leistungen von vorgelagerten Prozessen in Anspruch nehmen.

Durch diese Unterteilung werden die permanenten Aufgaben des Kunden-AM mit
den projektbezogenen Aufgaben der Entwicklung (Projekt-AM) über das Produkt-AM

synchronisiert. Sie soll keine funktionalen Barrieren aufbauen und darf auch nicht als Empfehlung für eine spartenorientierte Aufbauorganisation missinterpretiert werden. Die Unterteilung ist ausschließlich prozessorientiert. Sie fördert die Konzentration der Prozessverantwortlichen auf ihre jeweiligen Kernkompetenzen und ergibt sich aus den unterschiedlichen Leistungen und Zielsetzungen der Teilprozesse:

▷ **Zufriedene Kunden** – die Bedürfnisse und Wünsche der Kunden zu identifizieren und Kundenzufriedenheit über eine Bedürfnisbefriedigung anzustreben.

▷ **Nachhaltige Produkte** – profitable Produkte zu gestalten und die Nachhaltigkeit der Produktentwicklung zu gewährleisten.

▷ **Erfolgreiche Projekte** – Projekte entsprechend den gesetzten Rahmenbedingungen und Zielvorgaben an Zeit, Kosten und Qualität erfolgreich abzuwickeln.

Wie stellt sich nun das Vorgehen in diesen drei Prozessbereichen auf Ebene der einzelnen Anforderungen dar? Abbildung 3.2 illustriert diesen Durchlauf und die dabei stattfindende Transformation von Anforderungen. Kunden stellen Rohanforderungen. Diese werden im Kunden-AM in standardisierte Kundenanforderungen überführt oder zurückgewiesen. Aus Kundenanforderungen und weiteren Produktideen werden im Produkt-AM Produktanforderungen abgeleitet und in einem Lastenheft für ein bestimmtes Produktrelease dokumentiert. In Entwicklungsprojekten werden diese Produktanforderungen in einem Pflichtenheft verfeinert und anschließend realisiert.

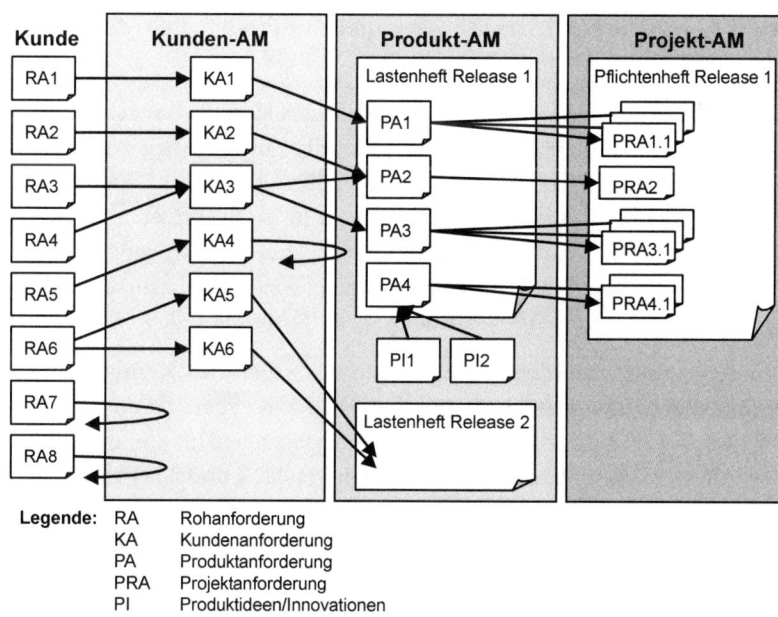

Legende: RA   Rohanforderung
          KA   Kundenanforderung
          PA   Produktanforderung
          PRA   Projektanforderung
          PI   Produktideen/Innovationen

Abbildung 3.2: Durchfluss der Anforderungen in den Prozessbereichen

Der hier beschriebene Prozess wurde zunächst für die beauftragte Produktentwicklung in Rechenzentren entwickelt. In vielen größeren Entwicklungsorganisationen verschwimmen die Grenzen zwischen Individual- und Standardprodukten (oder sog. COTS-Produkten, *Commercial-off-the-Shelf-Software*) sowie zwischen Neu- und Weiterentwicklungen jedoch zunehmend. Durch die Einteilung in die drei Prozessbereiche und durch die Einführung von Prozessvarianten konnte der Gesamtprozess so flexibel gestaltet werden, dass er nun diese unterschiedlichen Entwicklungsszenarien unterstützt.

Das vorgestellte Vorgehen muss dazu als Prozess-Framework verstanden werden, der an die jeweiligen organisationsspezifischen Anforderungen anzupassen ist, um optimale Abläufe zu ergeben. Welche Faktoren solche Anpassungen wie beeinflussen und wie die adaptierten Aufgaben und Rollen der drei Prozessbereiche auf Aufgabenträger und Stellen verteilt werden können, wird in Kapitel 8 ausführlich beschrieben und an Beispielen erläutert. Die Stellschrauben für diese Anpassungen werden nachfolgend eingeführt.

3.2 Kunden-Anforderungsmanagement

Kundenorientierung wird zunehmend ein zentrales Leitbild für Unternehmen. Im Mittelpunkt des Kundenmanagements steht die effiziente Verknüpfung von Marketing-, Vertriebs- und Serviceprozessen, um Geschäftsbeziehungen dauerhaft erfolgreich zu gestalten. Kundenmanagement verfolgt das Ziel, über die Verbesserung der Kundenzufriedenheit und Kundenloyalität den Umsatz und die Profitabilität des eigenen Geschäfts zu optimieren.

Das Kunden-AM ist ein zentraler Unterstützungsprozess des Kundenmanagements, da die angestrebte langfristige Kundenbindung und damit die Zufriedenheit von Kunden letztlich auf der Identifikation ihrer Wünsche und Bedürfnisse beruht. Der Aufbau eines erfolgreichen Kunden-AM wird für IT-Dienstleister umso wichtiger, je mehr sich diese als umfassender Lösungsanbieter und -integrator für ihre Kunden verstehen. Nur wenn das Kunden-AM umfassend etabliert wird, können neue Anforderungen frühzeitig erkannt und effektive Lösungen für die Kunden schnell bereitgestellt werden.

In diesem Abschnitt werden zunächst die Ziele und Aufgaben des Kundenmanagements und der Kontext des Kunden-AM ausgebreitet. Die Aktivitäten und das Vorgehen im Kunden-AM von der Ermittlung initialer Rohanforderungen bis zu qualitätsgesicherten Kundenanforderungen werden in den Abschnitten 3.2.2 und 3.2.3 vorgestellt.

3.2.1 Einordnung in das Kundenmanagement

Das Kundenmanagement hat in der Investitionsgüterindustrie bereits eine längere Tradition. Seine Bedeutung resultiert aus dem Einfluss des Marktes auf die Produzenten.

Ein ausgeprägtes Kundenmanagement findet sich speziell in Bereichen mit einer großen Nachfragemacht der Kunden. Trennscharfe Kundensegmente mit unterschiedlichen Bedürfnissen, erklärungsbedürftige und pflegeintensive Produkte sowie eine oft kundenindividuelle Gestaltung der Produkte sind weitere Faktoren, welche zur Verbreitung dieser Organisationsform führten. Anstelle von Kundenmanagement wird zunehmend auch von Kunden*beziehungs*management (*customer relationship management, CRM*) oder Kunden*bindungs*management gesprochen, da nicht das Management des Kunden selbst im Mittelpunkt der Bemühungen steht, sondern das Management der Beziehungen und Bindungen zum Kunden.

Seit einigen Jahren durchdringt das Kundenmanagement zunehmend auch Software-Häuser und IT-Dienstleister. Einerseits, weil die oben genannten Merkmale verbreitet auch hier zutreffen, andererseits aber auch, weil kürzere Produktlebenszyklen sowie rasch wechselnde Technologien und Markttrends eine noch stärkere Antizipation von veränderten Kundenwünschen erfordern. Nur durch genaue Informationen über Kundenbedürfnisse und verändertes Kundenverhalten, verbunden mit der Fähigkeit, innovative Produkte in der geforderten Qualität schnell anzubieten, können Wettbewerbspositionen gehalten und verbessert werden.

In den projektlastigen Organisationsformen der Software-Häuser können diese Aufgaben durch die häufig nur schwach verankerten Produktmanager nicht geleistet werden. Stattdessen ist ein produktübergreifendes Kundenmanagement erforderlich, das die Stimme des Kunden im Unternehmen vertritt. Das Kundenmanagement kann darüber hinaus die Integration der eigenen Leistungen mit den Kundenprozessen steigern und damit die Kooperation mit dem Kunden intensivieren. Treffend beschreibt [Gaitanides94, S. 213] diese Zielsetzung:

> *»Ziel des Kundenmanagements ist es, die Fähigkeiten des Unternehmens möglichst mit Bedürfnissen und Nutzen des Kunden in Einklang zu bringen und so eine langfristige Stabilisierung der Geschäftsbeziehung durch eine vertikale Quasi-Integration zu erreichen.«*

Eine solche vertikale Integration kennzeichnet sich durch eine Verhaltensabstimmung von Kunden und Produzenten aus. Diese kann von einem einfachen regelmäßigen Informationsaustausch bis hin zu einer vertraglich geregelten Auslagerung von Leistungen gehen. Sehr enge Verhaltensabstimmungen sind etwa die Just-in-time-Lieferbeziehungen in der Automobilindustrie oder die Bündelung und Bereitstellung von IT-Dienstleistungen für Sparkassen und Volksbanken durch spezialisierte Rechenzentren. Der Aufbau eines solchen Kundenmanagements, verbunden mit einer engeren vertikalen Integration, verbessert deutlich die eigene Marktstellung und baut Eintrittsbarrieren für Mitbewerber auf.

Das Kunden-AM ist ein zentraler Baustein des Kundenmanagements. Es identifiziert und antizipiert die Bedürfnisse und Wünsche der Kunden und des Marktes und überwacht die Befriedigung dieser Bedürfnisse. Mit der Verfolgung dieser beiden Aufgaben trägt es wesentlich zur Kundenzufriedenheit und damit zur Kundenbindung bei. Da das Kunden-AM den für die Erreichung der Unternehmensziele entscheidenden direkten Kontakt zum Kunden hat, ist es in der Lage, deren tatsächliche fachliche and qualitative Anforderungen zu verstehen und an das Produktmanagement weiterzugeben.

Natürlich »rechnet« sich nicht jedes Kundenbedürfnis. Das Produktmanagement ist ein wichtiges Regulativ dafür, die Profitabilität und den eigenen Unternehmenserfolg im Auge zu behalten. Inwieweit das Kundenmanagement Leistungsvereinbarungen mit den Kunden treffen und direkten Einfluss auf die Produktentwicklung nehmen kann, hängt von der Organisationsform ab. Verfügt das Produktmanagement über genehmigte Budgets und hat es die betriebswirtschaftliche Produktverantwortung, liegt die Entscheidung für eine Umsetzung von Anforderungen letztendlich auch hier. Bei Individual- oder Auftragsprodukten wird ein Großteil der Budgetverantwortung jedoch im Kundenmanagement liegen. In diesem Fall fungiert das Kundenmanagement als Auftraggeber des Produktmanagements. Diese Organisationsform ist beispielsweise oft in auftragsgebundenen, umlagefinanzierten Rechenzentren zu finden (vgl. dazu die Beispiele in Kapitel 8).

Neben dem Kunden-AM umfasst das Kundenmanagement eine Reihe weiterer Aufgaben über die gesamte Wertschöpfungskette Marketing, Vertrieb und Service. Dazu gehören die Identifikation und Segmentierung von Zielgruppen, die Analyse von Kunden- und Produktpotenzialen, das Kontakt- und Kampagnenmanagement oder das Beschwerdemanagement.

In Linienorganisationen ist das Kundenmanagement häufig dem Vertrieb zugeordnet, Kundenmanager berichten direkt dem Leiter des Vertriebs. Diese aufbauorganisatorische Verankerung erfordert wegen der vielen übergreifenden oder crossfunktionalen Aufgaben eines Kundenmanagers jedoch einen hohen übergreifenden Koordinationsaufwand. Dieser Aufwand kann verringert werden, wenn die Ablauforganisation eines Unternehmens sich nach Kundengruppen funktionsübergreifend organisiert und das Kundenmanagement als eigener Bereich verankert wird.

3.2.2 Aufgaben und Vorgehen im Kunden-AM

Das Kunden-AM soll ermitteln, was Kunden *wünschen* und *benötigen*. Die Hauptaufgaben des Kunden-AM sind deshalb:

▶ **Kundenanforderungen ermitteln** – Erhebung, Konsolidierung und Bewertung von Kundenanforderungen im direkten Kundenkontakt.

▶ **Geschäftsprozesse analysieren** – Analyse von Geschäftsprozessen und Ableitung von neuen Anforderungen aufgrund veränderter Abläufe.

▶ **Kundenbedürfnisse und -prozesse analysieren** – Kundenbedürfnisse antizipativ ermitteln und Ansatzpunkte für die Integration von Kundenprozessen aufzeigen.

Zielsetzung der ersten Aufgabe ist es, von den Kunden geäußerte Bedürfnisse und Wünsche in einem planmäßigen Prozess abzustimmen und an das Produktmanagement weiterzuleiten. Die Analyse der Kundenbedürfnisse und -prozesse sowie die Geschäftsprozessanalyse sollen die wirklichen Bedürfnisse der oft auch anonymen Kunden ausfindig machen. Diese lassen sich einerseits zur Bewertung der bereits ermittelten Kundenanforderungen nutzen, andererseits unterstützen sie mit neuen Produktideen proaktiv das Produktmanagement.

Abbildung 3.3 zeigt überblicksartig den Zusammenhang aller Aktivitäten im Kunden-AM.

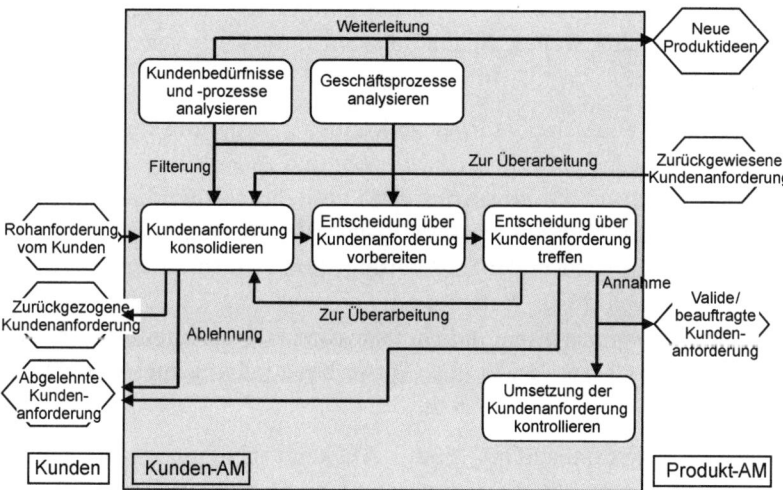

Abbildung 3.3: Vorgehen im Kunden-Anforderungsmanagement

Der mittlere Teil stellt den Prozess der Ermittlung von Kundenanforderungen bis zur Weiterleitung (Beauftragung) an das Produkt-AM dar. Die Analyse der Kundenbedürfnisse und Kundenprozesse sowie der Geschäftsprozesse ist im oberen Teil skizziert.

Kundenanforderungen ermitteln

In der Anforderungsermittlung nehmen Kundenmanager oder Kundenbetreuer zunächst Rohanforderungen der Kunden auf. Rohanforderungen stellen Wünsche, Probleme oder Bedürfnisse dar, für welche der Kunden eine Lösung anfordert.

Wie werden diese Rohanforderungen erhoben? Für Standardprodukte mit einem breiten Einsatzspektrum bieten sich Kundenworkshops mit ausgewählten Kunden an. Alternativ können bei einer Vielzahl von Kunden auch Helpdesks, Interviews oder Fragebögen genutzt werden. Für hochwertige Produkte mit einem großen, aber überschaubaren Kundenstamm empfehlen sich sog. *advisory boards*, um einen permanenten

Kontakt zum Kunden aufrechtzuerhalten. Spezielle Kunden-AM-Werkzeuge, wie etwa SINI [Kraeft99], oder Werkzeuge zur Erfassung von Änderungsanforderungen, wie etwa ClearQuest, eignen sich bei einem begrenzten, fest definierten Kundenstamm, ansonsten können Anforderungen nicht mehr effizient bearbeitet werden.

Nach der Erhebung wird eine Rohanforderung im Kunden-AM präzisiert, priorisiert und in eine standardisierte Kundenanforderung überführt. Die inhaltliche Bewertung der Kundenanforderung erfolgt durch den Abgleich mit analysierten Kundenbedürfnissen, Geschäftsprozessen und bereits ermittelten Kundenanforderungen. Mit Hilfe des Produktportfoliomanagements erfolgt die Identifikation betroffener Produkte oder Produktgruppen, soweit diese Zuordnung nicht bereits durch den Kunden erfolgt ist. Abschließend wird über die Umsetzung der Anforderung (bzw. über deren Zurückweisung) entschieden und ihre weitere Behandlung im Produktmanagement und in der Entwicklung kontrolliert.

Die wesentlichen Attribute einer standardisierten Kundenanforderung sind die *Quelle* der Anforderung, eine *Klassifizierung* mit *Produktverweis* und *Anforderungsart*, die *Motivation* für die Anforderung mit *Problembeschreibung* und *Zielsetzung*, die eigentliche *Beschreibung der Kundenanforderung* sowie *bekannte Rahmenbedingungen* für die Realisierung. Vervollständigt wird eine Kundenanforderung durch verschiedene *Einschätzungen* wie *Wichtigkeit*, *Dringlichkeit*, *Nutzen* und *Kostenrahmen*. Zu einem späteren Zeitpunkt können weitere Attribute wie Statusinformationen, Abnahmekriterien oder Risikoeinschätzungen ergänzt werden. Ein bewährtes Beschreibungsmuster für Kundenanforderungen wird in Kapitel 4 vorgestellt.

Der oben beschriebene Standardablauf im Kunden-AM kann abhängig von der Art der Anforderung und der betroffenen Produkte variieren. Eine Klassifikation von Kundenanforderungen, welche durch unterschiedliche Prozessvarianten motiviert ist, zeigt Tabelle 3.1. Ähnliche Klassifikationen sind in Rechenzentren mit einem festen Kunden- bzw. Auftraggeberstamm weit verbreitet.

Rechtliche Anforderungen brauchen nicht hinsichtlich ihrer Wichtigkeit oder Dringlichkeit priorisiert werden. Eine Anforderung wie »Alle Passivprodukte müssen an die Neuregelung des 5. VermBG angepasst werden« muss in jedem Fall bis zu dem vom Gesetzgeber festgelegten Termin realisiert werden. Korrekte rechtliche Anforderungen können ohne weitere Abstimmungs- und Entscheidungsprozesse an das Produktmanagement weitergegeben werden.

Geschäftspolitische Anforderungen, etwa »XML ist das Standardaustauschformat mit Verbundpartnern« oder »Für die neuen Firmen- und Gewerbekundenzentren wird eine automatisierte Sicherheitenverwaltung benötigt« werden nur hinsichtlich der Dringlichkeit beurteilt. Oft müssen auch spezielle Arbeitsgruppen eingerichtet werden, welche geschäftspolitische Anforderungen präzisieren und die Implikationen auf das Produktportfolio (Anwendungslandschaft) untersuchen.

Normale Anforderungen durchlaufen den üblichen Priorisierungs- und Entscheidungs-prozess im Kunden-AM. Kleinstanforderungen können hingegen vom Produktmanage-ment direkt entgegengenommen und ohne expliziten Projektplan realisiert werden, falls entsprechende Budgets für die Produktweiterentwicklung zur Verfügung stehen.

Auslöser / Umsetzungsaufwand	Rechtliche Anforderung	Geschäftspolitisch relevante Anforderung	IT-Anforderung
Kleinstanforderung		(selten)	
Normale Anforderung			

Tabelle 3.1: Klassifizierung von Kundenanforderungen

Eine weitere mögliche Klassifikation von Kundenanforderungen orientiert sich an ihrem Verbindlichkeitsgrad. Muss die Anforderung verpflichtend umgesetzt werden oder liegt die letztgültige Entscheidung beim Produktmanagement? Ist der Kunde direkter Auftraggeber eines Individualproduktes, sind Kundenanforderungen zumeist bindend, außer sie sind explizit als Anmerkung oder Wunsch ausgewiesen. Werden Standardprodukte entwickelt, haben Kundenanforderungen jedoch demgegenüber oft nur Empfehlungscharakter, soweit keine Einzelaufträge oder feste Zusagen des Ver-triebs gegeben sind.

Sind die Kunden, oder stellvertretend das Kunden-AM, Auftraggeber des Produktma-nagements, sollten zusätzliche und neue Kundenanforderungen nicht nur durch die Kunden selbst, sondern auch durch das Kunden-, Produkt- und Projektmanagement eingereicht werden können. Dadurch wird das Ideenpotenzial aller Beteiligten für die Weiterentwicklung genutzt, der Produktmanager erhält größere Einflussmöglichkeiten bei der Produktgestaltung. Weiterhin sollten in den Entscheidungsgremien zur Beauf-tragung der Entwicklung – *IT-Ausschuss, Initialisierungsboard* oder *Entwicklungsarbeits-kreis* sind dafür verbreitete Bezeichnungen – neben den Kundenvertretern auch das Produktmanagement und die Entwicklung vertreten sein.

Eine positive Entscheidung für eine Umsetzung löst im Kunden-AM Kontrollaktivitä-ten aus. Diese zielen auf Transparenz und Verbindlichkeit beim Umgang mit Kunden-anforderungen. Der Status einer Kundenanforderung sollte für Kunden jederzeit einsehbar sein. Zumeist wird auch eine aktive Benachrichtigung der Interessenten (Kunde, Kundenbetreuer, ...) über Statuswechsel oder Ausnahmesituationen erwartet. Beispiele sind etwa:

▷ Benachrichtigung des Kunden, dass die von ihm eingereichte Anforderung im Release 3.2.1 des Produktes X realisiert wird. Geplanter Fertigstellungstermin ist der 5.5.2002.

▷ Benachrichtigung des Kunden, dass die für den 5.5.2002 zugesagte Realisierung im Release 3.2.1 aufgrund technischer Schwierigkeiten nicht fristgerecht erfolgen kann.

Das Ergebnis der Anforderungsermittlung sind standardisierte und abgestimmte Kundenanforderungen. In Kapitel 4 werden die an dieser Stelle nur kurz andiskutierten Arten von Kundenanforderungen zusammen mit einem Beschreibungsmuster ausführlich dargelegt. Kapitel 8 gibt Empfehlungen für die organisatorische Ausgestaltung und Anpassung des Kunden-AM.

Geschäftsprozesse analysieren

Geschäftsprozesse dokumentieren die internen Geschäftsabläufe einer Organisation zur fallabschließenden Leistungserbringung für den Kunden. Sie operationalisieren die Ziele und Strategien eines Geschäftsmodells, indem sie festlegen, welche Aktivitäten zur Erfüllung dieser Ziele in welcher Reihenfolge von wem ausgeführt werden sollen. Neuere Vorgehensmodelle, wie der *Rational Unified Process (RUP)*, haben die Geschäftsprozessanalyse als eigenen Kernprozess (*core process workflow*) verankert (vgl. [Kruchten99]).

Abbildung 3.4 umreißt die wesentlichen Elemente der Geschäftsprozessanalyse.

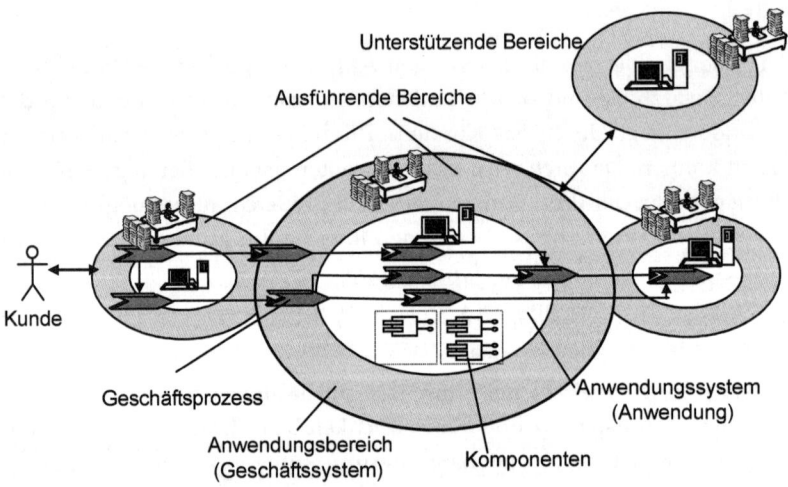

Abbildung 3.4: Elemente der Geschäftsprozessanalyse

Ein Geschäftsprozess wird durch einen Geschäftsvorfall vom Kunden initiiert und erstellt für diesen eine messbare Leistung. An der Leistungserbringung sind im Allgemeinen mehrere Abteilungen oder Bereiche direkt beteiligt. Weitere unterstützende Bereiche stellen zusätzlich Informationen oder Dienstleistungen zur Verfügung, die zur Leistungserstellung benötigt werden. Teile von Geschäftsprozessen können automatisiert oder dv-unterstützt ablaufen, andere Schritte werden manuell durchgeführt.

Typische vom Kunden angestoßene Geschäftsprozesse in einer Bank oder Sparkasse sind etwa der Kauf eines Wertpapiers, die Abwicklung einer Inlandsüberweisung oder die Gewährung eines Kreditantrags. An der Abwicklung dieser Geschäftsprozesse sind verschiedene Abteilungen einer Bank aus den Bereichen Vertrieb, Marktfolge oder Stab beteiligt. Transparent für den Kunden sind auch externe Organisationen wie Wertpapierhäuser, Buchungszentralen oder Clearinghäuser an der Abwicklung dieser Kundenaufträge beteiligt.

Die Geschäftsprozessanalyse dient im Kunden-AM primär dazu, den Anwendungsbereich und das Geschäft, welches die Anwendungen unterstützen sollen, zu verstehen. Die Analyseergebnisse können zum einen zur Prüfung von erhobenen Kundenanforderungen auf ihre Relevanz und fachliche Korrektheit verwendet werden. Zum anderen können diese Informationen aber auch als Produktideen dem Produktmanagement übergeben werden. Werden Produktfamilien oder wiederverwendbare Komponenten entwickelt, sollte die Geschäftsprozessanalyse um eine Domänenanalyse ergänzt werden, damit Ähnlichkeiten und stabile Anforderungen in Anwendungsbereichen für die Definition von Produktkernen erkannt werden (vgl. etwa [Prieto-Diaz91]).

Idealerweise sollten Geschäftsprozessanalysen jedoch bereits im Vorfeld einer Anwendungsentwicklung durchgeführt werden, um zu vermeiden, dass bestehende Ist-Abläufe lediglich »elektrifiziert«, wirkliche Effektivitäts- und Effizienzsteigerungen jedoch nicht erreicht werden. Auslöser für eine solche optimierende Geschäftsprozessmodellierung sind häufig neue geschäftspolitische Anforderungen und Geschäftsmodelle. Da die Optimierung von Geschäftsprozessen über die gesamte Wertschöpfungskette zumeist auch zu Restrukturierungen der Aufbauorganisation eines Unternehmens führen, hat ein solches *Business Process Reengineering (BPR)* immer einen geschäftsstrategischen Charakter und muss deshalb direkt von der Geschäftsführung initiiert und gesponsert werden. Die Durchführung von BPR-Projekten und die Entwicklung eines Referenzprozessmodells obliegt deshalb zwar nicht dem Kunden-AM, eine wichtige Aufgabe des Kunden-AM ist es aber, aus den Geschäftsprozessen resultierende Anforderungen für die Anwendungsentwicklung abzuleiten.

Ansätze zum Business Process Engineering bzw. zum Business Engineering erhalten zukünftig sicherlich noch sehr viel mehr Gewicht, als sie jetzt bereits haben. Deshalb wird dieses Thema in Verbindung mit der Ableitung von Anforderungen und dem Übergang in die Anwendungsentwicklung ausführlich in einem eigenen Kapitel dargestellt. Kapitel 7 beschreibt mit vielen Beispielen, wie Geschäftsprozesse zu modellieren und in welchen Schritten daraus Anforderungen für die Entwicklung abzuleiten sind. Weiterhin wird gezeigt, wie aus Geschäftsprozessen Anwendungen zu schneiden und Komponenten zu bilden sind.

Die in Kapitel 7 beschriebene Vorgehensweise beruht auf umfangreichen Erfahrungen mit der Optimierung von Geschäftsprozessen in der Sparkassen-Finanzgruppe (vgl. [Kittlaus99]). Ausgehend von neuen Geschäftsmodellen für stationäre Vertriebskanäle wurden in mehreren BPR-Projekten beispielsweise optimale Geschäftsprozesse für die Organisation einer Finanzdienstleistungsfiliale, eines Vermögenszentrums oder eines Immobilienzentrums entwickelt. Diese Geschäftsprozesse waren und sind Ausgangspunkt für die Identifikation und Schneidung von neuen Anwendungen und die Ableitung von IT-Anforderungen in den Verbandsrechenzentren der Sparkassen-Finanzgruppe.

Kundenbedürfnisse und -prozesse analysieren

Der Fokus der Geschäftsprozessanalyse ist auf die interne Optimierung und Organisation des Geschäfts und der daraus resultierenden Anforderungen an die IT gerichtet. Die Kundenbedürfnisanalyse und die Kundenprozessanalyse blicken über diese Grenzen des eigenen Geschäfts hinaus. Sie hinterfragen, warum Kunden unsere Produkte und Prozessleistungen in Anspruch nehmen, und analysieren, welche weitere oder bessere Unterstützung wir dem Kunden bei der Befriedigung seiner Bedürfnisse geben können.

Zielsetzung dieser Analyse möglicher Beweggründe des Kunden ist es einerseits, Produktoptimierungen und Cross-Selling-Potenziale aufzuzeigen, d.h. dem Kunden weitere auf ihn zugeschnittene Produkte anbieten zu können. Andererseits macht die Kundenbedürfnisanalyse auch häufig Ansatzpunkte für eine vertikale Integration von Kundenprozessen deutlich. Die Schnittstelle zum Kunden wird in dessen Richtung verschoben. Bisher von ihm wahrgenommene Aufgaben werden in die eigenen Geschäftsprozesse integriert. Durch eine solche »Einverleibung« positioniert sich eine Organisation als umfassenderer Lösungsanbieter für ein Kundenbedürfnis und maximiert dadurch die Kundenbindung.

Kundenbedürfnisanalysen und Kundenprozesse sind keine neuen Themen im Anforderungsmanagement und der Systemanalyse. Jede Systemanalyse beginnt mit der Analyse der Systemgrenzen. Einer der ersten Schritte in der *Strukturierten Analyse (SA)* ist beispielsweise die Festlegung der externen Elemente (sog. *Terminatoren*) und der Systemschnittstellen in einem Kontextdiagramm (vgl. [McMenamin84]). Jede Ausweitung dieser Systemgrenzen stellt im oben beschriebenen Sinne eine vertikale Integration von Kundenprozessen dar. Verschiedene Varianten einer solchen Ziehung von Systemgrenzen diskutieren beispielsweise Robertson et al. sehr einprägsam am Beispiel des Versands von Lebensmitteln [Robertson99, S. 70f]: Soll der eigene Geschäftsprozess durch das Eintreffen einer Kundenbestellung mit der Erfassung der Bestellung angestoßen werden oder sollen die Systemgrenzen ausgeweitet werden auf den Einkaufsprozess des Kunden selbst. Eine noch weitere Prozessintegration wäre gegeben, falls die Artikel selbst über Bestandsmeldungen eine automatische Nachbestellung und Lieferung veranlassen. In [Hammer93] werden ein Reihe von erfolgreichen Beispielen für solche vertikalen Prozessintegrationen angeführt.

Zwar ist die Analyse von Kundenbedürfnissen und Kundenprozessen kein neues Thema. Neu sind allerdings die systematische Herangehensweise und die technischen Möglichkeiten der Prozessintegration über das Internet und Prozessportale. Die Untersuchung von Kundenbedürfnissen und Kundenprozessen ist in Bereichen wie dem E-Business mit schnellen Produktlebenszyklen und hohem Veränderungsdruck essenziell, damit Anwendungen zum Zeitpunkt der Einführung wettbewerbsfähig und mit dem Geschäftsmodell kompatibel sind (vgl. dazu [Bach00]).

Was sind nun genau Kundenbedürfnisse oder Kundenprozesse? Ein Kundenbedürfnis ist eine Mangelsituation des Kunden, welche dieser beseitigen möchte. Der Kundenprozess umfasst alle Aktivitäten, welche der Kunde ausführt, um diese Mangelsituation zu beenden. Natürlich interessieren ein Unternehmen nun nicht alle möglichen Mangelsituationen des Kunden, sondern nur solche, welche mit eigenen Produkten oder Dienstleistungen in Verbindung stehen. Aus diesem Verständnis heraus definiert Österle einen Kundenprozess als »die Zusammenfassung aller Aufgaben, die der Kunde im Zusammenhang mit der uns gelieferten Ressource (Information, Dienstleistung und Produkt) zu erfüllen hat.« [Österle00, S. 24]

Typische private Bedürfnisse von Kunden einer Bank, welche mit Bankprodukten in Verbindung stehen, sind beispielsweise der Erwerb von Immobilien oder Mobilien, die Sicherung der Altersvorsorge oder die Absicherung von Lebensrisiken. Gewerbliche Bedürfnisse sind etwa die Existenzgründung oder das Betreiben des Auslandsgeschäfts. Die Überweisung einer Rate, die Gewährung eines Kredits, der Abschluss eines Bausparvertrags oder die Durchführung einer Überweisung sind dabei jeweils nur einzelne Lösungsbausteine für die Befriedigung der genannten Bedürfnisse oder Lösung der Probleme des Kunden.

Untersucht man das Bedürfnis *Immobilienerwerb* aus Kundensicht genauer, so erfordert die Befriedigung dieses Bedürfnisses einen komplexen Prozess mit Schritten wie *über Angebote informieren, Finanzierung planen, Objekt auswählen, Finanzierung erstellen, Umzug durchführen, neue Einrichtung auswählen* usw. Je mehr es einem Unternehmen gelingt, Aufgaben dieses Kundenprozesses ganzheitlich zu unterstützen, desto höher ist der Nutzen für den Kunden und desto mehr Eintrittsbarrieren bestehen für Mitbewerber.

Abbildung 3.5 zeigt am Beispiel des Immobilienerwerbs, wie ein Finanzdienstleister durch eine Prozessintegration die Anforderungen dieses Kundenbedürfnisses umfassend durch eigene Dienstleistungen und Produkte unterstützen kann – von der Bedürfnisanalyse über die Ansparung und Immobilienberatung bis zur Abrechnung von Sondertilgungen.

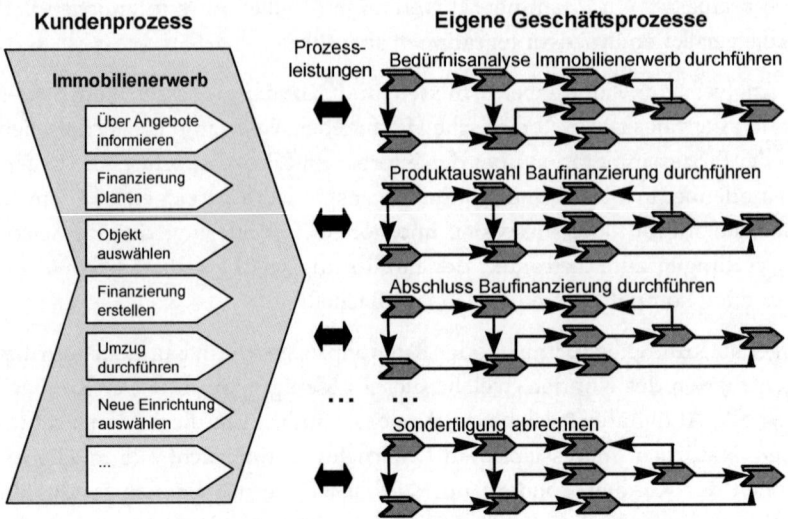

Abbildung 3.5: Kundenprozess Immobilienerwerb und eigene Geschäftsprozesse

Realisierte Beispiele solcher ganzheitlichen Betreuungsansätze für Kundenprozesse finden sich im Internet reichlich. Eine Vielzahl von Prozessportalen existiert beispielsweise für Beschaffungsprozesse oder den Mobilienkauf. Zwei Prozessportale für den vorgestellten Kundenprozess *Immobilienerwerb* sind www.yourhome.ch der Credit Suisse oder www.immoseek.de der Hypovereinsbank. Um diesen Kundenprozess durchgängig zu unterstützen, bietet die Credit Suisse dem Kunden nicht nur eigene Bankprodukte an. Das Prozessportal offeriert darüber hinaus etwa auch Anwendungen zur Raumgestaltung und Einrichtungsplanung, um ein »Wegklicken« des Kunden zu Wettbewerbern zu verhindern.

Die Analyse von Kundenbedürfnissen und Kundenprozessen lässt sich natürlich auch auf das Beispiel Bibliothek anwenden. Lenkt man den Blick weg von den Produkten und Leistungen einer Bibliothek hin auf die Bibliotheksbenutzer, so fallen jedem sicherlich eine Reihe von Kundenbedürfnissen ein. Auslöser für einen Bibliotheksbesuch können beispielsweise die Erstellung einer Hausarbeit, das Schreiben einer Diplomarbeit oder die Erschließung eines neuen Sachgebiets sein.

Leider bieten Bibliotheken bisher für solche Kundenprozesse nur selten eine umfassende Unterstützung an. Es wird zwar Literatur für die Einsicht oder Ausleihe zur Verfügung gestellt, bei allen weiteren Schritten wird der Leser aber alleine gelassen. Ähnlich wie Finanzdienstleiser könnten Bibliotheken versuchen, die Kundenbindung dadurch zu steigern, dass sie ihre Produkte und Leistungen an solchen Kundenprozessen ausrichten. Das Schreiben einer Diplomarbeit könnte etwa durch Dienstleistungen unterstützt werden, welche von der Recherche in Online-Datenbanken und der Literaturzusammenstellung inklusive Fernleihe über Tipps zur Erstellung von Diplomarbeiten bis hin zum fertigen Binden oder der elektronischen Veröffentlichung reichen.

Dieses kleine Beispiel zeigt auf, dass Bedürfnisanalysen nicht unbedingt zu völlig neuen Anwendungen führen müssen. Häufig genügt auch schon die an den Bedürfnissen des Kunden ausgerichtete Konfiguration der eigenen Produkte, um für ihn einen Mehrwert zu schaffen. Indem Bedürfnisanalysen das eigentliche Probleme des Kunden deutlich machen, helfen sie, adäquate und umfassende Kundenlösungen zu entwickeln.

3.2.3 Aktivitäten im Kunden-AM

Nachfolgend werden alle Aktivitäten des Kunden-AM aus Abbildung 3.3 kurz noch einmal zusammengefasst:

▶ **Kundenanforderung konsolidieren:** Der Kundenmanager nimmt Rohanforderungen oder zurückgewiesene Anforderungen entgegen. Die Anforderungen werden geklärt und präzisiert, dass sie für alle Beteiligten verständlich sind und über ihre Umsetzung entschieden werden kann. Teilaktivitäten der Konsolidierung sind:

– **Kundenanforderung erheben:** Der Kundenmanager erhebt die Anforderungen der Kunden. Abgestimmt mit dem Kunden präzisiert und ergänzt er diese so weit, dass alle für das Verständnis und die Bewertung notwendigen Informationen vorliegen.

– **Kundenanforderung analysieren:** Der Kundenmanager analysiert die Kundenanforderung unter formalen und inhaltlichen Gesichtspunkten. Hierzu gehören die Klassifizierung und der Abgleich mit vorhandenen Anforderungen und die Produktzuordnung. Anhand von Geschäftsprozessen und Kundenbedürfnissen erfolgt eine erste Einschätzung der Relevanz. Ist die Anforderung nicht relevant oder unrealisierbar, wird sie mit einer kurzen Begründung zurückgewiesen.

– **Kundenanforderung validieren und verifizieren:** Die Kundenanforderung wird inhaltlich und formal von dritter Seite qualitätsgesichert. Vorher überprüft der Einreicher, ob die durch den Kundenmanager evtl. modifizierte Kundenanforderung seiner ursprünglichen Intention noch entspricht.

– **Kundenanforderung freigeben und verständigen:** Die validierte und verifizierte Kundenanforderung wird für alle Stakeholder freigegeben und publiziert. Diese können anschließend Anmerkungen und eigene Bewertungen zuordnen.

▶ **Geschäftsprozesse analysieren:** Die Geschäftsprozesse werden auf Implikationen für vorhandene und zukünftige Kundenanforderungen hin analysiert. Leiten sich neue Anforderungen ab, werden diese entweder als Kundenanforderungen in das Kunden-AM eingestellt oder als Produktideen an das Produktmanagement weitergegeben.

▶ **Kundenbedürfnis- und Kundenprozessanalyse:** Es werden proaktiv Kundenbedürfnisse analysiert und Kundenprozesse entwickelt. Diese werden für die Bewertung von Kundenanforderungen und für die Entwicklung neuer Produktideen
genutzt.

▶ **Entscheidung über Kundenanforderung vorbereiten:** Zur Entscheidungsvorberei-
tung werden Aspekte wie Kosten, Nutzen, Wichtigkeit, Dringlichkeit, Risiken und
Aufwand eingeschätzt. Kosten, Aufwandsschätzungen und Risiken werden vom
Produktmanagement beurteilt.

▶ **Entscheidung über Kundenanforderung treffen:** Hier wird über die Weitergabe
oder Umsetzung der Anforderung entschieden. Grundsätzlich sollte über jede
Anforderung einzeln entschieden werden. Das Entscheidungsspektrum ist Ablehnung, Annahme (mit Priorisierung nach Wichtigkeit und Dringlichkeit) oder
(erneute) Überarbeitung der Kundenanforderung. Im Falle einer Annahme wird
die Kundenanforderung an das Produkt-AM weitergeleitet. Liegt bereits ein
Releasevorschlag des Produkt-AM für die Umsetzung vor, kann zeitgleich über
diesen Vorschlag entschieden werden (vgl. dazu Abbildung 3.7).

▶ **Umsetzung der Kundenanforderung kontrollieren:** Für alle Kunden erfolgt eine
Kontrolle der Umsetzung der Kundenanforderungen. Dies bedeutet: Kunden können den Status einer beliebigen Kundenanforderung jederzeit einsehen oder erfragen (Releaseplanung, ...). Kunden werden bei relevanten Statusänderungen, z.B.
Terminverschiebungen bei der Realisierung einer Anforderung, aktiv benachrichtigt.

3.3   Produkt-Anforderungsmanagement

Das Produkt-AM nimmt die Kundenanforderungen des Kunden-AM entgegen und entwickelt daraus Produktspezifikationen. Zunächst bewertet es Kundenanforderungen im
Hinblick auf die Weiter- oder Neuentwicklung ihrer Produkte und der damit verbundenen Produkt- und IT-Strategie. Neben Kundenanforderungen werden hierzu auch Produktideen aus Marketing, Vertrieb oder Entwicklung gegeneinander abgewogen und
priorisiert. Das Produkt-AM leitet aus diesen verschiedenen Quellen Produktanforderungen ab und ordnet diese geplanten Produktreleases zu. Alle Anforderungen an ein
Produktrelease werden in einem Lastenheft spezifiziert, anschließend wird deren
Umsetzung veranlasst.

Das Produkt-AM ist ein Kernprozess des Produktmanagements. Es soll sicherstellen,
dass die geplanten Eigenschaften eines Produktes die ermittelten Kundenbedürfnisse
befriedigen. In den folgenden Abschnitten werden zunächst die Aufgaben des Produktmanagements vorgestellt. Anschließend wird das Vorgehen im Produkt-AM bis
zur Beauftragung und Kontrolle der Produktentwicklung erörtert.

3.3.1 Einordnung in das Produktmanagement

Im Gegensatz zum Kundenmanagement ist das Produktmanagement als Organisationskonzept in der Software-Industrie und bei IT-Dienstleistern bereits vielerorts etabliert, da es für den nachhaltigen Erfolg von Produkten unentbehrlich ist.

In Anlehnung an [Balzert96] oder [Koppelmann01] ist ein Produkt allgemein eine Faktorenkombination oder ein Leistungsbündel, das ein Unternehmen auf seinen Absatzmärkten anbietet, um damit bestimmte Bedürfnisse der Kunden zu befriedigen. Das Leistungsbündel ergibt sich aus der Produktfunktion, also den Aufgaben, die ein Gut erfüllen soll. Neben der eigentlichen Anwendung oder Anwendungs-Software, als dem aus der Sicht des Anforderungsmanagements interessantesten Produktteil, gehören zu einem Produkt weitere Faktoren wie Schulungsunterlagen und Benutzerhandbücher oder Dienstleistungen wie Wartung und Pflege.

Diese Definition eines Produktes gilt sowohl für Standardprodukte als auch für Auftragsentwicklungen bzw. Individualprodukte. Deren Leistungsbündel werden sich allerdings im Detail unterscheiden. Ein Kunde wird für eine Auftragsentwicklung beispielsweise umfangreichere Produktdokumentationen mit Phasenergebnissen anfordern. Für Standardprodukte werden im Allgemeinen lediglich die Schnittstellen offen gelegt, dafür sind die Ansprüche an Einführungsleitfäden, Benutzerführung und Adaptionshinweise höher.

Ein erfolgreiches Produktmanagement erfordert ausreichende Einfluss- und Gestaltungsmöglichkeiten der Produktmanager auf die Produktentwicklung. Das Produktmanagement bündelt alle Aktivitäten rund um ein Produkt oder eine Produktfamilie und koordiniert deren Ausführung. Die Einführung des Produktmanagements führt zur Delegation und zugleich zur Bündelung unternehmerischer Verantwortung. Nach Funktionen erfolgte Trennungen der Produktverantwortung werden beim Produktmanagement rezentralisiert.

Ziele des Produktmanagements sind:

▷ Ermöglichung schneller und marktgerechter Produktinnovationen und damit größerer Erfolge bei der Neueinführung von Produkten.

▷ Erhöhte Profitabilität durch frühzeitige Antizipation von Marktveränderungen anhand von Konkurrenzanalysen, Wettbewerbervergleichen etc.

▷ Verbesserte interne Steuerung, Koordination und Kooperation aller produktbezogenen Aktivitäten in Entwicklung, Vertrieb und Marketing.

▷ Sicherstellung einer einheitlichen Marketingstrategie je Produkt und optimales Timing aller Marketingaktionen.

Der Produktmanager trägt die Verantwortung für den Markterfolg seiner Produkte. In Abstimmung mit anderen Bereichen wie der Entwicklung oder dem Vertrieb ist hiermit die eigenverantwortliche Entscheidung bei produktrelevanten Themenstellungen verbunden. Er betreut »seine« Produkte permanent und gewährleistet damit die Nachhaltigkeit der Produktentwicklung. Wichtigste Aufgaben des Produktmanagers sind:

▷ **Märkte beobachten** – Analyse von Marktgegebenheiten und Mitbewerbern, um frühzeitig neue Trends aufzuspüren und Bedrohungspotenziale zu erkennen.

▷ **Geschäftsplan erstellen** – Formulierung der Geschäftsidee (Business Case) für das Produkt mit Zielkunden, Vertriebskanälen, Marktvolumen, Ziele, Kosten-/Nutzen-Analysen, Entwicklungskapazitäten, Risikoanalysen usw.

▷ **Produktanforderungen definieren** – Detaillierte Definition der Produkteigenschaften und Festlegung der Produktreleases, Abstimmung mit anderen Produkten und der Entwicklung bzgl. der Realisierbarkeit.

▷ **Produkt vermarkten** – Planung des Marketingmix und Durchführung und Begleitung von Marketingmaßnahmen.

▷ **Produktentwicklung beauftragen und begleiten** – Beauftragung der Entwicklung eines Release auf Basis des Lastenhefts sowie Begleitung und Abnahme der Entwicklungsergebnisse.

▷ **Produkteinführung vorbereiten und durchführen** – Ankündigung des Produktes und Auswahl von Pilotkunden; Klärung zeitlicher und rechtlicher Rahmenbedingungen, wie etwa Einsatzzeitpunkt oder Patent- und Lizenzrechte.

Bei der Erfüllung dieser Aufgaben wird das Produktmanagement von Marketing, Vertrieb und Entwicklung unterstützt. Häufig delegiert es Teilaufgaben auch an externe Dienstleister wie Marktforschungsinstitute, Werbeagenturen oder Schulungsanbieter.

Der dritte und fünfte Punkt dieser Aufzählung leiten zum Produkt-AM über. Das Produkt-AM definiert die Produktanforderungen und unterstützt die Planung der Produktreleases. Es begleitet und kontrolliert die Produktentwicklung und arbeitet im Änderungsmanagement des Entwicklungsprojektes mit (vgl. Abschnitt 3.5.2). Für kleinere Produkte können diese Aufgaben durch den Produktmanager wahrgenommen werden. Bei größeren Produkten erfolgt eine Delegation an Produktbetreuer, Produktspezialisten oder Anforderungsgutachter.

Das Produktmanagement kann aufbauorganisatorisch in Funktionsbereiche eingebunden oder aber direkt der Sparten- und Geschäftsleitung unterstellt sein. Sehr stark vertriebsorientierte Häuser haben das Produktmanagement teilweise auch als Stabsabteilung des Marketing verankert. Das Produktmanagement hat hier hauptsächlich eine zuarbeitende Funktion für das Marketing, was dem Grundgedanken eines steuernden Produktmanagements allerdings zuwiderläuft. Eine linienorientierte Einordnung in den Vertriebs- oder Marketingbereich verbessert den Handlungsspielraum, birgt aber die Gefahr, dass abteilungsübergreifende Querschnittsfunktionen vernachlässigt werden. Oft wird deshalb eine Matrixorganisation gewählt, um das abteilungsübergreifende Denken in Produkt- und Marktgrößen zu fördern. Das strukturbedingte Konfliktpotenzial einer solchen Matrixorganisation wird bewusst zugunsten kurzer Informations- und Entscheidungswege in Kauf genommen.

3.3.2 Aufgaben und Vorgehen im Produkt-AM

Hauptaufgaben des Produkt-AM sind:

▶ **Produktanforderungen ermitteln** – Ableitung und Bewertung von Produktanforderungen aus Kundenanforderungen und Produktideen.

▶ **Releaseplanung unterstützen und Lastenheft erstellen** – Planung der Releases eines Produktes durch Zuordnung der Produktanforderungen unterstützen und Lastenheft für die Produktentwicklung spezifizieren.

▶ **Produktportfolio entwickeln** – Empfehlungen für die Unterteilung und den Abgleich von Anwendungen und Produkten geben.

Abbildung 3.6 stellt alle aus diesen Aufgaben resultierenden Aktivitäten und das Vorgehen im Produkt-AM im Zusammenhang dar.

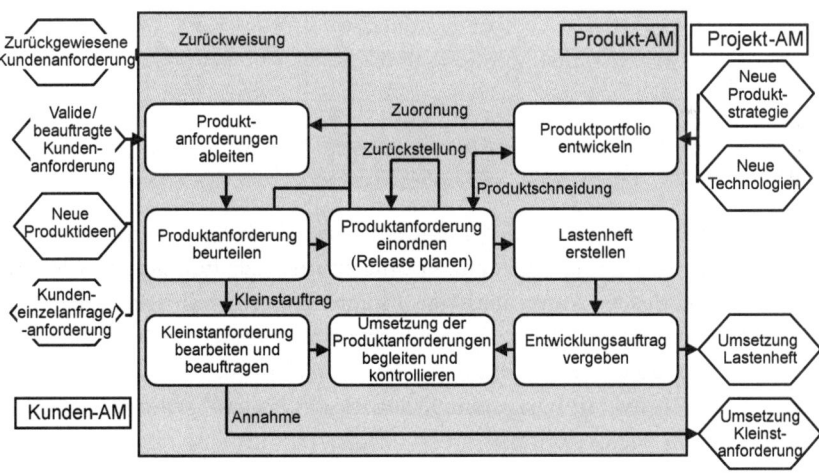

Abbildung 3.6: Vorgehen im Produkt-Anforderungsmanagement

Produktanforderungen ermitteln

Im ersten Schritt werden im Produkt-AM abgestimmte Kundenanforderungen, direkte Einzelanfragen von Kunden sowie Produktideen entgegengenommen. Diese werden mit Hilfe des Produktportfoliomanagements Produkten zugeordnet und daraus grobe initiale Produktanforderungen abgeleitet. Dabei können mehrere ähnliche Kundenanforderungen zu einer Produktanforderung zusammengefasst oder eine komplexe Kundenanforderung zu mehreren (atomaren) Produktanforderungen transformiert werden. In Kapitel 5 wird mit der *Quality Function Deployment (QFD)* eine Technik für die Ableitung von Produktanforderungen aus Kundenanforderungen vorgestellt.

Die folgende Tabelle verdeutlicht diesen Zusammenhang zwischen Kunden- und Produktanforderungen. Aus der Kundenanforderung Ku1 leiten sich die Produktanforderungen Pr1 und Pr2 ab, Pr3 erfüllt die Kundenanforderungen Ku2 und Ku3. Im Allgemeinen führen geschäftspolitische oder rechtliche Kundenanforderungen zu mehreren Produktanforderungen, für IT-Anforderungen wird in vielen Fällen eine 1:1-Zuordnung gegeben sein.

K.-Anf. P.-Anf.	Ku1	Ku2	Ku3	Ku4	Ku5	Ku6	...
Pr1	↵						
Pr 2	↵						
Pr 3		↵	↵				
Pr 4				↵			
Pr 5					↵		
Pr 6						↵	
...							

Tabelle 3.2: Ableitung von Produktanforderungen aus Kundenanforderungen

Im nächsten Schritt werden alle Produktanforderungen nach Kriterien wie Kosten und Ressourcenaufwand, Risiko, Stabilität und Nutzen beurteilt. Erste schnelle Abschätzungen der Kosten und des Ressourcenaufwands können durch erfahrene Produktentwickler (Expertenschätzung) erfolgen. Für verfeinerte Aufwandsschätzungen haben sich anhand von Erfahrungswerten kalibrierte Verfahren bewährt. In Rechenzentren mit einer Vielzahl von Anwendungssystemen und einem hohen Vernetzungsgrad ist zusätzlich ca. ein Viertel der Gesamtressourcen für die Abstimmung der Systeme und ihrer Schnittstellen einzuplanen.

Eine grobe Bewertung des Realisierungs- und Unterlassungsrisikos sowie der Stabilität der Anforderungen ist oft ausreichend. Der Nutzen einer Anforderung sollte aber möglichst objektiv und differenziert geschätzt werden, da er eines der wichtigsten Entscheidungsmerkmale für die Umsetzung darstellt. Verbreitete Kriterien für die Bewertung sind Kundenzufriedenheit, Kosten, Erlöse, innerbetriebliche Organisation,

Datenqualität, Datenschutz und Datensicherheit sowie Umweltschutz. Diese Kriterien werden gewichtet und mit Bewertungszahlen multipliziert. Das Ergebnis ergibt dann den gewichtete Gesamtnutzen einer Produktanforderung.

Nach der Bewertung entscheidet das Produktmanagement, ob eine Kleinstanforderung (Umsetzungsaufwand kleiner als fünf oder zehn Personentage) vorliegt, welche direkt beauftragt werden kann, oder ob die Anforderung einem geplanten Release zugeordnet wird. Die Beauftragung von Kleinstanforderungen ist natürlich nur möglich, falls Ressourcen in der Entwicklung eingeplant sind und das Produktmanagement über ein eigenes Budget für die Beauftragung verfügt. Aufgrund der inzwischen verbreiteten kurzen Releasezyklen von drei bis sechs Monaten kommt diese Prozessvariante allerdings immer seltener vor, da ein schnelles Reagieren zwischen Releases nicht mehr notwendig ist.

Releaseplanung unterstützen und Lastenheft erstellen

Nachdem die Anforderungen bewertet sind, erfolgt deren Einordnung und Bündelung zu einem Produktrelease. Neben fachlichen Gesichtspunkten werden dazu auch Produkt- und IT-strategische Aspekte herangezogen. Anschließend wird über die Realisierung des Produktreleases entschieden und eine Produktspezifikation in Form eines Lastenhefts erstellt. Die Umsetzung dieses Lastenhefts wird mit einem Entwicklungsauftrag angestoßen (vgl. Abbildung 3.6).

Zeitlich finden die Planung einzelner Releases, die Entscheidung über die Umsetzung und die folgende Realisierung versetzt statt. Abbildung 3.7 stellt diese zeitliche Verschränkung der Aktivitäten und Meilensteine dar. Kundenanforderungen treffen kontinuierlich ein und werden für ein Release bewertet und gebündelt. Der Planung eines Releases folgt die Beauftragung, Entwicklung und Abnahme der Ergebnisse. Anschließend wird das Release freigegeben. Zeitgleich mit der Abnahme eines Releases kann das Folgerelease beauftragt werden.

Abbildung 3.7 zeigt, dass die Ableitung und Bewertung von Produktanforderungen sowie die Releaseplanung grundsätzlich parallel mit den Aktivitäten des Kunden-AM zur Entscheidungsfindung über Kundenanforderungen erfolgen kann. Dies hat den Vorteil, dass die Entscheidung über eine Kundenanforderung unmittelbar mit einem Realisierungsvorschlag vom Produktmanagement beantwortet wird. Für Auftragsentwicklungen kann somit innerhalb einer Sitzung sowohl über die beauftragten Kundenanforderungen als auch über das Releaseangebot abgestimmt werden. Eine solche Vorgehensweise ist natürlich nur möglich und sinnvoll, wenn der größte Teil der Kundenanforderungen auch beauftragt und umgesetzt wird, so dass eine verlässliche Basis für die Releaseplanung gegeben ist (vgl. dazu auch Kapitel 8 zum Vertragsverhältnis zwischen Kunden- und Produktmanagement).

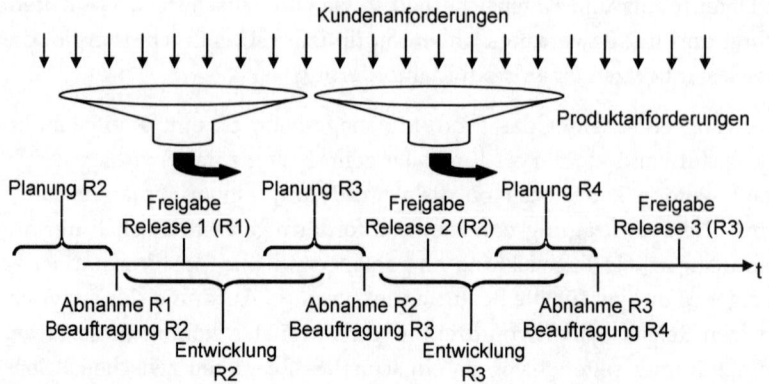

Abbildung 3.7: Verschränkung der Aktivitäten zur Entwicklung neuer Releases

Die Herausforderung für das Produkt-AM bei dieser Releaseplanung besteht darin, eine optimale Balance zwischen den verschiedenen Arten von Kundenanforderungen und Produktideen sowie den verfügbaren Ressourcen zu finden. Eine gute Technik zur Unterstützung der Produktplanung auf der Grundlage von Kunden- und Produktanforderungen sowie Markt- und Konkurrenzanalysen ist *Quality Function Deployment (QFD)*. QFD ist eine auf dem *Total Quality Management (TQM)* aufbauende Technik. Eine ausführliche Beschreibung von QFD gibt Kapitel 5. Die Nutzung von QFD lässt sich gut am sog. *Kano-Modell* verdeutlichen (vgl. Abbildung 3.8).

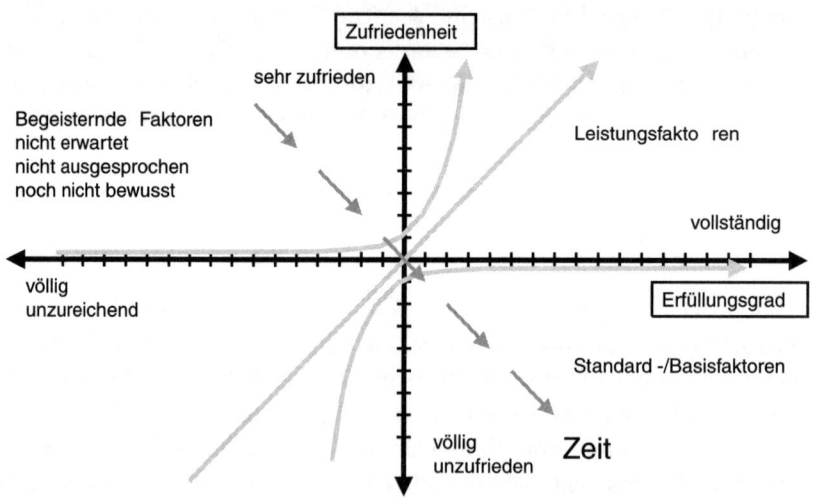

Abbildung 3.8: Kano-Modell

Kano unterscheidet drei Arten von Produktanforderungen. *Standard-* oder *Basisfaktoren* stellen grundlegende Anforderungen an ein Produkt dar. Ohne deren Erfüllung ist das Produkt für den Anwender nutzlos. Das Fehlen dieser Eigenschaften führt zur Ablehnung des Produktes (Beispiel Handy: die Möglichkeit zu telefonieren und verschiedene Telefonnummern zu speichern). Bei *Leistungsfaktoren* wächst die Zufriedenheit mit dem Produkt proportional mit dem Erfüllungsgrad von Anforderungen (Handy: Mehrnetzfähigkeit oder Vibrationsalarm). Sind *Begeisterungsfaktoren* erfüllt, führt dies zu einer sehr großen Zufriedenheit des Kunden. Fehlen diese Faktoren, ist der Kunde aber nicht unbedingt unzufrieden (Handy: Internetzugang mit WAP-Technologie). Das Aufspüren dieser Begeisterungsfaktoren ist eine wesentliche Zielsetzung der Kundenbedürfnisanalyse.

Die Herausforderung für das Produktmanagement liegt nun darin, den richtigen Mix dieser Anforderungsarten zu finden. Sollen etwa neue Märkte gewonnen werden, muss besonders auf Begeisterungsfaktoren geachtet werden. Allerdings können diese Begeisterungsfaktoren im Rahmen der Produktevolution sehr schnell zu Basisfaktoren migrieren, wie etwa die Entwicklung grafischer Benutzeroberflächen für PCs deutlich macht.

Das erste Dokument, das zusammenfassend alle Anforderungen an ein neues Produkt oder ein Produktrelease spezifiziert, ist das Lastenheft. Es ist das zentrale Ergebnis aller Aktivitäten im Produkt-AM. Anstelle von Lastenheft wird auch häufig von Vorstudie oder Visionsdokument (vgl. [Kruchten99]) gesprochen. Nach Balzert ist das Lastenheft »*eine Zusammenfassung aller fachlichen Basisanforderungen, die das zu entwickelnde Softwareprodukt aus der Sicht des Auftraggebers erfüllen muss*« [Balzert96, S. 55]. Mit Basisanforderungen ist gemeint, dass sich das Lastenheft bewusst auf die fundamentalen Produktanforderungen konzentriert. Dabei wird insbesondere auf die präzise Formulierung des (zukünftigen) Produktumfeldes, der Anwendungsschnittstellen und der wesentlichen Produkteigenschaften geachtet. Anstelle vollständig neuer Lastenhefte sind bei kleineren Weiterentwicklungen auch Deltadokumente, welche lediglich alle Änderungen und Neuerungen enthalten, ausreichend. Spätestens nach zwei bis drei solcher Deltas sollte allerdings wieder ein vollständiges Lastenheft entwickelt werden, da ansonsten die Übersichtlichkeit verloren geht.

Das Lastenheft bildet die Basis für die Beauftragung der Anwendungsentwicklung. Es steckt den Rahmen für die Anwendungsentwicklung ab, damit das richtige Produkt für das richtige Problem entwickelt wird und eine Verschiebung des Projektfokus (sog. *requirements* oder *scope creeping*) oder die Entwicklung von »Goldrandlösungen« vermieden werden. Allerdings sollten Anforderungen im Lastenheft nicht überspezifiziert werden, da sich diese im Projektverlauf sowieso im Detail ändern werden und die Kreativität und der Freiraum der Entwicklung bei der Suche von Lösungen nicht zu sehr eingeschränkt werden sollten.

In Kapitel 4 wird ein Muster für ein Lastenheft vorgestellt. Nach einer *Einleitung* mit der Vorstellung der wesentlichen Produktziele sollte zunächst der *Anwendungsbereich* mit Geschäftsprozessen und Geschäftsobjekten (Fachbegriffe) sowie das *technische Umfeld* mit Hard- und Software sowie allen Schnittstellen definiert werden. Darauf folgen die *Rahmenbedingungen der Entwicklung und Produktion.* Zuletzt werden die eigentlichen *Produktanforderungen* auf grober Ebene zusammen mit einem Anwendungsfallmodell und dem *Zeit- und Kostenrahmen* definiert. Das Anwendungsfallmodell sollte eine Kurzbeschreibung aller wesentlichen Anwendungsfälle (Daumenregel: 80 % der primären Anwendungsfälle) mit Zielsetzung und Akteuren enthalten. Für umfangreiche Anwendungen sollte auch eine grobe Systemarchitektur mit den wichtigsten Anwendungsbausteinen skizziert werden.

Bevor der Entwicklungsauftrag für die Umsetzung des Lastenhefts erteilt wird, müssen im Produktmanagement noch eine Reihe von Rahmenbedingungen geprüft werden. Sind genügend Distributoren für das Produkt vorhanden? Sind Schulungsmaßnahmen für den Vertrieb und die Kundenbetreuer geplant? Sind überhaupt genügend Ressourcen für die Einführung vorhanden? Welche Migrationsaufwände entstehen für das Produkt beim Kunden? Ist der Kunde darauf vorbereitet? Natürlich haben diese Fragen nicht direkt mit dem Anforderungsmanagement zu tun. Sie sollen nur verdeutlichen, dass die Aufgaben des Produkt-AM mit anderen Aufgaben des Produktmanagements eng verknüpft sind und abgestimmt werden müssen.

Nachdem der Entwicklungsauftrag vergeben wurde, kontrolliert und begleitet das Produkt-AM die Durchführung des Entwicklungsprojektes und führt die Abnahme der Ergebnisse durch. Die Projektbegleitung beinhaltet vor allem die Mitarbeit bei der Bewertung und Entscheidung von Änderungsanforderungen.

Produktportfolio (Anwendungslandschaft) entwickeln

Das Produktmanagement sollte in ein übergreifendes Produktportfoliomanagement eingebettet werden, welches die Produkte und Anwendungen einer Organisation aufeinander abstimmt. Es unterstützt die Definition von neuen Anwendungen und Ableitung von Produktanforderungen aus Kundenanforderungen. Hierfür sind klassische Techniken der Informationssystemplanung etwa das *Business Systems Planning (BSP)* bzw. das *Information Engineering (IE)* [Martin90].

Ausgehend von Produktideen und neuen IT-Strategien stößt das Produktportfoliomanagement auch Restrukturierungen an. Diese Entwicklung und Verwaltung eines Produktportfolios ist sowohl für Produkthäuser als auch für auftragsgebundene Rechenzentren eine wichtige Aufgabe. Anhand des Produktportfolios werden die Leistungen der einzelnen Produkte und ihre gegenseitigen Schnittstellen konsolidiert. Anstelle von Produktportfolio werden auch häufig die Begriffe *Anwendungslandschaft* oder *Bebauungsplan* verwendet. Abbildung 3.9 zeigt exemplarisch eine für das Mengengeschäft in den Sparkassen konzipierte Soll-Anwendungslandschaft für Verbandsrechenzentren.

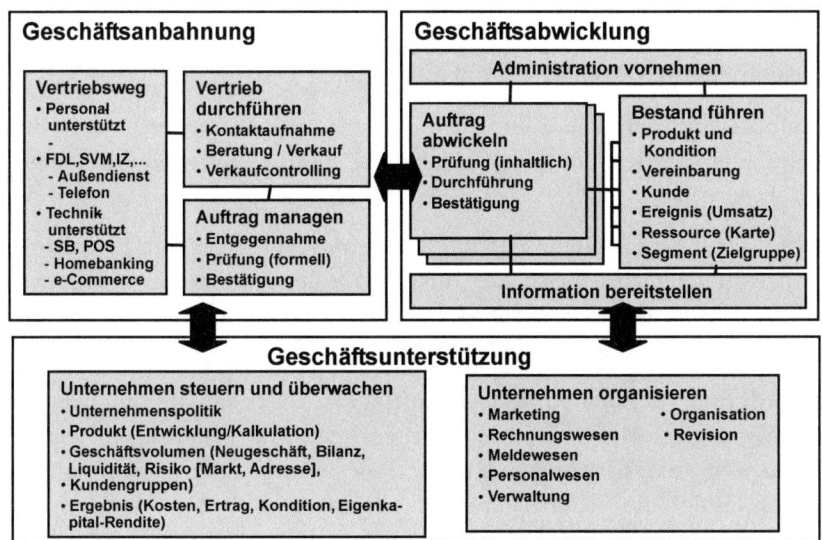

Abbildung 3.9: Prozessorientierte Soll-Anwendungslandschaft (vgl. [Stülpnagel00, S. 466])

Die beiden Hauptschnitte dieser Anwendungslandschaft sind:

▷ Trennung von *Geschäftsanbahnung* und *Geschäftsabwicklung* zur Unterstützung der unterschiedlichen Front-Office- und Back-Office-Aufgaben.

▷ Trennung des operativen Geschäfts von den Aufgaben der *Geschäftsunterstützung* durch dispositive Systeme, wie etwa Data Warehouse-Anwendungen.

Als Analyseinstrument hilft eine solche Anwendungslandschaft, Überschneidungen, Lücken oder fachfremde Teile in der Funktionalität von Anwendungen zu erkennen. Werden etwa neue Systeme für die Geschäftsanbahnung entwickelt, hilft sie, die Schnittstelle zur Auftragsabwicklung zu optimieren. Anwendungen in der Geschäftsabwicklung können auf Effizienz und Flexibilität hin optimiert werden, Vertriebssysteme lassen sich funktional sauber von Abwicklungs- bzw. Bestandssystemen trennen.

Während in Rechenzentren ein Produktportfoliomanagement oft primär unter dem Gesichtspunkt Anwendungssystemplanung und Anwendungsintegration betrieben wird, stehen bei Produkthäusern und IT-Dienstleistern eher die Zielsetzungen Wiederverwendung und Produktkonfiguration im Vordergrund. Die Art der Beschreibungselemente, die Gestaltungskriterien und die Stellhebel sind in beiden Fällen jedoch gleich.

3.3.3 Aktivitäten im Produkt-AM

Die Aktivitäten im Produkt-AM noch einmal zusammengefasst:

▶ **Produktanforderung ableiten:** Kundenanforderungen, Produktideen oder Kun-
deneinzelanfragen werden Produkten zugeordnet und in Produktanforderungen
überführt.

▶ **Produktanforderung beurteilen:** Jede Produktanforderung wird vom Produktmanagement bewertet. Es wird entschieden, ob eine Kleinstanforderung vorliegt, welche auf direktem Wege realisiert werden kann, oder ob sie als normale Anforderung
im Rahmen der Releaseplanung zu bearbeiten ist.

▶ **Kleinstanforderung bearbeiten und beauftragen:** Darf der Produktmanager
Kleinstanforderungen ohne weitere Gremienentscheidung beauftragen, werden
diese hier so weit analysiert und präzisiert, dass sie umgesetzt werden können.
Anschließend erfolgt die Beauftragung. Ist erkennbar, dass der Budgetrahmen
gesprengt wird oder sonstige Risiken existieren, wird die Anforderung in die normale Releaseplanung eingeordnet.

▶ **Produktanforderung einordnen:** Die Produktanforderungen werden zu einem
Release gebündelt. Nach der Bündelung wird über das Release entschieden.

   – **Produktanforderungen bündeln:** An dieser Stelle erfolgt der Schritt von Einzel-
anforderungen zur Paketbildung. Mehrere ein Produkt betreffende Anforderungen werden für ein geplantes Produktrelease zusammengefasst. Input für die
Entscheidung bilden die Produkt- und IT-Strategie, Entwicklungsressourcen
und die erhobenen Attribute der Anforderungen (Ähnlichkeit, Nutzen, Dringlichkeit, Wichtigkeit ...).

   – **Entscheidung über das Release vorbereiten:** Das Produktmanagement erstellt
eine Entscheidungsvorlage mit Schätzungen des Aufwands bzw. des Ressour-
cenbedarfs und des Umsetzungszeitraums gemäß Releaseplanung. Entscheidungsalternativen mit verschiedene Bündelungsvarianten sollten ebenfalls
vorbereitet werden.

   – **Entscheidung über Release treffen:** Ein Entscheidungsgremium (Geschäftsführung, Kundenvertreter, Produktmanager, Vertriebsleitung) entscheidet über
Annahme, Ablehnung oder Rückstellung des Anforderungspakets oder einzelner Anforderungen für das nächste Release. Die positive Entscheidung ist eine
Annahme des Angebots und ein Auftrag an den Produktmanager zur Erstellung eines Lastenhefts.

▶ **Produktportfolio entwickeln:** Das Produktportfoliomanagement unterstützt das
Produktmanagement bei der Release- und Systemplanung. Zentrales Instrument
dafür ist das Produktportfolio bzw. die Anwendungslandschaft.

▷ **Lastenheft erstellen:** Bei einer Neuentwicklung wird das Lastenheft auf der Basis des Anforderungspakets der Releaseplanung erstellt. Bei einer Weiterentwicklung ist ein weiterer Input natürlich das Lastenheft des Vorgängerreleases. Für eine kleine Weiterentwicklung genügt in diesem Fall die Spezifikation eines Deltadokuments.

– **Produktziele festlegen:** Die Festlegung der Produktziele, auch der Negativziele, ist eine der wichtigsten Aufgaben der Produktgestaltung überhaupt. Nur mit klaren Zielsetzungen, gegen die alle Anforderungen und Änderungsanträge geprüft werden, kann eine schleichende Verschiebung des Projektfokus vermieden werden.

– **Anwendungsbereich analysieren:** Hier erfolgt die Analyse und Beschreibung des Anwendungsbereichs, in welchem das Produkt eingesetzt wird. Die Analyse umfasst insbesondere die Geschäftsprozesse mit allen Rollen oder Akteuren und das Geschäftsobjektmodell mit den wesentlichen Fachobjekten.

– **Technisches Umfeld und Schnittstellen beschreiben:** In dieser Aktivität werden das zukünftige technische Umfeld des Produktes und alle Schnittstellen spezifiziert.

– **Produktionsanforderungen festlegen:** Hierzu gehören die Ermittlung und Analyse der Anforderungen an Einführung, Betrieb und Ausbau sowie Installation, Migration, Betreuung, Schulung, Dokumentation, Wartbarkeit und Ausbaustufen.

– **Produktanforderungen festlegen:** In dieser Aktivität werden die funktionalen und nichtfunktionalen Produktanforderungen spezifiziert. Bei großen Systemen sollte an dieser Stelle auch eine erste grobe Unterteilung der Anwendung in Subsysteme (Pakete) erfolgen, um die Komplexität des Gesamtsystems zu reduzieren. Produktanforderungen werden dann entsprechend in Pakete gegliedert.

– **Lastenheft abnehmen:** Die Abnahme des Lastenhefts umfasst die formale und inhaltliche Prüfung des Gesamtdokuments. Die Überprüfung sollte durch Dritte erfolgen, etwa Kundenvertreter oder sonstige wichtige Nutzer des Systems. Geprüft werden sowohl einzelne Produktanforderungen als auch das komplette Lastenheft.

▷ **Entwicklungsauftrag vergeben:** Die Vergabe des Entwicklungsauftrags gehört nicht primär zum Anforderungsmanagement und wird deshalb nicht weiter ausgeführt. Vor der Beauftragung müssen im Produktmanagement Aktivitäten wie die Erstellung des Business Case oder Produktausschreibung beendet sein.

▷ **Umsetzung der Produktanforderung begleiten und kontrollieren:** Der Produktmanager sollte den Status und Umsetzungsstand einer im Lastenheft aufgeführten Anforderung jederzeit abfragen können. Bei wichtigen Statusänderungen oder Ausnahmesituationen, z.B. bei terminlichen Verzögerungen, sollten Kunden aktiv benachrichtigt und relevante Informationen über die Umsetzung an das Kunden-AM durchgereicht werden. Das Produkt-AM arbeitet im Change Control Board bei der Bearbeitung von Änderungsanträgen mit.

3.4 Projekt-Anforderungsmanagement

Die Detaillierung der Anforderungsbeschreibung im Lastenheft ist für eine Anwendungsentwicklung im Allgemeinen nicht ausreichend. Das Projekt-AM ist für die Verfeinerung dieser Anforderungen zuständig und unterstützt ihre Umsetzung in den verschiedenen Entwicklungsphasen. Es sorgt dafür, dass die Produktanforderungen ein zentraler Treiber aller Entwicklungsaktivitäten werden.

Ein wesentliches Ergebnis des Projekt-AM ist das Pflichtenheft. Das Pflichtenheft spezifiziert präzise alle Systemanforderungen eines Releases, die im Projekt zu realisieren sind. Stellte das Lastenheft das fachliche Planungsergebnis des Produktmanagements bzw. des Auftraggebers dar, so dient das Pflichtenheft mit seiner detaillierten Beschreibung aller Produktanforderungen als Grundlage für die Umsetzung durch den Auftragnehmer oder für darauf folgende Make or Buy-Entscheidungen.

Im nächsten Abschnitt wird zunächst die Einordnung des Anforderungsmanagements in eine Projektorganisation vorgestellt. Anschließend werden die Aufgaben und Ziele des Projekt-AM über den gesamten Projektverlauf erläutert.

3.4.1 Einordnung in das Projektmanagement

Die Abwicklung eines Entwicklungsprojektes erfordert eine koordinierte Vorgehensweise. Sowohl für die strukturierte als auch für die objektorientierte Anwendungsentwicklung wurden eine Vielzahl von Vorgehensmodellen vorgeschlagen. Diese Vorgehensmodelle definieren den Zusammenhang aller Aktivitäten, Ergebnisse, Rollen und Techniken in der Anwendungsentwicklung. Sie beinhalten neben dem eigentlichen Entwicklungsprozess auch oft weitere Tätigkeitsbereiche oder Querschnittsprozesse, wie die Qualitätssicherung, das Konfigurationsmanagement oder das Projektmanagement. Beispiele für solche Vorgehensmodelle in Deutschland sind etwa das *V-Modell* [Dröschel97] oder das *AE-Modell* [Noack99] und [SIZ-AE99].

Rational Unified Process (RUP)

Im Schlepptau der Standardisierung der UML hat Rational mit dem *Rational Unified Process (RUP)* inzwischen einen international weit verbreiteten und akzeptierten Industriestandard für die objektorientierte Anwendungsentwicklung geschaffen (vgl. [Kruchten99] oder [Veersteegen01]). Eine Reihe von Organisationen nutzen RUP inzwischen als Referenz für die Entwicklung hausinterner Vorgehensmodelle.

Am Beispiel von RUP werden nachfolgend zunächst wesentliche Charakteristika moderner iterativer Vorgehensmodelle diskutiert. Anschließend wird die Einordnung des Anforderungsmanagements beschrieben (eine Übersicht und einen Vergleich weiterer Vorgehensmodelle gibt beispielsweise [Noack99a]).

Abbildung 3.10 stellt das Vorgehen in RUP mit den beiden zentralen Dimensionen *Phasen* und *Prozesse* und der zeitlichen Verteilung des Aufwandes in einem Projekt dar. Eine einzelne Iteration in diesem Vorgehen wird durch den Rahmen angedeutet.

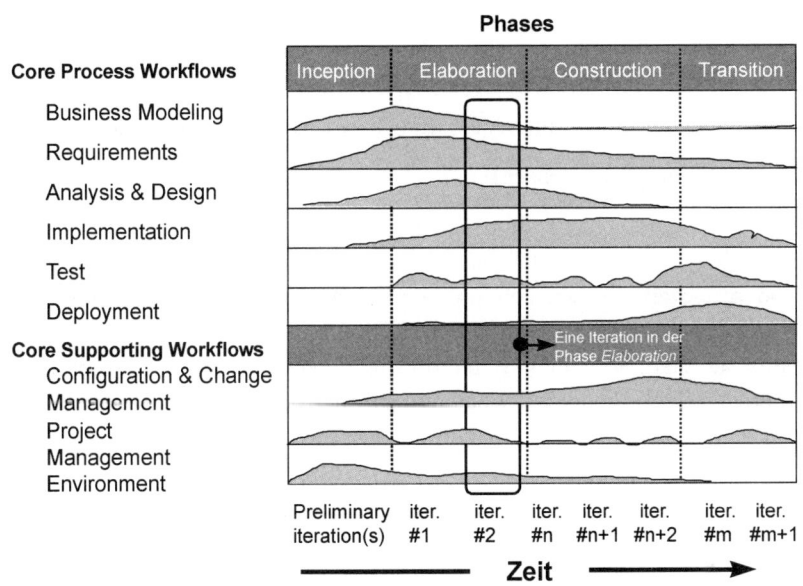

Abbildung 3.10: Vorgehen nach dem Rational Unified Process (vgl. [Kruchten99, S. 46])

RUP unterscheidet vier Phasen der Projektabwicklung (vgl. [Veersteegen01, S. 52 f]):

► Konzeptualisierungsphase (*Inception*)

► Entwurfsphase (*Elaboration*)

► Konstruktionsphase (*Construction*)

► Übergangsphase (*Transition*)

Diese vier Phasen geben den zeitlichen Verlauf des Vorhabens wieder. Phasenübergreifend sind Prozesse (Workflows) definiert, die sich an den zu erstellenden Inhalten der einzelnen Phasen orientieren. Unterschieden werden sechs Kernprozesse (*Core Process Workflows*) und drei Unterstützungsprozesse (*Core Supporting Workflows*). Kernprozesse sind:

▶ Geschäftsprozessmodellierung (*Business Modeling*)

▶ Anforderungsmanagement (*Requirements*)

▶ Analyse und Design (*Analysis & Design*)

▶ Implementierung (*Implementation*)

▶ Test (*Test*)

▶ Verteilung (*Deployment*)

Als unterstützende Prozesse sind definiert:

▶ Projektmanagement (*Project Management*)

▶ Konfigurations- und Änderungsmanagement (*Configuration & Change Management*)

▶ Entwicklungsumgebung (*Environment*)

Im Projektverlauf verändert sich die Intensität der Prozesse in den vier Phasen. Während in der ersten Phase hauptsächlich Geschäftsprozesse modelliert und Anforderungen ermittelt und verfeinert werden, stehen in der letzten Phase die Implementierung, das Testen und die Auslieferung im Vordergrund. Der Aufwand für das Projekt- und Konfigurationsmanagement verteilt sich relativ gleichmäßig über alle Phasen. Der Aufwand zur Bereitstellung der Entwicklungsumgebung nimmt am Ende der ersten Phase natürlich stark ab.

Die Darstellung des RUP in Abbildung 3.10 macht den übergreifenden, durchgängigen Charakter des Anforderungsmanagements deutlich. Natürlich werden in den ersten Iterationen bis zur Entwurfsphase wesentlich mehr Ressourcen für die Anforderungsanalyse aufgewendet, um ein ausreichendes Problemverständnis zu erhalten und eine relativ stabile und detaillierte Anforderungsbasis für die Umsetzung zu haben. Aber auch in mittleren Phasen sind die Aufwände noch relativ hoch. Gegen Projektende hin sinken diese dann kontinuierlich und fallen im Wesentlichen für den Änderungsdienst und die Überarbeitung von Anforderungen an.

Abgrenzung zum Produktmanagement

Worin besteht der wesentliche Unterschied zwischen dem Produktmanagement und einer Projektorganisation? Das Produktmanagement ist eine zeitlich nicht befristete Organisationsform, der Produktmanager betreut seine Produkte permanent. Ein Projekt hingegen hat einen festen Anfang und ein definiertes Ende. Es verfolgt eine bestimmte Zielsetzung und hat bestimmte Rahmenbedingungen an Zeit, Kosten und Qualität einzuhalten.

Abgrenzungsprobleme bestehen insofern, als das Ergebnis eines Projektes ein Produkt oder Teil eines Produktes sein kann und nicht eindeutig unterscheidbar ist, welche

Tätigkeiten in das Aufgabengebiet des Produktmanagers und welche in das des Projektmanagers (Auftraggeber, Projektbetreuer) fallen. Außerdem können Produkt- und Projektmanager durchaus unterschiedliche Interessen verfolgen. Der Erfolg des Projektmanagers wird daran gemessen, das Projekt planmäßig fertig zu stellen. Den Erfolg des Produktmanagers hingegen macht das langfristige wirtschaftliche Ergebnis (und damit auch der Kundennutzen) aus.

Produktmanager und Projektmanager sollten untereinander keine Weisungsbefugnis haben. Sofern der Abstimmungsprozess zwischen ihnen scheitert, müssen vereinbarte Eskalationsmechanismen eingehalten werden. Berührungspunkte zwischen Produkt- und Projektmanagement sind:

▶ **Lastenheft:** Das Lastenheft beschreibt als Teil der Projektdefinition die inhaltlichen Anforderungen an das zu entwickelnde Produkt. Produktmanager und Projektleiter müssen sich auf die Umsetzung der dort geforderten Leistungen unter den vereinbarten Projektrahmenbedingungen einigen.

▶ **Änderungsanforderungen:** Über die Annahme von Änderungsanforderungen im Projekt wird in einem Change Control Board entschieden, dem das Produktmanagement stimmberechtigt angehört.

▶ **Ergebnisabnahme:** Das Projektmanagement nimmt die Projektergebnisse gemäß den vereinbarten Abnahmekriterien ab.

▶ **Vorgehensweise im Projekt:** Das Projektmanagement entscheidet grundsätzlich über die Art und Weise des Vorgehens im Projekt. Das Produktmanagement kann die Vorgehensweise lediglich über den Projektausschuss beeinflussen.

Über diese Berührungspunkte hinaus ist natürlich eine enge Abstimmung zwischen Produkt- und Projektmanagement erforderlich. Dies betrifft vor allem Ressourcenengpässe und Terminverschiebungen im Projekt und Maßnahmen zum Marketing und Vertrieb durch das Produktmanagement.

3.4.2 Aufgaben und Vorgehen im Projekt-AM

Hauptaufgaben des Projekt-AM im Rahmen eines Entwicklungsvorhabens sind:

▶ **Projektplanung unterstützen** – Unterstützung des Projektmanagements bei der Planung des Projektes (Auswahl und Zuschnitt des Vorgehens, Planung der Iterationen und Inkremente, Werkzeugausstattung usw.)

▶ **Anforderungsdefinition erstellen** – Erstellung, Verfeinerung und Fortschreibung der umzusetzenden Produktanforderungen aus dem Lastenheft in einem Pflichtenheft für die Anwendung.

▷ **Umsetzung begleiten und kontrollieren** – Kontinuierliche Mitarbeit und Kontrolle
in allen Phasen der Anwendungsentwicklung, damit alle Anforderungen korrekt
umgesetzt werden.

▷ **Änderungen entscheiden** – Mitarbeit bei der Bewertung und Entscheidung von
Änderungsanträgen zu Anforderungen.

Abbildung 3.11 stellt diese Kernaktivitäten und ihren Zusammenhang im Projekt-AM
dar.

Die Abbildung macht deutlich, dass diese Aktivitäten im Projekt-AM hochgradig
vernetzt sind. Aktivitäten zum Änderungsdienst oder bei der Umsetzungsbegleitung
führen zu Fortschreibungen der Anforderungsdefinition, was wiederum die Projektplanung beeinflussen kann.

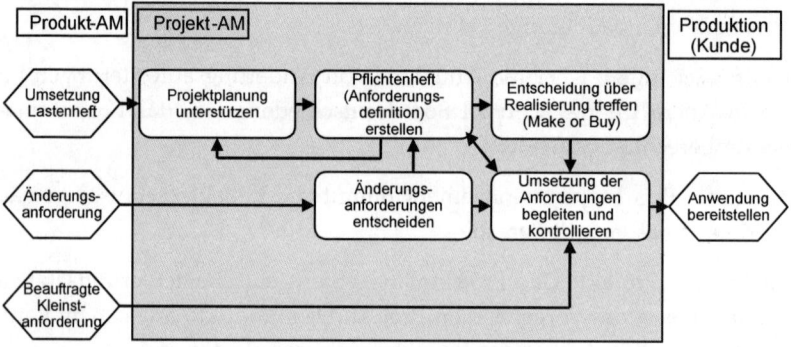

Abbildung 3.11: Vorgehen im Projekt-Anforderungsmanagement

Projektplanung unterstützen

Die Vorbereitungs- und Startphase bestimmt erheblich den Erfolg oder Misserfolg
eines Projektes. Falsche Entscheidungen oder Übereinkünfte in dieser frühen Phase
gefährden die gesamte Projektabwicklung und können häufig nicht oder nur mit großem Aufwand ausgebessert werden. Umso wichtiger ist es, auf einer gesicherten
Grundlage zu planen.

Ausgehend von den Informationen aus dem Lastenheft kann das Projekt-AM folgende
Planungsaktivitäten unterstützen:

▷ Auswahl des Vorgehensmodells und Zuschnitt des Vorgehens

▷ Bildung von Inkrementen und Planung der Iterationen

▷ Werkzeugunterstützung

▷ Risikoanalyse

Auswahl des Vorgehensmodells und Zuschnitt des Vorgehens

Das richtige Projektvorgehen auszuwählen ist aufgrund der vielen Randbedingungen oft nicht einfach. Nach [Noack01, S. 564] lassen sich die Auswahlkriterien in zwei Gruppen einteilen:

1. Projektziele, Aufgabenstellung, Anforderungen

2. Randbedingungen der Projektdurchführung

Die Randbedingungen umfassen Kriterien wie die Qualifikation der Projektmitarbeiter oder die Anzahl der Kooperationspartner. Unter die erste Gruppe fallen eine Reihe von Kriterien, welche das Anforderungsmanagement betreffen.

Tabelle 3.3 zeigt, in welcher Weise verschiedene Charakteristika von Anforderungen die Auswahl eines Vorgehensmodells beeinflussen.

Exemplarisch werden vier verschiedene Arten des Vorgehens unterschieden: das iterative Vorgehen (etwa nach RUP oder AE-Modell), das phasenorientierte Vorgehen (z.B. ursprüngliches V-Modell), ein agiles Vorgehen (wie Extreme Programming) und evolutionäres Prototyping. Die Eignung wird bewertet in fünf Stufen: sehr gut (+++), gut (++), befriedigend (+), ausreichend (=?), ungenügend (--).

Vorgehensmodell Auswahlkriterium	Iteratives Vorgehen	Phasenori- entiertes Vorgehen	Leichtge- wichtiges/ agiles Vorgehen	Evolutionä- res Proto- typing
Anwendung wird erstmals entwickelt, hohe Fluktuation der Anforderungen	++	--	+++	+++
Weitgehend geklärte Anforderungen, wenig Änderungen zu erwarten	+	++	=?	=?
Hohe Anforderungen an Korrektheit, Verfügbarkeit, Zeitverhalten	++	+	=?	+
Monolitisches System, keine oder wenig Teilsysteme	+	++	=?	=?
Begrenzte Verfügbarkeit von Benutzern und Fachexperten	=?	+++	--	--
System mit einer Vielzahl von Schnittstellen zu anderen Systemen	++	--	+	+
System soll in der Produktion änderungs- und wartungsfreundlich sein	++	=?	=?	+
Umfang der Anforderungen ist sehr groß	+++	+	--	+

Tabelle 3.3: Kriterien für die Auswahl eines Vorgehensmodells (Beispiele)

Vorgehensmodell / Auswahlkriterium	Iteratives Vorgehen	Phasenori- entiertes Vorgehen	Leichtge- wichtiges/ agiles Vorgehen	Evolutionä- res Proto- typing
Viele unterschiedliche Stakeholder mit verschiedenen Anforderungen	+	=?	+	++
Schnelle Verfügbarkeit des Gesamtsystems wird erwartet	++	+++	+	+
Teilsysteme sollen schnell zur Verfügung stehen	++	--	+++	+++
Sehr hohe Anforderungen an die Sicherheit	+++	+	--	=?

Tabelle 3.3: Kriterien für die Auswahl eines Vorgehensmodells (Beispiele) (Forts.)

In [Noack01, S.562 ff] ist das Vorgehen bei einer Modellauswahl aufgrund solcher Kriterien ausführlich beschrieben.

Der Auswahl eines Vorgehensmodells folgt die Adaption und Feinjustierung des Vorgehens an die projektspezifischen Belange. Es wird bestimmt, welche Rollen durch welche Personen besetzt werden, welche Aktivitäten durchzuführen und welche Artefakte in welcher Qualität zu erstellen sind. Die Feinjustierung betrifft beispielsweise die Festlegung der genauen Inhalte des Pflichtenhefts, die Auswahl geeigneter Techniken für die Anforderungserhebung (Interviews, Fragebögen, Workshops) und die Entscheidung der Zusammensetzung des Change Control Board.

Bildung von Inkrementen und Planung der Iterationen

Eine iterative Entwicklung in Verbindung mit einem inkrementellen Ansatz hat sich in vielen Projekten als verlässliche, überschaubare und gut zu steuernde Vorgehensweise erwiesen. Voraussetzung für ihren Erfolg ist die Auswahl funktional weitgehend überschneidungsfreier Inkremente. Die im Lastenheft skizzierte Systemarchitektur ist zusammen mit den dort identifizierten Anwendungsfällen ein guter Ausgangspunkt für die Auswahl und Priorisierung erster Inkremente. Eine genauere Planung der Ausbaustufen erfordert allerdings die Verfeinerung der Anforderungen und die detailliertere Spezifikation der Anwendungsfälle. In Kapitel 7 wird eine Vorgehensweise zur Identifikation von Anwendungsbausteinen als bevorzugte Inkrementkandidaten vorgestellt.

Die Anzahl der Iterationen in einem Projekt hängt von der Projektgröße und den Projektrahmenbedingungen (bekanntes Umfeld mit geringen Risiken versus neues Geschäftsgebiet mit vielen Unbekannten) ab. Bei normalen Projekten mittlerer Größe sollten fünf bis sieben Iterationen ausreichend sein. Die Dauer einer Iteration (*Timebox*) kann in Abhängigkeit von der Projektgröße jedoch stark variieren. [Kruchten99, S. 125] hält bei sehr kleinen Projekten Iterationsdauern von zwei Wochen für angemessen, bei sehr großen Projekten sind bis zu acht Monate möglich.

Werkzeugunterstützung

Die Ausstattung der Entwicklungsarbeitsplätze mit Werkzeugen wird sich im Allgemeinen an festen Organisationsstandards orientieren. Das Projekt-AM muss die Eignung dieser Werkzeuge für die Entwicklung und Verwaltung von Anforderungen prüfen und ggfs. Gegenvorschläge unterbreiten. Neben dem eigentlichen AM-Werkzeug für die Erfassung und Verwaltung von Anforderungen sollten integrierbare Werkzeuge zumindest für die Modellierung, den Änderungsdienst und das Konfigurationsmanagement vorhanden sein. Eine ausführliche Diskussion der Werkzeugfrage mit einer Marktübersicht für AM-Werkzeuge gibt Kapitel 6.

Risikoanalyse

Den Nutzen einer Risikoanalyse sieht zwar jeder sofort ein, ihre Anwendung in der Praxis ist aber nach wie vor stiefmütterlich. In welchem Projekt werden wirklich formale Risiko-Analysen durchgeführt? Welcher Projektleiter kennt zumindest die aktuelle Liste der Risiko-Top-10 mit eingeleiteten Gegenmaßnahmen? Da das Identifizieren von Risiken und das frühzeitige Aufsetzen von wirksamen Gegenmaßnahmen im Rahmen eines Risikomanagements eine essenzielle Projektaufgabe ist, wird dem Risikomanagement ein eigener Abschnitt (3.5.3) gewidmet.

Anforderungen spielen in der Risikoanalyse eine zentrale Rolle. Risiken zu Anforderungen sind zwar nur ein kleiner Teil aller möglichen technischen, sozialen und fachlichen Projektrisiken. Die Analyse von Anforderungen zeigt Risiken aber zu einem sehr frühen Zeitpunkt auf, so dass durch ein rechtzeitiges Reagieren größerer Schaden vermieden werden kann. Insbesondere kann durch eine solche Risikoanalyse auch rechtzeitig eine risikomindernde Vorgehensweise im Projekt gewählt werden. Wie Tabelle 3.3 deutlich macht, ist beispielsweise ein iterativer Ansatz gut geeignet, um eine Vielzahl von Projektrisiken zu minimieren.

Anforderungsdefinition erstellen

Die Hauptaufgabe des Anforderungsmanagements im Projekt ist die Erstellung und Fortschreibung des Pflichtenhefts der Anwendung. Anstelle von Pflichtenheft werden auch häufig die Begriffe *Anforderungsdefinition* oder *Grobkonzept* verwendet.

Im Pflichtenheft werden die für eine Anwendungsentwicklung noch zu groben Produktanforderungen des Lastenhefts verfeinert und in Abstimmung mit dem Produktmanagement ergänzt. Anders als im Lastenheft liegt der Fokus im Pflichtenheft nicht mehr auf der Beschreibung des Umfelds, der Kundenbedürfnisse und der Projektrahmenbedingungen. Das Pflichtenheft konzentriert sich stattdessen auf die präzise Darstellung der erforderlichen Systemeigenschaften, die im Projekt zu realisieren sind. Das Pflichtenheft bildet die Grundlage für Make or Buy-Entscheidungen einzelner Bausteine oder der gesamten Anwendung.

In Kapitel 4 dieses Buches wird ein Muster für ein Pflichtenheft vorgestellt. Ähnliche Muster finden sich in [Balzert96] oder [Leffingwell99]. In einer *Einleitung* wird zunächst eine kurze Dokument- und Produktübersicht gegeben. Danach werden alle *Anwendungsfälle* detailliert nach einem standardisierten Muster spezifiziert (vgl. dazu Kapitel 5). Anschließend werden die *Informationsobjekte*, auf welche in den Anwendungsfällen verwiesen wird, beschrieben. Der Abschnitt *Produktanforderungen* listet alle verfeinerten Produktanforderungen mit Verweisen auf das Lastenheft und die spezifizierten Anwendungsfälle auf. Die Produktanforderungen sind anhand von Attributen wie Wichtigkeit, Dringlichkeit, Stabilität und Nutzen priorisiert. Falls Anforderungen bereits im Lastenheft vollständig in Form von Anwendungsfällen spezifiziert wurden, werden hier lediglich diejenigen nichtfunktionalen Anforderungen aufgelistet, welche sich nicht einem Anwendungsfall zuordnen lassen (etwa die Verfügbarkeit oder die Wartbarkeit). Abgeschlossen wird das Pflichtenheft mit einer präzisen Definition aller *Entwicklungs- und Produktionsrahmenbedingungen* und aller *Systemschnittstellen* inklusive der Benutzerschnittstelle.

Wird das System iterativ mit mehreren Inkrementen entwickelt, entsteht das Pflichtenheft natürlich auch schrittweise. Zwar empfehlen fast alle Vorgehensmodelle, die Anforderungsdefinition möglichst umfassend durchzuführen, um in einem frühen Projektstadium ein gutes Verständnis der Anforderungen und damit eine stabile Grundlage für die Projektplanung zu erhalten. Dies gilt umso mehr, falls das Pflichtenheft für Produktevaluierungen und Make or Buy-Entscheidungen genutzt werden soll. Dessen ungeachtet unterliegen die Inhalte des Pflichtenhefts in einem iterativen Vorgehen auf jeden Fall einer sehr viel größeren Dynamik. Um den aktuellen Erkenntnisstand des Projektes zu den Anforderungen wiederzugeben, muss das Pflichtenheft sehr viel häufiger geändert und fortgeschrieben werden.

Da bereits die laufende Aktualisierung des Pflichtenhefts in einem wasserfallorientierten Vorgehen große Schwierigkeiten bereitet, ist klar, dass man hier mit einem iterativen Ansatz ohne Werkzeugunterstützung nicht auskommt. Das Pflichtenheft sollte deshalb grundsätzlich als virtuelles, elektronisches Dokument aufgefasst werden, welches aus einem AM-Werkzeug oder einem Repository heraus generiert wird (vgl. Abbildung 3.12). In vollem Umfang wird es zwar nur selten zu bestimmten Meilensteinen angefertigt, aktuelle Auszüge für bestimmte Zielgruppen können somit aber jederzeit bereitgestellt werden.

Das Vorgehen bei der Erstellung des Pflichtenhefts im Rahmen des Projekt-AM wird in einer Reihe von Büchern gut beschrieben. Empfehlenswert sind beispielsweise [Leffingwell99], [Wiegers99] oder [Rupp01]. Auch für Einsteiger leicht verständlich ist [Robertson99]. Wesentliche Aktivitäten dabei sind:

▶ Stakeholder identifizieren und auswählen

▶ Beschreibung des Anwendungsbereichs vervollständigen

▷ Technisches Umfeld und Schnittstellen vervollständigen

▷ Produktanforderungen verfeinern und ergänzen

▷ Entwicklungs- und Produktionsanforderungen festlegen

▷ Abnahmekriterien formulieren

▷ Prototypen und Simulationsmodelle erstellen

▷ Anforderungen und Pflichtenheft dokumentieren

▷ Pflichtenheft abnehmen

Eine Beschreibung dieser Aktivitäten gibt Abschnitt 3.4.3. Diese werden in einem Projekt natürlich nicht sequenziell durchgeführt, sondern wiederholt in mehreren Iterationen auf einer jeweils höheren Verfeinerungsstufe.

Anhand des Pflichtenhefts erfolgt die Feinplanung der Iterationen und der Inkremente. Dabei prüft das Projektmanagement in Abstimmung mit dem Produktmanagement, ob passende Standardlösungen für die Anwendung oder einzelne Bausteine am Markt verfügbar sind oder ob eine Eigenentwicklung erstellt werden muss.

Umsetzung begleiten und kontrollieren

Die Aufgaben des Anforderungsmanagements sind mit der erstmaligen Erstellung des Pflichtenhefts nicht erledigt. Das Anforderungsmanagement muss sich in den gesamten Entwicklungsprozess einbringen und diesen mitarbeitend begleiten. Zum einen ist diese Begleitung erforderlich, damit Anforderungen richtig verstanden und korrekt umgesetzt werden. Zum anderen sollten auch alle neuen Erkenntnisse und Veränderungen zu Anforderungen, welche sich im Projektverlauf ergeben, im Pflichtenheft fortgeschrieben werden.

Keinesfalls darf das Pflichtenheft zur Entwicklung »über die Mauer« geworfen werden in der Hoffnung, irgendwie die richtige Lösung für das richtige Problem zu erhalten. Es sollte auch nicht versucht werden, ein vollständiges und endgültiges Pflichtenheft in einem »Rutsch« zu erstellen. Ein solcher Versuch führt letztlich nur zu einer Paralysierung des gesamten Projektes.

Anforderungen müssen kontinuierlich weiterentwickelt werden und fungieren so als ein Treiber des Entwicklungsprozesses. Indem sie als zentrale Instanz zur Abstimmung aller Entwicklungsergebnisse herangezogen werden, können verbreitete Probleme, wie etwa Inkonsistenzen zwischen verschiedenen transformierten Ergebnissen oder mangelnde Nachvollziehbarkeit von Entwurfsmodifikationen, gemindert werden. Abbildung 3.12 stellt diesen Sachverhalt auf der rechten Seite dar.

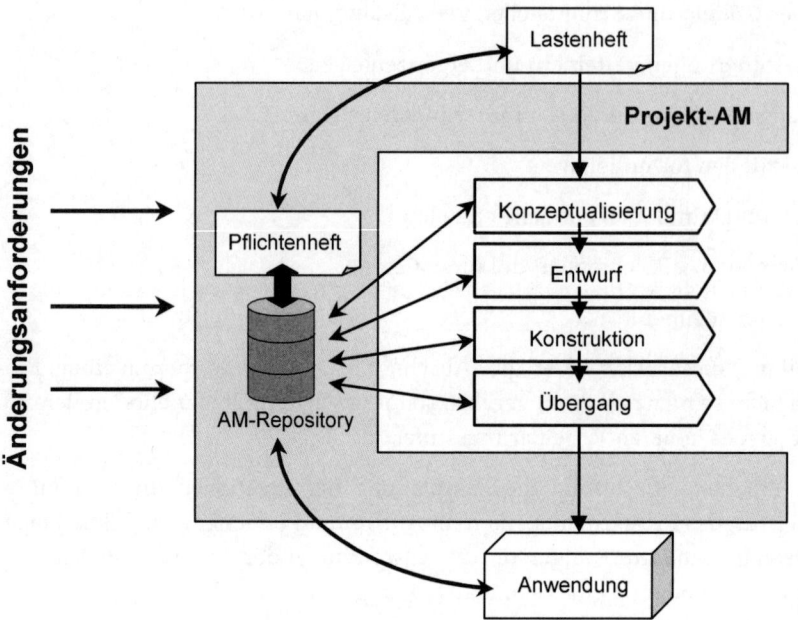

Abbildung 3.12: Abschirmung des Projektes gegenüber Änderungsanforderungen

Die Ergebnisse einer Phase werden üblicherweise aus den Ergebnissen einer vorhergehenden Phase erarbeitet. Soll sichergestellt werden, dass das Endergebnis dieser Schritte der ursprünglichen Intention des Projektes entspricht, ist eine zentrale Konsolidierungseinheit für alle Entwicklungsergebnisse notwendig. Einerseits kann damit das Problem der »Stillen Post« zwischen den Phasen gemindert werden, andererseits können die Auswirkungen neuer oder geänderter Anforderungen schneller nachvollzogen werden. Die Abnahme einzelner Projektergebnisse darf deshalb nicht nur die Frage »Passt das DV-Konzept mit dem Fachentwurf zusammen?« adressieren, sondern auch: »Passt das DV-Konzept mit dem Pflichtenheft zusammen?«

Anforderungen sind natürlich nicht nur ein nachgelagertes Kontrollinstrument. Sie bestimmen wesentlich die Inhalte und die Struktur der Entwicklungsergebnisse und liefern auch einen wichtigen konstruktiven Beitrag zur Ergebniserarbeitung in späteren Entwicklungsphasen. Geschäftsprozesse und Informationsobjekte unterstützen in der Analyse die Ableitung von initialen Prozess- und Anwendungsklassen. Wichtige Anhaltspunkte für die Komponentenbildung bietet der fachliche Systementwurf. Die Auswahl von Architekturmustern wird sich an den nichtfunktionalen Anforderungen, etwa zur Flexibilität und zum geforderten Zeitverhalten, orientieren. Aus Anforderungen abgeleitete Abnahmekriterien lassen sich direkt für die Generierung der Testfälle nutzen. Einführungshilfen, Benutzerschulungen und Dokumentationen von Anwendungen können rollenspezifisch Bezug nehmen auf die erhobenen Anforderungen der Benutzer (vgl. dazu auch Kapitel 6).

Änderungen entscheiden

Warum ist der kontrollierte Umgang mit Änderungen im Projekt so wichtig? Mit der Erkenntnis, dass die einzige Konstante in dieser Welt die Veränderung ist, wird eine Projektleitung zumeist sehr schnell konfrontiert. Kaum sind die ersten Versionen von Anforderungsdokumenten verteilt, treffen bereits erste Anträge zu Änderungen von Anforderungen ein.

Aufgabe des Änderungsmanagements im Rahmen des Projekt-AM ist es, Änderungsanforderungen in einem begutachteten Prozess in das Projekt einfließen zu lassen. Das Änderungsmanagement schirmt die Entwicklung gegen asynchrone, nicht planbare Anforderungen ab. Alle eintreffenden Änderungen werden durch ein Change Control Board oder einen Change Control Manager bewertet und einer Auswirkungs- und Betroffenheitsanalyse unterzogen. Dabei wird geklärt, welche Konsequenzen die Änderung für das Projekte hat und welche Artefakte von der Änderung neben dem Pflichtenheft betroffen sind. Unterstützt wird die Analyse werkzeugseitig durch Anforderungs- und Konfigurationsmanagementwerkzeuge. Wird der Änderungsantrag angenommen, erfolgt die kontrollierte Umsetzung in der Anwendungsentwicklung (vgl. Abbildung 3.12).

Diese kurze Beschreibung wird der wichtigen Rolle des Änderungsmanagements natürlich nicht gerecht. In Abschnitt 3.5.2 wird dieser zentralen Aufgabe im Anforderungsmanagement deshalb ein eigener Abschnitt gewidmet.

3.4.3 Aktivitäten im Projekt-AM

Die Aktivitäten des Projekt-AM auf einen Blick:

▶ **Projektplanung unterstützen:** Das Projekt-AM berät die Projektleitung bei der Auswahl des Vorgehensmodells und der projektspezifischen Adaption des Vorgehens. Es schlägt Inkremente und Iterationen vor, unterstützt die Werkzeugausstattung bezüglich AM-Werkzeugen und führt Risikoanalysen zu Anforderungen durch.

▶ **Pflichtenheft (Anforderungsdefinition) erstellen:** Die Produktanforderungen des Lastenhefts werden ergänzt und verfeinert, wobei sich der Fokus weg vom Systemumfeld stärker zum System und der technischen Realisierung verschiebt. Teilaktivitäten sind:

   – **Stakeholder identifizieren und auswählen:** Basierend auf den im Lastenheft identifizierten Stakeholdern werden Vertreter aller Interessengruppen für die Mitarbeit im Projekt ausgewählt. In Interviews oder Workshops werden das Wissen und die Anforderungen dieser Personen erhoben und verfeinert.

- **Beschreibung des Anwendungsbereichs vervollständigen:** Die Beschreibung des Anwendungsbereichs (Geschäftsprozesse, Geschäftsobjekte) wird vervollständigt. Eine ausführliche Domänenanalyse sollte durchgeführt werden, falls Produktfamilien oder Produkte mit hohem Wiederverwendungsgrad zu erstellen sind.

- **Technisches Umfeld und Schnittstellen vervollständigen:** Der im Systemkontext befindliche Teil der Anwendungslandschaft wird mit fachlichen und technischen Schnittstellen vollständig und präzise beschrieben.

- **Produktanforderungen verfeinern und ergänzen:** Die funktionalen und nichtfunktionalen Produktanforderungen des Lastenhefts werden präzisiert, ergänzt und bewertet. Alle Anwendungsfälle werden vollständig mit Varianten und Ausnahmen spezifiziert.

- **Entwicklungs- und Produktionsanforderungen festlegen:** Die Entwicklungs- und Produktionsanforderungen werden aus dem Blickwinkel der Anwendungsentwicklung und unter Berücksichtigung der technischen Realisierbarkeit mit dem Auftraggeber abgestimmt.

- **Abnahmekriterien formulieren:** Sind die Anforderungen ausreichend stabil, werden gemeinsam mit den Auftraggebern Abnahme- oder Akzeptanzkriterien von Anforderungsanalytikern und dem Testteam formuliert. Hierzu müssen auch häufig die zugrunde liegenden Produktanforderungen überarbeitet, verfeinert und präzisiert werden. Diese Aktivität stellt somit auch eine Qualitätssicherungsmaßnahme dar.

- **Prototypen und Simulationsmodelle erstellen:** Horizontale (Wegwerf-)Prototypen, Simulationsmodelle oder Szenarienanalyse sind wichtige Mittel des Feedbacks, um den späteren Nutzern eine greifbare Vorstellung vom System zu liefern und Anforderungen zu validieren. Besteht ein hohes Risiko bei der technischen Realisierung, sollte auch ein vertikaler Prototyp mit einem Systemdurchstich ins Auge gefasst werden.

- **Anforderungen und Pflichtenheft dokumentieren:** Sind sehr viele und heterogene Stakeholder am Projekt beteiligt, sollte das Pflichtenheft mit Hilfe technischer Redakteure dokumentiert werden, um die Verständlichkeit zu verbessern.

- **Pflichtenheft abnehmen:** Abschließend erfolgt die Validierung und Verifizierung des Pflichtenhefts. Interne Prüfungen sowie die Prüfung durch Dritte gewährleisten, dass alle Anforderungen korrekt sind. Anschließend erfolgt die Abnahme des Pflichtenhefts durch den Auftraggeber bzw. den Produktmanager.

▶ **Entscheidung über Realisierung treffen (Make or Buy):** Es wird ein Entscheidungsfeld mit verschiedenen Realisierungsalternativen aufgebaut und bewertet. Alternativen können etwa abgestufte Make or Buy-Empfehlungen oder verschiedene zeitliche Reihenfolgen der Umsetzung sein. Abschließend wird über die Zuordnung der Anforderungen zu Bausteinen und über deren zeitliche Umsetzung entschieden.

▶ **Umsetzung der Anforderungen begleiten und kontrollieren:** Das Projekt-AM begleitet die Umsetzung der Anforderungen in allen Entwicklungsphasen. Es arbeitet aktiv im Entwicklungsprozess mit und stimmt die entwickelten Artefakte im Sinne einer laufenden Qualitätssicherung mit den Anforderungen ab.

▶ **Änderungsanforderungen entscheiden:** Das Änderungsmanagement schirmt das Projekt gegen asynchrone Anforderungen ab. Alle Änderungen werden durch ein Change Control Board bewertet und einer Auswirkungs- und Betroffenheitsanalyse unterzogen. Dabei wird geklärt, welche Konsequenzen die Änderung für das Projekt hat und welche Artefakte von der Änderung betroffen sind. Wird der Änderungsantrag angenommen, erfolgt die kontrollierte Umsetzung in der Anwendungsentwicklung.

3.5 Querschnittsprozesse

Querschnittsprozesse unterstützen und koordinieren die in den Abschnitten 3.2 bis 3.4 vorgestellten Aufgaben des Kunden-AM, des Produkt-AM und des Projekt-AM. Im Anforderungsmanagement lassen sich drei Querschnittsprozesse unterscheiden (vgl. Kap. 2):

▶ **Umsetzungsmanagement**

▶ **Änderungsmanagement**

▶ **Risikomanagement**

3.5.1 Umsetzungsmanagement

Das Umsetzungsmanagement stimmt die verschiedenen operativen Aktivitäten im Anforderungsmanagement aufeinander ab. Es sorgt für die Nachvollziehbarkeit und die Verbindlichkeit der Entwicklungsergebnisse. Die beiden wichtigsten Instrumente des Umsetzungsmanagements dafür sind die Statusverfolgung und das sog. *Tracing*, d.h. das Verknüpfen und Nachvollziehen von Anforderungen.

Nachvollziehbarkeit von Anforderungen (Traceability)

Nachvollziehbarkeit (Traceability) ist nach [IEEE1223] wie folgt definiert:

>*Der Grad, der angibt, wie stark die Beziehung zwischen zwei oder mehreren Artefakten eines Entwicklungsprozesses ist. Dies betrifft speziell Vorgänger-Nachfolger-Beziehungen oder hierarchische Beziehungen, z.B. die Beziehung zwischen Anforderungen und Designelementen.«*

Traces verbinden Anforderungen mit ihrem zeitlichen und inhaltlichen Kontext. Sie machen die Geschichte einer Anforderung von ihrem Ursprung bis zu ihrer produktiven Umsetzung nachvollziehbar. Ein funktionierendes Tracing ist die Voraussetzung für eine nachhaltige Produktpflege unter sich ändernden Anforderungen. Unzureichendes Tracing führt deshalb zu mangelhafter Produktqualität und Wartbarkeit.

Das Tracing von Anforderungen ist eine der zentralen Funktionen von AM-Werkzeugen. Deren rasant steigende Verkaufszahlen zeigen, dass die Verwaltung dieser Beziehungen zwischen Anforderungen und anderen Artefakten als eminent wichtiger Faktor erkannt wurde. Das Dezemberheft 1998 der *Communications of the ACM (CACM)* behandelte das Tracing als ein Schwerpunktthema, der interessierte Leser findet hier gebündelt wichtige Forschungsergebnisse.

Kategorien von Traces

Davis unterscheidet vier grundlegende Kategorien von Traceability-Informationen [Davis93]:

▶ **Backward-from** verknüpft Anforderungen mit ihren Quellen oder anderen relevanten Dokumenten, welche ihre Herkunft aufzeigen.

▶ **Forward-from** verknüpft Anforderungen mit Entwurfs- oder Implementierungskomponenten.

▶ **Forward-to** verknüpft die Quellen oder andere relevante Dokumente mit den Anforderungen.

▶ **Backward-to** verknüpft Entwurfs- oder Implementierungskomponenten mit Anforderungen.

Traces können »in die Zukunft« einer Anforderung, d.h. in Richtung Umsetzung verweisen (*forward-from* und *backward-to* traceability), oder »in die Vergangenheit«, zu der Herkunft der Anforderung (*backward-from* und *forward-to* traceability). Die Verknüpfungen können unidirektional oder bidirektional sein.

Abbildung 3.13 veranschaulicht diese verschiedenen Kategorien von Beziehungen an einem einfachen Beispiel.

Eine Quelle für eine Anforderung kann ein zu unterstützender Geschäftsprozess sein, im Beispiel etwa der Geschäftsprozess *Wertpapierkauf durchführen*. Beim erstmaligen Kauf eines Wertpapiers muss der Käufer über die Risiken nach dem Wertpapierhandelsgesetz (WPHG) aufgeklärt werden. Eine Anforderung an eine unterstützende Anwendung ist deshalb, dass das System verwaltet, welche Kunden für welche Risikoklassen bzw. Wertpapierarten bereits aufgeklärt wurden. Die Beziehung auf der rechten Seite stellt die Umsetzung dieser Anforderung in einem Software-Baustein *WPHG* mit der Schnittstelle *IWPHG* dar.

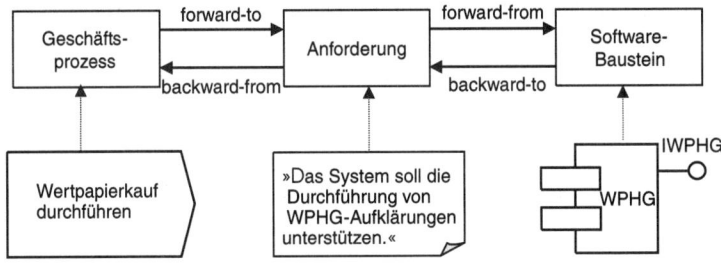

Abbildung 3.13: Kategorien von Traces

Dieses Beispiel verdeutlicht den Nutzen solcher Traces. Ändert sich die Anforderung oder der Geschäftsprozess oder kommen neue Geschäftsprozesse mit Wertpapierkäufen hinzu, können vorhandene Ergebnisse einfach gefunden und Änderungs- und Erweiterungsbedarfe schnell identifiziert werden.

Die wichtigsten backward-from / forward-to-Traces sind:

▷ Traces zu den Anforderungsstellern (Kunde, Vertrieb, Produktmanager ...)

▷ Traces zu den Ursachen für die Anforderung (Geschäftsziele, Probleme, Bedürfnisse)

▷ Traces zu den zugrunde liegenden Ausschnitten des Geschäftsprozessmodells

Diese Traces beziehen sich auf Kundenanforderungen, sie sind im Kunden-AM zu pflegen. Forward-from / backward-to Traces zeigen stattdessen in Richtung Umsetzung der Anforderung. Wichtige Traces sind hier:

▷ Traces zu den Produktreleases und enthaltenen Komponenten (diese sind insbesondere bei Fremdvergaben wichtig)

▷ Traces zu weiteren, mit dem Produkt ausgelieferten Artefakten wie Benutzerhandbücher, Schulungsunterlagen etc.

▷ Traces zu Abnahmekriterien und Testfällen

▷ Traces zu Analyse- und Designelementen (Anwendungsfälle, Software-Bausteine)

▷ Diese Traces beziehen sich auf Produkt- und abgeleitete Projektanforderungen. Die ersten beiden Traces sind durch das Produkt-AM zu verwalten, die beiden letzten Traces durch das Projekt-AM, ggfs. auch durch das Produkt- oder Kunden-AM, falls Abnahmekriterien frühzeitig definiert werden.

▷ Die Verantwortung für die Pflege der Beziehungen zwischen Kunden-, Produkt- und Projektanforderungen liegt sinnvollerweise jeweils im nachgeordneten Prozessbereich. Das Produkt-AM pflegt etwa den Trace zwischen Kunden- und Produktanforderungen und macht damit transparent, welche Produktanforderungen sich aus welchen Kundenanforderungen ableiten. Weiterhin müssen natürlich auch die Beziehungen zwischen Anforderungen (Konflikt, Verfeinerung, Ergänzung ...) innerhalb eines Bereichs gepflegt werden. Ein Informationsmodell, welches diese verschiedenen Arten von Traces abdeckt, wird in Kapitel 4 vorgestellt.

Die bisherigen Traces beziehen sich auf inhaltliche Zusammenhänge zwischen Anforderungen und anderen Artefakten. Um die Nachvollziehbarkeit von Entwicklungsergebnissen zu gewährleisten, müssen natürlich auch zeitliche Veränderungen und Abhängigkeiten von Anforderungen aufgezeigt werden:

▶ Traces zwischen den Anforderungen verschiedener Releases eines Produktes

▶ Traces zwischen Anforderungen und Änderungsanträgen zu einem Produktrelease

▶ Traces zwischen den Anforderungen der Produkte einer Produktfamilie und Produktlinie

Verwaltung von Traces

Die vorgestellten Traces haben grundlegenden Charakter. Abhängig vom Problemkontext kann die Pflege weiterer Beziehungen erforderlich sein. Erfahrungen zeigen jedoch, dass hier eine Minimalstrategie angebracht ist. Insbesondere muss der Nutzen im Verhältnis zu den verursachten Kosten stehen. Es ist besser, sich auf die wichtigsten Traces zu beschränken und diese dafür umso professioneller zu pflegen, als wertlose Datenfriedhöfe fortzuschreiben. Werden Änderungen nicht ständig eingearbeitet, führt dies zu Inkonsistenzen und alle Tracing-Informationen werden innerhalb kürzester Zeit unbrauchbar.

Durch den Produkt- und Projektmanager ist deshalb festzulegen, welche Traces auf welche Art und Weise gepflegt werden. Eine solche Richtlinie definiert,

▶ welche Traces verwaltet werden,

▶ wann und wie Traces verwaltet werden,

▶ welche Techniken und Werkzeuge zur Verwaltung eingesetzt werden,

▶ welche Rollen zur Pflege existieren (Traceability Manager etc.) und

▶ wie die Qualität der Tracing-Informationen gesichert wird.

Die Durchsetzung dieser Richtlinien erfordert viel Fingerspitzengefühl vom Management. Der langfristige Nutzen wird im Allgemeinen zwar sehr schnell eingesehen, da die kontinuierliche Pflege aber die knappen zeitlichen und personellen Ressourcen bindet und ein unmittelbarer Mehrwert oft nicht gegeben ist, kommt diese Arbeit häufig zu kurz. Welcher Aufwand getrieben werden sollte, hängt von verschiedenen Faktoren ab:

▶ **Anzahl der Anforderungen:** Je größer die Anzahl der Anforderungen und ihrer Abhängigkeiten ist, desto notwendiger ist eine konsistente Verwaltung der Traces.

▶ **Lebensdauer und Art des Produkts:** Je länger die Lebensdauer eines Produkts ist und je höher die Qualitätsanforderungen, desto größer ist der Nutzen einer kontinuierlichen Pflege. Dies gilt insbesondere bei moderaten Änderungsraten von Anforderungen.

▶ **Fluktuationsgrad der Anforderungen:** Bei hohem Fluktuationsgrad der Anforderungen ist die umfassende Pflege vieler Traces oft zu aufwändig. Hier sollte eine Beschränkung auf einige wichtige Traces erfolgen.

▶ **Teamgröße und -zusammensetzung:** Mit steigender Teamgröße wächst die Notwendigkeit einer expliziten Verwaltung der Traces, um Ergebnisse allen Beteiligten transparent und nachvollziehbar zu machen.

▶ **Kundenstruktur und Auftraggeberverhältnis:** Kooperationsprojekte oder Projekte mit einer heterogenen Kundenstruktur erfordern ein ausführliches Tracing, um Interessenskonflikte und Konsequenzen von Entscheidungen zu verdeutlichen.

Daneben existieren eine Reihe weiterer Einflussfaktoren, wie die Art des Entwicklungsprozesses, die existierende Werkzeuglandschaft und firmeninterne Standards. Wichtig ist es, eine angemessene Tracing-Richtlinie zu wählen und das Tracing auf wichtige Bereiche zu beschränken, welche dann aber auch konsequent gepflegt werden (partielles Tracing). Immer ins Auge gefasst werden sollte auch der Einsatz ausgefeilter AM-Werkzeuge wie DOORS oder Repository-Lösungen, die diese Aufgabe mit verschiedenen Linktypen weitgehend automatisieren können (vgl. dazu Kapitel 6).

Statusverfolgung

Um Aktivitäten im Anforderungsmanagement gezielt steuern und kontrollieren zu können, muss der Status der Ergebnisse bekannt sein. Der Bearbeitungsstand zeigt an, welche Aufgaben an den Artefakten bisher durchgeführt wurden und welche Zustände noch erreicht werden müssen. Für die wichtigsten Ergebnistypen sollten deshalb Lebenszyklusmodelle mit Bearbeitungsständen und Übergängen definiert und verwaltet werden, damit der Status von Ergebnissen jederzeit im Prozesszusammenhang nachvollziehbar ist. Eine manuelle Statusverfolgung ist dabei wegen der Vielzahl möglicher Bearbeitungsstände sehr aufwändig. Werkzeuge mit Workflow-Funktionalitäten können diese Arbeit jedoch in weiten Teilen automatisieren.

Um die Herausforderung der Statusverfolgung in der Praxis zu verdeutlichen, stellt Tabelle 3.4 die verschiedenen Bearbeitungsstände einer Kundenanforderung im Werkzeug SINI dar. SINI wird im Verbandsrechenzentrum dvg Hannover der Sparkassen-Finanzgruppe eingesetzt (vgl. [Kräft99]). Angepasst wird es auch im SIZ für das Kunden-AM genutzt.

Bearbeitungsstand	Bemerkungen / Erläuterungen
Anforderung offen	Erfassung einer DV-Anforderung (DVA)
eingereicht am ...	Abschluss der Erfassung der DVA
wird vom Verband registriert	Vergabe der Registriernummer und Zuordnung der verantwortlichen Bearbeiter
registriert am ...	Bestätigung der Registrierung / Zuordnung
in Bewertung durch Verband	Bewertung der DVA durch Verband (Ausfüllen Dokument 'Bewertung (Verband)')
vom Einreicher zurückgezogen am ...	Rücknahme der DVA vom Einreicher (Eintrag durch Verband)
vom Verband abgelehnt am ...	Ablehnung der DVA durch Verband
vom Verband bewertet am ...	Abschluss der Bewertung durch Verband und Übergabe an DV-Koordinierung, falls DVA geschäftspol. bedeutsam, sonst Übergabe an Rechenzentrum
in Abstimmung durch DV-Koordinierung	Kooperationsweite Abstimmung der DVA, die vom Verband als geschäftspol. bedeutsam eingeordnet wurde
von DV-Koordinierung bearbeitet am ...	Einordnung der DVA als nicht geschäftspol. bedeutsam durch DV-Koordinierung (DVA wird Entwicklungsanforderung)
durch DV-Koordinierung kooperationsweit abgestimmt am ...	Kooperationsweite Aufbereitung der DVA durch ein Arbeitsteam (nur für geschäftspol. bedeutsame DVA)
Anforderungsdefinition erstellt am ...	Erstellung einer Anforderungsdefinition (nur für geschäftspol. bedeutsame DVA)
Gremienentscheidung erfolgt am ...	Entscheidung der zuständigen Gremien über die Realisierung der DVA (nur für geschäftspol. bedeutsame DVA) und Weitergabe an dvg
an Produktmanagement übergeben am ...	Übergabe der DVA an den zugeordneten Produktmanager zur weiteren Bearbeitung
in Bearbeitung durch dvg	Bewertung der DVA durch dvg (Ausfüllen Dokument 'Bearbeitung (dvg)')
Zuarbeit für AKE abgeschlossen am ... (Arbeitskreis Entwicklung)	Fertigstellung der Zuarbeit der dvg für die weitere Bewertung durch den Arbeitskreis Entwicklung (AKE)
in Bearbeitung durch AKE	Bewertung der DVA durch AKE (weitere Einträge im Dokument 'Bearbeitung (dvg)')
vom Einreicher zurückgezogen am ...	Rücknahme der DVA vom Einreicher
von dvg und AKE abgelehnt am ...	Ablehnung der DVA durch dvg / AKE
von dvg und AKE bewertet am ...	Abschluss der Bewertung durch dvg / AKE; weiter mit Angebotserstellung an Auftraggeber
Angebot an Auftraggeber am ...	Erstellung eines Angebotes an den Auftraggeber
Entwicklung beauftragt am ...	Auftrag an Entwicklung zur Realisierung der DVA
Release-Termin am ...	Eintrag und Bestätigung des Termins für den Einsatz des Releases, in dem die DVA realisiert wurde

Tabelle 3.4: Status einer Kundenanforderung (Beispiel aus SINI; vgl. [Kraeft99])

Es ist klar, dass diese Zustände nicht manuell verwaltet werden können. SINI bietet hier eine sehr gute Unterstützung an. Eine andere gute Lösung stellt beispielsweise auch das AM-Werkzeug CARE dar (vgl. dazu auch Kapitel 6). Sowohl SINI als auch CARE sind Notes-Lösungen und können damit auch komplexe Statuskonzepte gut unterstützen.

Überwachung und Messung

Damit das Umsetzungsmanagement bei Bedarf steuernd in die operativen Aufgaben des Anforderungsmanagements eingreifen kann, sollte es einige wichtige Prozesskennzahlen kontinuierlich messen und überwachen.

Wichtige Kenngrößen im Kunden-AM sind beispielsweise:

▶ Wie viele Anforderungen wurden im Kunden-AM eingereicht, für wie viele sind bereits Abnahmekriterien definiert?

▶ Wie viele Anforderungen davon wurden zurückgewiesen, wie viele sollen umgesetzt werden?

▶ Wie viele Anforderungen sind aktuell in der Umsetzung, wie viele wurden bereits erfolgreich getestet?

▶ Wie viele Anforderungen wurden zeit- und kostengerecht umgesetzt?

Um Problemfälle zu selektieren, sind die ermittelten Zahlen nach den Dimensionen Kunde, Produkt und Projekt auszuwerten. Werden beispielsweise immer Anforderungen desselben Kunden zurückgewiesen? Gibt es oft Releaseverschiebungen bei bestimmten Produkten oder Produktgruppen? Geeignete Gegenmaßnahmen können natürlich nur aufgesetzt werden, wenn diese quantitativen Aussagen qualitativ hinterfragt werden. Was und wo ist der Grund für eine Releaseverschiebung? War die Produktplanung unrealistisch? Waren die Aufwandsschätzungen der Entwicklung zu optimistisch? Gab es andere Umsetzungsprobleme? Wie haben die Kunden darauf reagiert?

Besonders hohe Risiken betreffen das Änderungsmanagement in Projekten. Deshalb sollten die Effizienz des Änderungsdienstes und die Aktivitäten des Change Control Boards besonders genau gemessen und überwacht werden (vgl. Abschnitt 3.5.2). Zum einen sollte die Anzahl der Änderungen gemessen werden. Zum anderen sind die Aufwände für die Bewertung und Realisierung von Änderungen zu ermitteln. Beansprucht der Änderungsdienst zu viele Ressourcen und stellen Änderungsanträge den Projekterfolg in Frage, muss anhand der ermittelten Zahlen sehr schnell eine Eskalation zum Auftraggeber erfolgen.

Die Rückschau am Ende eines Projektes ist ein wichtiger Ausgangspunkt für eine Prozessverbesserung. Wie viele Anforderungen gab es zum Projektstart? Wie viele kamen hinzu? Wie viele Änderungsanträge gab es? Wie viele der Anforderungen blieben stabil? Die Auswertung solcher Fragen hilft Projekte zukünftig besser zu planen und mit Risiken besser umzugehen. Sie kann aber auch helfen, Risiken bereits im Vorfeld einzudämmen und der Unternehmensführung die Erfordernis eines Anforderungsmanagements deutlich zu machen.

3.5.2 Änderungsmanagement

▶ In vielen Publikationen zur Software-Technik wird Änderungsmanagement und Anforderungsmanagement fast synonym verwendet. Das Management der Änderungen von Anforderungen ist eine zentrale Aufgabe der Software-Entwicklung, da einerseits die Planung von Projekten auf der Grundlage der Anforderungen erfolgt, diese sich andererseits im Laufe eines Projekts aber permanent ändern. Alle Studien zu Änderungsraten von Anforderungen zeigen, dass der systematische Umgang mit Änderungsanforderungen ein kritischer Erfolgsfaktor für jedes Projekt ist.

▶ Der in diesem Buch beschriebene Ansatz zielt auf ein unternehmensweites Änderungsmanagement (sog. *Enterprise Change Management, ECM*) für einen kontinuierlichen, durchgängigen Software-Entwicklungsprozess, wie ihn etwa auch das *Institute of Configuration Management* ihrem Ansatz *CMII (Configuration Management II)* für ein allgemeines Konfigurationsmanagement zugrunde legt.

Ursachen

Die Ursachen für Änderungswünsche sind vielfältig. Externe Ursachen sind etwa:

▶ Die Problemstellung ist aufgrund veränderter gesetzlicher Rahmenbedingungen, neuer Geschäftsmodelle oder optimierter Geschäftsprozesse eine andere.

▶ Die Kunden und Kundenwünsche haben sich gewandelt, da sich das Marktumfeld oder die Wettbewerbssituation verändert hat.

▶ Das technische Umfeld hat sich verändert. Neue Hard- und Software-Technologien sollen unterstützt werden oder zu neuen Anwendungen werden Schnittstellen erwartet.

Der letzte Punkt gewinnt aufgrund der immer kürzeren Halbwertzeiten für Hard- und Software rasant an Bedeutung. Neue Technologien wie das Internet ermöglichen völlig neue Geschäftsmodelle und verändern damit auch Kundenbedürfnisse und altbekannte Problemstellungen. Sehr deutlich wird dies etwa im Beschaffungswesen, welches sich getrieben durch neue Technologie innerhalb kürzester Zeit rasant verändert hat.

Häufig sind die Ursachen von Änderungsanforderungen jedoch interner Art. Oft werden Anforderungen zunächst lax erhoben und nachlässig spezifiziert. In solchen Fällen ist es wenig erstaunlich, wenn im Projektverlauf sehr schnell größerer Änderungsbedarf besteht. Aber auch wenn die Anforderungsdefinition von Beginn an sehr ernsthaft betrieben wird – Änderungsanträge werden auch hier nicht lange auf sich warten lassen.

Da die Informationstechnologie immer mehr und immer komplexere Anwendungsbereiche durchdringt, wird auch die Entwicklung von Anwendungen immer herausfor-
dernder. Kruchten, der Chefarchitekt von Rational, hat dies sinngemäß mit seiner
Aussage »Alle einfachen Projekte wurden schon durchgeführt« auf den Punkt
gebracht. Je komplexer die Anwendungsbereiche und die Schnittstellen und Interak-
tionsmuster zwischen Anwendungssystem und Anwendungskontext sind, desto unre-
alistischer ist es, von Anfang an hochwertige, stabile und vollständige Anforderungen
zu erwarten. Änderungsanforderungen verdeutlichen hier also vor allem die Fortschritte aller Beteiligten beim Problemverständnis.

Weiterhin zeigen Lehman und Belady in [Lehman85] auch sehr schön, dass allein die
gegenseitige Beeinflussung von Anwendungssystem und Anwendungsbereich dazu
führen kann, dass Anwendungen einem permanenten Änderungsprozess unterliegen.

Aufgaben und Verantwortung

Das Änderungsmanagement ist verantwortlich dafür, dass

▶ Änderungsanforderungen in einem definierten, systematischen Prozess erfasst,
   bewertet, geplant und umgesetzt werden und

▶ eine für alle Beteiligten transparente Versionskontrolle von Anforderungen und
   Anforderungsdokumenten erfolgt.

Der zweite Punkt betrifft wesentlich das Versions- und Konfigurationsmanagement,
welches als Infrastruktur für das Änderungsmanagement zur Verfügung stehen muss.
Die Versionskontrolle umfasst die Verwaltung von verschiedenen, in einer zeitlichen
Reihenfolge stehenden Versionen von Anforderungen und Ergebnisdokumenten, so
genannten Revisionen, und die Verwaltung von zeitlich nicht zu ordnenden Versionen,
so genannten Varianten. Diese treten typischerweise bei der Entwicklung von Produktlinien und -familien auf.

Das Konfigurationsmanagement liefert allen Berechtigten die exakten Versionen von
Artefakten, welche diese für eine bestimmte Aufgabe benötigen. Da diese Aufgaben
aber nicht spezifisch für das Anforderungsmanagement sind, sondern allgemein für
alle Artefakte einer Anwendungsentwicklung gelten, wird dieser Punkt hier nicht weiter vertieft.

Wie sieht der Prozess zur Umsetzung von Änderungsanforderungen aus? Abhängig
vom Entwicklungsprojekt oder Produkt können die Ausprägungen dieses Prozesses
sehr unterschiedlich sein. Folgende Rahmenbedingungen sollten aber in jedem Fall
erfüllt sein:

▶ Jeder Releasestand eines betroffenen Ergebnisses muss klar definiert sein, d.h. ein Änderungsmanagement setzt ein funktionierendes Konfigurationsmanagement voraus.

▶ Änderungsanforderungen sollten immer über eine zentrale Instanz kanalisiert werden. In Projekten wird dafür zumeist ein *Change Control Board (CCB)* eingerichtet.

▶ Alle Änderungsanforderungen werden einer Auswirkungs- und Betroffenheitsanalyse unterzogen, bewertet und dann kontrolliert in die Umsetzung geführt.

▶ Änderungsanforderungen können durch das CCB auch begründet abgelehnt werden!

Die klare Definition eines Releasestandes bildet die Voraussetzung für eine Änderungsanforderung. Sie ist immer bezüglich eines eingefrorenen Releasestandes definiert.

Unabhängig von der Art ihres Auftretens müssen Änderungsanforderungen über eine zentrale Instanz laufen, um ein unkontrolliertes Einsickern von Anforderungen (sog. *Requirements Leakage*) zu vermeiden und die Asynchronität von Änderungen für das Projekt handhabbar zu machen. In größeren Projekten sollte dieses Genehmigungs- und Kontrollorgan mit mehreren Personen in Form eines *Change Control Boards* mit einem vorsitzenden *Change Control Manager* verankert werden. In kleineren Projekten kann diese Funktion auch durch einen Änderungsgutachter wahrgenommen werden.

Das CCB sollte paritätisch mit Vertretern der wichtigsten Stakeholder besetzt sein (Fachseite und technische Seite, Auftraggeber und Auftragnehmer). Es muss über ausreichende Kompetenz und Entscheidungsbefugnisse für die Genehmigung und Ablehnung von Änderungsanträgen verfügen. Auch in sehr großen Projekten sollte das CCB aus maximal drei bis fünf Personen bestehen, um eine effiziente Abarbeitung der Änderungsanforderungen zu gewährleisten.

Werden Änderungsanforderungen an das CCB übergeben, prüft dieses zunächst, welche Konsequenzen eine Berücksichtigung hat und welche Abhängigkeiten mit bestehenden Anforderungen existieren. Dem CCB muss bei der Entscheidungsfindung für oder gegen die Umsetzung der Änderung ein großer Freiraum eingeräumt werden. Im Interesse einer erfolgreichen Produktentwicklung muss die Ablehnung von Änderungsanforderungen politisch problemlos möglich sein. »*Just Say No*« betrachtet Weinberg als eines der wichtigsten Instrumente des Änderungsmanagements, um Projekte (erfolgreich) ans Ziel zu bringen [Weinberg95]. Im Falle einer positiven Entscheidung veranlasst das CCB die kontrollierte Umsetzung der Änderungen in betroffene Artefakte. Welche Artefakte im Rahmen eines Änderungsprozesses nachzupflegen sind, muss produkt- oder projektspezifisch entschieden sein.

Neben diesen operativen Aufgaben liefert das CCB Kennzahlen zum Änderungsprozess an das Umsetzungsmanagement. Sollten die Änderungsraten sowie die Aufwände für die Umsetzung zu hoch werden, müssen Gegenmaßnahmen zur Risikoeindämmung ergriffen werden. Dies kann von einer Erhöhung der Änderungsschwelle bis hin zu notwendigen Anpassungen der Produktarchitektur oder des Entwicklungsprozesses reichen.

Prozess

Abbildung 3.14 stellt exemplarisch einen systematischen Änderungsprozess dar, wie er in einem größeren Projekt verankert wurde. Die Notation erfolgt als *Ereignisgesteuerte Prozesskette (EPK)* (vgl. etwa [Scheer98]).

Trifft eine Änderungsanforderung ein, wird diese zunächst evaluiert und einer Auswirkungs- und Betroffenheitsanalyse unterzogen. Die Evaluation umfasst auch eine Vorsortierung, in welcher z.B. Fehlermeldungen von Änderungsanforderungen getrennt werden. Ist das Ergebnis der Evaluation negativ, erfolgt eine Ablehnung der Änderung. Im positiven Fall wird die Realisierung angestoßen und die Änderung umgesetzt. Treten bei dieser Umsetzung Schwierigkeiten auf, kann die Änderung zur Neubewertung zurückgewiesen werden. Im Regelfall wird die Umsetzung jedoch erfolgreich sein. Nachdem die korrekte Einarbeitung in alle betroffenen Artefakte geprüft wurde, wird die Änderungsanforderung mit der Benachrichtigung des Anforderungsstellers geschlossen.

Grundsätzlich sollte in allen Projekten ein systematischer Änderungsprozess etabliert werden. In kleinen, internen Projekten kann dieser Prozess natürlich mit weniger Aufwand und informeller getrieben werden als in großen Projekten. Um sowohl eine ungewollte Verschiebung des Projektfokus als auch das beliebige Einsickern neuer Anforderungen zu verhindern, sollte aber immer eine zentrale Entscheidungsinstanz eingerichtet werden.

Das Änderungsmanagement im Kunden- und Produkt-AM kann im Allgemeinen sehr einfach gestaltet werden. Da Änderungsanforderungen in diesen beiden Bereichen in der Praxis eher selten sind, genügt es, nach einer Bewertung die Änderungsanforderung neu einzustellen und alte Anforderungen zu archivieren. Falls Änderungsanforderungen im Kunden- und Produkt-AM sich auf Anforderungen beziehen, welche aktuell realisiert werden, können diese direkt an das CCB geleitet werden.

Auswirkungsanalyse

Die Entscheidungsgrundlage für die Behandlung eines Änderungsantrags wird in der Auswirkungsanalyse (*impact analysis*) gelegt. Hier wird die komplette Bandbreite der Auswirkungen untersucht:

▶ Auswirkungen auf die Kundenzufriedenheit und Marktfähigkeit

▶ Finanzielle und terminliche Auswirkungen

▷ Auswirkungen auf den Entwicklungsprozess (Vorgehen, beteiligte Rollen)

▷ Auswirkungen auf andere Anforderungen und bestehende Anforderungsdokumente

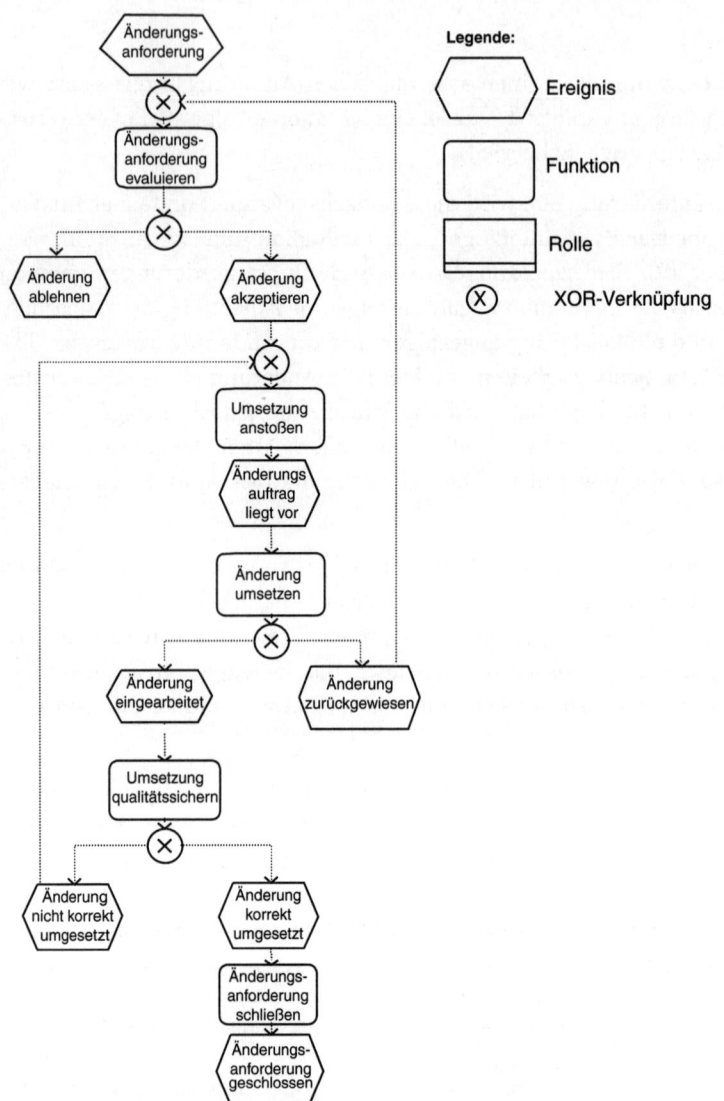

Abbildung 3.14: Umsetzung einer Änderungsanforderung

▷ Auswirkungen auf das Design oder bestehenden Quellcode (Benutzeroberfläche, Datenbanken, Komponenten etc.)

▷ Auswirkungen auf Testfälle (Klassentests, Abnahmetests etc.)

▷ Auswirkungen auf verbundene externe Systeme

▷ Auswirkungen auf die Benutzerdokumentation, Hilfesysteme etc.

▷ Auswirkungen auf Betrieb und Wartung

Zur Abarbeitung dieser Fragen sollten Checklisten verwendet werden, da sonst kritische Punkte leicht übersehen werden. Stehen Trace-Informationen zur Verfügung, können betroffene Artefakte schnell lokalisiert und angepasst werden.

Um eine Änderungsanforderung zu akzeptieren, sollten die folgenden Punkte positiv beantwortet werden können. Ansonsten muss eine Änderung abgelehnt oder bis zum nächsten Release zurückgestellt werden:

▷ Die Änderungsanforderung ist kompatibel mit den im Lastenheft beschriebenen Produktzielen und dem Geschäftsplan (*Business Case*).

▷ Die Änderungsanforderung ist umsetzbar (technisch, personell, terminlich, finanziell).

▷ Der Nutzen einer Umsetzung (technisch, finanziell) übersteigt den erwarteten Aufwand.

▷ Es liegen keine unlösbaren Konflikte mit anderen Anforderungen vor.

▷ Die Annahme gefährdet nicht die Projektdurchführung bzw. ist in der Planung berücksichtigt (zeitliche, personelle und finanzielle Auswirkungen).

▷ Alle Seiteneffekte der Änderung (Auswirkungen auf Anforderungsdokumente, Design, Quellcode, Testfälle, Benutzerdokumentation, Betrieb, Wartung etc.) sind handhabbar.

3.5.3 Risikomanagement

Ziel des Risikomanagements ist es, Risiken zu identifizieren, abzuschätzen und zu beseitigen, bevor ein Schadensfall eintritt. Ein Risiko ist dabei jedes Ereignis, dessen Eintreten ein Vorhaben oder einen geplanten Projektverlauf entscheidend beeinträchtigen kann. Risikomanagement beschäftigt sich mit potenziellen Schadensfällen, wobei ein Schadensfall ein eingetretenes Risiko ist.

Aufgaben

Angelehnt an [Boehm91, S. 34] umfasst das Risikomanagement die in Abbildung 3.15 dargestellten Aufgaben:

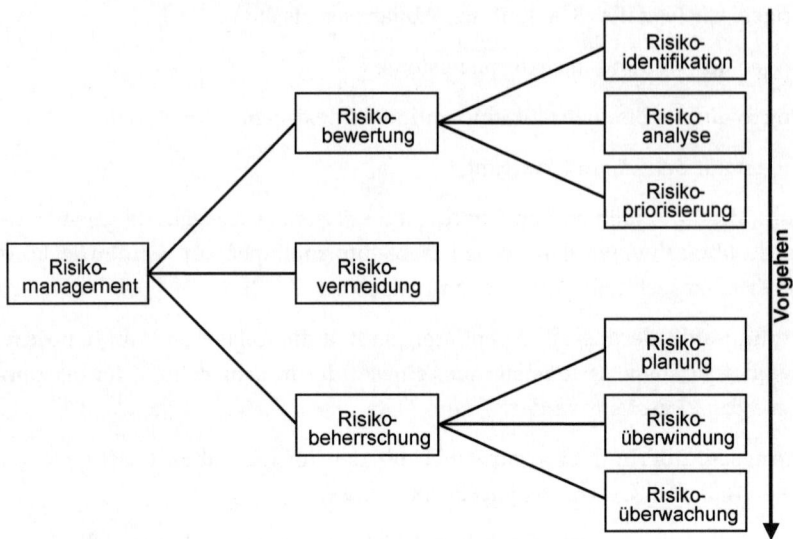

Abbildung 3.15: Aufgaben des Risikomanagements (vgl. [Wiegers99, S. 80])

▷ Die **Risikoidentifikation** dient dazu, spezifische Risiken, welche das Vorhaben gefährden können, aufzudecken und zu beschreiben.

▷ In der **Risikoanalyse** wird die Wahrscheinlichkeit des Auftretens eines Schadenfalls und die mögliche Konsequenz für jedes Risiko abgeschätzt.

▷ Durch die **Risikopriorisierung** wird eine Konzentration auf wesentliche potenzielle Problemfelder abhängig von dem Schadensausmaß und der Eintrittswahrscheinlichkeit erreicht.

▷ Die **Risikoplanung** bereitet Aktivitäten zur Risikokontrolle vor und integriert diese Planung in die übergeordnete Produkt- und Projektplanung.

▷ Die **Risikoüberwindung** umfasst alle Aktivitäten, die durchgeführt werden, um ein potenzielles Problem zu beseitigen oder zu minimieren.

▷ Die **Risikoüberwachung** dient der Verfolgung von Risiken. Es werden Fortschritte bei der Überwindung von Risiken überwacht und korrigierende Maßnahmen angestoßen.

Die ersten drei Aufgaben können unter dem Begriff **Risikobewertung**, die drei letzten Aufgaben unter **Risikobeherrschung** zusammengefasst werden. Wiegers unterscheidet in [Wiegers99] zusätzlich die (aktive) **Risikovermeidung**. Ein identifiziertes Problem wird entweder dadurch gelöst, dass ein Vorhaben überhaupt nicht angegangen oder das Risiko auf jemand anderen übertragen wird, etwa auf einen externen Subunternehmer oder den Kunden selbst.

Risikomanagement im Rahmen des Anforderungsmanagements ist immer ein wichtiger Baustein eines Gesamt-Risikomanagements. Die Risikoeinschätzungen des Anforderungsmanagements korrelieren mit anderen Risiken, wie etwa unrealistischen Zeit- und Terminvorgaben, Defiziten in der personellen Ausstattung oder Mängeln bei extern erstellten Komponenten. Auch wenn in diesem Abschnitt spezifisch auf den Umgang mit Risiken im Anforderungsmanagement eingegangen wird, ist klar, dass solche Risikoanalysen, Planungen, Gegenmaßnahmen und Entscheidungen immer in Zusammenhang mit anderen Maßnahmen im Risikomanagement stehen müssen.

Spezifische Risiken in den drei Prozessbereichen

Die Risiken beim Umgang mit Anforderungen sind in den drei Prozessbereichen unterschiedlich ausgeprägt und verteilt. Nachfolgend werden charakteristische Risiken genannt und Maßnahmen diskutiert, um diese Risiken im akzeptablen Rahmen zu halten oder sie zu entschärfen.

Risiken im Kunden-AM

Im Kunden-AM ist ein Hauptrisiko die mangelnde Qualität der Kundenanforderungen, etwa in Form missverständlicher oder nicht validierbarer Anforderungen. Ein effektives Mittel, dieses Risiko einzudämmen, ist die Abstimmung verbindlicher Abnahmekriterien zwischen Kunden und Kunden-AM.

Ein weiteres Risiko sind Konflikte zwischen Anforderungen bzw. Anforderungsstellern. Diese müssen frühzeitig aufgedeckt und gelöst werden, ansonsten ist das Scheitern eines Entwicklungsprojektes vorprogrammiert. Als Technik für die Konfliktlösung wird in Kapitel 5 die Mediation vorgestellt. Konflikte können manchmal auch dadurch entstehen, dass Kunden ihre Anforderungen als Lösungsbeschreibungen formuliert haben. Indem man das eigentliche Problem explizit macht, löst sich manchmal auch der Scheinkonflikt auf.

Zu hohe Erwartungshaltungen sind ein Risiko, welches gerne verdrängt wird. Häufig wird vertriebsseitig dem Kunden mehr versprochen, als Produktmanagement und Entwicklung halten können. Nur auf das kurze Gedächtnis des Kunden zu hoffen, hilft hier leider auch nicht weiter, wie viele Anwendungen zeigen, welche zwar fertig gestellt, aber kundenseitig nicht akzeptiert und eingesetzt werden.

Das Kunden-AM und das Produkt-AM sollten bemüht sein, die Akzeptanz eines Produktes nicht durch falsche oder zu euphorische Erwartungen zu gefährden. Techniken wie Prototyping und Szenarienanalys oder eine inkrementelle Entwicklung mit intensiver Benutzerbeteiligung helfen Erwartungen und mögliche Leistungen abzugleichen und damit das Risiko einer mangelnden Akzeptanz einzudämmen. Sehr gute Hinweise zum Umgang mit Erwartungen geben Gause und Weinberg in [Gause93]. Boehm fasst alle Maßnahmen zur Eindämmung des Risikos falscher Erwartungshaltungen unter dem schönen Begriff *Erwartungsmanagement* zusammen (vgl. [Veersteegen01]).

Risiken im Produkt-AM

Ein Hauptrisiko im Produkt-AM sind unklare Produktziele im Lastenheft und die mangelnde Beschreibung des Produktumfelds. Um dem Risiko eines späteren *scope creeping* mit einer chronisch hohen Fluktuation von Anforderungen entgegenzutreten, sind Produktziele und die Produktvision inklusive der Releaseplanung speziell bei Produktneuentwicklungen klar und eindeutig zu formulieren. Das Produktziel ist die Messlatte, welcher alle Anforderungen genügen müssen.

Für jede Produktgestaltung stellt die korrekte Definition der Schnittstellen und die Schnittstellenkonformität ein hohes fachliches und technisches Risiko dar. Dieses Risiko kann nur durch eine klare Produktabgrenzung in Verbindung mit einer präzisen Beschreibung des Problemumfelds und der Systemschnittstellen gelöst werden.

Trägt das Produktmanagement die betriebswirtschaftliche Verantwortung, sind Wettbewerberprodukte sowie Zeit und Kosten der Entwicklung wichtige Faktoren des kaufmännischen Risikos. Typische Fragen sind etwa: Sollen weniger Anforderungen umgesetzt werden, damit das eigene Produkt eher am Markt platziert werden kann als das eines Mitbewerbers? Wie hoch ist das Risiko einer Verdrängung durch ein qualitativ besseres Produkt? Sind die Budgets für die Umsetzung gesichert? Wie hoch ist das Risiko, dass die Entwicklungskosten überschritten werden? Eine zentrale Maßnahme zur Bekämpfung dieser Risiken ist die frühzeitige Priorisierung nach Kriterien wie Kundenzufriedenheit oder Umsetzungsrisiko.

Risiken im Projekt-AM

Die Anzahl der Risiken im *Projekt-AM* ist naturgemäß am höchsten. Spätestens hier müssen Maßnahmen gegen Risiken ergriffen werden, welche im Kunden- und Produkt-AM verdrängt wurden. Typische Risiken sind etwa zu viele oder unvollständige Anforderungen und unrealistische Kundenerwartungen. Das Risiko zu vieler Anforderungen, welche zu Zeit- und Kostenproblemen führen, kann durch eine Priorisierung gemindert werden. Unrealistischen Kundenerwartungen kann etwa durch die Entwicklung von Prototypen vorgebeugt werden.

Natürlich spielt auch die mangelnde Qualität der niedergelegten Anforderungen im Projekt-AM eine wichtige Rolle. Hier sind insbesondere Risiken aufgrund mangelnder Berücksichtigung nichtfunktionaler Anforderungen oder sonstiger Rahmenbedingungen anzugehen. Das Risiko mangelnder Berücksichtigung nichtfunktionaler Anforderungen kann durch frühzeitige Einbeziehung von Experten (technische Experten, Sicherheitsexperten) reduziert werden, welche solche Anforderungen zielgerichtet in ihrer ganzen Bandbreite ermitteln.

Die Umsetzung von nichtfunktionalen Anforderungen und Rahmenbedingungen führt zu einer anderen wichtigen Risikoklasse: den technischen Risiken. Wurden die geforderten Entwicklungswerkzeuge bereits eingesetzt, wie ist ihre Integration?

Liegen Erfahrungen mit der geforderten Middleware aus anderen Projekte vor? Sind die für das Projekt vorgesehenen Bibliotheken und Komponenten stabil und verfügbar und können sie die zugesagten Leistungen überhaupt erfüllen?

Weitere Risiken

Während sich die eben aufgelisteten Risiken der drei Prozessbereiche durch gezielte, teilweise präventive Maßnahmen relativ gut eindämmen lassen, müssen zur Begrenzung der folgenden Risiken umfassendere Maßnahmen ergriffen werden.

Hohe Änderungsraten von Anforderungen stellen ein Risiko dar, welches die Anpassung des gesamten Entwicklungsprozesses und der Architektur des Produktes erforderlich machen kann. Falls die Ursachen für eine hohe Fluktuation nicht unklare Produktziele oder qualitativ schlechte Anforderungen sind, sondern in den Eigenschaften des Anwendungsbereichs begründet sind, müssen der Entwicklungsprozess und das resultierende Produkt flexibel und robust gegenüber Änderungen und Erweiterungen gestaltet werden.

Inkrementelle Entwicklungsprozesse mit Iterationen nach einem Timeboxing-Verfahren erlauben ein schnelleres Reagieren auf Änderungen. Hoch risikobehaftete Anforderungen können bereits im ersten Inkrement ausgetestet werden und minimieren die Risikosumme für die folgenden Inkremente. Falls die Projektgröße dies zulässt, sollte auch ein agiles, leichtgewichtiges Vorgehen ins Auge gefasst werden. Ein extremer Vertreter einer stark risikovermeidenden Vorgehensweise in sehr kleinen Schritten ist etwa das *Extreme Programming (XP)* [Beck99].

Die Produktgestaltung sollte Architekturmustern folgen, welche sich hinsichtlich Erweiterbarkeit und Änderbarkeit bewährt haben (z.B. Schichtenbildung, Fassaden ...). Präzise Schnittstellenbeschreibungen und Komponentenbildung bereits im Produkt-AM eignen sich als risikomindernde Maßnahmen gegen architekturkorrumpierende Anforderungen. In einem dynamischen Umfeld oder bei der Entwicklung von Produktlinien und Produktfamilien sollte eine Stabilitätseinschätzung der Anforderungen vorgenommen werden, um solide Produktkerne für die Umsetzung zu identifizieren.

In sicherheitskritischen Bereichen empfiehlt es sich, alle Anforderungen von Beginn an nicht nur nach Kriterien wie Dringlichkeit und Wichtigkeit zu beurteilen, sondern auch nach Risiko-Kriterien wie Verfügbarkeit, Zuverlässigkeit oder Vertraulichkeit. Anwendungen etwa im medizinischen Bereich oder in der Flugsicherung müssen frühzeitig technologischen Machbarkeitsanalysen und sog. *Hazard-Analysen* (vgl. [Leffingwell99, S. 363] unterzogen werden, um Schadenspotenziale abzuklären und die Umsetzbarkeit der Anforderungen zusichern zu können.

Die folgende Tabelle 3.5 fasst noch einmal typische Risiken und Maßnahmen zur Risikominderung zusammen.

Risiko	Gegenmaßnahme
Kontinuierliche Änderungen von Anforderungen	– Produktziele klären oder präzisieren
	– Hohe Änderungsschwelle
	– Inkrementelle Entwicklung/leichtgewichtige Prozesse
	– robuste Produktarchitektur
Unrealistische Kundenerwartungen	– Kundenworkshops durchführen
	– Vertikale Prototypen entwickeln (etwa mit Durchstich, um technische Machbarkeit zu zeigen)
	– Inkrementelle Entwicklung
	– Abnahmekriterien definieren
Defizite in der Qualität von Anforderungen (unvollständig, unpräzise)	– Inspektionen durchführen
	– Abnahmekriterien definieren
	– Inkrementelle Entwicklung
	– Einsatz strukturierter Analysemethoden (Anwendungsfälle, Snowcards ...)
	– Explorativen, horizontalen Prototypen entwickeln
Zu viele Anforderungen	– Priorisierung der Anforderungen
	– Kosten-/Nutzen-Analysen
	– Inkrementelle Entwicklung nach Timeboxing-Verfahren
Konflikte zwischen Anforderungen	– Kundenworkshops durchführen
	– Mediation durchführen
	– Adaption und Priorisierung von Anforderungen
Entwicklung von »Goldrand«-Lösungen	– Anforderungen priorisieren und streichen
	– Pilotsystem entwickeln
	– Kosten-/Nutzen-Analysen
Hohe Sicherheitsanforderungen	– Hazard-Analysen durchführen
Zu viel oder zu wenig Zeit für die Anforderungsdefinition	– Inkrementelle Entwicklung nach Timeboxing-Verfahren
	– Priorisierung und Verfeinerung von Anforderungen
	– Pilotsystem entwickeln

Tabelle 3.5: Beispiele für typische Risiken und mögliche Gegenmaßnahmen

Techniken und grundsätzliches Vorgehen

Risikomanagement ist eine Aufgabe, welche häufig wegen anderer, scheinbar wichtigerer, operativer Aufgaben zu kurz kommt. In Kapitel 5 wird mit der Risiko-Top-10 deshalb eine einfache, aber effiziente Technik für das Risikomanagement vorgestellt. Das Vorgehen bei der Entwicklung der Risiko-Top-10 entspricht den in Abbildung 3.15 dargestellten Schritten. Mit der Mediation, der Anforderungspriorisierung und der Inspektion werden in Kapitel 5 weitere Techniken vorgestellt, die das Risikomanagement bei seinen Aufgaben unterstützen.

Im Risikomanagement sollte grundsätzlich die Strategie *worst things first* verfolgt werden. Wie bereits dargestellt, deckt das Anforderungsmanagement im Rahmen eines Gesamt-Risikomanagements natürlich nur einen kleinen Teilbereich aller Risiken ab (vgl. dazu etwa [Boehm91] oder [Boehm89]). Ihm kommt insofern allerdings eine exponierte Stellung zu, als es zum *frühestmöglichen* Zeitpunkt auf einige zentrale Risiken hinweist und diese daher auch frühzeitig entschärft werden können.

Die Ressourcen, welche für das Risikomanagement aufgewendet werden sollen, hängen von verschiedenen Faktoren ab. Für komplexe Systeme, Systeme in einem instabilen Umfeld oder in sicherheitskritischen Bereichen sind sehr viel höhere Aufwände für ein professionelles Risikomanagement zu veranschlagen als in stabilen Umfeldern, welche gut verstanden werden oder für die bereits umfangreiche Umsetzungserfahrungen vorliegen. Ein elementares Risikomanagement, wie es die Risiko-Top-10 darstellt, sollte aber in jedem Fall vollzogen werden.

3.6 Literaturempfehlungen

Bücher zum Anforderungsmanagement konzentrieren sich zumeist auf das Projekt-AM. Empfehlenswert sind etwa [Kotonya98], [Robertson99], [Wiegers99] oder im deutschsprachigen Raum [Rupp01]. Einzelne Aspekte des Produktmanagements und ein initiales Kundenmanagement beschreiben Leffingwell und Widrig [Leffingwell99]. Eigene Kapitel in diesem Buch beschäftigen sich beispielsweise mit der Rolle des *Product Champion* oder der Aufgabe *Managing Your Customer*. Eine gute umfassende Beschreibung des Anforderungsmanagements aus Sicht des Systems Engineering gibt [Stevens98].

Umfassendere deutschsprachige Bücher zum Rational Unified Process sind [Kruchten99] und [Veersteegen01]. Empfehlenswert ist auch die Lektüre von Jacobson et al. zum Unified Software Development Process [Jacobson99], auch oder gerade weil das hier beschriebene Vorgehen in einigen Punkten vom RUP abweicht.

Darstellungen des Kunden- und Produktmanagements findet man vor allem in betriebswirtschaftlicher bzw. in der Management-Literatur. Ein gutes Buch zum Produktmanagement und insbesondere zum Produktmarketing ist [Koppelmann01]. Bücher zur Kundenorientierung und zum Kunden(beziehungs)management erscheinen aktuell in Hülle und Fülle. Viele Anregungen zu diesen Themen bieten etwa die Bücher aus dem Umkreis der Hochschule St. Gallen mit [Österle95], [Österle00] und [Bach00]. Ein umfangreicher Sammelband zum Kundenbindungsmanagement ist [Bruhn00].

Die Querschnittsprozesse Risikomanagement, Änderungsmanagement und Umsetzungsmanagement werden in fast allen Büchern zum Anforderungsmanagement zumindest kurz behandelt. Eine ausführlichere Beschreibung dieser drei Themen ist etwa bei [Wiegers99] zu finden. Eine gute und knappe Darstellung verschiedener Themen des Umsetzungs- und Änderungsmanagements gibt [Sommerville97, S. 215 ff]. Ein gutes Buch zum Risikomanagement, welches auch ausführlich auf die Risikoanalyse von Anforderungen eingeht, ist [Charette98].

4 Spezifikation von Anforderungen

Nur wenn es gelingt, die richtigen Anforderungen in einer hohen Qualität für die Beteiligten verständlich und nachvollziehbar zu spezifizieren, erfüllt das Anforderungsmanagement seinen Zweck. Im vorherigen Kapitel wurden die dazu notwendigen Aktivitäten vorgestellt. Dieses Kapitel wechselt von der Prozesssicht zur Produktsicht und beschreibt die Ergebnisse dieser Aktivitäten.

Orientiert an den Prozessbereichen des Anforderungsmanagements werden im folgenden Abschnitt zunächst verschiedene Anforderungsarten eingeführt, die bei der Spezifikation von Anwendungen zu beachten sind. Empfehlungen dafür, wie diese Anforderungen zu Dokumenten zusammenzufassen und zu strukturieren sind, gibt Abschnitt 4.2. Anschließend werden die zentralen Informationsobjekte im Anforderungsmanagement beschrieben und in ein Informationsmodell für deren Verwaltung eingeordnet. Hinweise zur Strukturierung von Anforderungen und zur Sicherstellung ihrer Qualität schließen dieses Kapitel ab.

4.1 Anforderungsarten

In der Literatur findet sich eine Vielzahl von Klassifikationen für Anforderungen. Gute Übersichten über verschiedene Empfehlungen und Standards geben [Dorfman90], [Davis93] oder [Pohl99]. In diesem Abschnitt werden die wichtigsten Klassifikationen erörtert.

4.1.1 Kundenanforderungen

Im Kunden-AM ist die Unterscheidung verschiedener Arten von Kundenanforderungen hauptsächlich durch unterschiedliche Bearbeitungsabläufe motiviert. Kundenanforderungen lassen sich nach drei Kriterien gruppieren:

1. **Auslöser** – Was ist der Auslöser der Anforderung?

2. **Umsetzungsaufwand** – Welcher Aufwand wird für die Realisierung erwartet?

3. **Verbindlichkeit** – Wie ist der Grad der Verpflichtung zur Realisierung?

Abbildung 4.1 stellt mögliche Ausprägungen dieser drei Klassifikationsarten dar. Diese Ausprägungen sind allerdings nicht grundsätzlich unabhängig. Beispielsweise haben rechtliche oder geschäftspolitisch relevante Anforderungen fast immer Pflichtcharakter: sie müssen realisiert werden.

Die Realisierung rechtlicher und geschäftspolitisch relevanter Anforderungen erfordert auch oft Neuentwicklungen. Dass etwa neue Gesetze ein Auslöser für die Entwicklung neuer Anwendungen sind, zeigt aktuell das Beispiel Risikosteuerung in Banken. Aufgrund geänderter rechtlicher Vorschriften zur Bewertung von operationalen Risiken müssen Finanzdienstleister in den kommenden Jahren völlig neue Systeme für das Risikomanagement und die Gesamtbanksteuerung entwickeln.

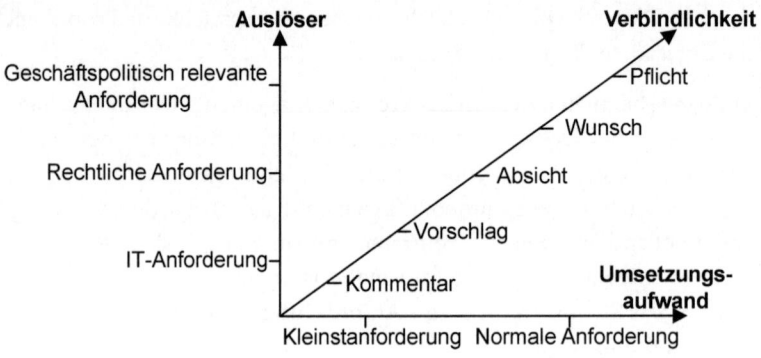

Abbildung 4.1: Klassifikationsarten für Kundenanforderungen

Welche dieser Klassifikationen im Kunden-AM zweckmäßig ist, hängt von verschiedenen Rahmenbedingungen ab. Diese werden anschließend diskutiert.

Auslöser

Als Auslöser für eine Kundenanforderung lassen sich grundsätzlich unterscheiden:

▷ **Rechtliche Anforderung** – neue Verordnungen oder Gesetze

▷ **Geschäftspolitisch relevante Anforderung** – neue Strategien und Geschäftsmodelle

▷ **IT-Anforderung (fachlich oder technisch motiviert)** – veränderte oder neue Kundenprobleme und Kundenbedürfnisse

Rechtliche Anforderungen ergeben sich aus Gesetzen, Normen, Verordnungen oder aufsichtsbehördlichen Vorschriften. Sie sind, soweit es sich nicht um allgemeine Industrienormen oder Durchführungsempfehlungen handelt, verpflichtend und von höchster Wichtigkeit (dass manchmal eher Strafen gezahlt werden, anstatt gesetzliche

Anforderungen umzusetzen, steht auf einem anderen Blatt!). Ihre Dringlichkeit leitet sich aus der Gültigkeit des Gesetzes ab. Ein allgemeines Beispiel für rechtliche Anforderungen sind im Bankenbereich etwa neue Melderichtlinien, ein ganz spezifisches Beispiel wäre etwa die Anpassung von Passivprodukten, wie Sparbüchern, an die Neuregelung des 5. Vermögensbildungsgesetzes.

Geschäftspolitisch relevante Anforderungen stellen ein Gegengewicht zu den von Kunden geäußerten fachlich oder (seltener) technisch motivierten IT-Anforderungen dar: IT-Anforderungen treiben die Weiterentwicklung von Anwendungen punktuell »bottom-up«. Sie beschreiben Leistungen, welche der Kunde von einer Anwendung oder einem Produkt neu oder geändert erwartet. IT-Anforderungen adressieren beispielsweise Veränderungen des Maskenlayouts, die Bereitstellung neuer Export-Schnittstellen oder bessere Auswertungsmöglichkeiten auf einem Datenbestand. Die Auslöser für solche IT-Anforderungen sind sehr vielfältig. Ganz allgemein handelt es sich aber um neue oder veränderte Kundenbedürfnisse, um die Aufgabenstellungen im Anwendungsbereich effizienter durchführen zu können.

Geschäftspolitisch relevante Anforderungen forcieren demgegenüber eher eine »top-down«-Neuentwicklung von Anwendungen und Produkten. Geschäftspolitisch relevante Anforderungen haben strategischen Charakter, ihr Auslöser sind häufig neue Geschäftsmodelle oder Geschäftsprozesse (vgl. dazu Kapitel 7). Ein Beispiel für eine geschaftspolitisch relevante Anforderung wäre etwa die Entwicklung von neuen Vertriebsanwendungen für geplante Beratungszentren in den Bereichen Immobilien oder Vermögensmanagement.

Allerdings führen nicht alle geschäftspolitisch relevanten Anforderungen unbedingt zu neuen Anwendungen. Oft forcieren sie »lediglich« Infrastrukturmaßnahmen der bestehenden Produkte und betreffen damit große Teile der Produktpalette oder der Anwendungslandschaft. Beispiele dafür wären etwa die Forderung, Vertriebsanwendungen multikanalfähig zu gestalten oder XML als generelle Sprache für den Datenaustausch zwischen Anwendungen einzusetzen.

Umsetzungsaufwand

Hinsichtlich des erforderlichen Umsetzungsaufwands sind zu unterscheiden:

▶ **Kleinstanforderung**

▶ **Normale Anforderung**

Normale Anforderungen durchlaufen den üblichen Priorisierungs- und Entscheidungsprozess im Kunden-AM. Kleinstanforderungen können demgegenüber vom Produktmanagement direkt entgegengenommen und umgesetzt werden.

Ob die Unterscheidung von Kleinstanforderungen sinnvoll ist, hängt von der Ausgestaltung des Produktmanagements und den geplanten Releasezyklen ab. Verfügt das
Produktmanagement über eigene Entwicklungsbudgets, wird durch die Entgegennahme von Kleinstanforderungen bis zu einer festgelegten Aufwandsobergrenze und
einem festgelegten Gesamtvolumen ein rasches Reagieren auf neue Kundenanforderungen oder geänderte Wettbewerbssituationen möglich.

Die entsprechenden Budgets und Ressourcen müssen allerdings sowohl im Produktmanagement als auch in der Anwendungsentwicklung pauschal eingeplant sein. Der
Betrag für die Realisierung solcher Kleinstanforderungen beträgt zumeist maximal
10 % des Gesamtbudgets für ein Release. Bei Releasezyklen von drei bis sechs Monaten
ist eine solche separate Behandlung von Kleinstanforderungen nicht notwendig.

Verbindlichkeit

Die Verbindlichkeit legt den Verpflichtungsgrad für die Umsetzung der Anforderung
fest. In [Rupp01, S. 136] werden die folgenden Grade unterschieden:

▶ **Pflicht:** Die Anforderung muss umgesetzt werden. Eine Nichterfüllung kann zur
  Ablehnung der Abnahme der Anwendung durch den Kunden führen.

▶ **Wunsch (Empfehlung):** Die Anforderung sollte umgesetzt werden, falls die Möglichkeit existiert. Eine Verpflichtung zur Umsetzung besteht aber nicht.

▶ **Absicht:** Eine solche Anforderung wird voraussichtlich kommen. Der Entwicklung
  wird damit die Chance gegeben, geeignete Vorbereitungen zur Umsetzung zu treffen.

▶ **Vorschlag:** Ein Vorschlag ist ein möglicher Lösungshinweis des Kunden. Die
  Umsetzung ist jedoch nicht bindend.

▶ **Kommentar:** Kommentare erläutern andere Anforderungen, geben Vertiefungshin-
  weise und Einschätzungen wieder.

Der Begriff *Kundenanforderung* bezeichnet bei IT-Dienstleistern bzw. Rechenzentren
zumeist nur Pflichtanforderungen. Auf diesen Pflichtanforderungen basiert das in diesen Häusern (idealerweise) etablierte vertragsorientierte Vorgehen mit klaren Pflichten
und Rechten von Auftraggeber (Kunde) und Auftragnehmer (Rechenzentrum). Hier
und bei einer beauftragten Entwicklung von Individualprodukten muss jedenfalls klar
sein, welche Anforderungen (juristisch) verbindlich umgesetzt werden müssen und
welche Wunschcharakter haben, bei der Abnahme des Systems also nicht wirklich
getestet werden.

Trotz des verbreiteten Anwendungsstaus sollten im Kunden-AM wenn möglich auch
Wünsche, Absichten oder Vorschläge von Kunden aufgenommen und an das Produktmanagement weitergegeben werden, damit dort die »Stimme des Kunden« gehört

wird. Dies gilt natürlich insbesondere für Standardprodukte. Äußerungen von Kunden in Kundenworkshops stellen wertvolle Ideen für das Produktmanagement dar, sind jedoch nicht verpflichtend zu realisieren. Auch Aussagen von Kundenbetreuern, des Marketing oder des Vertriebs haben oft nur Empfehlungs-, Absichts- oder Vorschlagscharakter.

Auswahl der Kriterien

Auslöser, Verbindlichkeit und Umsetzungsaufwand sind verbreitete Kriterien zur Klassifikation von Kundenanforderungen. Welche Kombination dieser Kriterien für eine Organisation die geeignetste ist, hängt vom jeweiligen Geschäftsmodell ab.

In Kapitel 3 wurde eine Klassifikation vorgestellt, die in Rechenzentren mit einem angeschlossenen, festen Kundenstamm verbreitet ist. Zumeist dominiert hier die Klassifikation nach dem Auslöser. Sie erlaubt eine einfache Priorisierung von Kundenanforderungen und vereinfacht Entscheidungs- und Beauftragungsprozesse. Abhängig von der Art des Auslösers werden verschiedene Vorgehensvarianten angestoßen, etwa indem Entscheidungen zu geschäftspolitisch relevanten Anforderungen durch spezielle Arbeitsgruppen vorbereitet werden und andere Gremien über die Beauftragung entscheiden (vgl. etwa [Kräft99]). Kleinstanforderungen werden in Rechenzentren allerdings aufgrund der immer kürzeren Releasezyklen immer seltener entgegengenommen.

Die Klassifikation nach dem Umsetzungsaufwand kann für interne Entwicklungsabteilungen jedoch durchaus sinnvoll sein, um rasch auf neue Anforderungen reagieren zu können und kurze Entscheidungswege einzurichten.

Fruchtbar für Produkthäuser ist dagegen vor allem die Klassifikation nach der Verbindlichkeit. Bei der Entwicklung von Standardprodukten muss klar sein, welche Anforderungen umgesetzt werden müssen (etwa aufgrund von Kundeneinzelaufträgen oder festen Zusagen des Vertriebs) und welche Soll- oder Wunsch-Charakter haben.

4.1.2 Produktanforderungen

Im Produkt-AM werden Anforderungen inhaltlich vor allem nach den geforderten Eigenschaften des Produktes unterschieden. Für die Klassifizierung von Anforderungen an Softwareprodukte existiert eine Reihe von Empfehlungen. Die wohl bekanntesten Standards sind IEEE830-1998 [IEEE830] und IEEE1233-1998 [IEEE1233]. Viele Unternehmensstandards lehnen sich eng an diese Normen an.

Grundlegend, wenn auch in der Praxis nicht immer einfach zu treffen, ist die Unterscheidung zwischen *funktionalen* und *nichtfunktionalen* oder *qualitativen* Anforderungen (Davis spricht auch von *behavioral* und *nonbehavioral requirements* [Davis93]):

▶ **Funktionale Anforderungen** drücken das gewünschte fachliche Verhalten oder die erforderlichen Dienste und Leistungen des Systems aus – etwa: »Das System soll Tilgungspläne entsprechend dem Algorithmus X berechnen.«

▶ **Nichtfunktionale Anforderungen** spezifizieren hingegen qualitative Eigenschaften einzelner und mehrerer funktionaler Anforderungen oder des Gesamtsystems – z.B.: »Die Berechnung des Tilgungsplans soll maximal zwei Sekunden dauern.«

Weiterhin unterscheidet man **Rahmenbedingungen**, welchen das Produkt genügen muss, sowie allgemeine **Entwicklungs- und Produktionsanforderungen**, etwa zu Entwicklungswerkzeugen, zur Struktur von Handbüchern und Dokumenten oder zum Zeit- und Kostenrahmen für die Entwicklung. Abbildung 4.2 stellt diese verschiedenen Arten von Produktanforderungen mit Unterpunkten verfeinert dar.

Während der Spezifikation sollte jeweils auch besonders auf *inverse* Anforderungen geachtet werden. Inverse Anforderungen beschreiben Eigenschaften, welche die Anwendung explizit nicht besitzen soll. Anforderungen etwa zur Sicherheit oder zum Datenschutz lassen sich häufig einfacher auf diese Weise formulieren.

Der Übergang von Kundenanforderungen zu Produktanforderungen wurde bereits in Kapitel 3 skizziert. Beauftragte Kundenanforderungen können im Produkt-AM zu verschiedenen Arten von Produktanforderungen führen:

▶ Aus IT-Anforderungen leiten sich im Allgemeinen eine oder mehrere funktionale oder nichtfunktionale Produktanforderungen ab. Zumeist betreffen sie nur ein Produkt, in Ausnahmen auch mehrere Produkte.

▶ Geschäftspolitisch relevante Anforderungen führen häufig zu Produktanforderungen, welche nur durch neue Produkte gelöst werden können. Als Auslöser für neue IT-Strategien können sie auch mehrere oder manchmal alle Produkte einer Organisation betreffen (z.B. bei einer neuen Plattformstrategie).

▶ Rechtliche Anforderungen führen insbesondere zu funktionalen Anforderungen bzw. veränderten rechtlichen Rahmenbedingungen, denen das Produkt zu genügen hat. Aus ihnen leiten sich auch häufig mehrere Anforderungen an mehrere Produkte ab.

Entwicklungs- und Produktionsanforderungen ergeben sich vielfach nicht direkt aus Kundenanforderungen, sondern beruhen auf Organisationsstandards wie Vorgehensmodellen, Architekturrichtlinien oder Dokumentationsvorschriften.

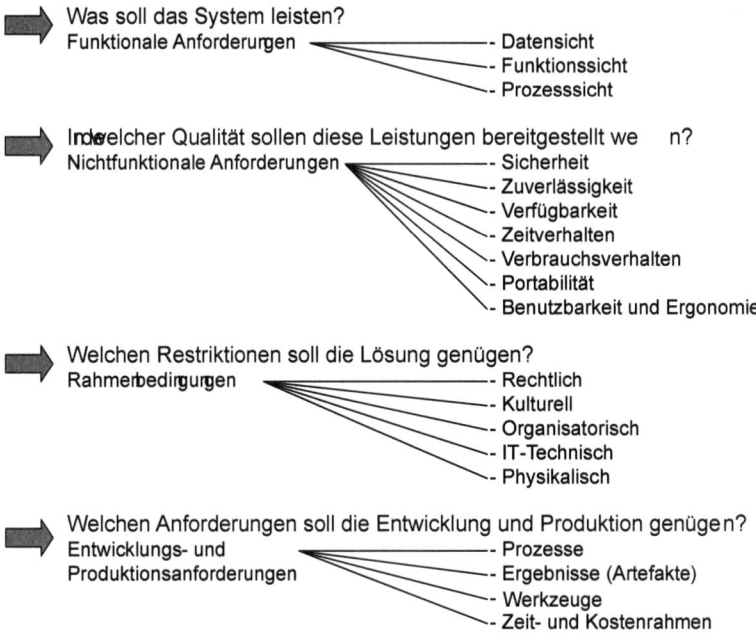

Was soll das System leisten?
Funktionale Anforderungen
- Datensicht
- Funktionssicht
- Prozesssicht

In welcher Qualität sollen diese Leistungen bereitgestellt we   n?
Nichtfunktionale Anforderungen
- Sicherheit
- Zuverlässigkeit
- Verfügbarkeit
- Zeitverhalten
- Verbrauchsverhalten
- Portabilität
- Benutzbarkeit und Ergonomie

Welchen Restriktionen soll die Lösung genügen?
Rahmenbedingungen
- Rechtlich
- Kulturell
- Organisatorisch
- IT-Technisch
- Physikalisch

Welchen Anforderungen soll die Entwicklung und Produktion genügen?
Entwicklungs- und
Produktionsanforderungen
- Prozesse
- Ergebnisse (Artefakte)
- Werkzeuge
- Zeit- und Kostenrahmen

Abbildung 4.2: Arten von Produktanforderungen

Funktionale Anforderungen

Funktionale Anforderungen spezifizieren die geforderten Leistungen und das Verhalten des Systems. Sie beschreiben, welche Interaktionen mit dem System durchgeführt werden sollen und welche Einschränkungen und Zusicherungen dabei gelten.

In Kapitel 2 wurde bereits eine Reihe von funktionalen Anforderungen an eine Bibliotheksverwaltung definiert. Weitere Beispiele für Anforderungen sind etwa:

1. *Das System muss Bibliotheksexemplare in den Bestand aufnehmen können.*

2. *Eine im Bestand verwaltete Publikation ist entweder ein Einzelwerk oder ein Sammelwerk.*

3. *Ein neu eingetroffenes Bibliotheksexemplar wird zunächst inventarisiert und anschließend katalogisiert.*

4. *Das System soll drei Tage nach Ablauf der Ausleihfrist automatisch per Email den Bibliotheksbenutzer zur Rückgabe des geliehenen Exemplars auffordern.*

Funktionale Anforderungen sollten bevorzugt in einfachen Sätzen erhoben werden (vgl. die Snowcards in Kapitel 2). Typische Formulierungen sind »Das System soll ...« oder »Das System muss ...«. Beispiele dafür sind etwa die erste und die letzte Aussage. Zumeist wird die Eingangsformulierung bei Muss-Anforderungen auch weggelassen, insbesondere, wenn fachliche Zusammenhänge des Anwendungsbereichs definiert werden, die durch das Anwendungssystem repräsentiert werden müssen (vgl. die zweite und dritte Aussage).

In der Software-Entwicklung hat es sich bewährt, zur Spezifikation und Gruppierung funktionaler Anforderungen drei unterschiedliche Sichten oder Projektionen zu unterscheiden (vgl. etwa [Olle91, S. 12 f] oder [Davis93, S. 331 f]):

▶ **Statik:** Die statische Sicht – alternativ auch als *data view, type view* oder *informational aspect* bezeichnet – beschreibt Anforderungen an den Inhalt, die Struktur und den Umfang der Informationsobjekte einer Anwendung.

▶ **Funktionalität:** Die funktionale Sicht – *process view, mechanism, algorithm* oder *functional aspect* – spezifiziert die Systemwirkungen, also die transformationsbezogenen Leistungen der Anwendung (etwa nach dem EVA-Prinzip: Eingabe, Verarbeitung, Ausgabe).

▶ **Dynamik:** Die dynamische Sicht – *control view, time view, state view* oder *behavioral aspect* – legt relevante Ereignisse und daraus resultierende Systemabläufe oder Prozesse fest, d.h. die zeitlichen Veränderungen und kausalen Abhängigkeiten der Leistungen der Anwendung.

Eine Anforderung zur statischen Sicht ist etwa die zweite Beispielaussage zur Gliederung von Publikationen. Der funktionalen Sicht sind die erste und vierte Anforderung zuzuordnen. Die dritte Aussage beschreibt den Ablauf von Aktivitäten und gehört deshalb zur dynamischen Sicht.

Die Unterscheidung dieser drei Perspektiven reduziert die strukturelle Komplexität der Anforderungsdefinition. Sie ist sowohl für eine Entwicklung nach strukturierten Methoden als auch für den objektorientierten Entwurf möglich: »*Any system can be viewed from three perspectives – data, function and time.*« [Wilkie93, S. 49] Die Beschreibung der Daten erfolgt in der strukturierten Entwicklung ergänzend zu natürlichsprachlichen Aussagen im Allgemeinen durch Entity-Relationship-Modelle (ERM). Die funktionale Sicht wird hauptsächlich durch Datenflussdiagramme (DFD) spezifiziert. Zur Prozessbeschreibung dienen Zustandsdiagramme, Petrinetze oder Präzedenzgraphen.

Für eine objektorientierte Entwicklung kann orthogonal zu den Perspektiven *statisch, funktional* und *dynamisch* eine *interne* und eine *externe* Sicht zur Beschreibung der Intra- und der Inter-Objektebene unterschieden werden.

▶ **Intern:** Die interne Objektsicht beschreibt die interne Struktur der Objekte des Anwendungsbereichs durch die Menge ihrer Attribute und das interne Verhalten durch die Menge ihrer Fähigkeiten und Wandlungen (Objektlebenszyklus).

▶ **Extern:** Die externe Objektsicht beschreibt die nach außen sichtbare Struktur durch die Menge der Beziehungen zu anderen Objekten. Das nach außen sichtbare Verhal-

ten wird definiert durch die Interaktionen mit anderen Objekten und die Reihenfolge, in welcher diese Interaktionen stattfinden.

Zur Unterscheidung zwischen einer Intra- und einer Inter-Objektsicht schreibt Cook:

»*Traditional approaches to software development make a strong distinction between data and
processing. This distinction lies at the heart of the design of programming languages as
COBOL, C and Pascal, and also at the heart of traditional data-processing architectures
which separate the shared database from the programs which access it. With the advent of
object technology this traditional distinction is beginning to break down, to be replaced by
the distinction between the insides and the outsides of objects.*« [Cook94, S. 17]

In [Schienmann97] werden diese beiden orthogonalen Sichten in einen Spezifikationsrahmen für die objektorientierte Entwicklung zusammengeführt (vgl. Abbildung 4.3).

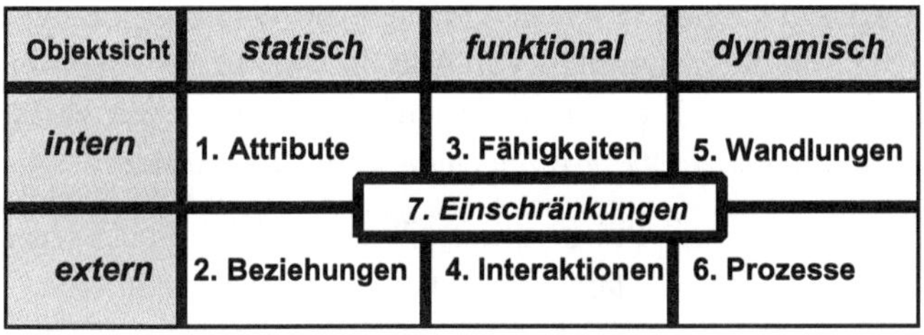

Objektsicht	*statisch*	*funktional*	*dynamisch*
intern	1. Attribute	3. Fähigkeiten	5. Wandlungen
	7. Einschränkungen		
extern	2. Beziehungen	4. Interaktionen	6. Prozesse

Abbildung 4.3: Spezifikationsrahmen für die objektorientierte Entwicklung

Die statische Sicht definiert den internen Aufbau der Objekte anhand ihrer Attribute (1)
und die Beziehungen (2) zwischen den Anwendungsobjekten. Die interne Funktionalität einzelner Objekte ist durch ihre Fähigkeiten oder Methoden (3) bestimmt. Die
objektübergreifende Funktionalität ergibt sich aus den Objektinteraktionen (4) mittels
Nachrichtenaustausch. Die möglichen Wandlungen (5), d.h. die Zustände und
Zustandsübergänge einzelner Objekte und daraus resultierende Abläufe oder Prozesse
(6), also die interne und die externe Kontrolllogik, werden in der dynamischen Sicht festgelegt. Vervollständigt wird das Schema durch die Angabe von Einschränkungen als
Invarianten oder Integritätsbedingungen (7). Einschränkungen sind aspektübergreifend
festgelegt, sie können Aussagen zu beliebigen Aspekten enthalten und verknüpfen.

Anforderungen an eine Bibliotheksverwaltung gemäß dieser Differenzierung sind
etwa:

Attribute: *Eine Publikation hat einen Titel.*

Beziehungen: *Ein Einzelwerk ist eine Publikation.*

Wandlungen: *Gesperrte Benutzer sind erst nach der Rückgabe aller Ausleihexemplare
                    wieder leihberechtigt.*

Reihenfolgen: *Nach der Beschaffung werden Exemplare erst inventarisiert und katalogi-*
                     siert und danach als Neuanschaffung ausgelegt.

Fähigkeiten: *Ein Benutzer kann ausleihbare Exemplare vormerken.*

Interaktionen: *Nach der Rückgabe eines vorgemerkten Exemplars wird der erste Vormer-*
                     ker automatisch über die Bereitstellung per E-Mail benachrichtigt.

Zwei Beispiele für Einschränkungen zu Ausleihexemplaren sind etwa:

Freie Exemplare können nicht vorgemerkt werden.

Ein ausgelegtes Exemplar muss zuerst freigegeben oder bereitgestellt werden, bevor es aus-
geliehen werden kann.

Diese Sichten lassen sich natürlich auch mit der UML modellieren, um Zusammenhänge
besser zu verdeutlichen. Attribute und Beziehungen werden durch Klassendiagramme
beschrieben. Zustands- und Aktivitätsdiagramme beschreiben die Wandlungen bzw.
den Lebenszyklus von Objekten und die Reihenfolge von Aktivitäten. Zur Spezifikation
von Fähigkeiten und Interaktionen stehen Klassen- und Sequenzdiagramme zur Verfügung. Einschränkungen werden mit der *object constraint language (OCL)* definiert.

Abbildung 4.4 zeigt den Lebenszyklus von Objekten der Klasse *Ausleihexemplar* einer
Bibliotheksanwendung als geschachteltes Zustandsdiagramm. Der Zustandsübergang
vormerken() rechts stellt beispielsweise die Anforderung dar, dass Vormerkungen nur
für zur Ansicht ausgelegte, ausgeliehene oder bereitgestellte Exemplare möglich sind,
freie Exemplare aber nicht vorgemerkt werden können.

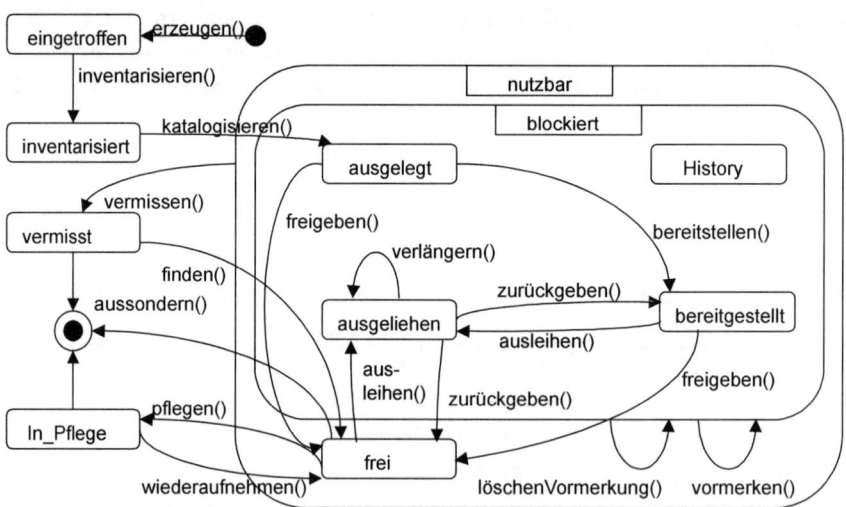

Abbildung 4.4: Lebenszyklus von Ausleihexemplaren

Ergänzend zur dieser dynamischen Sicht stellt Abbildung 4.5 eine statische Sicht auf die Geschäftsobjekte einer Bibliothek aus den Bereichen *Publikationsverwaltung* (oberer Bereich), *Ausleihverwaltung* (mittlerer Bereich) und *Benutzerverwaltung* (unterer Bereich) dar. Die in Abbildung 4.4 spezifizierte Klasse *Ausleihexemplar* ist im Modell eine Unterklasse von *Exemplar*.

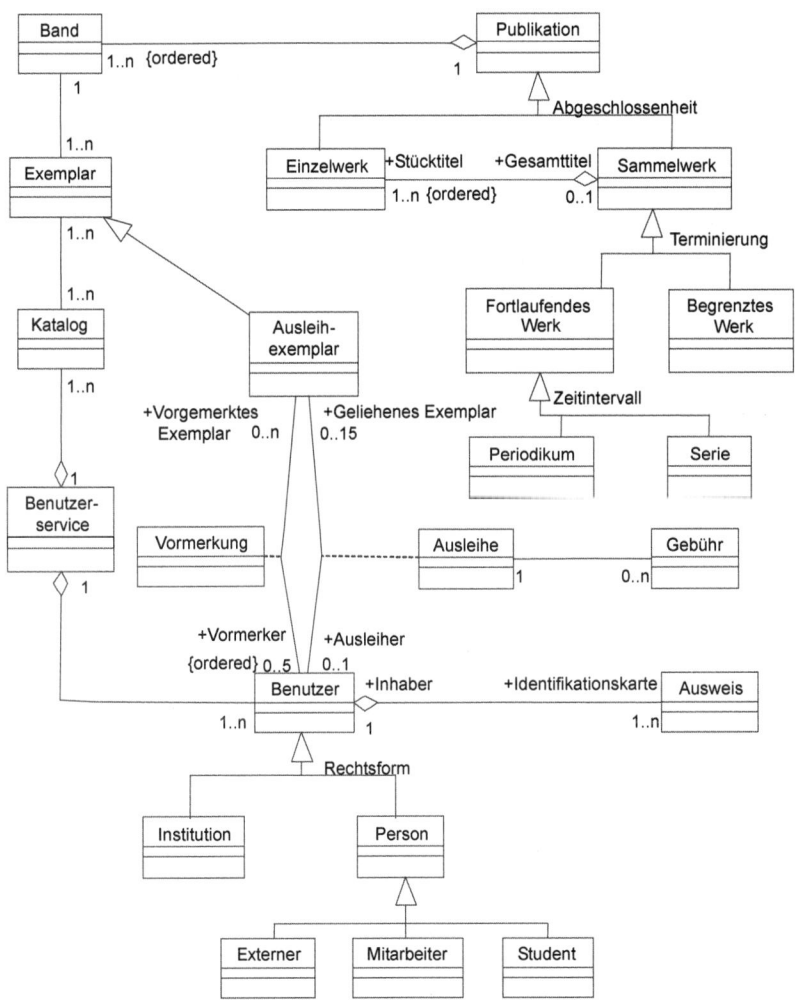

Abbildung 4.5: Ausschnitt eines UML-Klassendiagramms für eine Bibliotheksanwendung

Eine Anforderungsdefinition entsteht in einem solchen sichtenorientierten Ansatz aus der Zusammenführung aller Teilsichten. Dabei werden natürlich häufig Lücken, Überschneidungen oder Inkonsistenzen zwischen den Sichten auffallen. Diese müssen bereinigt und zu einem konsolidierten Gesamtschema integriert werden (sog. *Schema-Merging*, vgl. Abschnitt 4.4.3).

Nichtfunktionale Anforderungen

Nichtfunktionale Produktanforderungen beschreiben die Qualität, in welcher die soeben definierten funktionalen Leistungen erbracht werden müssen. Nichtfunktionale Anforderungen können oft funktionalen Anforderungen direkt zugeordnet werden, etwa als Antwortzeitlimit bei einer bestimmten Datenbankabfrage oder als Anspruch an die Datenqualität einer externen Quelle. Häufig beziehen sie sich aber auch auf die ganze Anwendung, etwa wenn Anforderungen an die Verfügbarkeit oder die Zuverlässigkeit gestellt werden.

Die folgende Beschreibung verschiedener Arten nichtfunktionaler Anforderungen soll als eine Art Checkliste deren Identifikation und Definition unterstützen.

Sicherheit

Anforderungen an die Sicherheit umfassen die Gewährleistung der *Vertraulichkeit, Integrität* und *Verbindlichkeit*. Häufig werden auch die Aspekte *Verfügbarkeit* und *Vertrauenswürdigkeit* (Sicherheitsanforderungen an die Herstellung und den Betrieb) hier eingeordnet.

Zu den Sicherheitsanforderungen zählen beispielsweise Forderungen zur Sitzungsverwaltung oder zur Identifikation und Authentifizierung von Benutzern. Eine wichtige Vorbedingung für die Formulierung von Sicherheitsanforderungen ist deshalb immer die Dokumentation der Benutzerklassen mit den zugehörigen Berechtigungen. Weitere Sicherheitsanforderungen betreffen etwa die Kommunikationssicherheit oder die Daten- und Funktionssicherheit.

Eine typische Sicherheitsanforderung zur Authentifizierung im Bibliothekssystem wäre etwa:

> *Eine Benutzerkennung soll nach drei hintereinander fehlgeschlagenen Zugangsversuchen gesperrt werden.*

Zuverlässigkeit

Die Zuverlässigkeit umfasst Anforderungen an die *Robustheit* und die *Dauerhaftigkeit* einer Anwendung. Die Dauerhaftigkeit wird zumeist als erwartete Wahrscheinlichkeit des fehlerfreien Betriebs angegeben. Kenngrößen wie maximale Versagensdauer pro Jahr oder Fehlerdichte pro Zeiteinheit können ergänzt werden. Ferner ist in diesem Zusammenhang oft die Schwere des Fehlers entscheidend. Hierzu muss eine Fehlerklassifizierung vorliegen.

Die Robustheit gibt an, bis zu welchem Grad ein System korrekt weiterarbeitet, wenn es mit ungültigen Daten oder Aufrufen konfrontiert wird oder Fehler in verbundener Hard- oder Software auftreten. Anforderungen zur Robustheit definieren das Verhalten in möglichen Fehlersituationen. Eine Anforderung zur Robustheit wäre etwa:

Nach dem Auftreten eines Fehlers der Kategorie 2 muss die volle Leistungsfähigkeit des Systems innerhalb von 2 Stunden wiederhergestellt werden.

Verfügbarkeit

Anforderungen an die Verfügbarkeit quantifizieren, wie lange ein System operational benutzbar sein soll. Die Angabe erfolgt etwa in Form von Prozentzahlen oder Stunden pro Tag. Eine Verfügbarkeitsanforderung ist etwa:

Das System soll mit Ausnahme von Sonntag täglich von 6 Uhr bis 22 Uhr zu mindestens 99 % verfügbar sein.

Verfügbarkeitszeiten stellen Nettozeiten dar. Da Recovery- und Restart-Zeiten die Verfügbarkeit drastisch reduzieren können, müssen sie unbedingt berücksichtigt werden.

Zeitverhalten (Performanz)

Anforderungen an das Zeitverhalten ordnen abgrenzbaren Funktionalitäten, wie etwa Transaktionen oder Anwendungsfällen, zeitliche Restriktionen zu. Dies geschieht durch Vorgabe von Antwortzeiten unter definierten Randbedingungen. Beispiel:

97 % der Transaktionen sollen 6 Wochen nach Einführung des Systems in weniger als 2 Sekunden beendet sein. Die maximale Antwortzeit darf 4 Sekunden nicht überschreiten.

Verbrauchsverhalten (Ressourcenbelegung)

Anforderungen an das Verbrauchsverhalten quantifizieren den Verbrauch von Betriebsmitteln wie Prozessorkapazität, Plattenplatz, Arbeitsspeicher oder Bandbreite. Bei der Definition von Anforderungen an den Ressourcenverbrauch sollte stets die zugrunde liegende Hardware-Konfiguration angegeben werden (vgl. dazu auch die IT-technischen Rahmenbedingungen).

Portabilität

Anforderungen an die Portabilität formulieren, welche Komponenten an welche Zielumgebungen angepasst werden sollen. Die DV-technischen Zielumgebungen sind ausreichend zu charakterisieren. Beispiel:

Die Anwendung soll unter Windows 98 und Windows NT 4.0 lauffähig sein.

Benutzbarkeit und Ergonomie

Anforderungen an die Benutzbarkeit formulieren Vorgaben für die Systemverständlichkeit, Erlernbarkeit und Bedienbarkeit. Sie betreffen insbesondere die verbundenen Schnittstellen (Bildschirmlayout- und Auflösung, Tastatur etc.), Benutzermodi und die Benutzerführung.

Vorraussetzung für die Formulierung von Benutzbarkeitsanforderungen ist eine vollständige Beschreibung der Benutzerklassen mit vorausgesetzten Fähigkeiten und Berechtigungen. Ähnlich wie bei Sicherheitsanforderungen können Benutzbarkeitsanforderungen sinnvoll nur für bereits definierte Benutzerklassen definiert werden. Ergonomische Anforderungen definieren die Anzahl von Faktoren, welche zur Benutzerfreundlichkeit beitragen, z.B. Anforderungen an das Fensterlayout oder ergonomische Bedienabläufe. Ebenfalls zu den ergonomischen Anforderungen gehören Anforderungen an die leichte Erlernbarkeit. Beispiel:

> *Bibliothekare sollen nach 30 Minuten Einarbeitungszeit alle Funktionen zur Ausleihverwaltung bedienen können.*

Rahmenbedingungen

Rahmenbedingungen schränken die Realisierungsmöglichkeiten eines Produktes ein (vgl. [Leffingwell99, S. 242 ff]). Sie stellen Restriktionen dar, die durch das zukünftige Produktumfeld vorgegeben werden und denen das Produkt genügen muss. Rahmenbedingungen werden nicht immer vom Kunden direkt ausgesprochen, sondern basieren häufig auf Organisationsstandards.

Rechtliche Rahmenbedingungen

Rechtliche Rahmenbedingungen umfassen zu berücksichtigende Normen, gesetzliche Vorschriften und Revisionsvorschriften. Ein typisches Beispiel für eine solche rechtliche Rahmenbedingung, die immer beachtet werden muss, sind etwa Aufbewahrungsvorschriften für Dokumente. Eine spezifische Anforderung im Bibliotheksumfeld wäre etwa ein Zugriffsschutz für Minderjährige auf jugendgefährdende oder zensierte Leihobjekte.

> *Das System soll die Ausleihe von jugendgefährdenden Publikationen an Minderjährige verweigern.*

Kulturelle Rahmenbedingungen

Kulturelle Rahmenbedingungen umfassen Einschränkungen und Bedingungen, welche sich aus dem Kulturkreis ergeben, in dem die Anwendung eingesetzt werden soll. In einem Bibliothekssystem für eine Universität werden sich beispielsweise sicherlich andere Anforderungen zur Multilingualität stellen als für eine Stadtbibliothek. Unter kulturelle Rahmenbedingungen fallen auch Aspekte wie die in den Texten verwendeten Anreden und Höflichkeitsformen.

Organisatorische Rahmenbedingungen

Hierzu gehören alle ablauf- und aufbauorganisatorischen Restriktionen des Anwendungsbereichs. Aus organisatorischen Rahmenbedingungen leiten sich Benutzerprofile und Anforderungen an die Protokollierung des Systemzugangs (Datenschutz) ab.

Physikalische Rahmenbedingungen

Zum physikalischen Umfeld zählen Anforderungen, soweit sie aus den physikalischen Umgebungsbedingungen resultieren, etwa hinsichtlich mechanischer Schockeinwirkung, Stromausfall oder zulässigen Temperaturbereichen. Im Software-Bereich sind diese Anforderungen, welche durch das physikalische Umfeld impliziert sind, oft nur schwach ausgeprägt. Ein Beispiel für eine solche Anforderung wäre etwa:

> *Das System soll bei Temperaturen von –10 bis +50 Grad Celsius funktionieren (etwa ein Geldausgabeautomat).*

IT-technische Rahmenbedingungen

Systeme existieren nicht isoliert, sondern sind in ein Umfeld hardware- und softwaretechnisch integriert. Die Eigenschaften des späteren Systemumfelds stellen oft massive Anforderungen dar, da das System auf diesen Systemkomponenten (z.B. Betriebssystemen) basiert und mit diesen kooperieren muss. Die Beschreibung IT-technischer Rahmenbedingungen kann beinhalten:

▶ Hardware-Profile (z.B. Servertyp und Hardware-Konfiguration)

▶ Netztechnik (z.B. Netzwerkkarten und Treiber-Software)

▶ Betriebssystem (z.B. Windows NT 4.0 mit Servicepack 4)

▶ Kommunikations-Software (z.B. LAN-Requester)

▶ Datenbanksysteme (z.B. Oracle 7.0)

▶ Sonstige Programme (z.B. Infrastrukturprogramme)

▶ Schnittstellen zu externen technischen Systemen

Typische Rahmenbedingungen für eine geplante Browser-Anwendung zur Katalogisierung von Publikationen für Bibliothekare wären etwa:

> *Die Systemvoraussetzungen für die Anwendung sollen sein:*
>
> *Prozessor: Pentium und höher, Hauptspeicher: mindestens 64 MB, Laufwerk: CD-ROM, Browser: Netscape Navigator 4.6 oder Internet Explorer 5.0, Betriebssystem: Windows 9x oder NT 4.0*

Entwicklungs- und Produktionsanforderungen

Entwicklungs- und Produktionsanforderungen fassen alle Anforderungen zusammen, die an den (Weiter-)Entwicklungsprozess und an sonstige Lieferbestandteile gestellt werden. Für den Endbenutzer des Systems spielen diese Anforderungen zumeist keine Rolle.

Grob lassen sich hier Anforderungen an die Prozesse, die resultierenden Ergebnisse (Artefakte), die dabei eingesetzten Werkzeuge und den gesetzten Zeit- und Kostenrahmen unterscheiden.

Prozesse

Hier werden Anforderungen an die Qualität des Entwicklungs- und Produktionsprozesses beschrieben. Da die Prozessqualität die Produktqualität beeinflusst, schreiben Auftraggeber teilweise ein bestimmtes Vorgehensmodell fest und geben vor, in welchen Schritten mit welchen Querschnittsprozessen (Qualitätsmanagement, Konfigurationsmanagement, ...) Ergebnisse zu erarbeiten sind.

Ergebnisse (Artefakte)

Hierunter fallen alle Anforderungen an die Ergebnisse der einzelnen Entwicklungsphasen und die sonstigen Lieferbestandteile, wie etwa Handbücher oder erforderliche Marketing- und Schulungsmaßnahmen.

Unter diesen Punkt fallen weiterhin Anforderungen, welchen die zu erstellenden Artefakte der einzelnen Entwicklungsphasen genügen müssen, die aber nicht die eigentliche Leistungsfähigkeit der Anwendung gegenüber dem Benutzer betreffen. Dies sind etwa:

▷ Entwurfsanforderungen formulieren Anforderungen an die zukünftige Architektur des Produkts. Hierzu gehören etwa Anforderungen an die Erweiterbarkeit, Wiederverwendbarkeit und Wartbarkeit.

▷ Anforderungen an die Implementierung fordern die Verwendung bestimmter Programmiersprachen oder Bibliotheken. Ferner zählen hierzu Richtlinien und Styleguides (etwa Namenskonventionen), sofern sie die Programmierung betreffen.

▷ Testrestriktionen formulieren *zusätzliche* Anforderungen an die Testbarkeit des Produkts. (*Jede* Produktanforderung muss ohnehin testbar sein.) Anforderungen an die Testbarkeit können die Einsetzbarkeit spezieller Testwerkzeuge formulieren oder festlegen, wie leicht ein Produkt getestet werden kann, um Fehler zu finden.

▷ Anforderungen an die Einführung und den Betrieb formulieren Produktionsanforderungen. Hierzu gehören Anforderungen an Installation, Migration, Betreuung, Schulung und Dokumentation.

Werkzeuge

Um die Integration von Ergebnissen in andere Entwicklungsumgebungen sicherzustellen, werden oft auch die zu verwendenden Werkzeuge in den einzelnen Entwicklungsphasen bestimmt. Dies betrifft sowohl horizontale Entwicklungswerkzeuge, wie etwa Programmierwerkzeuge, als auch vertikale Werkzeuge, wie etwa Werkzeuge für das Konfigurationsmanagement oder das Qualitätsmanagement.

Zeit- und Kostenrahmen (Ressourcen)

Der Zeitrahmen nennt zeitliche Eckdaten wie Realisierungstermine oder den Zeitpunkt der flächendeckenden Einführung des Produkts. Der Kostenrahmen benennt Kosten für die Produktentwicklung oder weitere auflaufende Kosten wie Distributions- oder Wartungskosten.

Bei Anforderungen an den Zeit- und Kostenrahmen handelt es sich um Meta-Anforderungen in dem Sinne, dass sie Anforderungen an die Realisierung von Anforderungen formulieren.

Die Realisierung des Lastenhefts soll bis zum 30. September 2001 abgeschlossen sein und darf maximal 133.500.- DM zuzüglich Mehrwertsteuer kosten.

Inwieweit Zeit- und Kostenrahmen Anforderungen darstellen, wird oft kontrovers diskutiert. [Leffingwell99, S. 232] meint beispielsweise, dass diese nicht in ein Anforderungsdokument gehören, [Rupp01, S. 30] empfiehlt ausdrücklich, diese aufzunehmen.

In der Praxis scheint die Antwort dazu bereits gefunden zu sein. Untersucht man Standards für Anforderungsdokumente in Unternehmen, so finden sich in praktisch allen Dokumentenmustern entsprechende Empfehlungen für die Formulierung des Zeit- und Kostenrahmens.

4.1.3 Projektanforderungen

Projektanforderungen sind derjenige Teil der Produktanforderungen, welcher in einem Entwicklungsprojekt für ein bestimmtes Produktrelease realisiert werden soll. Die Gliederung der Produktanforderungen gilt deshalb identisch auch für Projektanforderungen. Im Rahmen der Produktentwicklung müssen diese Produktanforderungen natürlich häufig noch detailliert und präzisiert werden, ihre grundsätzliche Einteilung beeinflusst dies jedoch nicht.

Die Detaillierung von Produktanforderungen im Rahmen eines Entwicklungsprojektes sollte nachvollziehbar sein. Sie erfolgt deshalb vorzugsweise als schrittweise Verfeinerung, wobei die verfeinerten Projektanforderungen auf die ursprüngliche Produktanforderung aus dem Lastenheft verweisen.

Die folgende Abbildung 4.6 macht diese Verfeinerung deutlich. Eine Produktanforderung 1 wird in drei Projektanforderungen verfeinert, die Projektanforderung 1.2 wird weiter in zwei Anforderungen 1.2.1 und 1.2.2 unterteilt. Das zweite Beispiel zeigt, dass einige Produktanforderungen möglicherweise nicht weiter verfeinert werden müssen und direkt Projektanforderungen entsprechen.

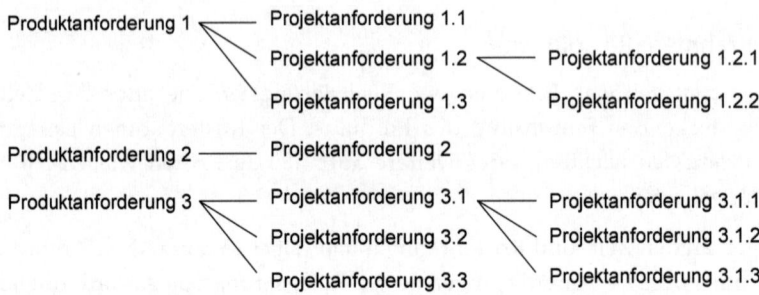

Abbildung 4.6: *Verfeinerung von Produktanforderungen in Projektanforderungen*

Diese schrittweise Verfeinerung von Anforderungen nach dem *Parent-/Child*-Prinzip ist natürlich grundsätzlich ein gutes Mittel zur Strukturierung von Anforderungen in allen Prozessbereichen des Anforderungsmanagements (vgl. [Leffingwell99, S. 246]).

Im Allgemeinen werden Projektanforderungen auch präziser beschrieben als Produktanforderungen. Sie werden deshalb oft semiformal oder formal spezifiziert. Die Anwendung formalerer Spezifikationstechniken ist allerdings abhängig von verschiedenen Parametern. So wird etwa bei sicherheitskritischen Anwendungen in Kernkraftwerken ein sehr viel stärkerer Formalisierungsgrad angestrebt werden müssen als etwa bei einer internen Anwendung zur Arbeitszeiterfassung.

Zumeist gilt jedoch die Faustregel, dass Anforderungsspezifikationen (Lastenheft, Pflichtenheft) nicht zu stark mit formalen Methoden überfrachtet sein sollten. Leffingwell empfiehlt beispielsweise, dass der Anteil formal spezifizierter funktionaler Anforderungen im Allgemeinen unter 10 % liegen sollte [Leffingwell99].

Ein wesentlicher qualitativer Unterschied zwischen Produktanforderungen und Projektanforderungen besteht in der Zuordnung von Abnahmekriterien. Im Produkt-AM werden Produktanforderungen in vielen Fällen noch nicht mit Abnahmekriterien hinterlegt. Spätestens im Projekt-AM sollten diese Abnahmekriterien aber definiert werden, da sie die Präzisierung von Anforderungen unterstützen und divergierende Interpretationen beim Auftraggeber und Auftragnehmer minimieren helfen.

Verschiedene Richtlinien und Empfehlungen zur Definition von Abnahmekriterien gibt [Rupp01, S. 311]. Die wichtigsten Punkte sind:

▶ Abnahmekriterien sollten während der Anforderungsdefinition festgelegt werden, um Anforderungen und Abnahmekriterien effizient aufeinander abstimmen zu können.

▶ Abnahmekriterien sollten für stabile, fachlich zusammenhänge Anforderungsbündel wie etwa Anwendungsfälle formuliert werden, um den Anforderungskontext aus Sicht der Anwender gut abgrenzbar zu machen.

▶ Je kritischer eine Anforderung ist, desto wichtiger sind präzise und ausreichende Abnahmekriterien. Durch Abnahmekriterien kann das Verständnis der Anforderungen sowohl beim Auftragnehmer als auch beim Auftraggeber abgestimmt werden.

▶ Abnahmekriterien sollten nicht von den Anforderungsschreibern formuliert werden, um eine zu starke Lösungsorientierung zu vermeiden und die Ergebnisse gegenseitig zu verifizieren und zu validieren.

▶ Formulieren Sie für Anforderungen zunächst die Abnahmeart und (abstrakte) Abnahmekriterien. Danach können diese Abnahmekriterien schrittweise bis hin zu Testfällen konkretisiert werden.

▶ Die Spezifikation von Abnahmekriterien sollte sich nach der verfolgten Zielsetzung und der Art der Anforderungen richten.

Der letzte Punkt bestimmt die effiziente Nutzung des Instruments Abnahmekriterium. Werden etwa Anwendungen für interne Kunden entwickelt, sollten möglichst konkrete Abnahmekriterien bzw. Testfälle gemeinsam erstellt werden. Solche Testfälle mit konkreten Testdaten fördern die Klärung von Anforderungen auch bei weniger kundigen Nutzern und erhöhen damit den Verbindlichkeitsgrad von Vereinbarungen. Werden Standardprodukte entwickelt, reicht die Definition abstrakter Abnahmekriterien zunächst aus. Konkrete Testfälle und Testszenarien werden erst später mit ausgesuchten Kunden entwickelt.

Für Anwendungen mit einfacher Funktionalität oder einfachen Datenstrukturen genügt die Definition der Abnahmeart und des Abnahmekriteriums. Testfälle brauchen hier erst später entwickelt zu werden. Für sicherheitskritische Systeme mit häufig komplexen Eingangs- und Ausgangsbedingungen sollten frühzeitig formalisierte Abnahmekriterien für eine automatisierte Testfallgenerierung und -prüfung erstellt werden.

4.2 Dokumente im Anforderungsmanagement

Anforderungsmanagement ist eine informationsintensive Aufgabe. Viele Anforderungen und verbundene Kontextinformationen mit komplexen Informationsstrukturen müssen erhoben, dokumentiert und für unterschiedliche Zielgruppen strukturiert aufbereitet zur Verfügung gestellt werden.

Nachfolgend werden mit der *Kundenanforderung,* dem *Lastenheft* und dem *Pflichtenheft* die drei zentralen Dokumente des Anforderungsmanagements vorgestellt.

4.2.1 Kundenanforderung

Zur Erfassung von Kundenanforderungen hat sich die in Tabelle 4.1 dargestellte Gliederung bewährt. Oft sind Formulare zur Erfassung von Kundenanforderungen überfrachtet. Grundsätzlich sollten nur die wirklich notwendigen Felder aufgeführt werden. Der Nutzen jedes Feldes muss für den Kunden transparent sein.

Kundenanforderung

---

1 Quelle der Anforderung

2 Klassifizierung

    2.1 Produktverweis (falls vorhanden)

    2.2 Anforderungsart (falls bekannt)

3 Motivation

    3.1 Problembeschreibung

    3.2 Zielsetzung

4 Beschreibung der Kundenanforderung

5 Bekannte Rahmenbedingungen

6 Einschätzung

    6.1 Nutzen (qualitativ/quantitativ)

    6.2 Wichtigkeit

    6.3 Dringlichkeit

7 Kostenrahmen

8 Weitere Anmerkungen (Abnahmekriterium, Stabilität, Risiko)

Tabelle 4.1: Gliederung einer Kundenanforderung

Die einzelnen Punkte haben folgende Bedeutung:

1. Die *Quelle der Anforderung* identifiziert den Anforderungssteller. Neben Name, Position und Adresse sollte eine E-Mail-Adresse und/oder eine Telefonnummer für schnelle Rückfragen oder Klärungsbedarf abgefragt werden.

2. Die *Klassifizierung* gibt dem Kunden die Möglichkeit, genauer zu spezifizieren, welches Produkt seine Anforderung betrifft und welcher Art seine Anforderung ist. Der Produktverweis kann beispielsweise eine eindeutige Maskennummer sein, falls die Anforderung die Änderung eines Feldnamens in einer Maske betrifft. Die Anforderungsart wird abhängig von der Klassifizierung der Kundenanforderungen bestimmt. Hier kann der Kunde beispielsweise auch den Verpflichtungsgrad festhalten. Produktverweis und Anforderungsart sind optionale Felder, sie müssen nicht ausgefüllt werden.

3. Die *Motivation* umfasst die Problembeschreibung und die mit der Anforderung verbundene Zielsetzung. Hier werden die Defizite der gegenwärtigen Situation und der Auslöser für die Anforderung festgehalten. Die Zielsetzung gibt den gewünschten Zustand nach der Lösung des Problems an. Mit der Anforderung können geschäftspolitische, organisatorische und anwendungstechnische Ziele verfolgt werden.

4. Die *Beschreibung der Kundenanforderung* formuliert die eigentliche Anforderung aus der fachlichen Sicht des Kunden in einfachen, präzisen Sätzen. Diese mündet zu einem späteren Zeitpunkt in abgeleitete Produktanforderungen.

5. Oft ist der Nutzen einer Kundenanforderung von *bekannten Rahmenbedingungen* abhängig. Dieses Feld erlaubt die Beschreibung dieser fachlichen und (seltener) technischen Randbedingungen aus Kundensicht.

6. Diese Felder beinhalten qualitative und quantitative *Einschätzungen* des Nutzens sowie eine Bewertung der Wichtigkeit und Dringlichkeit der Anforderungen aus Kundensicht. Die qualitative Nutzenbewertung umfasst Kriterien wie erhöhte Kundenzufriedenheit, verbesserte innerbetriebliche Organisation, erhöhten Datenschutz etc. Die quantitative Nutzenbewertung beziffert den geschätzten wirtschaftlichen Nutzen durch Einsparung von Personal- und Sachkosten und sonstige Ertragssteigerungen. Um vergleichbare, standardisierte Werte für quantitative Einschätzungen zu erhalten, sollten für diese Felder Skalen mit festen Werten oder Wertebereichen vorgegeben werden.

7. Der *Kostenrahmen* gibt den Betrag an, welchen der Einreicher der Anforderung bereit ist, für deren Realisierung auszugeben. Dies entspricht rechtlich einer Anfrage.

8. Abschließend sollte dem Kunden Gelegenheit gegeben werden, *weitere Anmerkungen* oder offene Punkte aufzuführen. Beispiele sind etwa Abnahmekriterien oder Risiko- und Stabilitätseinschätzungen für Anforderungen.

Das Festhalten von Abnahmekriterien ist deshalb interessant, weil Kunden ihre Anforderung zunächst oft als Abnahmekriterium formulieren.

4.2.2 Lastenheft

Das Lastenheft ist das Hauptergebnis der Aktivitäten im Produkt-AM. Es spezifiziert das Produktrelease, welches die ermittelten Kundenanforderungen oder Produktideen erfüllt.

Tabelle 4.2 gibt die Hauptgliederungspunkte eines Lastenhefts an.

Lastenheft
1   Einleitung
1.1 Produktüberblick
1.2 Problembeschreibung
1.3 Produktziele
1.4 Referenzdokumente
2   Anwendungsbereich
2.1 Geschäftsprozesse und -vorfälle
2.2 Geschäftsobjekte
2.3 Weitere fachliche Rahmenbedingungen
3   Technisches Umfeld
3.1 Hardware- und Software-Konfiguration
3.2 Schnittstellen zu anderen Systemen
3.3 Weitere technische Rahmenbedingungen
4   Entwicklungs- und Produktionsrahmenbedingungen
4.1 Entwicklungsschritte
4.2 Entwicklungsergebnisse
4.3 Werkzeuge
5   Produktanforderungen
5.1 Gruppe von Produktanforderungen
5.2 Einzelne Produktanforderung
5.3 Anwendungsfallmodell (Grobmodell)
6   Zeit- und Kostenrahmen
7   Verzeichnisse

Tabelle 4.2: Gliederung eines Lastenhefts

Ein gutes Lastenheft muss durch Klarheit beeindrucken. Es überzeugt nicht durch die Fülle der Informationen, sondern durch die Priorisierung der einzelnen Aussagen und die Konzentration auf das Wesentliche. Der Ton sollte sachlich sein und auch für technische Laien in allen wichtigen Punkten verständlich bleiben.

Das Lastenheft basiert auf dem Geschäftsplan oder Visionsdokument für ein Produkt. Der Geschäftsplan beschreibt das wirtschaftliche Umfeld, die anvisierten Ziele und die aufzuwendenden Ressourcen für eine Geschäftsidee. Er stellt das unternehmerische Gesamtkonzept eines Produktes für eine Investitionsentscheidung dar. Das Lastenheft konkretisiert diese Inhalte des Geschäftsplans für die Entwicklung eines Produktes in einem Projekt.

Bei der Erstellung des Lastenheftes sollte insbesondere auf die präzise Formulierung des (zukünftigen) Produktumfeldes und der notwendigen Produkteigenschaften in diesem Umfeld geachtet werden. Es werden nur die Hauptanforderungen an das Produkt beschrieben. Eine detaillierte Liste aller Anforderungen mit Varianten und Ausnahmen ist fehl am Platze. Dies ist erst Gegenstand des Pflichtenhefts.

Im Einzelnen sollten folgende Punkte im Lastenheft beschrieben werden:

1. Die *Einleitung* gibt einen Überblick über das gesamte Dokument. Sie dient als Zusammenfassung für das Management und umfasst folgende Teile:

   - Der Produktüberblick gibt knapp den aktuellen Geschäftsplan des Produktes wieder. Beschrieben werden die Geschäftsidee, Zielkunden, Nutzen, Wettbewerbsposition und erforderliche Entwicklungsschritte.

   - Die Problembeschreibung stellt die gegenwärtigen Schwachstellen des Ist-Zustandes dar und zeigt auf, wie diese durch die Produktentwicklung behoben werden sollen.

   - Anschließend wird die verfolgte Zielsetzung skizziert. Dies erfolgt mit Bezug auf die geplanten Produkteigenschaften, welche im Release geändert, erweitert oder neu realisiert werden sollen.

   - Zuletzt werden Referenzdokumente genannt, die im Zusammenhang mit dem Lastenheft von Bedeutung sind (Geschäftsplan etc.).

2. Der nächste Abschnitt charakterisiert den *Anwendungsbereich* des Produktes. Es werden alle Faktoren beschrieben, die sich als fachliche Rahmenbedingungen auf die Gestaltung des Produktes auswirken oder die im Produkt berücksichtigt werden müssen, damit dieses erfolgreich eingesetzt werden kann. Die beiden zentralen Elemente zur Beschreibung des Anwendungsbereichs sind die Geschäftsprozesse und die Geschäftsobjekte (vgl. zur Beschreibung Kapitel 7).

   - Mit den Geschäftsprozessen werden die fachlichen Aufgaben und die resultierende Ablauforganisation inklusive der beteiligten Rollen im Anwendungsbereich beschrieben.

   - Die Geschäftsobjekte spezifizieren die Aufgabenträger und Verrichtungsobjekte, d.h. die zentralen Entitäten des Anwendungsbereichs und ihre Beziehungen untereinander.

   - Unter die weiteren fachlichen Rahmenbedingungen fallen alle rechtlichen und kulturellen Einschränkungen, welche bei der Produktentwicklung zu berücksichtigen sind.

3. Als Nächstes wird das *Technische Umfeld* der Anwendung einschließlich der Systemschnittstellen definiert. Die derzeitige technische Umgebung ist nur dann als Rahmenbedingung zu beschreiben, wenn sie für das zukünftige Produkt gültig ist oder Migrations- und Umstellungsmaßnahmen wesentlicher Bestandteil der Produktentwicklung sind.

   – Zunächst wird die Hardware- und Software-Konfiguration, auf der das zu entwickelnde Anwendungssystem basiert, genau analysiert und beschrieben.

   – Anschließend werden alle Schnittstellen, die das System im Zusammenspiel mit anderen technische Systemen bedienen muss, identifiziert und kurz dargestellt.

   – Zuletzt werden technische oder physikalische Rahmenbedingungen festgehalten.

4. *Entwicklungs- und Produktionsrahmenbedingungen* sind oft in eigenen Dokumenten als Organisationsstandards festgelegt. In diesem Fall genügt im Lastenheft ein Verweis auf diese Dokumente. Ansonsten werden hier das erwartete Vorgehen, die Ergebnisse dieses Vorgehens und die eingesetzten Werkzeuge bestimmt. Entwicklungs- und Designanforderungen sollten im Lastenheft jedoch nur wenig Raum einnehmen, sie werden im Pflichtenheft zusammen mit dem Auftragnehmer genauer beschrieben.

5. Es folgt eine strukturierte Auflistung aller wesentlichen *Produktanforderungen*.

   – Alle Anforderungen werden zunächst in Übersichtstabellen strukturiert und gruppiert dargestellt. Die Übersichtstabellen zeigen auf einen Blick Priorisierungen und zugrunde liegende Kundenanforderungen. Falls vorhanden, sollte auch auf bestehende Anwendungsfälle verwiesen werden. Die Strukturierung erfolgt inhaltlich nach produktspezifischen Gesichtspunkten, wie etwa nach bereits identifizierten Bausteinen oder Marktprodukten.

   – Im Anschluss an die tabellarische Übersicht werden an dieser Stelle die einzelnen Anforderungen beschrieben. Existiert ein Anwendungsfallmodell, genügt hier auch ein Verweis.

   – Das Anwendungsfallmodell bietet eine Übersicht aller primären Anwendungsfälle mit den entsprechenden Kommunikationsbeziehungen zu den modellierten Akteuren des Systems (vgl. dazu Kapitel 5).

6. Als Rahmenbedingung für die Entwicklung sollte das Lastenheft natürlich auch Angaben zum *Zeit- und Kostenrahmen* enthalten.

7. Die Lesbarkeit des Lastenhefts und die Suche nach Inhalten wird durch abschließende *Verzeichnisse* (Literatur, Index, Glossar) erhöht.

4.2.3 Pflichtenheft (Grobkonzept)

Das Pflichtenheft ist das Ergebnis der (Phase) Anforderungsdefinition in einem Entwicklungsprojekt. Die Hauptgliederungspunkte des Pflichtenhefts gibt Tabelle 4.3 wieder.

Pflichtenheft

1   Einleitung

    1.1 Zweck des Pflichtenhefts

    1.2 Struktur des Pflichtenhefts

    1.3 Produktübersicht

    1.4 Referenzdokumente

2   Anwendungsfälle

    2.1 Anwendungsfallmodell

    2.2 Akteure

    2.3 Anwendungsfälle

3   Informationsobjekte

    3.1 Informationsobjektmodell

    3.2 Definition der Informationsobjekte

4   Produktanforderungen

    4.1 Gruppe von Produktanforderungen

    4.2 Einzelne Produktanforderung

5   Entwicklungs- und Produktionsrahmenbedingungen

    5.1 Entwicklungsschritte

    5.2 Entwicklungsergebnisse

    5.3 Werkzeuge

6   Systemschnittstellen

    6.1 HW/SW-Konfiguration

    6.2 Schnittstellen zu externen Systemen

    6.3 Benutzungsschnittstelle

7   Verzeichnisse

Tabelle 4.3: Gliederung eines Pflichtenhefts

Der Fokus liegt im Pflichtenheft – anders als im Lastenheft – nicht mehr auf dem Umfeld, den Kundenbedürfnissen und den Rahmenbedingungen, sondern auf der präzisen Darstellung der Systemeigenschaften, die im Projekt zu implementieren sind.

Die Produktanforderungen des Lastenhefts werden im Pflichtenheft unter dem Gesichtspunkt der Detaillierung und Umsetzung wieder aufgegriffen. Die im Lastenheft beschriebenen Anforderungen werden referenziert und detailliert spezifiziert. Dies geschieht sowohl in natürlichsprachlicher Form als auch durch die verfeinerte Modellierung der Anwendungsfälle und der Informationsobjekte.

Nutzenaspekte eines Pflichtenhefts im Projekt sind:

▶ Es bildet die gemeinsame, abgestimmte Kommunikationsgrundlage für alle Beteiligten, also vom Projektmitarbeiter und Manager bis zum zukünftigen Anwender.

▶ Es ist eine verbindliche Grundlage für eine Make or Buy-Entscheidung und damit für die Entwicklung und spätere Produktabnahme.

▶ Das Pflichtenheft kann als Referenz für die Projektfortschrittsverfolgung durch das Management genutzt werden.

▶ Das Pflichtenheft ist die Basis für die Testfallermittlung und -durchführung und für die Qualitätssicherung.

Bei einem iterativen Vorgehen werden die Inhalte des Pflichtenhefts schrittweise erarbeitet. Eine effiziente Verwaltung und Fortschreibung des Pflichtenhefts ist in diesem Fall ohne umfassende Werkzeugunterstützung nicht denkbar (vgl. dazu Kapitel 3).

▶ Im Pflichtenheft sollten folgende Aspekte beschrieben sein:

1. Die *Einleitung* gibt einen Überblick über das gesamte Pflichtenheft. Sie dient auch als Management-Zusammenfassung.

   – Der erste Abschnitt dient der Darstellung der Ziele, die für die Projektarbeit mit diesem Pflichtenheft erreicht werden sollen. Diese Darstellung enthält auch eine Auflistung des intendierten Nutzerkreises für das Dokument.

   – Pflichtenhefte können sehr umfangreich werden. Deshalb ist es hilfreich, in der Einleitung einen Überblick über die Struktur sowie Strukturierungskriterien zu geben.

   – Anschließend wird die Einleitung des Lastenhefts wiedergegeben. Dies dient der überblicksartigen Beschreibung der neuen Produktversion.

   – Der Abschnitt Referenzdokumente dient zum Verweis auf Dokumente, die im Zusammenhang mit dem Pflichtenheft von Bedeutung sind. Dazu gehören insbesondere das Lastenheft, ggfs. der Geschäftsplan und vorhandene Produktdokumentationen aus dem Vorgängerrelease.

2. Lag der Fokus im Lastenheft auf den externen Einflussfaktoren, die auf das Produktdesign einwirken, so wird im Pflichtenheft der Fokus auf die eigentlichen Produkteigenschaften verlagert. Die durch das Produkt unterstützten Aufgaben und Abläufe werden als detaillierte *Anwendungsfälle* beschrieben.

   – Das Anwendungsfallmodell gibt einen Überblick über die gesamte Schnittstelle zwischen Anwendungsbereich und Anwendung. Es enthält alle Akteure, Anwendungsfälle und deren Beziehungen untereinander. Bei komplexen Systemen erfolgt die Repräsentation auf der bereits im Lastenheft identifizierten Subsystemebene.

- Als Nächstes werden alle zukünftigen Nutzer des Produktes beschrieben, die in Form von Akteuren im Anwendungsfallmodell erfasst sind.

- Anschließend werden die einzelnen Anwendungsfälle gemäß dem in Kapitel 5 vorgestellten Beschreibungsmuster spezifiziert. Dies umfasst jeweils ein Anwendungsfall-Diagramm, die Einordnung des Anwendungsfalls in das Gesamtsystem, die Liste der Akteure und die Anwendungsfallbeschreibung.

3. Der dritte Abschnitt dient der Beschreibung der fachlichen *Informationsobjekte* der Anwendung in Form eines Informationsobjektmodells (Datenmodell oder Objektmodell). Die Darstellung richtet sich an Beteiligte, die sich mit dem Datenhaushalt des Systems beschäftigen. Dies sind u.a. die zukünftigen Anwender, Auftraggeber, Datenmodellierer, Datenbankdesigner, Qualitätssicherer, Produktmanager und Handbuch-Autoren.

   - Zunächst wird ein Überblick über alle Informationsobjekte und ihre Beziehungen in Form eines Diagramms (z.B. als Klassenmodell) gegeben. Bei komplexen Systemen erfolgt die Darstellung wiederum auf der bereits identifizierten Subsystemebene.

   - Dieser Abschnitt dient der Spezifikation der einzelnen Informationsobjekte.

4. Unter *Produktanforderungen* werden alle Systemanforderungen strukturiert aufgelistet und beschrieben (zu Strukturierungskriterien vgl. Abschnitt 4.4).

   - Alle Anforderungen werden nun in Übersichtstabellen gruppiert. Es bietet sich für das Pflichtenheft an, zunächst der Strukturierung des Lastenheftes zu folgen und damit die Ableitung der detaillierten Systemanforderungen aus dem Lastenheft transparent zu machen. Jede Anforderung sollte eine Referenz auf die Produktanforderung im Lastenheft und auf den modellierten Anwendungsfall enthalten. Ist keine Referenz auf einen Anwendungsfall gegeben, bezieht sich die Anforderung auf die gesamte Anwendung. Dies kann beispielsweise bei nichtfunktionalen Anforderungen der Fall sein.

   - Im Anschluss an die tabellarische Übersicht findet sich eine detaillierte Beschreibung jeder einzelnen Anforderung. Ist die Anforderung bereits vollständig in einem zugehörigen Anwendungsfall beschrieben, genügt hier ein Verweis. Alternativ kann die Beschreibung des Anwendungsfalls an dieser Stelle eingefügt werden.

5. Die Beschreibung der *Entwicklungs- und Produktionsrahmenbedingungen* entspricht grundsätzlich dem vierten Punkt im Lastenheft. Diese werden allerdings wesentlich detaillierter beschrieben, der Schwerpunkt verschiebt sich insbesondere hin zur Definition von Restriktionen für den Entwurf und die Implementierung. Hierunter fallen Vorgaben zu Programmiersprachen, aus Bibliotheken einzubindende Komponenten, Programmierrichtlinien und Styleguides. Auch Anforderungen an die Erweiterbarkeit, Wartbarkeit und Testbarkeit werden genauer spezifiziert.

6. Die Beschreibung der *Systemschnittstellen* muss im Pflichtenheft so detailliert erfolgen, dass daraus technische Testfälle abgeleitet werden können.

   – Es folgt die genaue Analyse und Spezifikation der Hardware- und Software-Konfiguration, auf der das zu entwickelnde oder zu erweiternde Anwendungssystem basiert. Hierunter fallen Aussagen zu Hardware-Profilen (z.B. Servertyp, Spezifikation von Endgeräten, ...), zur Netztechnik (z.B. Leitungskapazität, ...), zum Betriebssystem (z.B. Windows NT 4.0, Fixpack 4), zur Kommunikations-Software (z.B. TCP/IP, LAN-Requester,...) und Kommunikationsschnittstellen (z.B. RPC, CICS, ...), zu eingesetzten Datenbanksystemen (z.B. Oracle 7.0) und sonstigen Programmen (z.B. Infrastrukturprogramme).

   – Der nächste Abschnitt dient der technischen Analyse und Beschreibung der Schnittstellen, die das zu entwickelnde System im Zusammenspiel mit anderen technischen Systemen bedienen muss. Hierzu gehören Aussagen zur Systembezeichnung unter Angabe der Datenstrukturen, Interaktionen und Dienste. Alle daraus resultierenden Anforderungen müssen durch Abnahmekriterien spezifiziert sein.

   – Die Analyse und Beschreibung der Benutzungsschnittstellen erfolgt im Rahmen der Anwendungsfallmodellierung. Für die Benutzungsschnittstellen sind beispielsweise folgende Informationen zu hinterlegen: Darstellung von Oberflächenelementen (ggf. als erstes Ergebnis eines Oberflächen-Prototypings), Beschreibung der Navigationsunterstützung, Ergonomie-Anforderungen, Beschreibung übermittelter Daten durch Referenz auf das Informationsobjekt-Modell.

7. Aufgrund des Umfangs sollte ein Pflichtenheft immer *Verzeichnisse* wie ein Glossar oder einen Index zur besseren Orientierung enthalten.

4.3   Informationsmodell und Informationsobjekte

Die Verwaltung aller Anforderungen in größeren Projekten oder Organisationen ist ohne Werkzeugunterstützung nicht denkbar. Insbesondere die mit einer Anforderung verbundenen Kontextinformationen, wie die Quelle der Anforderung, das betroffene Produktrelease, vereinbarte Abnahmekriterien oder relevante Geschäftsprozesse, erfordern eine umfangreiche Datenverwaltung mit komplexen Informationsstrukturen.

In diesem Abschnitt werden zunächst die Zusammenhänge dieser Informationsobjekte durch ein Metamodell für das Anforderungsmanagement erläutert. Anschließend werden alle enthaltenen Informationsobjekte mit ihren Attributen einzeln beschrieben.

4.3.1 Informationsmodell

Abbildung 4.7 stellt ein Referenz-Informationsmodell für das Anforderungsmanagement als UML-Klassendiagramm dar. Dieses konzeptionelle Modell bildete die Basis zur Implementierung eines Repository für das Anforderungsmanagement mit dem Werkzeug Rochade, das in einem Großprojekt zur Entwicklung eines Kernbanksystems eingesetzt wurde (vgl. [Schienmann00]).

Das Informationsmodell strukturiert sich um die zentrale Klasse *Anforderung* mit den Subklassen *Kundenanforderung* und *Produktanforderung*. Projektanforderungen werden als Verfeinerungen von Produktanforderungen über den Beziehungstyp *Verfeinerung* abgelegt, ein eigenes Informationsobjekt ist deshalb nicht definiert. *Kundenanforderung* wird weiter unterteilt in *IT-Anforderung, Geschäftspolitisch relevante Anforderung* und *Rechtliche Anforderung. Produktanforderung* besteht aus den beiden Unterklassen *Funktionale Anforderung* und *Nichtfunktionale Anforderung*.

Entwicklungs- und Produktionsanforderungen werden nicht in einer eigenen Unterklasse abgelegt, sondern direkt als Instanzen der Klasse *Anforderung* verwaltet. Die Klasse *Rahmenbedingung* ist als Subklasse von *Anforderung* modelliert. Rekursive Abhängigkeiten zwischen Anforderungen werden durch *Beziehung* hergestellt. Verfeinerte Beziehungstypen sind *Konflikt, Verfeinerung* und *Abhängigkeit*.

Um *Anforderung* gruppieren sich Informationsobjekte, welche den Kontext von Anforderungen repräsentieren. *Geschäftsprozess, Geschäftsobjekt* und *Quelle* verweisen auf deren Herkunft. *Software-Baustein* und *Produktrelease* stellen den Bezug zur Umsetzung dar. Zentrale Artefakte des Entwicklungsprozesses verwalten die Klassen *Nomenklatur, Anwendungsfall, Abnahmekriterium* und *Testfall. Offener Punkt* enthält noch zu klärende Fragestellungen zu Anforderungen.

In den folgenden Abschnitten werden diese Klassen mit den wesentlichen Attributen aus Sicht des Anforderungsmanagements vorgestellt. Zunächst werden alle Attribute aufgelistet und beschrieben, anschließend erfolgt eine kurze Erläuterung. Um die Beschreibung verständlich zu halten, werden die Attribute nicht normalisiert. In vielen Fällen können die Attribute auch lediglich Referenzen auf hinterlegte Dokumente enthalten.

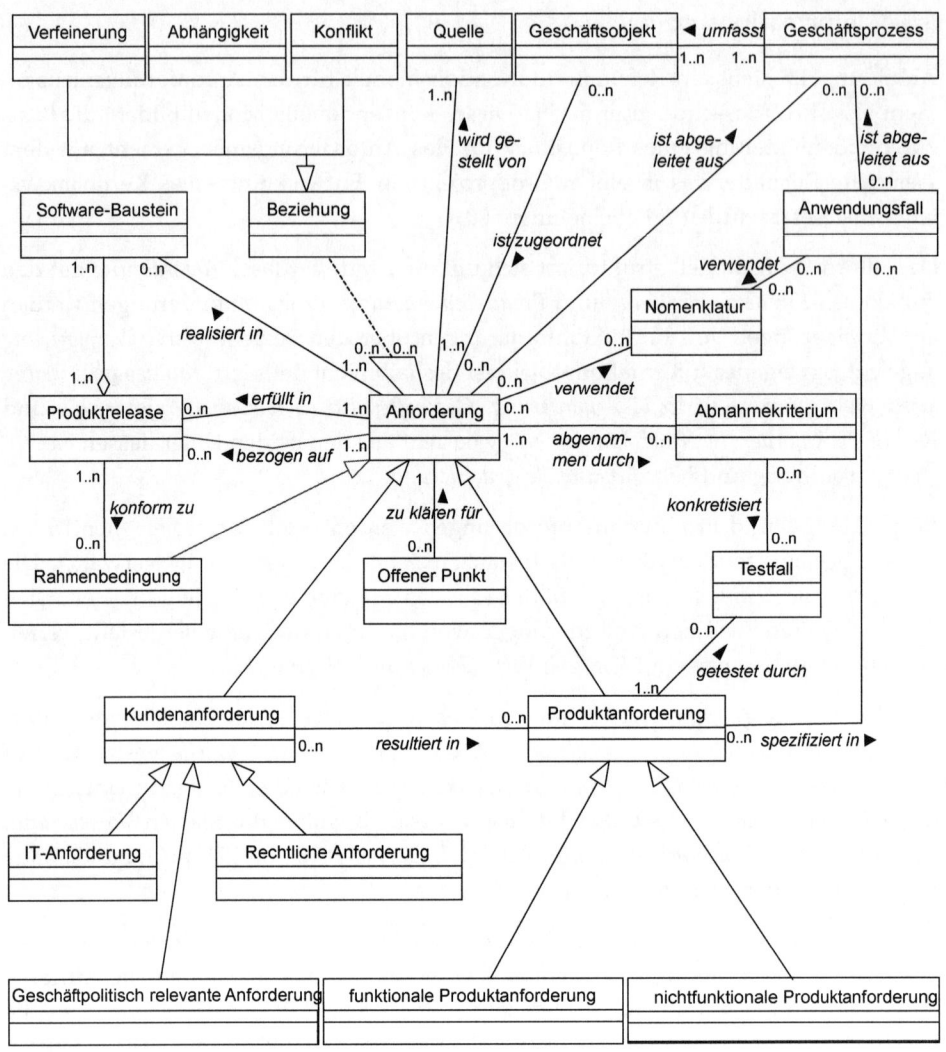

Abbildung 4.7: Informationsmodell für das Anforderungsmanagement

Das Schema zur Kurzbeschreibung der Informationsobjekte ist wie folgt aufgebaut:

<Name des Klasse>
<Name des Attributs>(<Attributart>)   < Kurzbeschreibung des Attributs>

Tabelle 4.4: Beschreibungsschema der Informationsobjekte

Folgende Attributarten werden unterschieden: identifizierende Attribute für Schlüssel-
angaben (I), beschreibende Attribute zur inhaltlichen Charakterisierung einer Anforderung (B), wertende Attribute zu Einschätzungen der Anforderung (W) und relationale

Attribute für Beziehungen zu anderen Informationsobjekten (R). Vererbte Attribute werden dabei nicht erneut aufgeführt, die Gesamtmenge der Attribute einer Klasse ergibt sich also aus den neu definierten Attributen und den Attributen aller Oberklassen.

In jedem Abschnitt werden weitere Informationsobjekte behandelt, welche im vorgestellten Informationsmodell noch nicht enthalten sind, deren Verwaltung im Anforderungsmanagement aber zweckmäßig sein kann. Beispiele dafür wären etwa *Annahme* oder *Kundenbedürfnis*.

4.3.2 Anforderung und Unterklassen

Das Informationsmodell entwickelt sich um die zentrale Klasse *Anforderung*. Tabelle 4.5 gibt eine Übersicht aller Attribute.

Anforderung	
Identifikator (I)	Wie kann die Anforderung eindeutig identifiziert werden?
Kurzbeschreibung (B)	Was ist die Anforderung in kurzen Stichpunkten?
Problembeschreibung (B)	Was ist das zugrunde liegende Problem (Begründung)?
Zielsetzung (B)	Welches Ziel wird mit der Anforderung verfolgt?
Anforderungsbeschreibung (B)	Was ist die Anforderung (Langbeschreibung)?
Anmerkung (B)	Gibt es ergänzende Bemerkungen, Klarstellungen?
Status (B)	In welchem Status befindet sich die Anforderung?
Quelle (R)	Wer ist der Anforderungssteller, was ist die Herkunft?
Geschäftsobjekt (R)	Welche Geschäftsobjekte sind betroffen?
Geschäftsprozess (R)	Aus welchen Geschäftsprozessen ergibt sich die Anforderung?
Nomenklatur (R)	Welche Fachbegriffe werden in der Anforderung verwendet?
Abnahmekriterium (R)	In welcher Form kann die Akzeptanz der A. geprüft werden?
Offener Punkt (R)	Zu welchen Punkten besteht noch Klärungsbedarf?
ProduktreleaseR1 (R)	In welchem Produktrelease wird die Anforderung erfüllt?
ProduktreleaseR2 (R)	Auf welches Produktrelease bezieht sich eine Anforderung?
Software-Baustein (R)	In welchem Baustein ist die Anforderung genau realisiert?
Beziehung (R)	Welche Beziehungen existieren zu anderen Anforderungen?

Tabelle 4.5: Beschreibung einer Anforderung

Durch den *Identifikator* wird die Identität (Schlüsseleigenschaft) der Anforderung auch bei wechselnden Beschreibungen gesichert. Die *Kurzbeschreibung* fasst die Anforderung in wenigen Worten zusammen, sie fördert die »optische Wiedererkennung«. Die *Problembeschreibung* erläutert den Grund für die Existenz der Anforderung, etwa in Form einer Schilderung der Problemursache. Die *Zielsetzung* beschreibt die erhofften

Verbesserungen und verfolgten geschäftspolitischen, organisatorischen oder IT-technischen Ziele. Die *Anforderungsbeschreibung* formuliert die eigentliche Anforderung. Auch sie sollte möglichst kurz und prägnant in einigen Sätzen formuliert werden. Als *Anmerkung* können weitere erläuternde Informationen festgehalten werden, z.B. Hinweise auf Referenzdokumente oder Ergänzungen anderer Beteiligter. Der *Status* gibt den aktuellen Bearbeitungszustand im Lebenszyklus der Anforderung wieder.

Die Beziehungsattribute stellen den Kontext der Anforderung her. Die *Quelle* nennt den oder die Anforderungssteller. Hier können Kunden oder beliebige andere Stakeholder (Management, Vertrieb u. Marketing, Benutzer, Entwicklung) genannt werden. Die Verbindungen zu *Geschäftsobjekt* (oder Anwendungsbaustein, vgl. Kap. 7) und *Geschäftsprozess* bilden den geschäftlichen Kontext. Sie sind insbesondere relevant, falls die Anforderungsanalyse auf einer vorhergehenden Geschäftsprozessanalyse basiert.

Die Relation zu der Klasse *Nomenklatur* verweist auf verwendete Fachbegriffe bei der Beschreibung der Anforderung. Dadurch soll die allgemeine Verständlichkeit von Anforderungen gewährleistet werden. Das *Abnahmekriterium* hält fest, wie die Akzeptanz einer Lösung für die Anforderung geprüft werden kann. Ein sehr wichtiges Informationsobjekt ist *Offener Punkt*. Hier wird zu jeder Anforderung der noch bestehende Klärungsbedarf festgehalten. Die Beziehungen zu *Produktrelease* und *Software-Baustein* zeigen an, auf welches Produktrelease sich eine Anforderung bezieht, in welchem Release sie erfüllt werden soll und welcher Baustein dazu benutzt wird.

Über *Beziehunen* mit den Subtypen *Verfeinerung*, *Konflikt* und *Abhängigkeit* werden die Zusammenhänge zwischen Anforderungen dargestellt. *Verfeinerung* dient beispielsweise dazu, die Detaillierung von Produkt- zu Projektanforderungen zu dokumentieren, mittels *Abhängigkeit* kann der Bezug zwischen Kundenanforderungen und Rahmenbedingungen hergestellt werden, *Konflikt* zeigt erkannte Gegensätze zwischen Anforderungen an. Sollen weitere typisierte Beziehungen näher beschrieben werden, sind hier weitere Klassen einzuführen, ansonsten sind diese Beziehungen als Objekte der Klasse *Beziehung* zu führen.

Eine Unterklasse von *Anforderung* ist *Kundenanforderung*. Tabelle 4.6 stellt alle zusätzlichen Attribute dieser Klasse dar.

Kundenanforderung	
Kundennutzen (W)	Welchen qualitativen und quantitativen Nutzen hat der Kunde?
Kundendringlichkeit (W)	Wie schnell soll die Anforderung umgesetzt werden?
Stabilität (W)	Wie stabil ist die Anforderung aus Kundensicht?
Verbindlichkeit (W)	Wie verpflichtend ist die Kundenanforderung?
Angebotsbetrag (B)	Welche Kosten wird die Umsetzung beanspruchen?

Tabelle 4.6: Beschreibung einer Kundenanforderung

Kundenanforderung

Fertigstellung (B)	Wann ist die Bereitstellung einer Lösung zugesagt?
Kundenentscheidung (B)	Wie ist die abschließende Entscheidung des Kunden-AM?
Produktanforderung (R)	Welche Produktanforderungen leiten sich daraus ab?

Tabelle 4.6: Beschreibung einer Kundenanforderung (Forts.)

Im Feld *Kundennutzen* wird die Einschätzung des qualitativen und quantitativen Nutzens, den die Umsetzung der Anforderung für den Kunden hat, festgehalten. Die *Kundendringlichkeit* und die *Stabilität* dokumentieren, wie drängend die Bereitstellung einer Lösung ist und wie beständig diese Anforderung aus Kundensicht voraussichtlich sein wird. Die *Verbindlichkeit* gibt den (rechtlichen) Verpflichtungsgrad für die Erfüllung der Anforderung an.

Diese folgenden drei Attribute sind vor allem bei Pflegemaßnahmen interessant: *Angebotsbetrag* und *Fertigstellung* dokumentieren die Angebotsdaten des Produktmanagements bzw. der Entwicklung zur Umsetzung der Anforderungen. Die abschließende Entscheidung zur Umsetzung der Anforderung (Annahme, Ablehnung) kann der *Kundenentscheidung* entnommen werden. Welche Produktanforderungen aus dieser Kundenanforderung resultieren, hält die Relation zu *Produktanforderung* fest.

IT-Anforderung ist eine der drei Subklassen von *Kundenanforderung* (vgl. Tabelle 4.7).

IT-Anforderung

Kundenwichtigkeit (W)	Wie wichtig ist die Umsetzung dieser Anforderung?
Nutznießer (B)	Welche Stakeholder profitieren von der Anforderung?
Kostenrahmen (B)	Was darf die Umsetzung der Anforderung kosten?

Tabelle 4.7: Beschreibung einer IT-Anforderung

Das Attribut *Kundenwichtigkeit* wird nur für IT-Anforderungen erhoben, da geschäftspolitische und rechtliche Anforderungen standardmäßig die höchste Wichtigkeit besitzen. *Nutznießer* hält die Profiteure einer Anforderung fest, um diese bei der Erhebung und Änderung von Anforderungen direkt einbinden zu können (vgl. [Steven98, S. 36]). Schließlich wird noch der *Kostenrahmen* für die Umsetzung im Sinne einer Angebotsanfrage aus Kundensicht festgehalten.

Auch für *geschäftspolitisch relevante Anforderungen* sollte wie bei der *IT-Anforderung* der Kostenrahmen festgehalten werden. Da ihre Umsetzung strategischen Charakter hat, sollten der *Sponsor* aus der Geschäftsführung (Eskalationswege!) und das der Anforderung zugrunde liegende *Geschäftsmodell* angeführt werden. Die ererbten Beziehungen von *Anforderung* zu *Geschäftsprozess* und *Geschäftsobjekt* sind insbesondere für diese Klasse von Anforderungen wesentlich.

Geschäftspolitisch relevante Anforderung

Kostenrahmen (B)	Was ist der Kostenrahmen für die Umsetzung?
Sponsor (B)	Wer sponsert diese Anforderung (Geschäftsführung ...)?
Geschäftsmodell (B)	Auf welcher (neuen) Geschäftsstrategie basiert diese Anforderung?

Tabelle 4.8: Beschreibung einer geschäftspolitisch relevanten Anforderung

Für rechtliche Anforderungen sollten der *Geltungsbereich* des Gesetzes oder der Verordnung und relevante *Durchführungsvorschriften* zu deren Ausgestaltung dokumentiert werden (vgl. Tabelle 4.9).

Rechtliche Anforderung

Geltungsbereich (B)	Wo gilt die rechtliche Anforderung?
Durchführungsvorschrift (B)	Welche ergänzenden Vorschriften gibt es (Konsultation ...)?

Tabelle 4.9: Beschreibung einer rechtlichen Anforderung

Die Klasse *Rahmenbedingung* hält alle Einschränkungen und Restriktionen fest, welchen die zu entwickelnde Lösung genügen muss. Der *Typ* klassifiziert die Art der Rahmenbedingung (organisatorisch, kulturell etc.). Die *Geltung* gibt den örtlichen und zeitlichen Gültigkeitsbereich dieser Anforderung wieder. Die Priorität der Rahmenbedingung wird in *Wichtigkeit* festgehalten. Die Beziehung zu *Produktrelease* zeigt an, für welche Produkte diese Rahmenbedingungen gelten.

Rahmenbedingung

Typ (B)	Welche Art von Rahmenbedingung liegt vor?
Geltung (B)	Wo und wann gilt diese Rahmenbedingung?
Wichtigkeit (W)	Wie wichtig ist die Einhaltung dieser Rahmenbedingung?
Produktrelease (R)	Auf welche Releases bezieht sich diese Rahmenbedingung?

Tabelle 4.10: Beschreibung einer Rahmenbedingung

Produktanforderung ist neben *Kundenanforderung* und *Rahmenbedingung* die dritte Unterklasse von *Anforderung* (vgl. Tabelle 4.11). Die Attribute *Produktnutzen, Produktdringlichkeit, Stabilität, Risiko* und *Aufwandsschätzung* reflektieren Einschätzungen aus Sicht des Produkt-AM. Die Belegung der Attribute erfolgt durch das Produktmanagement bei der Releaseplanung. Insbesondere die *Risiko-* und *Aufwandsschätzung* erfolgt natürlich mit der Unterstützung der Entwicklung. Die Beziehungsattribute *Testfall* und *Anwendungsfall* dokumentieren zusammenhängende Entwicklungsergebnisse, mit *Kundenanforderung* wird auf die Herkunft der Produktanforderung referenziert.

Produktanforderung

Produktnutzen (W)	Welchen Nutzen (Profitabilität ...) hat die Anforderung?
Produktdringlichkeit (W)	Wie schnell sollte die Anforderung umgesetzt werden?
Stabilität (W)	Wie stabil ist die A. aus Sicht des Produktmanagements?
Risiko (W)	Welches Risiko birgt die Realisierung oder die Ablehnung?
Aufwandsschätzung (B)	Welche Kosten wird die Umsetzung beanspruchen?
Testfall (R)	Durch welche Testfälle wird die Anforderung geprüft?
Anwendungsfall (R)	Welche Anwendungsfälle enthalten die Produktanforderung?
Kundenanforderung (R)	Aus welchen Kundenanforderungen leitet sie sich ab?

Tabelle 4.11: Beschreibung einer Produktanforderung

Die abgeleiteten Klassen *Funktionale* und *Nichtfunktionale Produktanforderung* spezifizieren die beiden wichtigsten Arten einer Produktanforderung genauer. Für beide werden der *Anforderungstyp* und die *Spezifikation* hinterlegt. Der Anforderungstyp funktionaler Anforderungen kann sich etwa nach den in Abbildung 4.3 vorgestellten Sichten und Elementen des Spezifikationsrahmens richten. Bei nichtfunktionalen Anforderungen können die in Abschnitt 4.1.2 beschriebenen Anforderungsarten vermerkt werden. Die erzwungene Nennung des Anforderungstyps hilft verschiedene Arten von Anforderungen zu trennen und weitgehend atomare Anforderungen zu beschreiben.

Die eigentliche Spezifikation der Anforderung richtet sich nach der gewählten Dokumentationstechnik. Einfache Techniken zur Beschreibung funktionaler Anforderungen sind etwa das *stimulus/response-Modell* (Ereignis, Bedingung, Aktion), das *contract-Modell* (Vorbedingung, Invariante, Nachbedingung) oder das *EVA-Prinzip* (Eingabe, Verarbeitung, Ausgabe). Zumeist werden hier jedoch grafische Modelle wie Petrinetze, Datenflussmodelle oder Zustandsgraphen hinterlegt (oder es wird auf sie verwiesen).

Funktionale Produktanforderung

Anforderungstyp (B)	Welche Art funktionaler Anforderung liegt vor?
Spezifikation (B)	Wie ist die genaue Spezifikation der Anforderung?

Tabelle 4.12: Beschreibung einer funktionalen Produktanforderung

Nichtfunktionale Produktanforderung

Anforderungstyp (B)	Welche Art nichtfunktionaler Anforderung liegt vor?
Spezifikation (B)	Wie ist die genaue Spezifikation der Anforderung?

Tabelle 4.13: Beschreibung einer nichtfunktionalen Produktanforderung

4.3.3 Herkunft und Begründung von Anforderungen

Die Klassen *Geschäftsprozess*, *Geschäftsobjekt* und *Quelle* zeigen die Herkunft von Anforderungen auf. Sie stellen den Begründungszusammenhang von Anforderungen her. Werden im Rahmen des Kunden-AM Kundenbedürfnisse und -prozesse analysiert, sollte das Informationsmodell an dieser Stelle um die zwei Klassen *Kundenbedürfnis* und *Kundenprozess* erweitert werden, um ihre Herkunft nachzuweisen.

Die *Quelle* identifiziert den Anforderungssteller eindeutig. Diese Angabe dient zum einen dazu, Anforderungssteller über den jeweiligen Bearbeitungsstand der Anforderung zu informieren. Zum anderen hilft diese Information bei der übergeordneten Einschätzung der Priorität und Qualität der Anforderung. Neben den allgemeinen Feldern zur Anschrift sind deshalb die beiden Felder *Stakeholdertyp* und *Funktion* wichtig (vgl. Tabelle 4.14).

Quelle	
Identifikator (I)	Wie wird der Anforderungssteller eindeutig identifiziert?
Stakeholdertyp (B)	Welcher Personengruppe gehört die Person an?
Funktion (B)	Welche Funktion hat die Person?
Name (B)	Welchen Namen hat der Anforderungssteller?
Adresse (B)	Wie lautet die Adresse des Anforderungsstellers?
Verbindung (B)	Welche Kontaktmöglichkeiten werden präferiert?
Anforderung (R)	Welche Anforderungen hat die Quelle eingereicht?

Tabelle 4.14: Beschreibung der Quelle einer Anforderung

Im Feld *Stakeholdertyp* wird die Art des Anforderungsstellers genannt. Beispiele sind etwa: Kunde oder Kundenvertreter, Kundenbetreuer, Anwender, Betreiber, Kundenmanager, Produktmanager, Projektmanager, Entwickler oder Fachexperte (vgl. Kapitel 2). Eine Einordnung der Kenntnisse und Fähigkeiten des Anforderungsstellers erfolgt über *Funktion*.

Diese beiden Attribute erlauben eine erste Einschätzung des Stellenwerts von Anforderungen für eine Priorisierung. Bei der Entwicklung einer Data Warehouse-Anwendung kann somit der Anforderung eines Fachexperten mit der Funktion *Leiter Datenmanagement* zur Datenqualität ein anderes Gewicht zugemessen werden, als wäre die Anforderung von einem beliebigen Anwender gestellt.

Objekte der Klassen *Geschäftsprozess* und *Geschäftsobjekt* repräsentieren Ergebnisse des Business Engineering bzw. einer Geschäftsprozessmodellierung (vgl. dazu Kapitel 7). Die Relation zu *Anforderung* zeigt an, aus welchen Geschäftsprozessen sich diese Anforderung ableitet und welche Geschäftsobjekte von der Anforderung betroffen sind.

Geschäftsprozess	
Name (I)	Welchen eindeutigen Namen hat der Prozess oder die Aktivität?
Definition (B)	Wie ist der Prozess definiert?
Ziel (B)	Welches Geschäftsziel wird mit dem Prozess unterstützt?
Führungsgrößen (B)	Anhand welcher Kenngrößen wird der Prozess gesteuert?
...	
Anforderung (R)	Welche Anforderungen ergeben sich aus dem Geschäftsprozess?

Tabelle 4.15: Beschreibung eines Geschäftsprozesses

Geschäftsobjekt	
Name (I)	Welchen eindeutigen Namen hat das Geschäftsobjekt?
Definition (B)	Wie ist das Objekt definiert?
...	
Anforderung (R)	Welche Anforderungen ergeben sich aus dem Geschäftsprozess?

Tabelle 4.16: Beschreibung eines Geschäftsobjektes

Die Klassen *Geschäftsprozess* und *Geschäftsobjekt* sind im Informationsmodell natürlich nur Platzhalter oder Schnittstellen für ein vollständiges Metamodell der Geschäftsprozessmodellierung.

4.3.4 Umsetzung von Anforderungen

Die Klassen *Produktrelease, Software-Baustein, Anwendungsfall, Abnahmekriterium* und *Testfall* beschreiben direkte Entwicklungs- und Umsetzungsergebnisse im Zusammenhang mit Anforderungen. Wird ein Entwicklungsansatz mit Anwendungsbausteinen verfolgt, wie ihn Kapitel 7 vorstellt, ist zusätzlich eine Klasse *Anwendungsbaustein* als Aggregat zur Klasse *Software-Baustein* einzuführen. Nachfolgend werden für diese Informationsobjekte wiederum nur die wesentlichen Felder aus Sicht des Anforderungsmanagements aufgelistet.

Das Produktrelease wird durch *Name* und *Releasenummer* eindeutig identifiziert. Wichtige Informationen für das Anforderungsmanagement sind der Zeitraum der *Entwicklung* und die Auslieferung oder *Bereitstellung*. Die Beziehungen zu *Anforderung* geben an, welche Anforderungen durch das Release erfüllt werden und auf welches Release sich eine Anforderung bezogen hat.

Produktrelease	
Name (I)	Welchen Namen hat das Produkt?
Realeasenummer (I)	Was ist die Releasenummer?
Entwicklung (B)	Wann wird das Release entwickelt?
Bereitstellung (B)	Wann wird das Release freigegeben?
...	
AnforderungB1 (R)	Welche Anforderungen werden im Release umgesetzt?
AnforderungB2 (R)	Welche Anforderungen beziehen sich auf welches Release?

Tabelle 4.17: Beschreibung eines Produktreleases

Objekte der Klasse *Software-Baustein* repräsentieren konkrete Module oder Komponenten als Bestandteile eines Produktes. Software-Bausteine werden durch ihren *Namen* und eine *Releasenummer* eindeutig identifiziert. Die Beziehung zu *Anforderung* zeigt auf, welche Anforderungen im Baustein realisiert wurden.

Software-Baustein	
Name (I)	Welchen Namen hat der Software-Baustein?
Realeasenummer (I)	Was ist die Releasenummer?
Fertigstellung (B)	Wann wird der Baustein fertig gestellt?
...	
Anforderung (B)	Welche Anforderungen wurden realisiert?

Tabelle 4.18: Beschreibung eines Software-Bausteins

Anwendungsfälle werden üblicherweise in einem Modellierungswerkzeug, wie z.B. Rational Rose, zunächst grob modelliert und anschließend mit detaillierten Spezifikationen hinterlegt. Die Klasse *Anwendungsfall* sollte neben dem *Identifikator* und dem *Namen* des Anwendungsfalls zumindest die *Zielsetzung* und eine *Kurzbeschreibung* umfassen, um die Suche und den Zugriff zu vereinfachen. Die *Langbeschreibung* weist auf die detaillierte Spezifikation hin.

Werden Anwendungsfälle im Repository oder im AM-Werkzeug selbst verwaltet, sind entsprechend der vorgestellten Dokumentvorlage für Anwendungsfälle in Kapitel 5 Attribute wie *Vorbedingung, Nachbedingung, Ablauf* etc. zu ergänzen.

Die Relation zu der Klasse *Geschäftsprozess* verbindet den Anwendungsfall mit dem zugehörigen Ausschnitt des Geschäftsprozessmodells. Die Beziehung zu *Nomenklatur* zeigt auf Fachbegriffe, welche bei der Beschreibung des Anwendungsfalls verwendet werden. Die Beziehung zu *Produktanforderung* referenziert Produktanforderungen, die im Anwendungsfall umgesetzt werden.

Anwendungsfall

Identifikator (I)	Wie ist der Anwendungsfall eindeutig zu identifizieren?
Name (B)	Welchen Namen hat der Anwendungsfall?
Zielsetzung (B)	Welches Ziel wird mit dem Anwendungsfall verfolgt?
Kurzbeschreibung (B)	Wie lässt sich der Anwendungsfall kurz beschreiben?
Status (B)	In welchem Status ist der Anwendungsfall?
Langbeschreibung (B)	Wie ist die ausführliche Spezifikation?
Produktanforderung (R)	Welche Produktanforderungen spezifiziert der Anwendungsfall?
Nomenklatur (R)	Welche Fachbegriffe werden im Anwendungsfall genutzt?
Geschäftsprozess (R)	Aus welchen Geschäftsprozessen leitet sich der Anwendungsfall ab?

Tabelle 4.19: Beschreibung eines Anwendungsfalls

Falls Anforderungen direkt in Form von Anwendungsfällen ermittelt werden, fallen unter Kunden- und Produktanforderungen lediglich diejenigen Anforderungen, welche sich nicht direkt einem Anwendungsfall zuordnen lassen.

Objekte der Klasse *Abnahmekriterium* repräsentieren die Akzeptanzkriterien für eine Anforderung. Sie formulieren einen eindeutigen Abnahmevorgang, der überprüft, ob eine angebotene Lösung die Anforderung erfüllt. Die Formulierung eindeutiger Abnahmekriterien führt zu einer frühzeitigen (insbesondere auch vertraglichen) Verbindlichkeit, verhindert Unklarheiten bzgl. der Anforderungen und legt die Basis für die Erstellung späterer Testfälle. Abnahmekriterien können sowohl für funktionale wie nichtfunktionale Anforderungen formuliert werden.

Abnahmekriterium

Identifikator (I)	Wie ist das Abnahmekriterium eindeutig zu identifizieren?
Kurzbeschreibung (B)	Wie lässt sich das Abnahmekriterium kurz charakterisieren?
Abnahmeart (B)	Wie soll die Abnahme durchgeführt werden?
Status (B)	In welchem Zustand ist das Abnahmekriterium?
Ausgangssituation (B)	Was ist die Ausgangssituation?
Ereignis (B)	Wie sieht das Abnahmeszenario aus?
Ergebnis (B)	Was muss das erwartete Ergebnis sein?
Testfall (R)	Welche Testfälle ergeben sich aus dem Abnahmekriterium?
Anforderung (R)	Auf welche Anforderungen bezieht sich das Abnahmekriterium?

Tabelle 4.20: Beschreibung eines Abnahmekriteriums

Die *Abnahmeart* gibt an, *wie* die Anforderung abgenommen wird. Das Spektrum kann beispielsweise Sichtprüfungen, Demos, Reviews, Simulationen oder umfangreiche

Testläufe umfassen. Die eigentliche Abnahme bildet ein dreistufiges Vorgehen. Basierend auf einer *Ausgangssituation* beschreibt *Ereignis* ein Abnahmeszenario, das bei erfolgreicher Abnahme zum erwarteten *Ergebnis* führen soll. Abnahmekriterien unterliegen (ähnlich wie Anforderungen) einem Lebenszyklus. Mögliche Stati eines Abnahmekriteriums sind etwa *erstellt, modifiziert, akzeptiert, überprüft* und *abgelehnt*. Neben den eben erwähnten Attributen sind weitere Attribute wie *Wichtigkeit, Dringlichkeit, Kommentar* etc. denkbar, diese werden allerdings eher selten gepflegt.

Testfall enthält die konkreten Testfälle, die sich aus den Abnahmekriterien ableiten und die zu Testszenarien zusammengefasst werden. Häufig wird der Begriff Abnahmekriterium sowohl für konkrete als auch für abstrakte Abnahmekriterien verwendet. In diesem Fall kann die Klasse *Testfall* entfallen. Die Attribute entsprechen in ihrer Bedeutung den Attributen der Klasse *Abnahmekriterium*.

Testfall	
Identifikator (I)	Wie ist der Testfall eindeutig zu identifizieren?
Status (B)	In welchem Status befindet sich der Testfall?
Ausgangssituation (B)	Was muss die Ausgangssituation für den Testfall sein?
Ereignis (B)	Wie sieht das Testszenario aus?
Ergebnis (B)	Was muss das erwartete Ergebnis des Tests sein?
Produktanforderung (R)	Auf welche Produktanforderungen bezieht sich der Testfall?
Abnahmekriterium (R)	Welche Abnahmekriterien werden durch den Testfall konkretisiert?

Tabelle 4.21: Beschreibung eines Testfalls

4.3.5 Unterstützung

Die Klassen *Nomenklatur* und *Offene Punkte* unterstützen die Formulierung und das Verständnis von Anforderungen. Eine Erweiterung des Modells um eine Klasse *Annahme* ist angebracht, falls implizite Annahmen – etwa zu angenommenen physikalischen Randbedingungen, getroffen werden – die zur Konsistenzsicherung der Ergebnisse offen gelegt werden müssen.

Objekte der Klasse *Nomenklatur* stehen für Fachbegriffe des Anwendungsbereichs. Ihre Einbeziehung hilft den Beteiligten Anforderungen und Anwendungsfälle präziser zu beschreiben und besser zu verstehen. Jeder Fachbegriff sollte einen eindeutigen *Namen* und eine eindeutige, verständliche *Definition* haben. Die Felder *Beispiele, Quelle* und *Synonyme* unterstützen die Bedeutungserschließung des Fachbegriffs. Neben der *Anforderung* und dem *Anwendungsfall* können natürlich insbesondere auch Verweise zu *Geschäftsprozess* und *Geschäftsobjekt* die Verwendung fachlicher Termini anzeigen.

Nomenklatur

Name (I)	Was ist der Name des Fachbegriffs?
Definition (B)	Wie ist der Fachbegriff definiert (Intension)?
Beispiele (B)	Was sind Beispiele für den Fachbegriff (Extension)?
Quelle (B)	Wo kommt der Fachbegriff her?
Synonyme (B)	Was sind zugelassene gleichbedeutende Benennungen?
Anforderung (R)	Welche Fachbegriffe werden in der Anforderung verwendet?
Anwendungsfall (R)	Welche Fachbegriffe werden im Anwendungsfall genutzt?

Tabelle 4.22: Beschreibung eines Fachbegriffs aus einer Nomenklatur

Objekte der Klasse *Offener Punkt* stehen für Fragen, welche im Zusammenhang mit einer Anforderung noch zu klären sind. Das Attribut *Fragestellung* enthält die offene Frage, das Attribut *Antwort* die Beantwortung der Frage.

Offene Punkte unterliegen wie Anforderungen einem eigenen Lebenszyklus. Mögliche Zustände im Lebenszyklus einer offenen Frage könnten sein: *formuliert, gestellt, beantwortet, berücksichtigt* und *keine Auswirkung*, falls eine offene Frage zwar beantwortet wird, dies jedoch keine Auswirkungen für die Anforderung bzw. das Produkt hat.

Offener Punkt

Identifikator (I)	Wie lautet die Benennung des Fachbegriffs?
Kurzbeschreibung (B)	Wie ist der Fachbegriff definiert (Intension)?
Fragestellung (B)	Was sind Beispiele für den Fachbegriff (Extension)?
Antwort (B)	Wo kommt der Fachbegriff her?
Status (B)	Was sind zugelassene gleichbedeutende Benennungen?
Anforderung (R)	Auf welche Anforderung bezieht sich der offene Punkt?

Tabelle 4.23: Beschreibung offener Punkte zu einer Anforderung

4.3.6 Zusammenfassung

Ein solches Informationsmodell kann sowohl in einem AM-Werkzeug als auch in einem Repository implementiert werden. Die damit verbundene Datenintegration erleichtert die Verwaltung von Anforderungen auch in einem weniger stabilen Umfeld. Anforderungen und zusätzlich benötigte Informationen werden nur an einer Stelle gepflegt und fortgeschrieben. Abhängigkeiten können sofort erkannt und Auswirkungen von Änderungen nachvollzogen werden. Vor allem stehen Dokumente jeweils aktuell als generierte Auswertungen bzw. Sichten auf das Informationsmodell zur Verfügung. Die mit einer rein dokumentenorientierten Software-Entwicklung verbundenen Probleme der Aktualisierung werden dadurch weitgehend vermieden.

4.4 Organisation von Anforderungen

Größere Projekte und daraus resultierende Anforderungsdokumente umfassen schnell mehrere tausend Anforderungen mit einem komplexen Beziehungsgeflecht. In umfangreicheren Projekten müssen deshalb frühzeitig geeignete Formen für die Organisation der Anforderungen gewählt werden, um die Komplexität der Informationen bewältigen zu können. Natürlich sollten aber auch in kleineren Projekten Anforderungen nach vorgegebenen Kriterien strukturiert werden, um die Übersicht zu behalten, Arbeitsgebiete abzugrenzen und Dokumente verständlicher zu machen.

In diesem Abschnitt werden zunächst verschiedene Ansätze für die Strukturierung von Anforderungen erläutert. Anschließend wird auf die daraus resultierende Organisation von Anforderungsdokumenten eingegangen. Abgeschlossen wird dieser Abschnitt mit einer Vorstellung der wesentlichen Prinzipien zur Strukturierung von Anforderungen.

4.4.1 Strukturierung von Anforderungen

Die Strukturierung von Anforderungen hängt unmittelbar mit der Definition einer Anwendungsarchitektur zusammen. Einerseits sollte die Strukturierung der Anforderungen dieser Architektur folgen, andererseits bestimmen natürlich gerade die Anforderungen wesentliche die Ausgestaltung dieser Architektur. Unter einer Anwendungsarchitektur wird dabei die ebenenweise Zerlegung einer Anwendung in Subsysteme verstanden. Dem bewährten Ansatz des »Teilens und Herrschens« folgend, wird ein System in kleinere, weniger komplexe Subsysteme unterteilt. Jedes dieser Teilsysteme erfüllt bestimmte Teile der Gesamtanforderung, produziert durch seine Existenz allerdings wiederum neue (Schnittstellen-)Anforderungen, die es abzustimmen gilt.

Simon hat in seinen Arbeiten »The Architecture of Complexity« [Simon62] und »The Sciences of the Artificial« [Simon85] gezeigt, dass die erfolgreiche Bewältigung von Komplexität im Systementwurf insbesondere von der richtigen Organisation und Repräsentation des geplanten Systems abhängt. Die Abhängigkeit der Problembewältigung von der Form der Problemrepräsentation wird etwa deutlich am Beispiel der Einführung der arabischen Ziffern und des Stellenwertsystems in der Arithmetik, welche das Rechnen gegenüber der römischen Notation stark vereinfachte.

Mit der Organisation ist die fortgesetzte Komposition oder Partition eines Systems in weitgehend unabhängige Einheiten oder Subsysteme mit einfachen Schnittstellen gemeint, wobei die schwächsten Interaktionen zwischen den Subsystemen der oberen Ebenen stattfinden sollten und die stärksten Interaktionen sich innerhalb der Systeme der unteren Ebenen ereignen.

Die Definition einer Anwendungsarchitektur mit der Festlegung dieser Subsysteme sollte möglichst bereits während der Produktplanungsphase erfolgen und im Lastenheft beschrieben werden. Spätestens im Pflichtenheft muss diese Architektur als

Grundlage für die Planung der Inkremente und Iterationen aber entwickelt worden sein. Je überschneidungsfreier dabei die Anforderungen den einzelnen Subsystemen zugeordnet werden können, desto unabhängiger und stabiler können die einzelnen Teilsysteme arbeitsteilig entwickelt werden.

Anforderungen werden allerdings nicht nur unter dem Gesichtspunkt Anwendungsarchitektur gegliedert. Die Strukturierung hilft auch, die Kontrolle und die Übersicht über Anforderungen zu behalten und Anforderungsdokumente geeignet zu organisieren.

Hauptsächliche Möglichkeiten der Strukturierung von Anforderungen sind:

▶ Strukturierung basierend auf **Anwendungsfällen**

▶ Strukturierung basierend auf den **Kernentitäten** eines konzeptionellen Datenmodells oder den **Entitätsobjekten** eines Geschäftsobjektmodells

▶ Strukturierung basierend auf **Geschäftsprozessen** oder **fachlichen Themenbereichen**

▶ Strukturierung basierend auf **Anwendungsbausteinen** einer Anwendungslandschaft

▶ Strukturierung basierend auf **Benutzerklassen**

▶ Strukturierung basierend auf **Problem Frames**

Diese Strukturierungsarten können natürlich auch miteinander kombiniert werden. Beispielsweise wird zunächst oft eine Klassifizierung nach fachlichen Themenbereichen gewählt, innerhalb der Themenbereiche werden Anforderungen weiter nach Anwendungsfällen gruppiert.

Alle diese Empfehlungen basieren primär auf der Gruppierung funktionaler Anforderungen. Nichtfunktionale Anforderungen und weitere Rahmenbedingungen werden meist funktionalen Anforderungen zugeordnet. Daneben können nichtfunktionale Anforderungen existieren, welche nur dem System als solchem zugeordnet sein können, etwa die Anforderung nach extrem hoher Verfügbarkeit des Gesamtsystems.

Anwendungsfälle

Im Bereich der klassischen Informationssysteme mit vielen Benutzerinteraktionen bieten sich Anwendungsfälle zur Strukturierung von Anforderungen an. Hierbei findet man häufig zwei Varianten:

▶ Funktionale Anforderungen werden ausschließlich durch Anwendungsfälle ausgedrückt.

▶ Funktionale Anforderungen werden Anwendungsfällen zugeordnet.

Im ersten Fall werden Anforderungen direkt in Form von Anwendungsfällen erhoben. Die zweite Variante wird gewählt, wenn detaillierte funktionale Anforderungen vorliegen, welche sich durch die Beschreibung des Anwendungsfalls nicht direkt erschließen oder nicht einem Anwendungsfall zuordenbar sind, z.B. Anforderungen an Datenformate oder Algorithmik. Einfache Beispiele hierfür sind etwa:

Bei Zinsberechnungen soll stets zugunsten des Kunden aufgerundet werden.

Die Adresse des Kunden darf beliebig lang sein.

Abbildung 4.8 zeigt für die erste Variante typische Beziehungsverflechtungen zwischen Anwendungsfällen, funktionalen und nichtfunktionalen Anforderungen. Sie zeigt eine funktionale Anforderung ohne zugeordneten Anwendungsfall sowie drei globale nichtfunktionale Anforderungen (rechts im Bild).

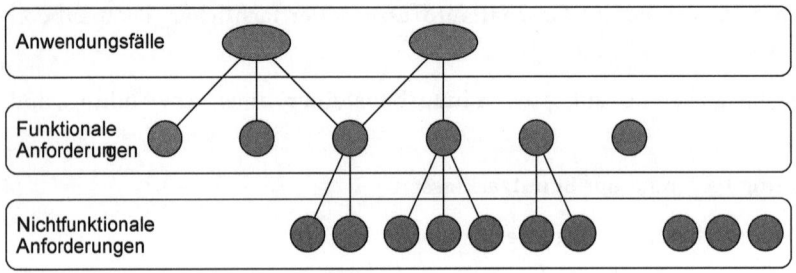

Abbildung 4.8: Beziehungsgeflecht zwischen Anwendungsfällen und Anforderungen

Eine weitere Variante stellt die Zuordnung funktionaler Anforderungen zu einzelnen Arbeitschritten eines Anwendungsfalls dar. Durch dieses Verfahren wird die Zuordnung präzisiert, da funktionale Anforderungen fast nie den ganzen Anwendungsfall betreffen, sondern nur einzelne Arbeitschritte, wie etwa einen vorgeschalteten Anmeldevorgang, eine Adresseingabe oder einen einzelnen Berechnungsschritt.

Anwendungsfälle passen sehr gut in das Bild einer modellbasierten Anwendungsentwicklung. Die Zerlegung einer Anwendung durch die Bündelung von Anwendungsfällen ist vor allem für kommerzielle Informationssysteme mit unterschiedlichen Benutzergruppen und abgrenzbaren Funktionalitäten mittlerer Komplexität sinnvoll. Anwendungsfälle sind beschränkt geeignet für Systeme mit sehr wenigen Schnittstellen bzw. Benutzern und sehr komplexen internen Funktionalitäten und Datenstrukturen. Dies betrifft etwa eingebettete Systeme, Simulationsanwendungen, Prozesssteuerungen oder den Bereich Compilerbau.

Kernentitäten oder Entitätsobjekte

In datenintensiven Anwendungen mit vielschichtigen Informationsstrukturen und einfachen funktionalen Zusammenhängen, wie etwa Reportingsystemen, Controllinganwendungen oder Managementinformationssystemen, sind die zentralen Daten- oder Entitätsobjekte ein guter Ausgangspunkt für eine überschneidungsfreie Strukturierung der Anforderungen.

Abbildung 4.8 zeigt für drei typische Datenobjekte – *Partner, Produkt, Vertrag* – diese Zuordnung funktionaler und nichtfunktionaler Anforderungen.

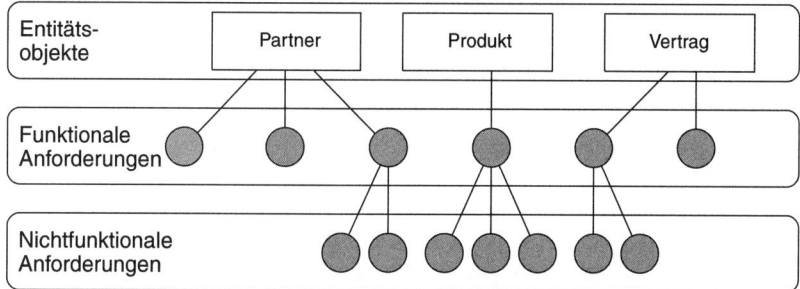

Abbildung 4.9: Beziehungsgeflecht zwischen Entitätsobjekten und Anforderungen

Stehen Referenzdatenmodelle oder Objektmodelle für die Anwendungsentwicklung zur Verfügung, wird diese Strukturierung der Anforderungen wesentlich stabiler und effizienter sein, da umfangreiche Datenanalysen zum Finden geeigneter Gruppierungen entfallen. Beispiele für solche Referenzmodelle sind für den Bankenbereich etwa das *SKO-Datenmodell* des SIZ oder das *Financial Services Object Model (FSOM)* der IBM. Ein bekanntes Modell im Versicherungsbereich ist etwa die *Versicherungsanwendungsarchitektur (VAA)* des Gesamtverbands der Deutschen Versicherungswirtschaft.

Das SKO-Datenmodell beschreibt den bankfachlichen Datenhaushalt auf verschiedenen Ebenen (vgl. [Krahl98]). Die oberste Ebene definiert die semantische Grundstruktur des Datenmodells in Form von Kernentitäten. Diese Kernentitäten sind *Beteiligte Partei, Ereignis, Geschäftsrichtlinie, Klassifikation, Kondition, Ort, Produkt, Ressource* und *Vereinbarung.* Auf der Grundlage dieser Kernentitäten werden alle bankfachlich relevanten Datenobjekte zunächst hierarchisch überschneidungsfrei strukturiert und dann als konzeptionelles unternehmensweites Datenmodell mit etwa 600 Entitäten definiert.

Am Beispiel des SKO-Datenmodells kann die Nutzung eines Referenzmodells für die Strukturierung von Anforderungen verdeutlicht werden. Da die Kernentitäten einen sehr allgemeinen, über das Bankgeschäft hinausgehenden Charakter haben, können mit ihnen etwa auch die bereits bekannten Objekte aus dem Bibliotheksbereich (vgl. Abbildung 4.5) strukturiert werden.

In Abbildung 4.10 dienen die Kernentitäten (Rechtecke) des SKO-Datenmodells als überschneidungsfreie »fachliche Schubladen« für die Strukturierung von Objekten (Ovale) aus dem Bibliotheksbereich. Der *Benutzer* wird beispielsweise in die Schublade *Beteiligte Partei* für Personen eingeordnet. Ein *Katalog* ist eine *Ressource* und eine *Publikation* ein *Produkt*, dessen Exemplare ausgeliehen werden können. Die *Rückgabe* eines Buches ist ein *Ereignis*. Die *Benutzeraufnahme* entspricht einer *Vereinbarung* zwischen der Bibliothek und dem Benutzer, am Leihverkehr teilnehmen zu dürfen. Ein typische *Kondition* ist etwa die festgelegte *Ausleihdauer*. Eine zu beachtende *Geschäftsrichtlinie* wären etwa geltende Regeln zum *Jugendschutz*. Informationen zur Aufstellung von Büchern in *Regalen* sind *Ort* zuzuordnen. Ein *Benutzersegment* ist ein Beispiel für eine *Klassifikation*.

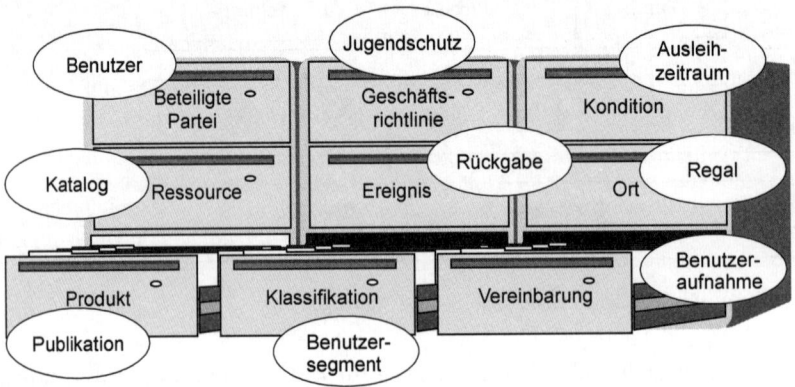

Abbildung 4.10: Zuordnung von Entitäten aus dem Bibliotheksbereich zu den Kernentitäten

Ohne die Bedeutung dieser Kernentitäten und Objekte im Einzelnen zu erläutern, ist klar, dass eine solche Strukturierung durch die vorgegebenen Schubladen eines Referenzdatenmodells hilft, sehr schnell stabile Strukturen für die Organisation von Anforderungen in datenintensiven Anwendungen zu finden.

Geschäftsprozesse oder fachliche Themenbereiche

Häufig ergeben sich bestimmte fachliche Gliederungen eines Gegenstandsbereichs sehr schnell aus Expertenbefragungen. Bei der Entwicklung eines Warenwirtschaftssystems werden beispielsweise nahe liegende Bereiche wie Verkauf, Materialwirtschaft, Produktion und Einkauf identifiziert, welche für die Gruppierung von Anforderungen genutzt werden können. Abbildung 4.11 stellt diese Bereiche eines Warenwirtschaftssystems modelliert als Pakete in der UML dar. In Kapitel 2 wurde eine solche Gliederung eines Bibliothekssystems mit Paketen wie Literaturvermittlung, Literaturerwerbung und Literaturerschließung bereits vorgestellt.

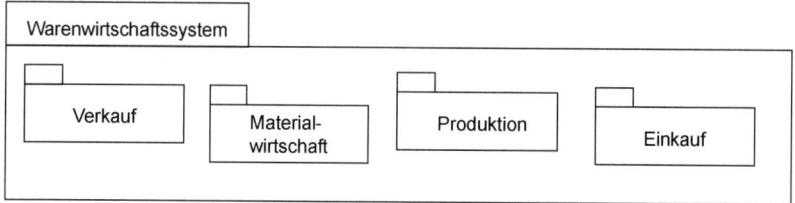

Abbildung 4.11: Bereiche eines Warenwirtschaftssystems

Geht der Produktentwicklung eine Geschäftsprozessmodellierung voraus, kann sich die Strukturierung der Anforderungen an der Organisation der Geschäftsprozesse orientieren.

Abbildung 4.12 zeigt eine solche Gliederung von Anforderungen entsprechend der Strukturierung der Geschäftsprozesse. Auf der linken Seite ist eine hierarchische Gliederung der Geschäftsprozesse in einer Geschäftsvorfallstruktur angegeben. Jeder Geschäftsvorfall verweist auf einen Geschäftsprozess. Den einzelnen Aktivitäten in diesem Geschäftsprozess werden die Anforderungen zugeordnet. Das Beispiel zeigt eine Gliederung der Geschäftsprozesse aus dem Referenzprozessmodell der Sparkassen-Finanzgruppe (vgl. Kittlaus99]). Eine detaillierte Darstellung dieses Modells gibt Kapitel 7.

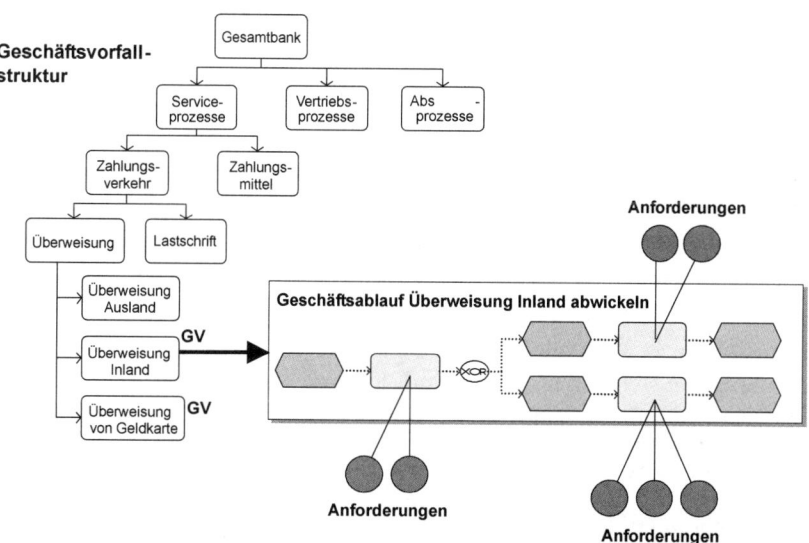

Abbildung 4.12: Strukturierung von Anforderungen entsprechend Geschäftsprozessen

Eine solche Gliederung ist etwa für Workflow-Anwendungen natürlich nahe liegend. Oft liegen die IT-Anforderungen allerdings quer zu den Geschäftsprozessen, eine abgeleitete Anforderung betrifft häufig mehrere Geschäftsprozesse. Anforderungen zur

Legitimation von Kunden oder zur Disposition von Zahlungsaufträgen finden sich beispielsweise in vielen Geschäftsprozessen wieder. Da mit der Strukturierung der Anforderungen aber eine möglichst disjunkte Einteilung des Gegenstandsbereichs verbunden
sein sollte, eignen sich Geschäftsprozesse nur bedingt als Strukturierungskriterium.
Davon unbenommen sollten natürlich Herkunftsverweise auf die Geschäftsprozesse für
Anforderungen verwaltet werden.

Strukturierung basierend auf Anwendungsbausteinen oder einer Anwendungslandschaft

Ein bewährtes und sehr stabiles Kriterium für die Strukturierung von Anforderungen
sind Anwendungsbausteine oder eine bestehende Anwendungslandschaft. In Kapitel
3 wurde bereits eine Anwendungslandschaft vorgestellt. In Kapitel 7 werden Anwendungsbausteine eingeführt. Anwendungsbausteine entsprechen zentralen Geschäftsobjekten. Jeder Anwendungsbaustein besteht aus verschiedenen Architekturschichten
für die Präsentation, Prozesslogik, Anwendungslogik und Datenhaltung.

Typische Anwendungsbausteine in vielen Anwendungsbereichen sind etwa *Partner*,
Vertrag oder *Leistung*. Abbildung 4.13 deutet die differenzierte, ebenenweise Strukturierung von Anforderungen nach zwei Anwendungsbausteinen *Partner* und *Leistung* an.

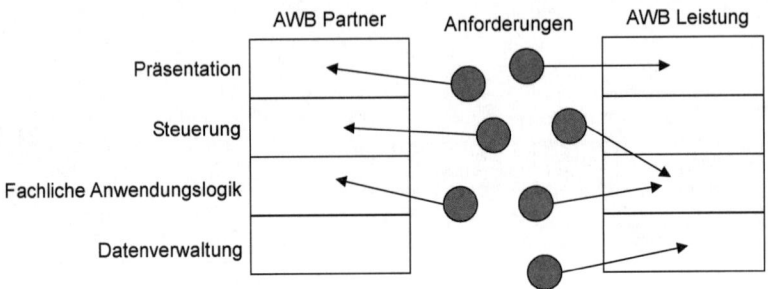

Abbildung 4.13: Strukturierung nach Anwendungsbausteinen

Eine solche Zuordnung ist sinnvoll, falls Komponenten entwickelt werden sollen und
bereits Anwendungsbausteine identifiziert sind. Existieren noch keine Anwendungsbausteine, sind gute Kandidaten für Anwendungsbausteine etwa die vorgestellten
Kernentitäten eines Datenmodells.

Strukturierung basierend auf Benutzerklassen

Teilweise bieten Systeme unterschiedliche Funktionalitäten für verschiedene Klassen
von Benutzern (Endbenutzer, verschiedene Arten von Administratoren etc.). In diesem
Fall kann die Strukturierung der Anforderungen auf oberster Ebene anhand der Benutzerklassen erfolgen. Voraussetzung dafür ist natürlich eine gute Trennschärfe der
Benutzerklassen und ihrer zugeordneten Anforderungen.

Die Strukturierung nach Benutzerklassen lässt sich gut mit Anwendungsfällen kombinieren, so dass sich etwa die Ebenen Benutzerklasse, Anwendungsfall, funktionale Anforderung und nichtfunktionale Anforderung für die Gruppierung ergeben.

Strukturierung basierend auf Problem Frames

Problem Frames werden in den Kapiteln 5 eingeführt. Mit Hilfe von Problem Frames können die Kernaufgaben, welche ein geplantes System erfüllen soll, ermittelt und die funktionalen Anforderungen diesen Frames zugeordnet werden.

4.4.2 Strukturierung von Anforderungsdokumenten

Neben den vorgestellten Ansätzen zur Strukturierung von Anforderungen soll hier noch die Strukturierung von Anforderungsdokumenten kurz angerissen werden. Diese betrifft folgende Punkte:

▶ Strukturierung von Anforderungsdokumenten in komplexen Systemen (bestehend aus Subsystemen)

▶ Strukturierung von Anforderungsdokumenten verschiedener Releasestände

▶ Strukturierung von Anforderungsdokumenten von Produktfamilien

Strukturierung von Anforderungen und Anforderungsdokumenten in komplexen Systemen

Wir bereits beschrieben, sollten Systeme mit hoher Komplexität partitioniert und als interagierende Subsysteme mit exakt definierten Schnittstellen realisiert werden. Mögliche Ansätze für diese Strukturierung wurden in den vorherigen Abschnitten vorgestellt

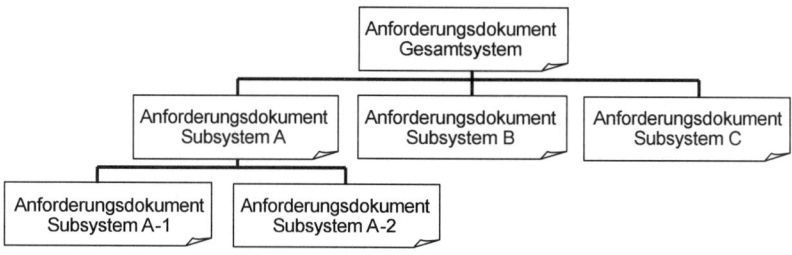

Abbildung 4.14: Strukturierung von Anforderungen in komplexen Systemen

Diese Unterteilung hat natürlich auch direkte Implikationen für die Strukturierung von Anforderungsdokumenten. Es empfiehlt sich, in komplexen Systemen Anforderungsdokumente entsprechend der Struktur des Systems zu organisieren. Abbildung

4.14 stellt eine solche Strukturierung dar, d.h. Anforderungsdokumente werden sowohl für das Gesamtsystem als auch für die Subsysteme (Produktkern, Zugriffsschichten etc.) erstellt. Eine gute Diskussion für eine solche Strukturierung von Anforderungsdokumenten findet sich in [Leffingwell99, S. 161]).

Strukturierung von Anforderungen bei Produktfamilien

Wie in anderen Industrien (Automobilindustrie, Telekom, Konsumgüterindustrie) findet auch in der Software-Industrie ein rascher Übergang von Produkten zu Produktfamilien statt. Produktfamilien komponieren sich aus einem Produktkern und verschiedenen varianten Komponenten, welche entsprechend den Kundenbedürfnissen konfiguriert werden. (In der Automobilindustrie entspricht dies dem Modell einer Baureihe und verschiedenen Ausstattungsmerkmalen – Motorisierung etc.)

Die Existenz von Produktfamilien hat Auswirkungen auf die Strukturierung der Anforderungsdokumente. Die Anforderungsdokumente müssen die Trennung von Produktkern und varianten Teilen geeignet repräsentieren. Variante und invariante Teile spiegeln sich oftmals in der Komponentenarchitektur des Systems wider.

Strukturierung von Anforderungen verschiedener Releasestände

Eine ähnliche Problematik wie bei der Strukturierung von Anforderungen bei Produktfamilien existiert bei der Strukturierung von Anforderungen verschiedener Releasestände. Auch hier existieren ein (relativ) konstanter Produktkern und variante Teile (in Form von Deltas) für jedes Produktrelease.

Bei der Pflege von Anforderungsdokumenten verschiedener Releases stellt sich die grundsätzliche Frage, ob bei neuen Releases nur »Differenzdokumente« erzeugt werden sollen, welche die Deltas zum vorherigen Releasestand dokumentieren, oder ob die Dokumente (Lastenheft, Pflichtenheft etc.) bei jedem Releasewechsel neu aufgelegt werden.

Die oftmals praktikabelste Lösung unterscheidet zwischen Majorreleases (z.B. 3.0) und Minorreleases (z.B. 3.0.1). Bei Majorreleases werden die Anforderungsdokumente komplett neu erstellt, bei Minorreleases nur Differenzdokumente gepflegt. Die letztendliche Entscheidung, ob Differenzdokumente gepflegt werden, muss vom Produkt- und Projektmanagement getroffen werden. Im Falle einer IT-unterstützten Verwaltung der Anforderungen unterliegen Anforderungen in der Regel einem Versionsmanagement, wobei Versionen mit Releaseständen korrespondieren, jedoch auch feiner granuliert sein können.

4.4.3 Strukturierungsprinzipien

Die in den vorherigen Abschnitten vorgestellten Strukturierungsansätze dienen dazu, Anforderungen so zu organisieren, dass die Komplexität der Ergebnisse besser beherrschbar und die Darstellung leichter verständlich wird. Diese Ansätze beruhen auf drei grundlegenden Prinzipien zur Strukturierung von Anforderungen:

▷ **Abstraktion** (Konverse: **Konkretion**) – zum Übergang von spezielleren zu allgemeineren Anforderungen.

▷ **Komposition** (Konverse: **Partition**) – zur Zusammenfassung von einzelnen Teilanforderungen zu einer umfassenderen Anforderung.

▷ **Integration** (Konverse: **Projektion**) – zum Verbinden einzelner Perspektiven zu einer Gesamtsicht.

Abbildung 4.15 stellt diese drei sich ergänzenden und orthogonalen Strukturierungsprinzipien zusammen mit den zugrunde liegenden Konstruktionshandlungen dar.

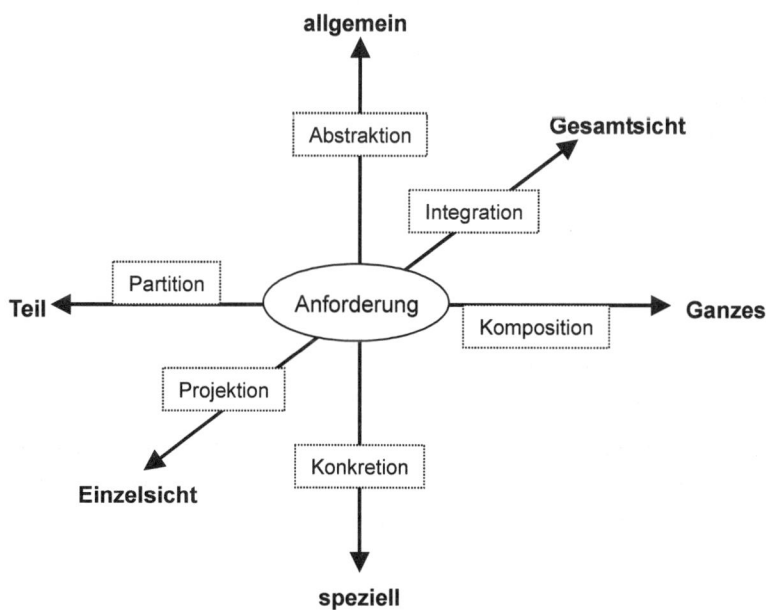

Abbildung 4.15: Strukturierungssprinzipien für Anforderungen

Yeh und Zave haben diese drei von ihnen als *abstraction, partitioning* und *projection* bezeichneten Prinzipien erstmals in [Yeh80] vorgestellt. Eine gute Darstellung dieser Prinzipien gibt auch [Davis93, S. 47 ff].

Wie Davis dabei richtig schreibt, nutzen gute Anforderungsanalytiker diese Prinzipien ganz selbstverständlich zur Problemanalyse und zur Spezifikation von Anforderungen:

> »*Yeh and Zave [Yeh80] were the first to isolate partitioning, abstraction, and projection as three underlying principles of structuring used during problem analysis. Usually analysts are no more aware of their use than speakers are consciously aware that they are using a noun or a verb. Just as speakers simply speak, analysts simply analyze.*« [Davis93, S. 48]

Die Kenntnis dieser drei Prinzipien hilft jedem Analytiker, die in seinem konkreten Kontext geeignetste Struktur für eine Problembeschreibung auszuwählen.

Abbildung 4.16 zeigt drei Beispiele für die Abstraktion (im Bild unten), die Komposition (links) und die Projektion (rechts).

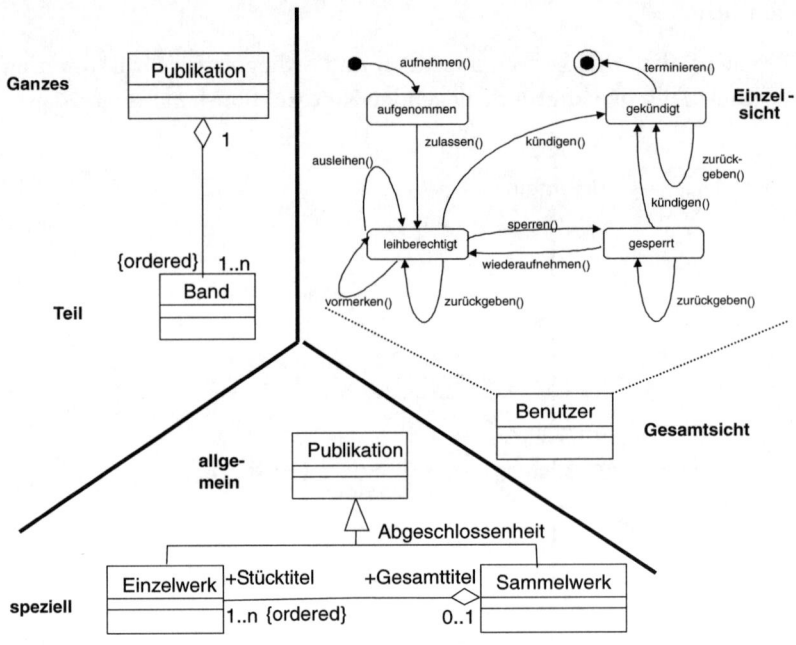

Abbildung 4.16: Beispiele für die drei Konstruktionsprinzipien

Abstraktion und Konkretion

Die Abstraktion fasst Gemeinsamkeiten einer Menge ähnlicher Gegenstände zu einem übergeordneten Gegenstand zusammen. Im unteren Beispiel in Abbildung 4.16 werden beispielsweise die Gemeinsamkeiten von Einzelwerken und Sammelwerken einer Bibliothek abstrahiert zu allgemeineren Objekten einer Klasse *Publikation*. Als unterscheidendes Merkmal der beiden Unterklassen (sog. *Diskriminator*) ist die *Abgeschlossenheit* angegeben, d.h. unter *Einzelwerk* fallen abgeschlossene Publikationen, unter *Sammelwerk* fallen Publikationen mit mehreren Einzelwerken.

Eine Instanz der Klasse *Einzelwerk* ist etwa die Publikation »Der Rational Unified Process« von Philippe Kruchten. Ein anderes Einzelwerk mit dem Sachtitel »Metaclasses and Their Application« und dem Titelzusatz »Data Model Tailoring and Database Integration« stammt von W. Klas und M. Schrefl. Dieses Einzelwerk ist als Stücktitel Teil eines Sammelwerks mit dem Gesamttitel »Lecture Notes in Computer Science« und den Herausgebern G. Goos, J. Hartmanis und J. van Leeuwen. Sowohl Einzel- als auch Sammelwerke haben gleiche Attribute wie Titel und Verlag, welche zu Publikation abstrahiert werden können.

Die Abstraktion kann sowohl von der Art zur Gattung als auch vom Exemplar zur Klasse erfolgen. Dass etwa unterschiedliche Publikationen als Objekte unter der Klasse *Publikation* zusammengefasst werden können, beruht auf der Abstraktion hinsichtlich der gemeinsamen Eigenschaft aller Publikationen, einen Titel und einen Verlag zu haben.

Die konverse Handlung zur Abstraktion ist die Konkretion. Durch die Konkretion werden Objekte spezialisiert, um sie differenzierter zu beschreiben. Die Klasse *Sammelwerk* kann beispielsweise in Subklassen wie *Fortlaufendes Werk* und weiter in *Periodikum* oder *Serie* verfeinert werden, um eine Unterscheidung zwischen zeitlich begrenzten und zeitlich unbegrenzten Sammelwerken auszudrücken.

Komposition und Partition

Bücher bestehen aus einzelnen Kapiteln. Kapitel setzen sich zusammen aus Absätzen. Absätze bestehen aus Sätzen. Sätze enthalten Wörter. Aus den Bauteilen Motor und Getriebe lässt sich ein Antrieb konstruieren. Schiffe werden zu Konvois und Bücher zu Buchbeständen zusammengefasst. Diese Zusammenfassung oder Komposition von Teilen basiert im Gegensatz zur Abstraktion nicht auf der Ähnlichkeit von Gegenständen, sondern auf ihrer Abhängigkeit im Rahmen eines Ganzen. Sowohl das Ganze als auch die Teile sind Gegenstände der gleichen Beschreibungsebene. Ein Motor ist nicht Exemplar oder Element eines Antriebs, sondern ein Teil des Antriebs.

In Abbildung 4.16 sind zwei Beispiele für eine Komposition dargestellt. Ein Sammelwerk umfasst in der Rolle des Gesamttitels verschiedene Einzelwerke in der Rolle der Stücktitel. Das Ganze *Sammelwerk* besteht also aus verschiedenen Objekten der Klasse *Einzelwerk*.

Ein weiteres Beispiel ist die Beziehung zwischen *Publikation* und *Band*. Die einzelnen Bände eines Einzelwerks oder eines Sammelwerks werden durch Instanzen von *Band* repräsentiert. Ein Beispiel für ein solches in mehreren Bänden erschienenes Einzelwerk ist etwa die Publikation »Semantics« von J. Lyons, welche als »Semantics 1« und »Semantics 2« mit jeweils unterschiedlicher ISBN vorliegt. Demgegenüber ist der genannte Titel »Metaclasses and Their Application« nur als einzelner Band erschienen.

Die konverse Handlung zur Komposition ist die Partition. Durch die Partitionierung werden Objekte in ihre Bestandteile zerlegt, um sie unabhängig voneinander untersuchen und beschreiben zu können. Wurde beispielsweise in der Problemanalyse bisher allgemein von der *Adresse* eines Benutzers gesprochen, wird diese durch die Partitionierung zerlegt in die Adressbestandteile wie *Straße*, *Wohnort* und *Postleitzahl*. Diese können als Teil einer Adresse angesprochen und verfeinert beschrieben werden.

Integration und Projektion

Die Einführung unterschiedlicher Sichten oder Projektionen auf eine Anwendung reduziert die Entwurfskomplexität, weil die sichtenspezifische Informationsmenge geringer als diejenige Informationsmenge ist, welche zur vollständigen Beschreibung der Anwendung notwendig wäre.

Welche Einzelsichten können in der Problemanalyse für eine Systementwicklung unterschieden werden? Die Neumannsche Rechnerarchitektur mit der Unterscheidung von Prozessor und Speicher führt unmittelbar zur Unterscheidung der folgenden beiden Sichten (vgl. dazu die interessante Diskussion in [Backus78]):

▶ **Funktion**

▶ **Datum**

Die Daten beschreiben die Struktur und die Inhalte der Verrichtungsobjekte, die Funktionen spezifizieren die Verrichtungen an diesen Datenstrukturen. Sowohl frühe Analysemethoden für die Anwendungsentwicklung – wie etwa *Hierachy plus Input-Process-Output (HIPO)*, *Informations Systems Design (ISD)* oder *Structured Analysis (SA)* – als auch für die Informationssystemplanung – stellvertretend kann etwa das *Business System Planing (BSP)* genannt werden – untersuchten fast ausschließlich diese beiden Sichten in Daten- und Funktionsmodellen und führten sie etwa in Datenflussdiagrammen zusammen.

Eine stärkere Fokussierung auf die Abläufe und ihre auslösenden Ereignisse kam Ende der Achtzigerjahre auf Seiten der Anwendungsentwicklung durch Methoden wie *Event Response Analysis (ERA)* oder *Modern Structured Analysis (MSA)*. Auf Geschäftsebene setzte sich parallel mit dem *Business Process Reengineering (BPR)* ebenfalls die Geschäftsprozessmodellierung durch.

Als dritte Sicht kann somit die Beschreibung der temporalen Eigenschaften anhand des Kontroll- oder Arbeitsflusses unterschieden werden:

▶ **Prozess** oder **Ereignis**

Wie bereits in Abschnitt 4.1.2 beschrieben, gelten diese drei Sichten sowohl für einen Entwurf nach strukturierten Methoden als auch für den objektorientierten Entwurf. Während in der strukturierten Entwicklung die Trennung zwischen Daten und Funktionen jedoch erhalten bleibt, gründet die objektorientierte Entwicklung gerade auf der Integration von Daten und Funktionen zu einer Einheit, eben dem Objekt.

Die vorgestellten drei Sichten sind für die Analyse von Anwendungen und die Unterscheidung von Anforderungen zumeist ausreichend. Zusätzliche Sichten können für verfeinerte Architekturbeschreibungen in späteren Entwicklungsphasen sinnvoll sein. Dem *Rational Unified Process* liegt beispielsweise eine 4+1-Sicht mit den Elementen *Logische Sicht*, *Implementierungssicht*, *Prozesssicht*, *Verteilungssicht* und *Use-Case-Sicht* zugrunde [Kruchten99, S. 85 f].

Zur Analyse und Beschreibung von Informationssystemen auf Geschäftsebene müssen diese drei Sichten zumindest noch um eine Organisationssicht ergänzt werden, wie sie etwa die *Architektur integrierter Informationssysteme (ARIS)* von Scheer aufweist.

▶ **Organisation**

ARIS unterscheidet als weiteres Element neben einer *Datensicht*, einer *Funktionssicht* und einer *Steuerungssicht* (entspricht der Prozesssicht) noch die *Organisationssicht* (vgl. [Scheer98]). Kapitel 7 gibt eine genauere Beschreibung dieser ARIS-Sichten und zeigt, wie ein Anwendungsbereich anhand dieser unterschiedlichen Sichten spezifiziert werden kann.

Zachmans bekannte *Information Systems Architecture (ISA*, vgl. [Zachman87] und [Sowa92]) für die unternehmensweite Informationsverarbeitung bestimmt demgegenüber als weitere Beschreibungskategorien neben *Daten (WAS)*, *Funktionen (WIE)* und *Prozessen (Ereignissen, WANN)* noch *Lokationen (WO)*, *Aufgabenträger (WER)* und *Unternehmensziele (Gründe, WARUM)*, wobei sich die Beschreibungselemente dieser drei zusätzlichen Sichten auch bei ARIS wieder finden.

Die Bildung von Sichten hilft zum einen bei der Bewältigung von Komplexität, zum anderen trägt sie aber auch sehr gut den unterschiedlichen Problemperspektiven (sog. *viewpoints*) der beteiligten Personen Rechnung. Dies gilt sowohl für die Ermittlung als auch für die Vermittlung von Anforderungen. Benutzer und Fachexperten können beispielsweise ihre Aufgaben und Anforderungen im Allgemeinen sehr gut als Ereignissequenzen oder Szenarien beschreiben. Systemanalytiker tendieren hingegen oft dazu, eine Anwendung zunächst über ihre statischen Eigenschaften, d.h. die jeweiligen Daten- oder Funktionsstrukturen, zu begreifen.

Bemerkenswert ist, dass Zachman aus der Analyse von Gebäudearchitekturen folgerte, dass ein Informationssystemmodell nicht ausreicht, sondern mehrere Teilsichten erforderlich sind, die jeweils bestimmte Adressatenkreise betreffen. In der Anforderungstechnik wurde deshalb auch eine Reihe von Methoden für die Problemanalyse entwickelt, die systematisch die Ermittlung sichtenspezifischer Anforderungen unterstützen und insbesondere auch Wege für die Integration dieser Ergebnisse zu einem Gesamtergebnis aufzeigen (vgl. [Finkelstein92]). Einen Überblick über Methoden gibt [Kontonya98, S. 171 f].

4.5   Qualität von Anforderungen

Welche Eigenschaften sollte eine gut spezifizierte Anforderung haben? In diesem Abschnitt werden angelehnt an Standards wie IEEE 830-1998 Qualitätseigenschaften von Anforderungen und Anforderungsdokumenten vorgestellt.

Diese Qualitätseigenschaften sollen

▶ *konstruktiv* die Erstellung von guten Anforderungen unterstützen und

▶ *analytisch* zur nachträglichen Überprüfung der Güte von Anforderungen dienen.

Um Fehler oder Nachbesserungen zu vermeiden, sollten diese Eigenschaften also nicht nur im Nachhinein im Rahmen von Inspektionen oder Reviews geprüft werden. Viel effizienter ist ihre Nutzung als (verinnerlichte) Checkliste zum Formulieren guter Anforderungen. Diese Qualitätseigenschaften dürfen deshalb auch weniger als Messlatte verstanden werden. Sie sollen vielmehr als Wegweiser helfen, nutzbringendere Ergebnisse zu erzeugen.

Da Qualitätseigenschaften immer auch im Konflikt zueinander stehen können (s.u.), muss ihr Anspruch in der praktischen Arbeit relativiert und abgewogen werden. Eingedenk der folgenden Feststellung von Davis sollte jeder Verantwortliche entscheiden, welche dieser Eigenschaften in welchem Umfang mit den zur Verfügung stehenden Ressourcen umgesetzt werden können (vgl. [Davis93, S. 194]):

»*THERE IS NO SUCH THING AS A PERFECT SOFTWARE REQUIREMENTS SPECIFICATION!*«

In diesem Abschnitt werden zunächst Qualitätseigenschaften einzelner Anforderungen erläutert, anschließend werden Qualitätseigenschaften von Anforderungsdokumenten wie Lastenheft und Pflichtenheft mit einer Vielzahl von Anforderungen vorgestellt.

Abbildung 4.17 stellt diese Qualitätseigenschaften zusammenfassend dar. Die Qualität eines Anforderungsdokuments ergibt sich aus der Qualität der einzelnen enthaltenen Anforderungen plus die spezifischen Eigenschaften des Gesamtdokuments.

Diese Qualitätseigenschaften gelten grundsätzlich für alle Arten von Anforderungen und Anforderungsdokumenten im Kunden-AM, im Produkt-AM und im Projekt-AM. Sicherlich werden die Ansprüche an die Erfüllung dieser Qualitätseigenschaften in Richtung Projekt-AM zunehmen. Während bei Kundenanforderungen möglicherweise größere »Spielräume« etwa bei der Konsistenz und der Eindeutigkeit eingeräumt werden, müssen diese Eigenschaften bei Projektanforderungen erfüllt werden. Rohanforderungen erfüllen diese Ansprüche natürlich nicht, erst durch den Prozess der Konsolidierung im Kunden-AM werden Rohanforderungen zu qualitätsgesicherten Kundenanforderungen.

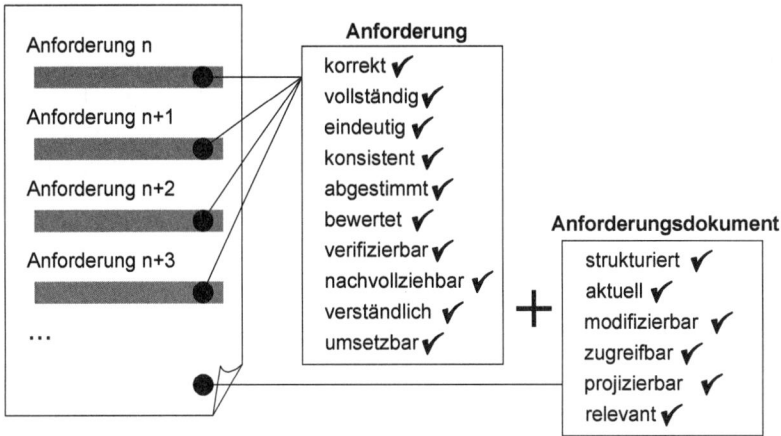

Abbildung 4.17: Qualitätseigenschaften von Anforderungen und Anforderungsdokumenten

4.5.1 Qualität einzelner Anforderungen

Einzelne Anforderungen sollten die folgenden idealen Eigenschaften besitzen:

▶ **Korrektheit** – Ist die richtige Anforderung beschrieben?

▶ **Vollständigkeit** – Ist die Anforderung komplett spezifiziert?

▶ **Eindeutigkeit** – Ist die Anforderung präzise?

▶ **Konsistenz** – Ist die Anforderung widerspruchsfrei?

▶ **Geltung** – Wurde Einigkeit über die Anforderung erzielt?

▶ **Priorisierung** – Wie notwendig, wichtig, dringlich und stabil ist die Anforderung?

▶ **Verifizierbarkeit** – Ist die Anforderung testbar?

▶ **Nachvollziehbarkeit** – Was ist der Kontext der Anforderung?

▶ **Verständlichkeit** – Ist die Anforderung verständlich?

▶ **Umsetzbarkeit** – Kann die Anforderung umgesetzt werden?

Natürlich sind diese Eigenschaften nicht vollständig voneinander unabhängig. Beispielsweise setzt die Beurteilung der Korrektheit einer Anforderung deren Verständlichkeit und Widerspruchsfreiheit voraus. Umgekehrt können die Eigenschaften Eindeutigkeit und Verständlichkeit in einem Konflikt zueinander stehen: Jede Verbesserung der Verständlichkeit einer formal definierten Anforderung, etwa durch deren umgangssprachliche Paraphrasierung, birgt die Gefahr vager und wiederum mehrdeutiger Fomulierungen.

Korrektheit

Eine Anforderung ist genau dann korrekt, wenn sie eine Eigenschaft beschreibt, welche das zu entwickelnde Anwendungssystem erfüllen soll. Korrektheit bedeutet, dass die Anforderung die wirklichen Bedürfnisse und Intentionen des Anforderungsstellers im Kontext der geplanten Anwendung ausdrückt. Die Korrektheit einer Anforderung kann deshalb letztlich immer nur durch die Quelle der Anforderung beurteilt oder gegen andere Herkunftsdokumente geprüft werden.

Beispiel:

> *Das System soll sicherstellen, dass ein Bibliotheksbenutzer ein ausgeliehenes Buchexemplar nur einmal verlängern darf.*

Ob diese Anforderung korrekt ist oder ob etwa alternativ dazu eine zweimalige Verlängerung möglich sein soll, kann nicht der Anforderungsermittler oder ein Werkzeug verifizieren. Der Anforderungssteller muss die dokumentierte Anforderung lesen, verstehen und verbindlich bestätigen können.

Eine korrekte Anforderung sollte problemgebunden sein und sie sollte möglichst keine »versteckte« Lösung im Sinne von Design- oder Implementierungsvorgaben enthalten. Ein Beispiel für eine solche versteckte Lösung wäre etwa folgende Anforderung:

> *Benutzern soll der Zugang zum System nur mit Hilfe eines Passworts möglich sein.*

Folgende Umformulierung dieser Anforderung vermeidet den Lösungsaspekt:

> *Das System soll den Zugriff nur autorisierten Benutzern gestatten.*

Die Fokussierung auf die Problembindung hilft die *Essenz* eines Systems unabhängig von der konkreten Implementierung zu formulieren (vgl. Kapitel 2). Problemgebundene Anforderungen sind dauerhafter und unterliegen einer geringeren Fluktuation als Anforderungen, die Lösungen vorwegnehmen. Durch eine Fokussierung auf problemgebundene Anforderungen wird die Forderung nach der Stabilität der Anforderungen direkt unterstützt.

Vollständigkeit

Eine Anforderung sollte die jeweilige gewünschte Funktionalität oder den geforderten Sachverhalt vollständig beschreiben, d.h. alle für die folgenden Schritte notwendigen Informationen enthalten. Unvollständige Anforderungen oder offene Punkte sollten als solche gekennzeichnet werden. Werden zur Beschreibung von funktionalen Anforderungen etwa Anwendungsfälle genutzt, sollten alle Eingaben oder eintreffenden Ereignisse, die möglichen Ausnahmen oder Varianten und die gewünschten Reaktionen detailliert beschrieben sein.

Ein Beispiel für eine unvollständige Anforderung wäre etwa:

Das System soll eine Volltextsuche in allen Periodika ermöglichen.

Diese Anforderung wäre etwa dahingehend zu vervollständigen, dass klar ist, was genau mit »allen Periodika« gemeint ist und ab wann diese Anforderung gilt, d.h. sollen auch alte Jahrgänge für die Volltextsuche zugänglich gemacht werden oder nur neue Jahrgänge.

Die Forderung nach Vollständigkeit soll sicherstellen, dass alle Beteiligten ein umfassendes, möglichst lückenloses Problemverständnis erreicht haben. Um den Umfang von Anforderungsspezifikationen in einem erträglichen Umfang zu halten und definitorische Regresse zu vermeiden, darf diese Vollständigkeit jedoch nicht absolut beansprucht werden:

»The notion of completeness of a requirement specification is problematic. There is no analytic procedure for determining when the users have told the developers everything that they need to know in order to produce the system required. This is true both because there is no easy way of telling what are all the functions that the system is expected to do, and because there is no simple way of determining when the requirements contain enough information to overcome the difference in experience and education between the users and the development team.« [McDermid91a:II/3]

Eindeutigkeit

Eine Anforderung ist eindeutig, wenn sie nur auf eine Art und Weise verstanden werden kann. Der dargestellte Sachverhalt sollte exakt interpretierbar sein und damit für alle Leser die gleiche Bedeutung besitzen. Da aus Gründen der Verständlichkeit auf die natürliche Sprache bei der Formulierung von Anforderungen nicht verzichtet werden kann, sollte zumindest sichergestellt werden, dass alle verwendeten Fachbegriffe eindeutig definiert sind und einheitlich verwendet werden.

Beispiel (wird in Kapitel 5 noch einmal aufgegriffen):

Das System soll sicherstellen, dass ein Bibliotheksbenutzer nicht dasselbe Buch mehrmals vormerken darf.

Ohne eine Definition von *Buch* ist fraglich, ob durch diese Anforderung ausgeschlossen werden soll, dass ein Bibliotheksbenutzer sich nur nicht mehrmals in die Vormerkliste desselben, identischen Buchexemplars eintragen darf (in andere Exemplare dieser Publikation aber sehr wohl), oder ob es Benutzern auch nicht erlaubt sein soll, andere Exemplare der gleichen Publikation vorzumerken.

Da in Bibliotheken teilweise nur der erste Fall verboten ist, sollte die Anforderung deshalb präziser lauten:

Das System soll sicherstellen, dass ein Bibliotheksbenutzer nicht dasselbe Buchexemplar mehrmals vormerken darf.

Konsistenz

Jede Anforderung sollte mit sich selbst und mit anderen Anforderungen oder definierten Rahmenbedingungen (Geschäftszielen ...) widerspruchsfrei sein. Diese Forderung
klingt relativ einfach. In umfangreicheren Projekten mit einer Vielzahl von Anforderungsstellern und Anforderungen bereitet aber gerade die Gewährleistung dieser Konsistenz der Anforderungen große Schwierigkeiten. Eine gute Technik zur Vermeidung
von Konflikten sind Konfliktmatrizen, welche anzeigen, welche Anforderungen potenziell in Konflikt zueinander stehen – z.B. Effizienz und Erweiterbarkeit.

Ein einfaches Beispiel für inkonsistente Aussagen ist etwa:

> *Für alle Bibliotheksbenutzer beträgt die erste Mahngebühr 2.-- DM.*
>
> ....
>
> *Studenten zahlen für eine Mahnung generell eine Gebühr von 1.-- DM.*

Da Studenten auch Bibliotheksbenutzer sind, gilt die erste Aussage entweder nicht für
alle Bibliotheksbenutzer oder die zweite Aussage ist falsch.

Geltung

Spezifizierte Anforderungen sollen von allen Beteiligten getragen werden. Die Abstimmung ist sowohl von Seiten der Auftraggeber als auch von Seiten der Auftragnehmer
und natürlich gegenseitig erforderlich. Alle Beteiligten mit ihren unterschiedlichen
Sichtweisen und Zielvorstellungen müssen deshalb einen Konsens über die Anforderungen erreichen.

Von Seiten der Anwendungsentwickler ist dieser Konsens einfach deshalb notwendig,
weil diese die Anforderung unter den gesetzten Rahmenbedingungen umsetzen müssen. Die Geltung der Anforderungen für Kunden, Fachexperten und Benutzer ist erforderlich, da diese für die Umsetzung bezahlen und die mit der Einführung eines
Anwendungssystems verbundene implizite Setzung von Normen akzeptieren müssen.

Priorisierbarkeit

Alle Anforderungen sollten durch die Beteiligten bewertet werden, um ein Ranking
der Anforderungen für den Entwurf und die spätere Umsetzung zu ermöglichen. Nur
durch eine frühzeitige Priorisierung von Anforderungen besteht die Möglichkeit, Entwicklungsprojekte geeignet zu schneiden, Ressourcenknappheit zu begegnen und die
Entwurfskomplexität in den Griff zu bekommen. Die Priorisierung hilft natürlich auch
die Erstellung von Produkten mit »Goldrandlösungen« (sog. *gold-plating*), d.h. unnötigen und überflüssigen Eigenschaften, zu vermeiden.

Die Priorisierung von Anforderungen erleichtert die Identifikation eines notwendigen
Produktkerns. Der typische Fall, dass Anforderungen gestrichen werden müssen,

erfolgt nicht zufällig, sondern nach vorher festgelegten und abgestimmten Kriterien. Die wichtigsten Priorisierungskriterien sind (ev. weiter unterteilt nach Prozessbereich):

▶ Wichtigkeit

▶ Dringlichkeit

▶ Stabilität

Einige Beispiele mit den sehr einfachen Wertebereichen »hoch«, »mittel«, »gering« für diese drei Kriterien:

> *Das System soll sicherstellen, dass ein Bibliotheksbenutzer ein von ihm selbst ausgeliehenes Buchexemplar nicht vormerken darf. (Wichtigkeit: hoch; Dringlichkeit: mittel; Stabilität: hoch)*

> *Das System soll sicherstellen, dass ein Bibliotheksbenutzer ein von ihm ausgeliehenes Buchexemplar nur einmal verlängern darf. (Wichtigkeit: hoch; Dringlichkeit: hoch; Stabilität: mittel)*

> *Das System soll Rezensionen von Büchern durch Bibliotheksbenutzer ermöglichen. (Wichtigkeit: gering; Dringlichkeit: gering; Stabilität: gering)*

Ein weiteres Kriterium insbesondere für sicherheitsrelevante Bereiche wäre etwa das Risiko der Umsetzung bzw. nicht Nichtumsetzung.

Verifizierbarkeit

Eine Anforderung ist verifizierbar, wenn ein endlicher und finanzierbarer Prozess besteht, mit welchem manuell oder automatisch eindeutig festgestellt werden kann, ob das geplante System die Anforderung erfüllt. Um diese Verifizierung zu ermöglichen, müssen Anforderungen so beschrieben sein, dass sich daraus konkrete Testfälle ableiten lassen, welche zeigen, ob das System die Anforderung erfüllt oder nicht.

Letztlich bedeutet die Forderung nach verifizierbaren Anforderungen die Forderung nach präzisen, operationalisierbaren Anforderungen mit Messwerten und Maßeinheiten. Ein Beispiel für eine nicht verifizierbare Anforderung ist etwa:

> *Das System soll hinreichend schnell reagieren.*

Überprüfbar wäre stattdessen die Anforderung

> *2 Monate nach Einführung des Systems sollen 95 % aller Buchungstransaktionen in mindestens 2 Sekunden abgeschlossen sein.*

Eines der besten Mittel zur Sicherstellung der Verifizierbarkeit ist die Formulierung der Abnahmearten und Abnahmekriterien. Dadurch kann frühzeitig erkannt werden, dass eine Anforderung nicht verifizierbar ist. Durch die Formulierung von Abnahmekriterien wird die Ableitung von Testfällen zu einem späteren Zeitpunkt erleichtert und damit die Wahrscheinlichkeit der Verifizierbarkeit erhöht.

Nachvollziehbarkeit

Eine Anforderung muss eindeutig identifizierbar und mit ihren Kontextinformationen verbunden sein. Die eindeutige Identifikation erlaubt die Bezugnahme auf andere Anforderungen und ermöglicht deren Nachvollziehbarkeit in Beziehung zu andere dokumentierten Ergebnissen. Die einfachste Möglichkeit, diese eindeutige Identifikation und Bezugnahme zu gewährleisten, ist die Vergabe eindeutiger Schlüssel. Im Allgemeinen wird diese Aufgabe natürlich durch ein Werkzeug übernommen:

> *A4711: 2 Monate nach Einführung des Systems sollen 95 % aller Buchungstransaktionen in mindestens 2 Sekunden abgeschlossen sein.*

Nachvollziehbarkeit ermöglicht die Einbettung der Anforderung in den Kontext, der diese prägt und die Anforderung letztlich konstituiert. Die Notwendigkeit der Rückverfolgbarkeit zu den Quellen bei der Überprüfung der Notwendigkeit und Korrektheit von Anforderungen wurde bereits erwähnt. Aspekte der Verfolgbarkeit (*Traceability*) wurden bereits diskutiert.

Verständlichkeit

Dokumentierte Anforderungen sollten für alle Beteiligten und Betroffenen verständlich sein. Da im Anforderungsmanagement eine Vielzahl unterschiedlicher Personen beteiligt sind, ist auch der Einsatz verschiedener, den jeweiligen Personen und Aufgaben angepasster Darstellungsarten notwendig. Dabei kann insbesondere auf die natürliche Sprache und andere nicht formalisierte Beschreibungsmittel (Video...) zumindest als *Erläuterungssprachen* nicht verzichtet werden, auch wenn ihre ausschließliche Verwendung Nachteile hinsichtlich Inkonsistenz, Mehrdeutigkeit, Vagheit usw. birgt.

Wichtigste Regeln für eine gute Verständlichkeit sind die Formulierung kurzer Sätze in Aktivform und die explizite Unterscheidung in verpflichtende (»muss«) und wünschenswerte (»soll«) Anforderungen. In jedem Satz sollte maximal eine Anforderung ausgedrückt werden.

Umsetzbarkeit

Jede Anforderung muss innerhalb der gegebenen Restriktionen – fachliche und technische Rahmenbedingungen, Zeit- und Kostenrahmen etc. – realisierbar sein. Ein gutes Mittel zur Vermeidung unrealisierbarer Anforderungen ist die Einbeziehung von erfahrenen Entwicklern als Berater oder Reviewer. Ein »Reality-Check«, was technisch innerhalb des gegebenen Kostenrahmens machbar ist, sollte möglichst frühzeitig erfolgen. Beispiel:

> *Das System soll dem Bibliotheksbenutzer eine Volltextsuche im gesamten Bibliotheksbestand erlauben.*

Eine solche Anforderung würde sicherlich sehr schnell zurückgezogen oder verworfen werden, wenn offensichtlich ist, welche Kosten für ihre Realisierung anfallen.

4.5.2 Qualität von Anforderungsdokumenten

Ein Anforderungsdokument fasst eine Menge von Anforderungen zusammen. Ein solches Anforderungsdokument sollte ebenfalls bestimmten Qualitätskriterien genügen. Diese sind:

▶ Strukturiertheit – Ist eine klare Gliederung des Dokuments gegeben?

▶ Aktualität – Gibt das Anforderungsdokument den aktuellen Stand wieder?

▶ Modifizierbarkeit – Können die Dokumente verändert und erweitert werden?

▶ Zugriff – Ist ein verteilter Zugriff auf die Dokumente möglich?

▶ Projektion – Können einzelne Sichten oder Auszüge des Dokuments erzeugt werden?

▶ Relevanz – Enthält das Anforderungsdokument alle wichtigen Anforderungen und Kontextinformationen und sonst nichts?

Eine auch nur annähernde Erfüllung dieser Qualitätseigenschaften ist ohne eine Werkzeugunterstützung für die integrierte Verwaltung der Anforderungen und für die weitgehend automatisierte Generierung von Anforderungsdokumenten nicht denkbar.

Die im vorherigen Abschnitt vorgestellten Qualitätseigenschaften für Anforderungen gelten, übertragen auf mehrere Anforderungen, auch für Anforderungsdokumente. Ein Anforderungsdokument ist beispielsweise vollständig, wenn es alle spezifizierten Anforderungen enthält, die für die Nutzer dieses Dokuments relevant sind. Es muss den jeweiligen Problembereich für die vorhandenen Zielgruppen vollständig beschreiben. Unvollständige Anforderungen sind deutlich kenntlich zu machen und separat als Liste der offenen Punkte noch einmal zusammenzufassen. Ähnlich ist ein Anforderungsdokument konsistent, wenn alle Anforderungen in sich und untereinander widerspruchsfrei und eindeutig sind.

Strukturiertheit

Der richtige Aufbau eines Anforderungsdokuments ist ein entscheidender Qualitätsfaktor. Eine gute Struktur erleichtert die Lesbarkeit und steigert damit entscheidend den Nutzen von Dokumenten im Anforderungsmanagement. Die Gliederung der Dokumente sollte in einer Organisation standardisiert sein, um einen schnellen Zugang zu Inhalten zu haben. Weitere elementare Eigenschaften sind Historie, Kennzeichnungen, Verweise und Referenzierungen aller Diagramme und Tabellen, Definition von Begriffen, sowie ein vollständiges Glossar, Abkürzungs- und Quellenverzeichnis.

Ein wichtiger Aspekt der Strukturierung ist die Anpassung von Anforderungsdokumenten an die Nutzung in folgenden Entwicklungsphasen. Wird etwa ein iteratives Vorgehen gewählt, sollte das Pflichtenheft in seinem Aufbau die verschiedenen Iterationen nachvollziehbar machen, verschiedene Detaillierungsgrade von Anforderungen erlauben und Erweiterungen der Ergebnisse auszeichnen.

Aktualität

Anforderungsdokumente sollten zeitnah erstellt werden können und jeweils den aktuellen Stand der Anforderungsspezifikation wiedergeben. Die Historie und der Status des Dokuments sollten jederzeit nachvollziehbar sein. Die Forderung nach Aktualität ist letztlich natürlich nur durch eine weitgehende Generierung von Anforderungsdokumenten zu erfüllen.

Modifizierbarkeit

Eine Anforderungsdokumentation sollte so beschaffen sein, dass Änderungen an den Anforderungen leicht vorgenommen werden können, ohne dass deren Vollständigkeit, Konsistenz und zeitliche Nachvollziehbarkeit (Versionierung) verloren geht. Faktisch unterliegt jede Anforderungsspezifikation mehr oder minder starken Veränderungen. Die Fluktuation von Anforderungen ist speziell bei Projekten mit langen Entwicklungszeiträumen oder instabilem Umfeld hoch. Die Anforderungsspezifikation muss dieser Tatsache strukturell angepasst sein. Eine wichtige Hinweisfunktion liefert an dieser Stelle das Attribut *Stabilitätseinschätzung*, weil es die Gruppierung von Anforderungen nach unterschiedlich stabilen Anforderungen und die Identifizierung eines stabilen Produktkerns erleichtert. Leichte Modifizierbarkeit impliziert weitere Eigenschaften einer Anforderung wie die Identifizierbarkeit und Atomarität. Jede Anforderung sollte nur einmal in der Anforderungsspezifikation vorkommen, um Änderungen lokal an einer Stelle vornehmen zu können.

Zugriff

Anforderungsdokumente werden von einer Vielzahl von Personen erstellt, gelesen und geändert. Idealerweise sollte deshalb eine rollenbasierte Benutzerverwaltung mit differenzierten Zugriffsrechten auf Dokumente umgesetzt sein. Da Entwicklungsprojekte auch zunehmend auf unterschiedliche Lokationen verteilt werden, sollte auch der Zugriff verteilt erfolgen können.

Projektion

Abhängig von den Rollen sollten auch unterschiedliche Sichten auf das Dokument möglich sein, um eine benutzeradäquate Aufbereitung der Inhalte (verschiedene Gliederungen der Anforderungen ...) zu erreichen.

Relevanz

Ein Anforderungsdokument sollte alle Informationen enthalten, welche zur Problembeschreibung und den daraus abgeleiteten Anforderungen notwendig sind, *und sonst nichts*. In ein Lastenheft gehört demnach beispielsweise kein Geschäftsplan.

4.6 Literaturempfehlungen

Zwei wichtige Standards zur Spezifikation von Anforderungen und Strukturierung von Anforderungsdokumenten sind IEEE830-1998 [IEEE830] und IEEE1233-1998 [IEEE1233]. Eine Kenntnis dieser Standards ist zumindest für diejenigen unverzichtbar, welche Vorgaben und Beschreibungsmuster zur Anforderungsdefinition entwerfen.

Beide Standards sind im hervorragenden Sammelband von Thayer und Dorfmann wiedergegeben [Thayer98, S. 207–280]. Neben einem weiteren IEEE-Standard (IEEE-1362-1998) enthält dieser Sammelband noch eine Reihe weiterer sehr guter Artikel zur Anforderungsspezifikation. Eine Übersicht verschiedener Standards zur Anforderungsspezifikation mit einer Gegenüberstellung und konsolidierten Gesamtsicht findet der Leser in [Pohl99].

Das wahrscheinlich immer noch beste Buch zur Anforderungsspezifikation ist das Standardwerk von Davis [Davis93]. Davis stellt eingehend verschiedenste Spezifikationstechniken vor. Anhand vieler Beispiele erläutert er deren Gebrauch und vermittelt dem Leser damit ein sehr breites Wissen zum Was und Wie der Beschreibung von Anforderungen: Ausführliche Darstellungen zur Qualität von Anforderungen und zur Strukturierung von Anforderungsdokumenten runden dieses gelungene Werk ab.

5 Richtlinien und Empfehlungen

Anforderungsmanagement ist eine anspruchsvolle Aufgabe. Um diese Aufgabe effizient zu bewältigen, sollte auf erprobte Hilfsmittel und Erfahrungen zurückgegriffen werden. In diesem Kapitel werden zunächst Best Practices und anschließend bewährte Techniken für das Anforderungsmanagement vorgestellt. Im Sinne eines Methodenbaukastens sollen sie Verantwortliche bei der Durchführung ihrer Aufgaben unterstützen. Anhand typischer Fragen und Problemstellungen wird im letzten Abschnitt exemplarisch gezeigt, welche dieser Hilfsmittel zur Problembewältigung wie eingesetzt werden können.

5.1 Best Practices

Best Practices sind Heuristiken, die sich bei der Lösung bestimmter Probleme in der Praxis bewährt haben. Best Practices beziehen sich oft auf die Nutzung einer Technik, d.h. sie beinhalten Erfahrungsregeln im Umgang mit Techniken. Beispielsweise hat es sich bewährt, Anforderungen durch Inspektionen zu validieren und zu verifizieren. Die Best Practice dazu wird in diesem Abschnitt eingeführt, die zugehörige Technik stellt Abschnitt 5.2.11 dann ausführlich vor.

Die richtige Auswahl von Best Practices ist nicht immer einfach. Welche Best Practices sind für das Anforderungsmanagement unbedingt erforderlich, auf welche kann verzichtet werden? Sommerville und Sawyer nennen zirka 70 verschiedene Best Practices [Sommerville97]. Davis behandelt 201 für den gesamten Software-Entwicklungsprozess, davon beziehen sich 22 auf das Anforderungsmanagement [Davis95].

Das Auswahlkriterium für die in diesem Abschnitt vorgestellten 20 Best Practices sind einfache Handhabung, Effizienz sowie klare Randbedingungen und Voraussetzungen. Durch die Trennung in elementare und fortgeschrittene Best Practices wird eine am Reifegrad der Organisation orientierte Einführung und Umsetzung der Best Practices möglich. Die empfohlenen jeweils zehn elementaren und zehn fortgeschrittenen Best Practices lassen sich leicht kombinieren und ergänzen sich gut. Alle Best Practices erzielen mit vertretbarem Aufwand erhebliche Verbesserungen im Anforderungsmanagement.

5.1.1 Elementare Best Practices

Häufig können Probleme auf einfache Weise vermieden oder gelöst werden. Die Nutzung der elementaren Best Practices bildet eine grundlegende Voraussetzung für ein erfolgreiches Anforderungsmanagement.

Abbildung 5.1 gibt eine Übersicht und Einordnung der zehn ausgewählten elementaren Best Practices. Ihre Auswahl erfolgt angelehnt an [Sommerville97]. Die Einordnung in die drei Prozessbereiche gibt einen ersten Hinweis, bei welchen Aufgabenstellungen sie angewendet werden können und wo sie den größten Nutzen stiften.

Weiterhin zeigt die Abbildung, ob die Best Practice eher die Steuerung und Verwaltung von Anforderungen unterstützt oder auf der Entwicklungs- und Durchführungsebene bei der Erhebung, Dokumentation und Qualitätssicherung hilft (vgl. zu den Ebenen die Darstellung in Kapitel 2; Best Practices und Techniken für die Prozessverbesserung werden in Kapitel 8 behandelt). Ein Pfeil deutet an, dass diese Best Practice auch in den folgenden Bereichen eingesetzt werden sollte.

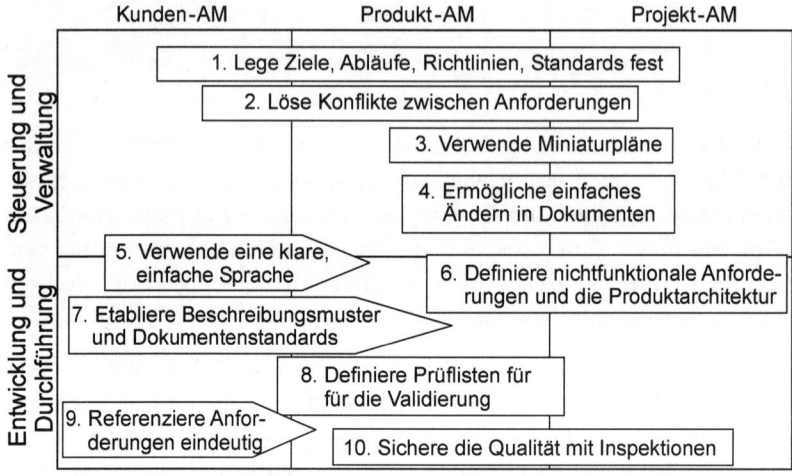

Abbildung 5.1: Elementare Best Practices

1. Lege Ziele, Abläufe, Richtlinien und Standards fest

Die Ziele, Vorgehensweisen und Standards des Anforderungsmanagements sollten explizit als Prozessbeschreibungen und Verfahrensanweisungen dokumentiert und als Teil des Qualitätsmanagementsystems verankert sein.

Diese Best Practice stellt die übergeordnete Voraussetzung für alle weiteren Maßnahmen im Anforderungsmanagement dar. Sie fördert ein einheitliches Vorgehen, indem für alle Beteiligten nachvollziehbare Leitlinien und Konventionen festgelegt werden.

2. Löse Konflikte zwischen Anforderungen

Konflikte zwischen Anforderungen müssen frühzeitig systematisch erfasst, analysiert und zusammen mit den Beteiligten gelöst werden. Wenn Konflikte zwischen den Anforderungen nicht direkt erkannt werden, ist es Aufgabe der Qualitätssicherung, diese – etwa im Rahmen von Inspektionen – aufzudecken. Im Einzelfall kann ein Konflikt einfach auch dadurch gelöst werden, dass Anforderungen mit geringerer Priorität gestrichen werden.

3. Verwende Miniaturpläne

Die Planungsgranularität von Projektplänen, die im Rahmen des Anforderungsmanagements erstellt werden, sollte etwa 2 % des Gesamtbudgets betragen. Bei einem Budget von ca. 50 Personentagen empfiehlt sich eine Planungsgranularität von einem Tag, bei einem Personenjahr etwa eine Woche. Detailliertere Planungen sind aufgrund der oft unklaren Rahmenbedingungen nicht sinnvoll, gröbere Planungen lassen sich nicht mehr kontrollieren.

4. Ermögliche einfaches Ändern in Dokumenten

Anforderungsdokumente werden häufig geändert. Änderungen sollten deshalb einfach durchführbar sein. Insbesondere müssen kleine Modifikationen im Rahmen des Änderungsmanagements möglich sein, ohne komplette Dokumente auszutauschen. Folgende elementare Punkte sollten beachtet werden:

▶ Es sollten Änderungsmarkierungen und Transaktionsmechanismen für Änderungen genutzt werden, wie sie von Textverarbeitungswerkzeugen angeboten werden.

▶ Referenzen erfolgen grundsätzlich nicht fix auf Seitennummern.

▶ Abbildungen und Tabellen sollten eindeutig bezeichnet werden. Alle Abbildungen und Tabellen werden nur über diese Bezeichner referenziert.

▶ Die Kapitel der Dokumente sollten kurz sein; jedes Kapitel beginnt auf einer neuen Seite. Es wird eine kapitelrelative Nummerierung verwendet.

▶ Der beste Lösungsansatz für die Umsetzung dieser Best Practice ist natürlich die automatisierte Generierung von Anforderungsdokumenten aus einem AM-Repository.

5. Verwende eine klare, einfache Sprache

Da Anforderungen von vielen Personen mit unterschiedlichen Kenntnissen und Fähigkeiten gelesen und verstanden werden müssen, sollten sie in einer einfachen Sprache mit kurzen Sätzen, geklärten Fachbegriffen und einfachen Zusammenhängen formuliert werden.

Diese Best Practice erhöht die Verständlichkeit von Anforderungsdokumenten und reduziert die Lesezeiten. Außerdem lassen sich verständliche Anforderungsdokumente mit weniger Aufwand validieren.

6. Definiere nichtfunktionale Anforderungen und die Produktarchitektur

Zumeist wird der Schwerpunkt bei der Anforderungsermittlung auf die funktionalen Anforderungen gelegt. Oft haben aber gerade die nichtfunktionalen Anforderungen einen entscheidenden Einfluss auf die Gestaltung einer Anwendung und deren Akzeptanz durch Kunden und Benutzer.

Die Spezifikation der nichtfunktionalen Anforderungen und die Festlegung einer flexiblen Architektur der Anwendung ist ein wichtiger Erfolgsfaktor für eine erfolgreiche Produktentwicklung. Ein architekturgetriebener Entwurf hilft frühzeitig die Komplexität der Anwendung zu reduzieren und mögliche architekturkorrumpierende Anforderungen zu identifizieren.

Diese Best Practice ist für eingebettete Systeme bzw. Echtzeitanwendungen und die Entwicklung von Produktfamilien essenziell. Eine zumindest grobe Partitionierung in Subsysteme sollte aber grundsätzlich bei allen größeren Produktentwicklungen frühzeitig im Produkt-AM erarbeitet werden. In Kapitel 7 dieses Buches wird gezeigt, wie eine solche Partitionierung ausgehend von den fachlichen Anforderungen der zu unterstützenden Geschäftsprozesse im Rahmen des Produkt-AM definiert werden kann.

7. Etabliere Beschreibungsmuster und Dokumentenstandards

Für die Beschreibung von einzelnen Anforderungen und Anforderungsdokumenten sollten Beschreibungsmuster und Dokumentenstandards festgelegt sein. Anforderungsdokumente sollten eine einheitliche Gliederung haben. Dies erleichtert die Erstellung und verbessert die Verständlichkeit, die Suche und die Navigation. Dokumentenmuster und -standards können außerdem in Prüflisten für formale Prüfungen genutzt werden.

Diese Best Practice lässt sich einfach umsetzen und ist ein guter Einstieg in erste Verbesserungsmaßnahmen des Anforderungsmanagements. Für die Einführung von organisationsweiten Dokumentenstandards kann auf eine Vielzahl nationaler und internationaler Standards und Normen zurückgegriffen werden. Bei der Festlegung von Standards sollten jedoch Varianten und Freiheitsgrade zugelassen und berücksichtigt werden, um auf diese Weise auch verschiedene Anwendungsfälle angemessen zu berücksichtigen und die Nutzung von Dokumentenmustern nicht einzuschränken.

8. Definiere Prüflisten für die Validierung

Zur Validierung und Analyse von Anforderungen sind Prüflisten gut geeignet. Mittels Prüflisten können mit geringem Aufwand Anforderungen inhaltlich untersucht und verbessert werden. Ein Beispiel einer solchen Liste zur Prüfung eines Lastenhefts wird im folgenden Abschnitt gegeben (vgl. 5.2.11).

9. Referenziere Anforderungen eindeutig

Jede Anforderung sollte mit einem eindeutigen dokumentenübergreifenden Schlüssel versehen und ausschließlich über diesen Identifikator referenziert werden. Ein eindeutiger Schlüssel ist eine wichtige Voraussetzung für die Nachvollziehbarkeit von Anforderungen über Trace-Tabellen sowie für die Versionierung und das Änderungsmanagement. Werden Anforderungen in einer Datenbank verwaltet, ist die eindeutige Identifikation und Referenzierung unmittelbar durch den Primärschlüssel sichergestellt.

10. Sichere die Qualität mit Inspektionen

Nur Anforderungen und Anforderungsdokumente, die sorgfältig geprüft worden sind, sollten für die folgenden Entwicklungsphasen freigegeben werden. Inspektionen sind dafür die effizienteste Validierungstechnik. Umfangreiche Studien belegen, dass Inspektionen mit wenig Aufwand sehr viele Fehler in Anforderungen bzw. in Anforderungsdokumenten aufdecken und auf diese Weise nicht nur die Qualität der Dokumente signifikant erhöht wird, sondern auch die Vorgehensweise in der Anforderungsphase reflektiert und verbessert werden kann.

5.1.2 Fortgeschrittene Best Practices

In diesem Abschnitt werden weiterführende, fortgeschrittene Best Practices beschrieben. Ihre Anwendung ist im Allgemeinen erst sinnvoll, wenn die elementaren Best Practices in der Organisation bereits etabliert sind. Abbildung 5.2 gibt eine Einordnung und Übersicht dieser fortgeschrittenen Best Practices.

11. Verfolge die Top-10-Risiken

Das Verfolgen der zehn Hauptrisiken ist eine »light«-Variante des Risikomanagements. Weil das Risikomanagement in Projekten häufig zu kurz kommt, sollte bei weniger kritischen Projekten zumindest dieses einfache Verfahren der Risikokontrolle angewendet werden.

Die Risiko-Top-10 enthält eine Auflistung der zehn wichtigsten aktuellen Projektrisiken. Diese Liste wird in Abständen von ein bis zwei Wochen aktualisiert, um die Projektbeteiligten permanent auf zentrale Risiken und deren Vermeidung hinzuweisen.

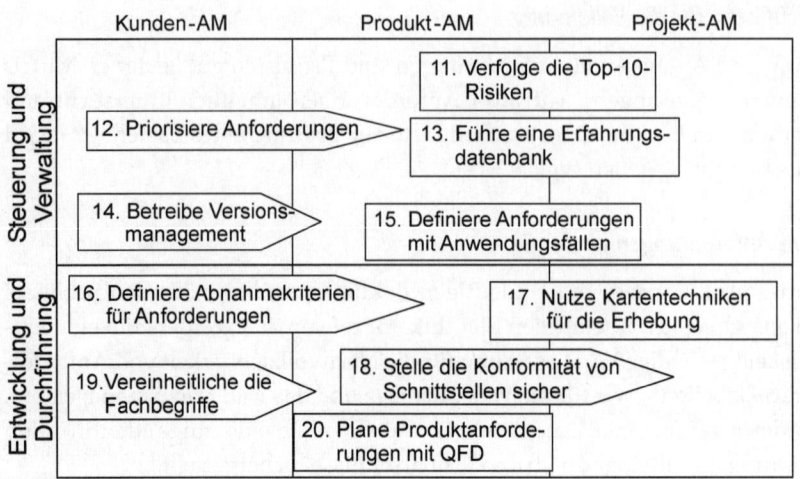

Abbildung 5.2: *Fortgeschrittene Best Practices*

Neben der Auflistung der Risiken enthält die Risiko-Top-10 zu jedem Risiko die wichtigsten Gegenmaßnahmen. Die Verwendung einer solchen Risikoliste schafft Problembewusstsein, ist konstruktiv und kann die Projektrisiken erheblich reduzieren.

12. Priorisiere Anforderungen

Aufwands*unter*schätzungen und Ressourcenknappheit sind in Entwicklungsprojekten die Regel. Daraus folgt die unbedingte Notwendigkeit einer Priorisierung von Anforderungen, um eine Fokussierung auf die wichtigen Eigenschaften einer Anwendung zu erreichen.

Alle Anforderungen sollten aus Sicht der wesentlichen beteiligten Parteien nach Kriterien wie *Wichtigkeit, Dringlichkeit* und *Stabilität* bewertet werden, um die Releaseplanung und die Reihenfolge der Umsetzung zu steuern.

13. Führe eine Erfahrungsdatenbank

Wichtige Erfahrungen aus der Entwicklung und dem Betrieb sollten in einer Erfahrungsdatenbank festgehalten werden. Das Hauptziel und der Zweck einer solchen Datenbank ist die Unterstützung nachhaltiger Prozess- und Produktverbesserungen. Erfahrungsdaten helfen die Entstehung von Fehlern zu analysieren und durch Verbesserung der Entwicklungsprozesse ähnliche Fehler in der Zukunft zu vermeiden.

14. Betreibe Versionsmanagement

Anforderungen und Anforderungsdokumente sollten dem Versions- bzw. Konfigurationsmanagement unterliegen. Ein funktionierendes Versionsmanagement ist wichtig, da sich Anforderungen oft ändern und immer sichergestellt sein muss, dass Anforderungen und Anforderungsdokumente sowohl in der jeweils aktuellen Fassung vorliegen, als auch alte Versionen jederzeit reproduzierbar sind.

15. Definiere Anforderungen mit Anwendungsfällen

Das Ziel der Anwendungsfallmodellierung ist die Spezifikation der notwendigen Dienste eines Anwendungssystems. Anwendungsfälle haben sich bewährt, um Anforderungen aus Benutzersicht zu beschreiben und den Übergang vom Anwendungs*bereich* zum Anwendungs*system* zu bewerkstelligen. Anwendungsfälle eignen sich sowohl für die objektorientierte als auch für die strukturierte Entwicklung.

16. Definiere Abnahmekriterien für Anforderungen

Für jede Anforderung sollten zunächst die Abnahmeart (Prototyp, Review, ...) und anschließend die Abnahmekriterien festgelegt werden. Abnahmekriterien legen Bedingungen fest, die für die Akzeptanz der Umsetzung der Anforderungen gelten sollen.

Werden Abnahmekriterien nicht sofort detailliert definiert, sollte zumindest die Art und Weise ihrer Definition in späteren Schritten vereinbart werden. Können diese Merkmale auf einer Skala gemessen werden, liegt ein quantitatives Kriterium vor. Die übrigen Abnahmekriterien sind qualitativer Art. Beispiele für qualitative Abnahmekriterien sind die Zustimmung eines Kunden bei einer Demo oder die Akzeptanz eines Prototyps.

17. Nutze Kartentechniken für die Erhebung

Kartentechniken unterstützen die *gemeinsame* und *kreative* Erarbeitung von Anforderungen durch verschiedene Personen. Durch die nur wenig formalisierte Darstellung können alle an der Definition von Anforderungen beteiligten Personen in ihren unterschiedlichen Rollen flexibel in den Prozess einbezogen werden. Der Nutzen von Kartentechniken aus Sicht der Anforderungserhebung besteht in der spielerischen Erhebung und Vervollständigung von Anforderungen. Konfliktsituationen können dadurch oft frühzeitig vermieden werden.

18. Stelle die Konformität von Schnittstellen sicher

Bei vielen Systemneu und -weiterentwicklungen bereiten interne und externe Schnittstellen große Schwierigkeiten. Das Hauptproblem besteht in der Konformität von Schnittstellen. Schon kleine Abweichungen in den Schnittstellen können große Fehler nach sich ziehen. Der Übereinstimmung von Schnittstellen muss deshalb besonderes Augenmerk gewidmet werden, bei der Erstellungen von Anforderungsdokumenten ist auf die genaue und ausführliche Beschreibung von Schnittstellen zu achten.

Ebenso sollten bei der Validierung und Verifikation von Anforderungsdokumenten spezielle Prüflisten für Schnittstellen verwendet werden. Problem Frames und Anwendungsfälle sind gute Techniken zur Fokussierung auf die Schnittstellenbeschreibung. Abhängig vom zugrunde liegenden Problem kommt man durch ihre Nutzung zu einer guten Strukturierung der Anforderungen und der Schnittstellen einer Anwendung.

19. Vereinheitliche die Fachbegriffe

Missverständnisse und Fehlinterpretationen sind eine der häufigsten Fehlerquellen im Anforderungsmanagement. Durch eine Standardisierung bzw. Normierung der wesentlichen Fachbegriffe können diese Fehlerquellen vermindert werden. Nomenklaturen, Glossare oder konzeptionelle Datenmodelle unterstützen die präzise Beschreibung von Anforderungen und stellen sicher, dass alle Beteiligten ein gleiches Verständnis der verwendeten Fachbegriffe entwickeln.

20. Plane Produktanforderungen mit QFD

Die Ableitung von Produktanforderungen aus Kundenanforderungen und die Planung von Produktmerkmalen stellt eine der schwierigsten Aufgaben des Produktmanagements dar. *Quality Function Deployment (QFD)* eignet sich gut für die Ableitung von Produktanforderungen aus Kundenanforderungen. Es unterstützt nachhaltige Produkt (weiter)entwicklungen. Da QFD gut skaliert, ist es auch für umfangreichere Produktplanungen nützlich.

5.1.3 Zusammenfassung

Tabelle 5.1 gibt eine Übersicht und Bewertung der 20 ausgewählten elementaren und fortgeschrittenen Best Practices hinsichtlich der folgenden vier Aspekte:

▶ *Einführungsaufwand.* Wie hoch ist der relative Aufwand (hoch, mittel, gering) für die Einführung der Best Practice durch Schulung, Werkzeugbereitstellung ...?

▶ *Nutzungsaufwand.* Wie hoch ist der relative Aufwand (hoch, mittel, gering) für den täglichen Einsatz der Best Practice?

▶ *Verwandte Best Practices.* Welche anderen Best Practices stehen in einem engen funktionalen Zusammenhang?

▶ *Verweis/Technik.* Wo stehen in diesem Buch Informationen zur Umsetzung der Best Practice, durch welche Technik wird die Anwendung der Best Practice unterstützt?

Die Best Practice *Ermögliche einfaches Ändern in Dokumenten* (Nr. 4) hat beispielsweise einen geringen Einführungsaufwand und einen sehr geringen Nutzungsaufwand. Verwandte Best Practices sind *Etabliere Beschreibungsmuster und Dokumentenstandards, Referenziere Anforderungen eindeutig* und *Betreibe Versionsmanagement.* Die ersten beiden Best

Practices schaffen die Voraussetzungen dafür, dass Änderungen einfacher korrekt durchgeführt werden können, die letzte Best Practice stellt sicher, dass diese Änderungen nachvollziehbar sind.

#BP	Einführungs-aufwand	Nutzungs-aufwand	VerwandteBP	Verweis/Technik
1	mittel	gering	7	Kap. 3, Kap. 4, Kap. 8
2	gering	mittel	6,10,12,16,17	Mediation, Anforderungspriorisierung
3	gering	gering	9,11,20	Kap. 3
4	gering	sehr gering	7,9,14	Kap. 4, Kap. 6
5	gering	sehr gering	7,19	Kap. 4, Bedeutungsanalyse
6	hoch	hoch	2,7,15,18,20	Kap. 7
7	mittel	gering	1,5,6,8,10,12,15	Kap. 3, Kap. 4
8	mittel	gering	7,10,16	Inspektion
9	sehr gering	sehr gering	3,4,14	Kap. 4, Kap. 6
10	mittel	mittel	2,7,8	Inspektion
11	mittel	mittel	3,13	Risiko-Top-10
12	gering	mittel	2,7,17	Anforderungspriorisierung
13	mittel	hoch	11	Kap. 6, Kap. 8
14	mittel	mittel	4,9	Kap. 3
15	mittel	mittel	3,6,7,18,20	Anwendungsfälle
16	mittel	hoch	2,8	Kap. 4
17	gering	mittel	2,12	Snowcards, CRC-Karten
18	hoch	hoch	6,15	Problem Frames, Anwendungsfälle
19	hoch	gering - mittel	5	Bedeutungsanalyse
20	hoch	hoch	3,15,20	Quality Function Deployment

Tabelle 5.1: Übersicht und Bewertung der Best Practices

Weitere Hinweise zur Auswahl und zu Zusammenhängen von Best Practices gibt Abschnitt 5.3.

5.2 Techniken für das Anforderungsmanagement

In Kapitel 3 wurde das Vorgehen im Anforderungsmanagement beschrieben, also *was* zu tun ist. Techniken zeigen, *wie* diese Aktivitäten effizient ausgeführt werden können: »Techniques are thus ways of doing things.« [Graham97, S.133] In einer Aktivität können mehrere Techniken angewendet werden, um ein bestimmtes Ergebnis zu erreichen und eine Technik – wie etwa das Brainstorming oder der Anforderungsworkshop – kann in unterschiedlichen Aktivitäten verwendet werden.

Zunächst gibt Abschnitt 5.2.1 einen Überblick über die Bandbreite möglicher Techniken im Anforderungsmanagement. Anschließend werden 13 ausgewählte Techniken detailliert erläutert.

5.2.1 Überblick über die Techniken

Dieser Abschnitt stellt zunächst Techniken für die operativen Aufgaben im Anforderungsmanagement von der Ermittlung von Anforderungen, über die Analyse, Dokumentation und Qualitätssicherung bis zur Verständigung vor. Anschließend wird kurz auf Techniken für die Verwaltungs- und Querschnittsaktivitäten im Risiko-, Änderungs- und Umsetzungsmanagement eingegangen. Soweit die Anwendung dieser Techniken spezifisch für einen der Prozessbereiche Kunden-, Produkt- und Projekt-AM zur Anwendung kommt, wird dies erläutert.

Ermittlung von Anforderungen

Die Anforderungsermittlung ist ein kommunikationsintensiver, kreativer Prozess. Mehr als alle anderen Entwicklungsprozesse ist er geprägt von der intensiven Zusammenarbeit einer Vielzahl von Personen in unterschiedlichen Rollen und Erwartungshaltungen. Um diesen Prozess zu unterstützen, werden viele unterschiedliche Techniken genutzt. Die verbreitetsten sind:

▶ Dokumentenanalyse mit Texttransformation und Textfragmentierung

  – Fachliteraturstudium zum Problembereich oder zu Produktbeschreibungen
  – Protokollanalysen (retrospektiv)

▶ Befragungen der Betroffenen und Beteiligten

  – Fragebogen
  – Anforderungsinterview (unstrukturiert, strukturiert)

▶ Gruppentechniken

  – Anforderungsworkshop (Kundenworkshops, Visionsworkshop)
  – Kartentechniken (Snowcards, CRC-Karten)
  – Kreativitätstechniken (Metaplan, Brainstorming, Mind-Maps, Fishbone-Chart, Rich-Pictures)

▶ Beobachtungen (Tätigkeitsanalysen)

  – Direkte Beobachtung
  – Indirekte Beobachtung
  – Multimomentstudien
  – Selbstaufschreibung

▶ Mitarbeit

Alle diese Techniken lassen sich gut miteinander kombinieren. Die Auflistung dieser Techniken orientiert sich in etwa an der Reihenfolge ihrer Nutzung in der Erhebungs-phase. In der Literatur finden sich eine Vielzahl weiterer Techniken und Klassifi-zierungsmöglichkeiten. Eine umfangreiche, sehr gute Verweisliste ist [Boose93] zu entnehmen.

Die Dokumentenanalyse hilft eine erste Übersicht über den Anwendungsbereich zu erhalten. Interviews sind eine effektive Technik zur Aufnahme *aktueller* Defizite und resultierender detaillierter Bedürfnisse aus Sicht der Anwender. Um *zukünftige* Anfor-derungen zu antizipieren oder Produktvisionen zu entwerfen, eignen sich am besten Workshops in Verbindung mit verschiedenen Kreativitätstechniken. Beobachtungen und die aktive Mitarbeit helfen ein tieferes Verständnis für die Anforderungen zu gewinnen und deren Vollständigkeit besser abzusichern.

Bei der Anwendung dieser Techniken sollte grundsätzlich immer versucht werden, sog. *epipraktische* Techniken wie Dokumentenanalyse, Interview oder Workshop – die Gegenstände des Problembereichs sind in der Erhebungssituation nicht unmittelbar präsent – mit *empraktischen* Techniken wie Beobachtung oder Mitarbeit – die Erhebung erfolgt unmittelbar im Problembereich – zu kombinieren. Durch diese Kombination lassen sich bekannte Schwierigkeiten der Erhebung zumindest teilweise mindern. Diese Schwierigkeiten liegen u.a. darin, dass Fachexperten häufig ihr Fachwissen nicht artikulieren können (sog. *knowledge engineering paradoxon*), Fachabteilungen nur sehr vage Vorstellungen vom späteren Einsatzbereich eines Anwendungssystems besitzen und Anwender oder Fachexperten die durch die Einführung eines Anwendungssys-tems bewirkten Veränderungen im Anwendungsbereich und daraus resultierende Anforderungen nur schwer abschätzen können.

Welche Erhebungstechniken sind für welche Erhebungsinhalte geeignet? Welcher Auf-wand ist mit der Erhebung verbunden? Was ist das Erhebungsziel und die Erhebungs-art? In welchem AM-Prozessbereich nützt die Technik besonders? Tabelle 5.2 gibt eine Bewertung verschiedener Techniken anhand dieser Kriterien.

Anhand des *Erhebungsziels* wird angegeben, ob sich eine bestimmte Erhebungstechnik eher für die erstmalige Feststellung von neuen Anforderungen, für die Verfeinerung oder für die Qualitätssicherung von bereits erhobenen Anforderungen eignet. Die *Erhe-bungsart* gibt an, wie die Erhebungsquelle ihr Wissen zur Verfügung stellt. Erhebende Instanz und Quelle können miteinander in einem Dialog kommunizieren oder die Erhe-bungsquelle gibt ihr Wissen in einem Monolog weiter. Durch den *Erhebungsaufwand* wird der Ressourceneinsatz, d.h. insbesondere die Erhebungszeit mit notwendiger Vor- und Nachbereitung, beurteilt. In den folgenden drei Spalten wird angegeben, inwieweit sich diese Technik zur Erhebung spezifischer funktionaler Aspekte eignet. Der Bewer-tungspunkt »bekannt« meint, dass diese Information vor Anwendung der Technik bereits vorhanden sein sollte. Die letzte Spalte gibt einen Hinweis, für welchen *AM-Pro-zessbereich* diese Technik geeignet ist.

Bewertungs- kriterium Erhebungs- technik	Erhe- bungs- ziel	Erhe- bungs- art	Erhe- bungs- auf- wand	Daten/ Res- sourcen	Tätig- keiten/ Rollen	Pro- zesse/ Zeiten	AM-Pro- zess- bereich
Fachliteraturstudium	S	M	M	++	+	=?	K, Pr, P
Protokollanalysen	V, K	M	H	+	++	++	P
Fragebogen	S	M	M, H	+	=?	=?	K, Pr
Strukturiertes Interview	S, V	D	L, M	+	+	+	K, Pr, P
Anforderungsworkshop	S, V	D	H	=?	++	+	K, Pr, P
Kartentechniken	S, V, K	D	M, H	--	++	+	Pr
Kreativitätstechniken	S, V, K	D	L	=?	++	+	Pr, P
Direkte Beobachtung	V, K	D	L, M	=?	+	++	P
Indirekte Beobachtung	V, K	M	M	--	+	++	P
Multimomentstudien	V, K	M	M, H	#	#	+	P
Selbstaufschreibung	V, K	M	M	#	#	+	P
Mitarbeit	S, V, K	D, M	H	=?	++	++	P

Tabelle 5.2: Bewertung von Erhebungstechniken

Ziel:	Art:	Aufwand:	Eignung:	Prozessbereich:
S: Sammlung	D: Dialog	H: Hoch	++: Sehr gut	K: Kunden-AM
V: Verfeinerung	M: Monolog	M: Mittel	+: Gut	Pr: Produkt-AM
K: Kontrolle		G: Gering	=?: Bedingt	P: Projekt-AM
			--: Schlecht	
			#: bekannt	

Nach Tabelle 5.2 eignet sich beispielsweise die *Indirekte Beobachtung* insbesondere für die Verfeinerung und Kontrolle erhobener Anforderungen. Die Erhebungsart ist ein Monolog, der Erhebende übt keinen unmittelbaren Einfluss auf die Erhebungsquelle aus. Der Aufwand für die Erhebung ist mäßig, notwendig ist ein ausreichendes Vorwissen von Seiten des Erhebenden. Die indirekte Beobachtung eignet sich nur wenig zur Erhebung von Anforderungen zu Daten oder Ressourcen, Anforderungen zu Tätigkeiten und Abläufen können mit dieser Technik aber verfeinert oder validiert werden.

Bei einer solchen Beurteilung verschiedenster Erhebungstechniken ist natürlich zu beachten, dass in einer konkreten Erhebungssituation eine Reihe weiterer Einflussfaktoren – etwa die Art und Komplexität des Anwendungsbereichs, Möglichkeiten zur Nutzung von Video- und Audio-Technologien, die Verfügbarkeit von Wissensquellen und der Kenntnisstand befragter Personen (Laie bis Experte) – berücksichtigt werden müssen und ganz entscheidend die Auswahl von Erhebungstechniken bestimmen. Gute Übersichten und Bewertungen verschiedener Erhebungstechniken gibt [Hoffmann00,

S. 29 ff]. Die Bewertungen sind differenziert nach Standard- und Individualentwicklungen bzw. Entwicklung und Beschaffung.

In den Abschnitten 5.2.2 und 5.2.3 werden mit dem Anforderungsinterview und dem Anforderungsworkshop die beiden wichtigsten allgemeinen Erhebungstechniken vorgestellt. Abschnitt 5.2.4 beschreibt als gute Technik für die Anforderungsermittlung speziell in der Anwendungsentwicklung die sog. Snowcards. Als weitere spezifische Techniken erläutern die Abschnitte 5.2.5 und 5.2.6 die Nutzung von CRC-Karten und Anwendungsfällen. Diese spezifischen Techniken markieren allerdings bereits den Übergang zur Analyse von Anforderungen, d.h. ihr Nutzen liegt nicht mehr primär in der Erhebung von Anforderungen.

Die wichtigste »Technik« der Anforderungserhebung wurde bisher nicht erwähnt – sie soll abschließend mit einem Zitat von Robertson vorgestellt werden: »*The tools ..... are attached to either side of your head. Listening is the most important technique in requirements gathering.*« [Robertson99, S. 103]

Analyse von Anforderungen

Allgemeine Techniken der Anforderungsanalyse basieren stark auf dem Abgleich mit existierenden Ergebnistypen, beispielsweise dem Abgleich mit Richtlinien (Geschäftsstrategie, IT-Strategie) oder Produktzielen und der Analyse der Bedeutung von Fachbegriffen. Wichtige allgemeine Techniken für die Analyse sind deshalb:

- Prüflisten
- Glossare oder Nomenklaturen
- Trace-Tabellen zu Kontextinformationen
- Domänenanalyse
- Bedeutungsanalyse

Als grundlegende allgemein anwendbare Technik für die Anforderungsanalyse wird in Abschnitt 5.2.7 die Bedeutungsanalyse vorgestellt. Gute spezielle Techniken für die Analyse (und Dokumentation) von Anforderungen in der Anwendungsentwicklung sind:

- Anwendungsfälle
- CRC-Karten
- Problem Frames
- Quality Function Deployment (QFD)

Anwendungsfälle haben sich inzwischen als zentrale Technik zur Beschreibung von Anforderungen aus Sicht des Anwenders durchgesetzt. Wie bereits in Kapitel 3 beschrieben, werden Anwendungsfälle sowohl im Produkt-AM als auch Projekt-AM genutzt. Zur Systemabgrenzung wird im Lastenheft ein grobes Anwendungsfallmodell mit den wesentlichen identifizierten Anwendungsfällen und Akteuren erstellt. Im Pflichtenheft werden diese Anwendungsfälle detailliert und vollständig mit Varianten und Ausnahmen spezifiziert.

CRC-Karten und Problem Frames eignen sich zur Strukturierung und Vervollständigung von Anforderungen. Diese Techniken erzwingen geradezu eine detaillierte Untersuchung und Konsolidierung eines Problems und daraus abgeleiteter Anforderungen. Sowohl CRC-Karten als auch Problem Frames werden deshalb nachfolgend genauer beschrieben. Quality Function Deployment dient zur systematischen Analyse und Ableitung von Produktanforderungen aus erhobenen Kundenanforderungen (vgl. dazu Abschnitt 5.2.9).

Der Übergang von der Analyse zur Dokumentation von Anforderungen ist natürlich fließend. Alle im folgenden Abschnitt vorgestellten Techniken sind deshalb auch für die Analyse relevant. Diese oft sehr speziellen Techniken mit spezifischen Notationsformen basieren aber häufig auf einem bestimmten Entwicklungsparadigma (etwa strukturierte Entwicklung versus objektorientierte Entwicklung) und sind deshalb nicht immer anwendbar.

Verständigung über Anforderungen

Die an der Produktentwicklung beteiligten Personen sollten sich über die Anforderungen verständigen und Entscheidungen auf einer rationalen Basis treffen. Ziel ist es, eine globale Geltung aller Anforderungen zu erreichen und eine *Win-Win-Situation* für alle Beteiligten herzustellen. Als eine Technik für die Verständigung in größeren Konfliktsituationen wird die Mediation vorgestellt (Abschnitt 5.2.12). Kleinere Konflikte können zumeist über Moderationen oder über eine Umpriorisierung von Anforderungen beigelegt werden.

Dokumentation von Anforderungen

Zur Dokumentation von Anforderungen wurden sehr viele Techniken entwickelt. Das Standardwerk von Davis [Davis93] gibt hierzu einen umfassenden Überblick. Davis behandelt Techniken wie Petrinetze, Datenflussdiagramme, Statecharts, Entscheidungstabellen etc. und gibt jeweils Empfehlungen, wann welche Technik im welchem Kontext zu welcher Problembeschreibung geeignet ist.

Mit der *Unified Modeling Language (UML)* [Booch99] hat sich für die objektorientierte Anwendungsentwicklung inzwischen ein Standard an Modellierungs- und Diagrammtechniken durchgesetzt, für die strukturierte Entwicklung sind die *Strukturierte Analyse (SA)* [Yourdon89] und das *Information Engineering (IE)* [Martin90] zwar weit verbreitet, ein allgemein akzeptierter Standard konnte sich aber nicht etablieren.

Die Kenntnis dieser unterschiedlichen Techniken zur Dokumentation von Anforderungen ist natürlich essenziell. In diesem Buch werden diese Techniken aber nicht weiter beschrieben, da es hierzu viele gute Bücher gibt. Als gute allgemein einsetzbare Technik zur Dokumentation komplexer Entscheidungslogiken werden in Abschnitt 5.2.9 Entscheidungstabellen vorgestellt.

Qualitätssicherung von Anforderungen

Zur Qualitätssicherung, d.h. zur Anforderungsvalidierung und -verifikation, dienen

▶ Review-Techniken (Inspektionen, Reviews, Walkthrough; vgl. [Stevens98, S. 161]), welche die vorliegenden Anforderungen und Anforderungsdokumente unter formalen und inhaltlichen Gesichtspunkten prüfen, sowie

▶ Techniken zur Klärung der Anforderungen zusammen mit dem Benutzer in dessen Anwendungskontext (Prototyping, fachliche Simulation, Animation).

Die Inspektion ist eine sehr effiziente, mit relativ wenig Aufwand durchzuführende Qualitätssicherungsmaßnahme. Ihre Nutzung wird in Abschnitt 5.2.11 beschrieben.

Gute Techniken zur Qualitätssicherung der Anforderungen mit dem Benutzer im vorgesehenen Anwendungskontext sind:

▶ Sketching

▶ Storyboarding

▶ Dialogentwurf

▶ Erstellung von Mock-ups

▶ Objekt- / Aktionsanalysen

Eine empfehlenswerte Darstellung dieser und weiterer Techniken zum benutzerorientierten Anwendungsentwurf ist Beyer und Holtzblatt in [Beyer98] gelungen. Natürlich eignen sich diese Techniken auch gut zur Erhebung von Anforderungen. Sie vermitteln dem Benutzer eine konkrete Vorstellung vom Anwendungssystem und sind damit wichtige Mittel der kontinuierlichen Korrektur und Verbesserung von Anforderungen über Benutzer-Feedbacks.

Kent Beck [Beck99] vergleicht den Prozess der Software-Entwicklung mit dem Autofahren: Der Fahrer (~Kunde) steuert das Auto (~Produkt). Dies ist nicht möglich durch ein starres Fixieren des Steuerrads (~der Anforderungen), sondern nur durch permanente kleine Richtungskorrekturen (~Korrekturen der Anforderungen). Die genannten Techniken zum Prototyping wirken in diesem Sinne als kontinuierliche Korrekturen, weshalb sie auch oftmals der Anforderungsermittlung zugeordnet werden.

Steuerung und Verwaltung von Anforderungen

Wie in Kapitel 2 bereits dargestellt, umfasst die Steuerung und Verwaltung von Anforderungen die Aufgaben des Änderungsmanagements, d.h. den Umgang mit der Evolution von Anforderungen, das Risiko- und das Umsetzungsmanagement. Die zentrale Technik für die Verwaltung von Anforderungen ist das Tracing, d.h. die Inbeziehungsetzung von Anforderungen untereinander oder mit Kontextinformationen. Daneben können Verantwortliche natürlich das aus dem Projektmanagement bekannte Repertoire an Verhandlungs-, Planungs-, Entscheidungs- und Kontrolltechniken zur Durchführung dieser Managementaufgaben nutzen.

Mit QFD und der Mediation wurden bereits zwei Techniken vorgestellt, welche auch im Umsetzungs- und im Änderungsmanagement für die Produktplanung und die Konfliktbeseitigung genutzt werden können. Als weitere Techniken werden für das Risikomanagement in Abschnitt 5.2.14 die Risiko-Top-10 und für das Umsetzungsmanagement in Abschnitt 5.2.12 die Anforderungspriorisierung erläutert.

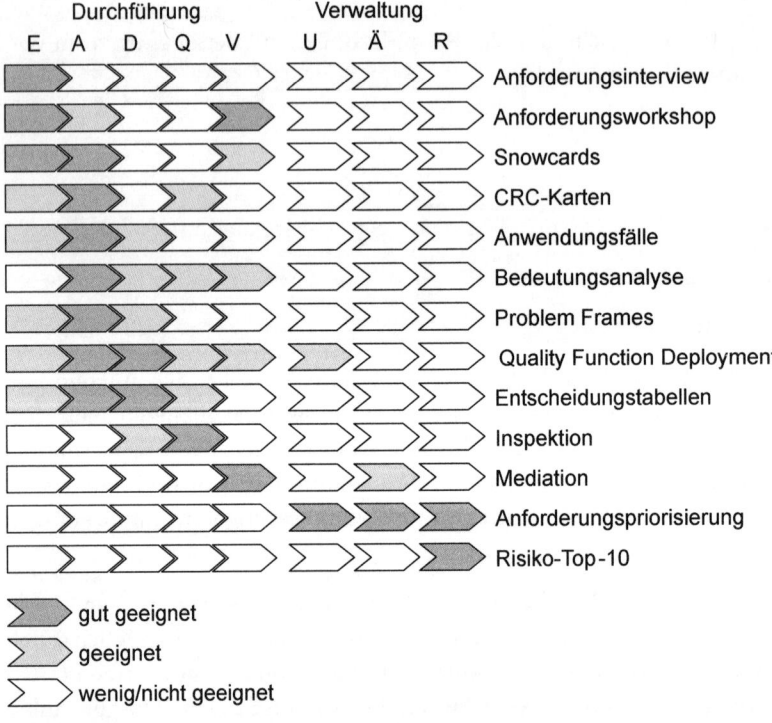

Abbildung 5.3: Ausgewählte Techniken für das Anforderungsmanagement

Übersicht ausgewählter Techniken

Abbildung 5.3 gibt eine zusammenfassende Übersicht und Bewertung der nachfolgend vorgestellten Techniken bezüglich ihrer Eignung in den Durchführungs- und Verwaltungsaktivitäten im Anforderungsmanagement. Bei den Durchführungsaktivitäten werden die Ermittlung (E), Analyse (A), Verständigung (V), Dokumentation (D) und Qualitätssicherung (Q) unterschieden, die Verwaltungsaktivitäten sind in Umsetzungsmanagement (U), Änderungsmanagement (Ä) und Risikomanagement (R) differenziert.

Diese 13 Techniken werden nach einem einheitlichen Muster beschrieben. Zunächst werden die wesentliche Zielsetzung, der Nutzen und das Ergebnis der Technik vorgestellt. Anschließend werden die einzelnen Schritte bei der Anwendung der Technik erläutert. Aus didaktischen Gründen erfolgt die Beschreibung dieses Vorgehens teilweise vereinfacht. Abschließend werden Interessierte auf weiterführende und vertiefende Literatur verwiesen.

5.2.2 Anforderungsinterview

Das Ziel eines Anforderungsinterviews ist das Kennenlernen der Vorstellungswelt des Interviewten und seiner Erwartungen an das zukünftige System. Es dient als Erstinterview dazu, ein grundlegendes Problemverständnis zu erhalten und die essenziellen Anforderungen grob abzustecken. Ausgehend davon werden detaillierte Anforderungen in spezifischen Folgeinterviews erhoben. Das Ergebnis eines Anforderungsinterviews ist ein abgezeichnetes aufbereitetes Protokoll mit allen wesentlichen Anforderungen aus Sicht des Interviewten.

Die wesentlichen Arbeitsschritte eines Erstinterviews sind:

1. Vorbereitung des Interviews

   – Vorabinformationen beschaffen

   – Interviewziele festlegen

   – Interviewleitfaden erstellen

2. Durchführung des Interviews

   – Interview eröffnen

   – Befragung durchführen

   – Interview abschließen

3. Nachbereitung des Interviews

   – Vollständigkeit und Plausibilität prüfen

   – Ergebnisprotokoll verabschieden

Vorbereitung des Interviews

Vor Beginn eines Interviews sind zunächst die Modalitäten festzulegen. Hierzu gehören die Auswahl der beteiligten Personen sowie Zeitpunkt, Ort und Inhalt der einzelnen Interviews. Über thematischen Fokus und Ziel sowie Ort, Zeit und Dauer werden alle Beteiligten vorab schriftlich informiert.

Die Durchführung des Interviews ist sorgfältig vorzubereiten. Fragenkataloge oder Interviewleitfäden sollten in Papierform oder auf dem Notebook bereitstehen. Alle Fragen werden an den Interviewten und seinen Problemkontext angepasst und individualisiert. Unnötige Fragen sollen unterbleiben. Dem Interviewten muss das Gefühl vermittelt werden, dass sich die Interviewer mit seiner Person und Situation vorab intensiv beschäftigt haben.

Interviewdurchführung

Das Interview sollte in ungestörter Atmosphäre stattfinden und maximal zwei Stunden dauern. Am Interview sind typischerweise ein Interviewer, der Protokollführer und ein oder mehrere Interviewte beteiligt. Zu Beginn des Interviews werden exakt die Ziele und Nichtziele des Interviews benannt. Wichtig ist die Festlegung von Spielregeln für alle Beteiligten (Reihenfolge der Befragung, keine Widerreden, schriftliche Protokollierung).

Für die Beantwortung der Fragen sollten Zeitlimits von wenigen Minuten vorgesehen und überwacht werden, um nicht an einzelnen Punkten hängen zu bleiben. An Ende jedes Interviewabschnitts werden die ermittelten Probleme und Anforderungen zusammenfassend durch den Interviewer reflektiert, um ein gemeinsames Verständnis sicherzustellen.

Die Durchführung eines Interviews startet nach einer kurzen Vorstellung der Beteiligten mit *Fragen zum Personen- und Nutzerprofil*. Diese dienen zum Kennlernen des Interviewten und seiner organisatorischen Rolle. 5 bis 10 Minuten sollten dafür ausreichend sein. Typische Fragen sind:

▶ Was sind Ihre Kernkompetenzen und welche Verantwortlichkeiten besitzen Sie?

▶ Mit wem arbeiten Sie zusammen und wer nutzt Ihre Ergebnisse?

Anschließend kann die eigentliche Befragung mit *Fragen zur Ausgangssituation und Problemstellung* beginnen. Diese dienen der Konkretisierung des Problems (Ist-Zustand). Für die Beantwortung dieser Grundsatzfragen sollte ausreichend Zeit zur Verfügung stehen (ca. 20 Minuten). Beispielfragen sind:

▶ Was sind typische Geschäftsobjekte? Nennen Sie bitte fünf bis sieben zentrale Objekte.

▶ Was sind die wichtigsten Geschäftsvorfälle, an denen Sie beteiligt sind?

▷ Welchen Zielen dienen diese Geschäftsvorfälle?

▷ Was sind die akuten Probleme in Ihrem Arbeitsbereich?

▷ Warum existiert dieses Problem?

▷ Wie würden Sie das Problem lösen?

Fragen zum fachlichen und technischen Umfeld dienen zur Ermittlung organisatorischer, rechtlicher und technischer Rahmenbedingungen. Bei fachlicher Kompetenz des Interviewten sind 20 Minuten ein typischer Mittelwert.

▷ Welche rechtlichen Rahmenbedingungen existieren, wie stark ändern sich diese?

▷ Welche organisatorischen und kulturellen Rahmenbedingungen existieren?

▷ Welche organisatorischen Änderungen ergeben sich durch die Einführung des Systems?

▷ Welche Hard- und Software-Plattformen werden momentan und zukünftig eingesetzt?

▷ Welche weiteren Applikationen kooperieren wie mit der geplanten Anwendung?

Fragen zu funktionalen Anforderungen sind die Kernfragen des Interviews. Sie sollten aus Sicht des Interviewten unbedingt nach ihrer Relevanz gewichtet werden. Dieser Teil wird in der Regel in weiteren Folgeinterviews stärker konkretisiert. Die Dauer kann inklusive der Fragen zu den nichtfunktionalen Anforderungen bis zu einer Stunde betragen. Typische Fragen in diesem Interviewabschnitt sind:

▷ Was sollen die wesentlichen Funktionalitäten (Anwendungsfälle) des Systems sein?

▷ Wie sehen typische Bedienungsabläufe aus?

▷ Auf welche Funktionalitäten könnten Sie notfalls verzichten?

▷ Welche weiteren Funktionalitäten würden Sie sich zukünftig wünschen?

Fragen zu *nichtfunktionalen Produktanforderungen* betreffen erwünschte Qualitätsmerkmale. Auch diese werden in weiteren Interviews stärker konkretisiert.

▷ Was sind Ihre Erwartungen an die Zuverlässigkeit?

▷ Was sind Ihre Erwartungen an die Antwortzeiten?

▷ Gibt es besondere Sicherheitsaspekte, welche berücksichtigt werden sollten?

▷ Sollten besondere Schulungsmaßnahmen für diese Anwendung aufgesetzt werden?

Am Ende des Interviews sollte den Gesprächspartnern Gelegenheit gegeben werden, aus ihrer Sicht wichtige Punkte anzusprechen. *Abschließende Fragen* dienen im Weiteren der Klärung dieser noch offenen Punkte.

▶ Gibt es noch wichtige Punkte, die wir in diesem Interview vergessen haben?

▶ Haben Sie noch Fragen an mich?

▶ Wie kann ich mich mit Ihnen in Verbindung setzen, falls Fragen auftauchen?

Grundsätzlich muss bei Anforderungsinterviews natürlich immer beachtet werden, dass die Antworten sehr stark subjektiv geprägt sein können. Häufig geben die Antworten des Interviewten zwar interessante Aufschlüsse über die *aktuellen* Aufgaben und Probleme der letzten Woche, die zentralen Anforderungen bleiben aber ungenannt. In diesen Fällen muss der Interviewer durch geschickte Vertiefungsfragen den Blick des Interviewten weiten, um auch zeitlich weiter zurückliegende Problemstellungen aufzunehmen.

Nachbereitung des Interviews

Typische unmittelbare Ergebnisse eines Interviews sind Mitschriften. Diese Dokumente bilden die Ausgangsbasis für eine professionelle Nachbereitung, welche in einem Protokoll mündet, das von den Interview-Teilnehmern abgezeichnet wird. Ein wichtiges Sekundärergebnis sind offene Fragen, welche zwangsläufig während eines Interviews aufgeworfen und oft nur mit Hilfe Dritter gelöst werden können. Diese offenen Fragen müssen detailliert am Ende des Protokolls vermerkt werden.

Werden Interviews zum gleichen Thema mit verschiedenen Teilnehmern durchgeführt, zählt zur Nachbereitung die Analyse der Mitschriften aus verschiedenen Interviews auf Widersprüche und Konflikte. Falls Widersprüche und Konflikte aufgedeckt werden, sollte man die Betroffenen hierüber informieren und einen Termin zur Konfliktlösung vereinbaren.

Literaturempfehlungen

Sehr gute Hinweise zur Durchführung von Anforderungsinterviews finden sich in [Gause93] und [Leffingwell99]. Vertiefenderes kann [Robertson99], [Wiegers99] und [Graham98] entnommen werden.

5.2.3 Anforderungsworkshop

Die Anforderungsanalyse für komplexe Anwendungssysteme, welche umfangreiche Geschäftsprozesse mit vielen Nutzern unterstützen sollen, macht oft das Zusammenführen aller wichtigen Beteiligten in einem Workshop oder einer moderierten Gruppensitzung notwendig. Das Ziel eines Anforderungsworkshops ist die gemeinsame

Erarbeitung von Anforderungen an ein System in ein bis zwei Tagen (maximal fünf Tagen). Das Ergebnis eines Workshops ist ein von allen Workshop-Teilnehmern abgezeichnetes Anforderungsdokument.

In initialen Workshops werden Anforderungen auf hoher Ebene (Projektziele und Kundenanforderungen) erarbeitet, in vertiefenden Workshops wird thematisch stärker fokussiert. Bei komplexen Systemen ist nicht nur ein Workshop, sondern eine gesamte Workshop-Serie zu planen. Nachfolgend wird der initiale Workshop genauer betrachtet.

Der Nutzen eines Anforderungsworkshops besteht darin, von einer jeweils individuellen Sichtweise auf das System durch Einwände und Anregungen Dritter zu einem gemeinsamen Problemverständnis und zu kreativen Lösungen zu gelangen. Die direkte Kommunikation fördert das gegenseitige Verständnis und die Kompromissbereitschaft. Sie eröffnet damit die Chance, Interessenskonflikte zwischen den beteiligten Parteien frühzeitig zu entschärfen.

Die wesentlichen Arbeitsschritte eines Anforderungsworkshops sind:

1. Workshopvorbereitung

   – Auswahl der Teilnehmer

   – Organisatorische Vorbereitung

2. Workshopdurchführung

   – Begrüßung und Festlegung des Ablaufs

   – Auswahl und Nutzung von Erhebungstechniken

   – Vorfilterung und Bündelung der Anforderungen

   – Präzisierung der Anforderungen

   – Priorisierung der Anforderungen

3. Workshopnachbereitung

Workshopvorbereitung

Die Auswahl der richtigen Teilnehmer ist der kritische Erfolgsfaktor. Wichtige Teilnehmer sind Auftraggeber bzw. Kunde, Auftragnehmer, Endbenutzer, Fachexperten und Entwickler. Hinzu kommen Moderator (=Workshopleiter), Anforderungsanalytiker und Protokollführer. Alle Anwesenden sollten Entscheidungskompetenz besitzen, um den Workshop als Entscheidungsplattform nutzen zu können. Nichtteilnehmern muss klar sein, dass sie sich um die Möglichkeit der Einflussnahme auf die Projektergebnisse bringen. Das Vorliegen dieser Entscheidungskompetenz ist vor Beginn des Workshops vom Workshopleiter zu überprüfen.

Die organisatorische und logistische Vorbereitung eines Workshops kann über Erfolg oder Misserfolg entscheiden. An einem Workshop sollten sechs bis maximal acht Personen teilnehmen, um effizient Ergebnisse erarbeiten zu können. Die logistische Vorbereitung umfasst Punkte wie Auswahl der Räumlichkeiten, Bereitstellung von IT- und sonstiger Infrastruktur (Drucker, Beamer, Flipcharts, Tafel etc.), Zusammenstellung der Unterlagen (Agenda, Handouts, Referenzdokumente etc.) und die Vorbereitung des Abschlussdokuments, welches von allen Anwesenden abgezeichnet wird.

Die Planung der Durchführung des Workshop sollte zwei grobe Phasen der Ergebniserarbeitung vorsehen. In einer ersten Phase des Workshops (vormittags, evtl. früher Nachmittag) werden Anforderungen kreativ erarbeitet, in einer zweiten Phase werden diese Anforderungen gefiltert, geordnet, konkretisiert und bewertet. Abbildung 5.4 stellt diesen groben Ablauf eines Workshops dar.

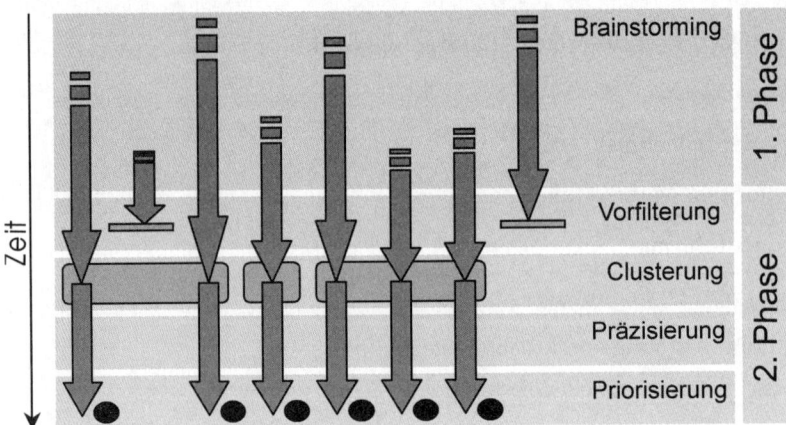

Abbildung 5.4: Grober Ablauf eines Workshops

Workshopdurchführung

Zu Beginn des Workshops werden nach der Begrüßung durch den Workshopleiter zunächst die Agenda und die »Spielregeln« des Workshops vereinbart. Tabelle 5.3 zeigt eine typische Agenda für einen Anforderungsworkshop, welche die genannten zwei Phasen unterscheidet.

Top	Zeit	Thema	Erläuterung	Vortragende
1.	9:00 – 9:15	Begrüßung	Vorstellung der Teilnehmer	alle
2.	9:15 – 9:30	Einführung	Ziele, Agenda, Regeln	Fr. Krebs
3.	9:30 – 10:15	Kontext	Projektstatus, Ergebnisse	Hr. Müller

Tabelle 5.3: Agenda für einen Anforderungsworkshop

Top	Zeit	Thema	Erläuterung	Vortragende
4.	10:15 – 12:00	Brainstorming	(siehe unten)	alle
		Mittagspause		
5.	13:00 – 14:00	Brainstorming	(s.u.)	alle
6.	14:00 – 15:00	Vorfilterung und Bündelung	(s.u.)	alle
7.	15:00 – 16:30	Präzisierung und Priorisierung	(s.u.)	alle
8.	16:30 – 17:00	Abschluss	Zusammenfassung, nächste Schritte	Fr. Krebs

Tabelle 5.3: Agenda für einen Anforderungsworkshop (Forts.)

Spielregeln eines Workshops sollten sein:

▷ Zu einem Zeitpunkt gibt es nur einen Sprecher und dieser wird nicht unterbrochen (Ausnahme: Unterbrechung durch den Workshopleiter).

▷ Es finden keine parallelen privaten Diskussionen statt, persönliche Angriffe unterbleiben.

▷ Die maximale Redezeit beträgt 5 bis 10 Minuten, zeitliche Vorgaben aus der Agenda werden strikt eingehalten.

▷ Falls nach einer festen Frist (ca. 15 Minuten) immer noch Meinungsdifferenzen zu einem bestimmten Aspekt bestehen, wird dieser in die Liste der offenen Punkte aufgenommen.

Bevor mit der eigentlichen Erarbeitung der Anforderungen begonnen wird, sollten der aktuelle Projektstatus und vorliegende Ergebnisse kurz vorgestellt werden, um eine gemeinsame Ausgangsbasis für alle Teilnehmer herzustellen.

Innerhalb eines Workshops können verschiedene Erhebungstechniken kombiniert eingesetzt werden. Effektiv sind Kreativtechniken wie Brainstorming, Metaplan oder Snowcards. Diese Techniken werden in der ersten Hälfte des Workshops (vormittags, früher Nachmittag) eingesetzt, da hier die mentale Leistungskurve am höchsten ist.

Anhand einer geplanten Anwendung zur Routenplanung soll die Durchführung eines Workshops erläutert werden. Während der Brainstorming-Sitzung werden u.a. folgende spontan geäußerten Stichworte notiert:

▶ Ermittlung der kürzesten Fahrstrecke

▶ Ermittlung der Entfernung

▶ Zoomen

▶ Mehrere alternative Routenvorschläge

▶ Eingeblendete Übersichtskarte

▶ Schnelle Berechnung der Entfernung

▶ Leicht bedienbar

▶ Optische Anzeige der ermittelten Fahrstrecke

▶ Detaillierte Innenstadtpläne

▶ Schnelle Berechnung der kürzesten Fahrstrecke

▶ Zusätzliche Kostenberechnung mit Hilfe einer Kilometerpauschale

▶ Schneller Bildschirmaufbau

Der zweite Teilschritt der Workshopdurchführung besteht aus einer Vorfilterung der bislang ermittelten Anforderungen. Der Workshopleiter stellt jede Anforderung kurz vor und fragt nach, ob diese Anforderung verworfen werden kann. Jeder Teilnehmer besitzt ein Vetorecht. Hält auch nur ein Workshopteilnehmer die Anforderung für wichtig, wird sie nicht verworfen und bleibt im Anforderungspool.

Aus der Liste der stichwortartig formulierten Anforderungen werden folgende drei Anforderungen im Einvernehmen zwischen allen Workshopteilnehmern gelöscht:

▶ Mehrere alternative Routenvorschläge

▶ Detaillierte Innenstadtpläne

▶ Zusätzliche Kostenberechnung mit Hilfe einer Kilometerpauschale

Bei einer großen Anzahl von Anforderungen ist es hilfreich, Anforderungen zu bündeln. Karten mit ähnlichen Anforderungen werden räumlich auf der Pinnwand gruppiert. Diese Bündel werden benannt, z.B.:

▶ Funktionale Anforderungen

▶ Performanceanforderungen

▶ Ergonomieanforderungen

Der Einsatz von Kartentechniken oder Metaplan erleichtert die Gruppierung. So kann etwa die Typisierungsinformation auf Snowcards für eine Zusammenfassung verwendet werden. Daneben kann auch eine Bündelung nach Produktmerkmalen, Anwendungsfällen oder Akteuren je nach Art des Systems besser geeignet sein. Während der

Bündelung werden von Seiten der Workshopteilnehmer oftmals neue Anforderungen aufgeworfen. Diese werden mit in das Anforderungsbündel aufgenommen.

Die oben genannten stichwortartig formulierten Anforderungen werden wie folgt gebündelt:

▶ Funktionale Anforderungen (Berechnungsfunktionalität)

 – Ermittlung der kürzesten Fahrstrecke

 – Ermittlung der Entfernung

▶ Funktionale Anforderungen (Oberflächenfunktionalität)

 – Optische Anzeige der ermittelten Fahrstrecke

 – Zoomen

 – Eingeblendete Übersichtskarte

▶ Ergonomieanforderungen

 – Leicht bedienbar

▶ Performanceanforderungen

 – Schnelle Berechnung der kürzesten Fahrstrecke

 – Schnelle Berechnung der Entfernung

 – Schneller Bildschirmaufbau

Eine weitere sinnvolle Art der Bündelung wäre in diesem Beispiel die Zuordnung nichtfunktionaler Anforderungen zu den zugehörigen funktionalen Anforderungen. Die nichtfunktionalen Anforderungen sind nachfolgend eingerückt dargestellt.

▶ Ermittlung der kürzesten Fahrstrecke

 – Schnelle Berechnung der kürzesten Fahrstrecke

▶ Ermittlung der Entfernung

 – Schnelle Berechnung der Entfernung

▶ Zoomen

 – Schneller Bildschirmaufbau

▶ ...

Die gefilterten und gebündelten Anforderungen müssen im Allgemeinen noch präzisiert werden. Dies geschieht schwerpunktmäßig durch diejenige Person, welche die Anforderung eingebracht hat. Die Essenz der Anforderung sollte in ein bis zwei Sätzen kurz beschrieben werden.

Bei der Präzisierung von Anforderungen sollte vom Workshopleiter darauf geachtet werden, dass die Anforderungen auf ähnlichem Verfeinerungsgrad (keine zu detaillierten Anforderungen, keine zu allgemeinen Anforderungen) formuliert werden. Die jeweils adäquate Verfeinerung hängt von der Art des Workshops und den Teilnehmern ab.

Die folgenden stichwortartig formulierten Anforderungen:

▶ Schnelle Berechnung der kürzesten Fahrstrecke

▶ Eingeblendete Übersichtskarte

▶ Optische Anzeige der ermittelten Fahrstrecke

werden etwa wie folgt präzisiert:

▶ Auf einem Referenzrechner soll die Berechnung der kürzesten Fahrstrecke zwischen zwei frei wählbaren Koordinaten maximal 20 Sekunden benötigen.

▶ Das System soll das zusätzliche Einblenden einer Übersichtskarte ermöglichen. Der aktuell dargestellte Kartenausschnitt ist in der Übersichtskarte als Rahmen sichtbar.

▶ Das System soll die berechnete kürzeste Fahrstrecke vor dem Landkartenhintergrund als farblich abgehobenen Linienzug darstellen.

Diese Anforderungen werden nun gewichtet. Dazu erhält beispielsweise jeder Teilnehmer 100 Punkte und verteilt diese Punkte entsprechend seiner subjektiven Einschätzung der Wichtigkeit auf die Anforderungen. Hierzu notiert er auf einem Blatt Papier die zugehörigen Punkte. Anschließend werden zu jeder Anforderung die Punkte aller Teilnehmer aufsummiert und das Ergebnis wird vorgestellt.

Hinweis: Diese Technik lässt sich meist nur einmal einsetzen, da in einem zweiten Durchlauf die Teilnehmer ihre Bewertung verfälschen, um »ihre Anforderungen« durchzusetzen, falls diese im ersten Durchlauf unterbewertet wurden. Dieses Problem kann abgemildert werden, wenn pro Person und Anforderung nur eine reduzierte Maximalanzahl von Punkten (z.B. 30 Punkte) vergeben werden kann.

Die drei Bespielanforderungen werden wie folgt bewertet:

▶ (290 Punkte) Auf einem Referenzrechner soll die Berechnung der kürzesten Fahrstrecke zwischen zwei frei wählbaren Koordinaten maximal 20 Sekunden benötigen.

▶ (190 Punkte) Das System soll das zusätzliche Einblenden einer Übersichtskarte ermöglichen. Der aktuell dargestellte Kartenausschnitt soll auf der Übersichtskarte als Rahmen dargestellt werden.

▶ (370 Punkte) Das System soll die berechnete kürzeste Fahrstrecke vor dem Landkartenhintergrund als farblich deutlich abgehobenen Linienzug darstellen.

Abschließend werden die Ergebnisse noch einmal vom Workshopleiter zusammengefasst und die nächsten Schritte vereinbart.

Workshopnachbereitung

Typische unmittelbare Ergebnisse eines Workshops sind Mitschriften, welche die Ausgangsbasis für eine Nachbereitung bilden. Diese münden in ein Protokoll, welches alle wesentlichen Workshopergebnisse festhält und von allen Teilnehmern bestätigt wird. Ein weiteres wichtiges Ergebnis sind offene Fragen, welche oft nur mit Hilfe Dritter gelöst werden können. Diese offenen Fragen müssen detailliert am Ende des Abschlussdokuments unter einer eigenen Rubrik vermerkt werden. Dabei muss explizit vermerkt werden, wer für ihre Klärung zuständig ist und bis wann der offene Punkt geklärt sein muss. Zur Nachbereitung zählt ferner das Anstoßen von Folgeaktivitäten, z.B. die Organisation weiterer Workshops.

In Workshops besteht die Chance, detaillierte und hinterfragbare Informationen zu bekommen. Sie eignen sich auch sehr gut zur Weiterentwicklung von Produkten, wenn Benutzer oder Kunden schon konkrete Einsatzerfahrungen mit einem Produkt gemacht haben.

Literatur:

Hinweise zur Durchführung von Anforderungsworkshops sind in [Gause93], [Leffingwell99], [Robertson99] und [Wiegers99] zu finden.

5.2.4 Snowcards

Snowcards sind eine Technik zur kartengestützten Erarbeitung und Fixierung von Anforderungen und wichtiger zugehöriger Kontextinformationen, wie Quellen oder Abnahmekriterien. Snowcards werden typischerweise in Anforderungsworkshops eingesetzt. Als Karten- bzw. Gruppentechnik unterstützen sie die *gemeinsame* und *kreative* Erarbeitung von Anforderungen durch verschiedene Personen. Durch die nur wenig formalisierte Darstellung können alle an der Definition von Anforderungen beteiligten Personen flexibel in den Prozess einbezogen werden.

Das Ergebnis der Snowcard-Technik ist ein abgestimmter Satz von Snowcards, der die Basis für eine weitergehende Verfeinerung und Formalisierung der Anforderungen ist.

Die Arbeitsschritte der Snowcard-Technik sind:

1. Festlegung eines Snowcard-Musters

2. Initiales Ausfüllen einer Snowcard

3. Diskussion und Ergänzung der Snowcards in der Gruppe

4. Erstellung ergänzender Snowcards

5. Abschließende Qualitätssicherung

Die letzten drei Schritte werden in mehreren Iterationen durchgeführt.

Festlegung eines Snowcard-Musters

Vor Beginn des Einsatzes der Snowcard-Technik muss ein geeignetes Beschreibungsmuster für die Snowcard konfiguriert werden. Es werden alle Beschreibungsfelder oder
Attribute festgelegt, durch welche eine Anforderung auf einer Snowcard beschrieben
werden soll. [Robertson99] schlagen das in Tabelle 5.4 dargestellte Muster vor.

Die Bedeutung der aufgeführten Felder ist:

▷ *Anforderung* # identifiziert die Anforderung eindeutig.

▷ *Anforderungstyp* gibt die Kategorie der Anforderung an (z.B. funktionale Anforderung, Sicherheitsanforderung etc.).

▷ *Anwendungsfall* # identifiziert den Anwendungsfall, zu welchem diese Anforderung gehört. Dies ermöglicht eine Gruppierung zusammengehörender Anforderungen.

▷ *Beschreibung* erläutert die Anforderung in einem Satz.

▷ *Auslöser* beschreibt, wieso diese Anforderung relevant ist. Es können sowohl negative als auch positive Auslöser in Form von Missständen oder Verbesserungsvor-
   schlägen genannt werden.

▷ *Quelle* gibt an, wer diese Anforderungen eingebracht hat.

▷ *Abnahmekriterium* formuliert einen eindeutigen Test, der überprüft, ob eine Lösung
   die Anforderung erfüllt.

▷ *Kundenzufriedenheit* gibt auf einer Skala, z.B. von 1 bis 5, den subjektiven Grad der
   Zufriedenheit an, falls die Anforderung realisiert wird.

▷ *Kundenunzufriedenheit* gibt auf einer Skala, z.B. von 1 bis 5, den subjektiven Grad
   der Unzufriedenheit an, falls die Anforderung nicht realisiert wird.

▷ *Abhängigkeiten* führt andere Anforderungen auf, welche in einer wie auch immer
   gearteten Abhängigkeitsbeziehung mit der Anforderung stehen.

▷ *Konflikte* führt andere Anforderungen auf, welche potenziell in Konflikt mit der
   Anforderung stehen.

▷ *Weitere Referenzen* verweist auf Definitionen, Modelle und Dokumente, welche die
   Anforderung näher erläutern.

▷ *Historie* listet Datum und Gründe der Erstellung, Änderung und (eventuell) Ver-
   werfung der Snowcard auf.

Anforderung #:	Anforderungstyp:		Anwendungsfall #:
Beschreibung:			
Auslöser:			
Quelle:			
Abnahmekriterium:			
Kundenzufriedenheit: *1 2 3 4 5*		Kundenunzufriedenheit: *1 2 3 4 5*	
Abhängigkeiten:		Konflikte:	
Weitere Referenzen:			
Historie:			

Tabelle 5.4: Snowcard-Muster

Dieses beispielhafte Schema wird für die folgenden Schritte übernommen. Abhängig vom Anwendungsfeld können natürlich weitere Beschreibungsfelder wie *Wichtigkeit*, *Dringlichkeit* oder *Stabilität* ergänzt werden.

Initiales Ausfüllen einer Snowcard

Snowcards werden typischerweise in Anforderungsworkshops eingesetzt, können aber auch mit anderen Erhebungstechniken, wie etwa Interviews, kombiniert werden. Die Workshops sollten heterogen besetzt sein (Anwender, Fachexperten, Analytiker, Entwickler, Manager). Bei der Erhebung nichtfunktionaler Anforderungen (Performance, Sicherheit etc.) ist natürlich die Anwesenheit kompetenter Fachexperten Voraussetzung.

Im ersten Schritt werden auf Snowcards alle von den Workshopteilnehmern geäußerten Anforderungen zur geplanten Anwendung festgehalten. Snowcards erhalten eine eindeutige Identifikationsnummer, um Abhängigkeiten zwischen notierten Anforderungen im weiteren Verlauf festzuhalten.

Im Rahmen eines Anforderungsworkshops sollen beispielsweise Anforderungen an eine Textverarbeitungskomponente erarbeitet werden. Eine initiale Snowcard zur Ermittlung von Anforderungen aus dem Bereich der formalen Erfassung und inhaltlichen Erschließung von Publikationen in einer Bibliothek stellt Tabelle 5.5 dar. Sie beschreibt eine funktionale Anforderung an die Rechtschreibkorrektur der Textverarbeitungskomponente, welche für die Katalogisierung, das Indexieren, Klassifizieren und Referieren (Inhaltszusammenfassungen, Abstracts) genutzt werden soll.

Anforderung #: 4711	Anforderungstyp:	Anwendungsfall #:
Beschreibung: *Die formale Erfassung und inhaltliche Erschließung von Publikationen soll durch das System mit einer automatischen Rechtschreibkorrektur unterstützt werden.*		
Auslöser:		
Quelle: *Max Müller (Bibliothekar)*		
Abnahmekriterium:		
Kundenzufriedenheit:	Kundenunzufriedenheit:	
Abhängigkeiten:	Konflikte:	
Weitere Referenzen:		
Historie:		

Tabelle 5.5: Initiale Snowcard

Diskussion und Ergänzung der Snowcard in der Gruppe

Werden Anforderungen erstmals von einem Teilnehmer auf einer Snowcard notiert, brauchen noch nicht alle Felder ausgefüllt zu werden. Wie im oberen Beispiel ist anfangs möglicherweise nur die Beschreibung der Anforderung und die Quelle vorhanden. Im Laufe des Workshops (oder folgender Aktivitäten) werden diese Informationen sukzessive ergänzt, wodurch sich schließlich ein vollständiges Bild der Anforderung ergibt.

Die notwendigen Ergänzungen werden im Rahmen einer moderierten Gruppendiskussion erarbeitet. Der Vorteil der Verwendung einer Kartentechnik besteht darin, dass die Karten zwischen den Workshopteilnehmern ausgetauscht und ergänzt werden können. Sie können z.B. dem Anforderungsanalytiker zwecks Klärungsfragen übergeben werden. Neben dem Medium Karte können Snowcards bei Bedarf auch mit Hilfe anderer Medien, z.B. einer Textverarbeitung, realisiert werden, wobei allerdings der interaktive und damit auch kreative Aspekt teilweise verloren geht.

Die initial eingegebene Anforderung wird im Laufe der Diskussion um alle weiteren Felder ergänzt. Wichtigste inhaltliche Ergänzung ist die Festlegung eines Abnahmekriteriums.

Anforderung #: 4711	Anforderungstyp:	Anwendungsfall #:
Beschreibung: *Die formale Erfassung und inhaltliche Erschließung von Publikationen soll durch das System mit einer automatischen Rechtschreibkorrektur unterstützt werden.*		
Auslöser: *Viele Rechtschreibfehler bei Referaten*		
Quelle: *Max Müller (Bibliothekar)*		

Tabelle 5.6: Ausgefüllte Snowcard

Abnahmekriterium: *Alle Wörter, welche nicht im Duden enthalten sind, werden bei der Erfassung angemahnt.*	
Kundenzufriedenheit: *4*	Kundenunzufriedenheit: *5*
Abhängigkeiten: *keine*	Konflikte: *keine*
Weitere Referenzen: *Protokoll des RE-Workshops vom 4.11.2001*	
Historie: *4.11.2001*	

Tabelle 5.6: Ausgefüllte Snowcard (Forts.)

Erstellung ergänzender Snowcards

Im Laufe des Workshops werden zu einer Anforderung oftmals ergänzende Teilanforderungen erarbeitet, welche spezielle Aspekte weiter verfeinern. Die übergeordnete Anforderung ist unter dem Feld *Abhängigkeiten* notiert. Die Subanforderungen können sowohl funktionaler als auch nichtfunktionaler Art sein.

Eine solche untergeordnete Anforderung, welche die Anforderung 4711 präzisiert, ist in Tabelle 5.7 dargestellt: Die Referenz wird im Feld *Abhängigkeiten* festgehalten.

Anforderung #: *4712*	Anforderungstyp: *funktional*	Anwendungsfall #:
Beschreibung: *Der Wortschatz der Rechtschreibkorrektur soll erweiterbar sein.*		
Auslöser: *Existenz vieler Fachbegriffe und Eigennamen, welche nicht im Duden enthalten sind.*		
Quelle: *Frieda Müller (Bibliothekarin)*		
Abnahmekriterium: *Neue korrekte Begriffe können jederzeit eingegeben werden. Diese werden von diesem Zeitpunkt an nicht mehr angemahnt.*		
Kundenzufriedenheit: *4*	Kundenunzufriedenheit: *3*	
Abhängigkeiten: *#4711*	Konflikte: *keine*	
Weitere Referenzen: *Protokoll des RE-Workshops vom 14.12.2001*		
Historie: *14.12.2001*		

Tabelle 5.7: Ergänzende Snowcard mit einer funktionalen Anforderung

Eine weitere nichtfunktionale Anforderung, welche die Anforderung 4711 präzisiert, ist in Tabelle 5.8 definiert:

Anforderung #: *4713*	Anforderungstyp: *Zeitverhalten*	Anwendungsfall #: *6*
Beschreibung: *Die Signalisierung falsch eingegebener Begriffe soll in Echtzeit erfolgen.*		
Auslöser: *Schreibfluss darf nicht unnötig unterbrochen werden.*		
Quelle: *Klaus Schmidt (Sachbearbeiter)*		
Abnahmekriterium: *Alle Wörter, welche nicht im internen Wörterbuch enthalten sind, sollen innerhalb von zwei Sekunden optisch als falsch gekennzeichnet werden (z.B. rot unterstrichen).*		

Tabelle 5.8: Ergänzende Snowcard mit einer nichtfunktionalen Anforderung

Kundenzufriedenheit: *4*	Kundenunzufriedenheit: *4*
Abhängigkeiten: *#4711*	Konflikte: *keine*
Weitere Referenzen: *Protokoll des RE-Workshops vom 14.12.2001*	
Historie: *14.12.2001*	

Tabelle 5.8: Ergänzende Snowcard mit einer nichtfunktionalen Anforderung (Forts.)

Um diese Abhängigkeiten zwischen Anforderungen in einem Workshop für alle Teilnehmer transparent zu machen, können die vorhandenen Karten auf Stellwände
geheftet und die Beziehungen optisch markiert werden (vgl. Abbildung 5.5).

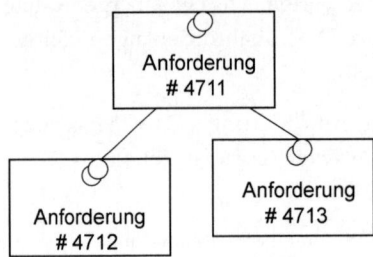

Abbildung 5.5: Visualisierung der Abhängigkeiten zwischen Anforderungen

Abschließende Qualitätssicherung

In der abschließenden Qualitätssicherung werden insbesondere die Vollständigkeit
und die Widerspruchsfreiheit der Snowcards geprüft und mögliche Konflikte mit
anderen Snowcards identifiziert.

Literaturempfehlungen

Snowcards wurden von Robertson et al. eingeführt. Ihre Anwendung wird sehr plas-
tisch von den »Erfindern« selbst in [Robertson99] beschrieben.

5.2.5 CRC-Karten

Das Ziel des Einsatzes von CRC-Karten (Class Responsibility Collaboration) ist es, aus
einer Menge von Anwendungsfällen eine grobe Strukturierung des Problemraums in
Form von zentralen Geschäftsobjekten oder Klassen mit definierten gegenseitigen Verantwortlichkeiten abzuleiten. Die Strukturierung der Klassen (*class*) erfolgt gemäß den
zwei Hauptaspekten eigene Verantwortlichkeit (*responsibility*) und Zusammenarbeit
(*collaboration*) mit anderen Klassen.

CRC-Karten sind in ihrer ursprünglichen Form Karteikarten, auf welchen die bereits erwähnten Informationen Klasse, Verantwortlichkeit und Kollaboration notiert werden.

Klasse:	
Verantwortlichkeiten	Kollaborationen

Tabelle 5.9: Muster für CRC-Karten

Der Nutzen von CRC-Karten aus Sicht der Anforderungsdefinition besteht in der spielerischen Erhebung und Vervollständigung von Anforderungen. Die Verantwortlichkeiten der einzelnen Klassen korrespondieren mit funktionalen Anforderungen. Beim Walkthrough der verschiedenen Szenarien wird so das Fehlen von Anforderungen aufgedeckt. CRC-Karten bilden einen stabilen Ausgangspunkt für eine spätere Verfeinerung des Klassendesigns, sie können anhand verschiedener Metriken ausgewertet werden und bieten einen Anhaltspunkt für die Klassenkomplexität und damit auch eine kalkulatorische Grundlage für Aufwandsschätzungen.

Bevor diese Technik eingesetzt wird, sollte ein Anforderungsdokument mit einer groben Beschreibung der Ziele und Anwendungsfälle des zu erstellenden Systems existieren. Das Ergebnis der CRC-Technik ist ein gemeinsames Verständnis der Beteiligten über die Begriffe und deren Zusammenhänge in einer Anwendungsdomäne mit einer fundierten Verteilung der Anforderungen und Verantwortlichkeiten zwischen den Geschäftsobjekten.

CRC-Karten werden typischerweise in Workshops erarbeitet. An CRC-Workshops nehmen zirka drei bis zehn Personen teil (optimale Gruppengröße: fünf oder sechs Personen). Ein Moderator nimmt Anregungen aus der Gruppe auf, hinterfragt diese und versucht einen Konsens herbeizuführen. Er oder eine weitere Person verwalten die CRC-Karten.

Die Arbeitsschritte eines CRC-Workshops (für einen Anwendungsfall) sind:

1. Auswahl eines spezifischen Szenarios

2. Ermittlung der beteiligten Geschäftsobjekte / Klassen

3. Ermittlung der Verantwortlichkeiten und Kollaborationen

4. Überprüfung der Szenarien

Diese Arbeitsschritte werden für alle weiteren vorliegenden Anwendungsfälle wiederholt.

Auswahl eines spezifischen Szenarios

Aus den vorliegenden Anwendungsfällen wird ein Nutzungsszenario ausgewählt. Das folgende Beispiel behandelt einen einfachen Anwendungsfall für ein Software-System einer Behörde.

Ein textueller Auszug des Anwendungsfalls ist:

> »... der Sachbearbeiter ermittelt die Akte im Aktenverzeichnis ... öffnet die Akte ... fügt eine zusätzliche Anlage an ...«

Ermittlung der beteiligten Geschäftsobjekte/Klassen

Durch eine Textanalyse des Anwendungsfalls werden potenzielle Klassenkandidaten ermittelt und auf die Karten notiert. Dies geschieht üblicherweise durch eine »Substantiv-Verb-Analyse«, wobei die im Text des Anwendungsfalls enthaltenen Substantive Klassenkandidaten sind. Im oberen Text des Anwendungsfalls finden sich etwa die Substantive *Aktenverzeichnis*, *Akte* und *Anlage*. Diese stellen Klassenkandidaten dar und werden auf die CRC-Karten notiert (vgl. Tabelle 5.10).

Klasse: *Aktenverzeichnis*	
Verantwortlichkeiten	**Kollaborationen**

Tabelle 5.10: Beispiel für die CRC-Karte Aktienverzeichnis

Ermittlung der Verantwortlichkeiten und Kollaborationen

In nächsten Schritt werden die Karten zeilenweise ausgefüllt. Verantwortlichkeiten drücken Dienste aus, welche die Klasse ihrer Umwelt anbietet. Unter Kollaborationen werden alle beteiligten Klassen aufgeführt, welche an der Erbringung der Dienstleistung (Verantwortlichkeit) beteiligt sind. Als Technik kann wiederum die Textanalyse eingesetzt werden, wobei diesmal die Verben potenzielle Kandidaten für Dienste (Verantwortlichkeiten) sind.

Aus den Verben des Anwendungsfalls

> »... der Sachbearbeiter ermittelt die Akte im Aktenverzeichnis ... öffnet die Akte ... fügt einen zusätzliche Anlage an ...«

werden folgende Zeileneinträge in *Aktenverzeichnis* und *Akte* abgeleitet (Tabelle 5.11).

Klasse: *Aktenverzeichnis*	
Verantwortlichkeiten	**Kollaborationen**
Akte ermitteln	**Akte**

Klasse: *Akte*	
Verantwortlichkeiten	**Kollaborationen**
Akte öffnen	
Anlage anfügen	*Anlage*

Tabelle 5.11: CRC-Karte Akte und Aktenverzeichnis

Die Bedeutung der letzten Zeile in *Akte* ist: Die Klasse *Akte* bietet den Dienst *Anlage anfügen* an. Zur Erbringung des Dienstes ist eine *Anlage* notwendig. Diese ist daher in der Spalte Kollaborationen aufgeführt.

Überprüfung der Szenarien

Das im Anwendungsfall beschriebene Szenario sowie alternative Szenarien werden nun anhand der CRC-Karten durchgespielt, um die Stabilität des CRC-Designs zu überprüfen. Im Rahmen von Szenarien-Walkthroughs werden die Szenarien auf die Dienste der einzelnen Klassen abgebildet. Für das anfangs gewählte Szenario sieht die Abbildung wie folgt aus:

1. Klasse *Aktenverzeichnis*: Der Sachbearbeiter benutzt den Dienst *Akte ermitteln*, um eine spezielle Akte zu finden.

2. Klasse *Akte*: Der Sachbearbeiter benutzt den Dienst *Akte öffnen*, um die Akte zu öffnen.

3. Klasse *Anlage*: Der Sachbearbeiter benutzt den Dienst *Anlage anfügen*, um eine Anlage anzufügen.

Der zweite Schritt ist nur möglich, weil im ersten Schritt der Dienst *Akte ermitteln* eine Kollaboration zur Klasse *Akte* besitzt.

Eine Menge von CRC-Karten spannt ein Geflecht von Beziehungen auf, welches die Klassen miteinander verbindet. Anhand des Beziehungsgeflechts kann ermittelt werden, wer wem welche Dienste zur Verfügung stellt. In Szenarien-Walkthroughs wird entlang der Kollaborationen navigiert (vgl. Abbildung 5.6).

Neben dem ursprünglichen Szenario werden weitere Varianten der Szenarien (z.B. Einfügen eines Aktenquerverweises anstelle einer Anlage) ausgeführt. Hierdurch werden die CRC-Karten weiter verfeinert und auf Konsistenz geprüft. Falls notwendig, werden Restrukturierungen des CRC-Modells vorgenommen. Die Bedeutung und Verantwortlichkeiten der Klassen werden hierdurch abgeglichen.

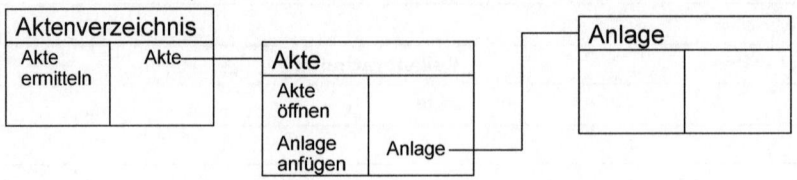

Abbildung 5.6: Beziehungsgeflecht in CRC-Karten

Nach weiteren Szenarien wie

▷ Aktenquerverweis anlegen

▷ Neuanlegen einer Akte

▷ Drucken einer Akte

▷ Editieren einer Akte

besitzen die CRC-Karten die in Tabelle 5.12 dargestellten Einträge.

Klasse: *Aktenverzeichnis*	
Verantwortlichkeiten	**Kollaborationen**
Akte ermitteln	*Akte*
Akte neu anlegen	*Akte*

Klasse: *Akte*	
Verantwortlichkeiten	**Kollaborationen**
Akte öffnen	
Anlage anfügen	*Anlage*
Aktenquerverweis anlegen	*Akte*
Akte drucken	*Drucker*
Akte editieren	

Tabelle 5.12: Fortgeschrittene CRC-Karten Akte und Aktenverzeichnis

CRC-Karten stellen eine Vorstufe eines fachlichen Klassenmodells dar. Verantwortlichkeiten und Kollaborationen sind Ausgangspunkt für Attribute, Methoden und Beziehungen.

Die Erstellung der CRC-Karten sollte mit bekannten und unstrittigen Klassen beginnen. Die anfangs nur vage greifbaren Klassen werden so in einen stabilen Kontext integriert. Auf diese Weise dringt man sehr früh zu den Schwachpunkten der Strukturierung der Objekte eines Anwendungsbereichs vor. Ziel ist die stabile Verteilung der Verantwortlichkeiten, da dies zu einem weniger anfälligen und erweiterbaren System führt.

Allerdings ist es oft schwierig, Verantwortlichkeiten der einen oder anderen Karte zuzuordnen. Ein Lösungsansatz für dieses Problem des *behavior allocation* ist beispielsweise die Einführung spezieller Prozesskarten, welche Prozessklassen repräsentieren.

Literaturempfehlungen

Sehr ausführlich und mit vielen Beispielen werden CRC-Karten in [Wirfs90] und [Bellin95] behandelt.

5.2.6 Anwendungsfälle

Anwendungsfälle definieren die von den Benutzern erwarteten Leistungen eines Anwendungssystems. Ein Anwendungsfall ist eine über mehrere Schritte verlaufende Interaktion zwischen einem oder mehreren Akteuren und dem Anwendungssystem, um eine abgegrenzte fachliche Aufgabe zu lösen. Ein Anwendungsfall ist also ein Dienst, den das System einem Benutzer oder Akteur zur Verfügung stellt.

Durch die rasche Verbreitung der UML werden Anwendungsfälle zunehmend zum Standard für die Definition von Anforderungen aus Nutzersicht. Anwendungsfälle haben allerdings (fast) nichts mit Objektorientierung zu tun, wie oft irrtümlich angenommen wird. Yourdon, einer der »Päpste« der strukturierten Anwendungsentwicklung, stellt selbst fest: »There is nothing object-oriented about use cases.« Larman argumentiert in [Larman98, S. 10] ähnlich:

> »Use cases are not actually an object-oriented analaysis artifact, they simply describe processes, and can be equally effective in a non-object technology project. However, they are a useful preliminary step in describing the requirements of a system.«

Der Nutzen der Anwendungsfallmodellierung besteht darin,

▷ die Anforderungen an ein Anwendungssystem primär aus der Benutzersicht zu modellieren und

▷ das Anwendungssystem in einer systematischen Vorgehensweise von der Außenwelt abzugrenzen.

Generell hat sich inzwischen die Einsicht durchgesetzt, dass Anwendungsfälle ein geeignetes Mittel sind, den Übergang vom Anwendungs- oder Problembereich zum Anwendungs- oder Lösungssystem in systematischer Weise zu bewerkstelligen.

Die Ergebnisse der Anwendungsfallmodellierung sind im Wesentlichen:

▷ ein Anwendungsfallmodell (Gesamtsicht auf das System) und

▷ eine Menge detaillierter Anwendungsfallbeschreibungen.

Die Hauptschritte bei der Erstellung von Anwendungsfällen sind:

1. Identifizierung von Akteuren

2. Identifizierung von Anwendungsfällen

3. Kurzbeschreibung von Akteuren und Anwendungsfällen

4. Erstellung eines groben Anwendungsfallmodells (Gesamtsicht)

5. Detaillierte Spezifikation der Anwendungsfälle

Der geschilderte Arbeitsablauf stellt lediglich eine »logische« Reihenfolge dar. Die dargestellten Aktivitäten sind in der Praxis nicht immer in eine eindeutige Reihenfolge zu bringen und werden im Wechsel ablaufen. So findet man z.B. im Allgemeinen während der Detailbeschreibung von Anwendungsfällen weitere Akteure und Anwendungsfälle.

Identifizierung von Akteuren

Ein Akteur repräsentiert eine Rolle, die eine Person oder ein externes System in der Kommunikation mit dem System einnimmt. Akteure befinden sich stets außerhalb des Systems und interagieren mit diesem. Über Akteure wird die Sicht des Anwenders auf das System dargestellt, d.h. dessen Erwartungen an das zu entwickelnde System, welches ihn im Anwendungsbereich bei seinen Aufgaben unterstützen soll. Nach [Jacobson92] kann grundsätzlich zwischen *primären* Akteuren – sie nutzen das System, um eine fachliche Aufgabe zu erledigen – und *sekundären* Akteuren – sie administrieren und warten das System – sowie *aktiven* Akteuren – sie lösen den Anwendungsfall aus – und *passiven* Akteuren – sie sind nur an der Durchführung beteiligt – unterschieden werden.

Bei der Identifizierung von Akteuren geht es darum, Personen, bestehende Anwendungssysteme, Geräte, bestehende Datenbestände und Netzwerke zu finden, die mit dem Anwendungssystem interagieren. Individuelle Akteure werden zu Typen oder Rollen zusammengefasst, konkrete Personen wie Maier, Müller, Schulte etwa zum Typ Mitarbeiter, wobei Personen durchaus auch in verschiedenen Rollen auftreten können. Hilfreiche Fragen zur Identifizierung von Akteuren sind:

▶ Wer benutzt das Anwendungssystem?

▶ Mit welchen anderen (Anwendungs-)Systemen interagiert das Anwendungssystem?

▶ Wer gibt Informationen in das Anwendungssystem ein?

▶ Wer erhält Informationen aus dem Anwendungssystem?

Ergebnis des ersten Schrittes sind die identifizierten Akteure.

Für die Entwicklung der Ausleihverwaltung in einer Bibliothek werden beispielsweise die folgenden drei Akteure identifiziert (vgl. Abbildung 5.7):

Benutzer   Benutzerservice-   Benutzer-
           Mitarbeiter   verwaltung

Abbildung 5.7: Identifizierte Akteure

Identifizierung von Anwendungsfällen

Ein Anwendungsfall ist eine Abfolge von Aufgaben, die durch ein System ausgeführt werden und ein Ergebnis von messbarem Wert für einen bestimmten Akteur liefern. Anwendungsfälle beschreiben Aufgaben des aktuell modellierten DV-Systems. Manuelle Aktivitäten oder durch andere Anwendungssysteme unterstützte Aktivitäten der Akteure gehören nicht in das Anwendungsfallmodell.

Anwendungsfälle sollten im ersten Schritt eher etwas grobmaschiger definiert werden. Eine spätere Verfeinerung ist einfacher und wahrscheinlicher als die Zusammenfassung von Anwendungsfällen zu einem späteren Zeitpunkt. Entscheidend ist, frühzeitig die Komplexität des Systems beherrschbar zu machen. Anders als z.B. Teilfunktionen stellen Anwendungsfälle den gesamten Verlauf der Interaktionen dar – von dem Moment, in dem ein Akteur mit einer Absicht an das System herantritt, bis zu dem Moment, wo er sein Ziel erreicht hat. Bei der Modellierung von Anwendungsfällen ist ein häufiger Fehler, dass einzelne Aufgaben bzw. Transaktionen als Anwendungsfälle geschnitten werden; dies sollte vermieden werden. Zu dieser Regel gibt es Ausnahmen, vor allem bei Verwendung von *extend-* und *include-*Beziehungen, die später dargestellt werden.

Die Identifizierung von Anwendungsfällen beginnt bei den identifizierten Akteuren. Für jeden Akteur wird gefragt, welche Leistungen das Anwendungssystem erbringen soll.

Hilfreiche Fragen zur Identifizierung von Anwendungsfällen sind:

▶ Welche Funktionen erwartet der Akteur vom Anwendungssystem?

▶ Welche Informationen erzeugt, liest, ändert, löscht der Akteur?

▶ Teilt das Anwendungssystem dem Akteur Änderungen mit?

Ergebnis des zweiten Arbeitsschrittes ist eine Beschreibung der Funktionalität des Anwendungssystems aus der Sicht des Benutzers.

Die Abbildung 5.8 zeigt vier identifizierte Anwendungsfälle.

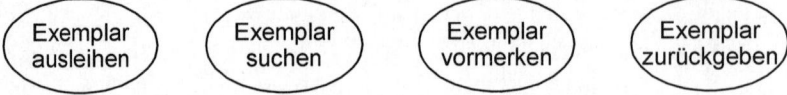

Abbildung 5.8: Identifizierte Anwendungsfälle

Kurzbeschreibung von Akteuren und Anwendungsfällen

Akteure und Anwendungsfälle werden jetzt kurz beschrieben. Tabelle 5.13 zeigt eine Kurzbeschreibung der identifizierten Akteure.

Akteur-Name	Beschreibung
Benutzer	Ein Bibliotheksbenutzer darf die Einrichtungen der Bibliothek zu den zuge-lassenen Zeiten benutzen. Er darf Präsenzexemplare einsehen und Ausleih-exemplare vormerken und entleihen.
Benutzerservice-Mitarbeiter	Der Benutzerservice-Mitarbeiter unterstützt die Benutzer bei der Suche und Vormerkung von Bibliotheksexemplaren und verbucht deren Aus-leihe.
Benutzerverwaltung	Die Benutzerverwaltung ist ein externes System, welche alle Stammdaten der Benutzer (Name, Adresse, ev. Sperren etc.) verwaltet.

Tabelle 5.13: Beschreibungen der Akteure

Eine Kurzbeschreibung der entsprechenden Anwendungsfälle stellt Tabelle 5.14 dar.

Anwendungsfall-Name	Beschreibung
Exemplar ausleihen	Die Ausleihe eines Bibliothekexemplars wird auf Veranlassung durch einen Benutzer von einem Benutzerservice-Mitarbeiter verbucht.
Exemplar suchen	Ein Bibliotheksexemplar wird von einem Benutzer im Bibliotheksbestand nach verschiedenen Suchkriterien gesucht.
Exemplar vormerken	Ein ausgeliehenes Bibliotheksexemplar wird von einem Benutzer für die eigene Ausleihe vorgemerkt.
Exemplar zurückgeben	Ein ausgeliehenes Bibliotheksexemplar wird von einem Benutzer zurück-geben und seine Ausleihe damit gelöscht. Die Verbuchung der Rückgabe erfolgt durch einen Benutzerservice-Mitarbeiter.

Tabelle 5.14: Beschreibung der Anwendungsfälle

Erstellung eines groben Anwendungsfallmodells (Gesamtsicht)

Nach der vollständigen Identifizierung und der Kurzbeschreibung der Akteure und Anwendungsfälle wird das grobe Anwendungsfallmodell erstellt. Dieses stellt eine erste integrierte Gesamtsicht auf das System dar und legt eindeutig fest, was innerhalb des Anwendungssystems abläuft – die Anwendungsfälle – und was außerhalb des Anwendungssystems existiert – die Akteure. Eine Kommunikationsbeziehung zwischen Anwendungsfall und Akteur zeigt an, dass diese interagieren.

Bei der Erstellung eines Anwendungsfalldiagramms werden die Ergebnisse der vorhergehenden Arbeitsschritte verwendet. Ein Grobmodell hat folgende Eigenschaften:

▷ Nur konkrete Akteure (d.h. keine Vererbungsbeziehungen zwischen Akteuren) sind identifiziert.

▷ Nur konkrete Anwendungsfälle (d.h. keine Beziehungen zwischen Anwendungsfällen) sind beschrieben.

▷ Zirka 80% aller Akteure und Anwendungsfälle sind identifiziert.

▷ Alle Kommunikationsbeziehungen zwischen den modellierten Akteuren und Anwendungsfällen sind identifiziert.

▷ Eine Einteilung in Subsysteme bzw. Anwendungsfall-Pakete (nur bei Großsystemen) ist erfolgt.

Durch das Anwendungsfall-Grobmodell werden die zentralen funktionalen Anforderungen an ein zu erstellendes System im Kern beschrieben und die Systemgrenzen eindeutig festgelegt.

Zu jedem Anwendungsfall sollte eine kurze Beschreibung mit Zielsetzung und bekannten, wichtigen nichtfunktionalen Anforderungen angegeben werden. Hilfreich ist zusätzlich eine graphische Darstellung der identifizierten Akteure und Anwendungsfälle mit Assoziationen zwischen den Akteuren und den Anwendungsfällen und einer Darstellung der Anwendungssystemgrenze. Abbildung 5.9 zeigt das bereits aus Kapitel 2 bekannte Anwendungsfallmodell *Ausleihverwaltung* mit den bisher identifizierten Anwendungsfällen und Akteuren.

In größeren Modellen sollten zur Komplexitätsreduzierung frühzeitig Anwendungsfallkomponenten gebildet werden. Im Falle eines Bibliothekssystems wären solche Anwendungsfallkomponenten neben der dargestellten Literaturvermittlung etwa die Literaturerwerbung für Anwendungsfälle aus dem Bestandsaufbau oder die Literaturerschließung für die Katalogisierung.

Ebenfalls sinnvoll ist oft eine Bildung von Modellsichten für jeden Akteur und Anwendungsfall – jeweils ein Diagramm für alle Anwendungsfälle eines Akteurs und ein Diagramm für alle Akteure eines Anwendungsfalls.

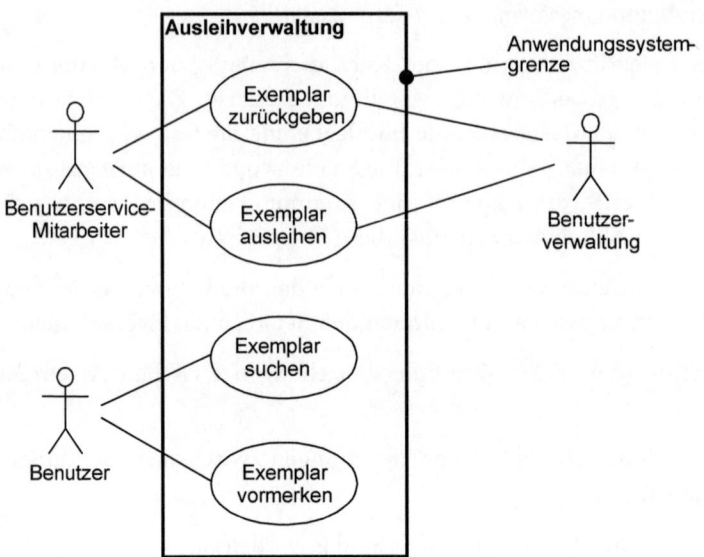

Abbildung 5.9: Anwendungsfallmodell (Gesamtsicht)

Detaillierte Spezifikation der Anwendungsfälle

Wie bereits in Kap. 3 beschrieben, werden Anwendungsfälle sowohl im Lastenheft als auch im Pflichtenheft genutzt. Im Lastenheft ist zur Systemabgrenzung und Festlegung der wesentlichen Produktmerkmale die bisher erfolgte grobe Beschreibung der wesentlichen identifizierten Anwendungsfälle und Akteure zumeist ausreichend. Eine für die Umsetzung ausreichende Beschreibung der Anforderungen liegt aber natürlich noch nicht vor. Das Ziel der detaillierten Spezifikation ist es:

▷ Anwendungsfälle so zu beschreiben, dass ein Analysemodell erstellt und die Anwendungsfälle umgesetzt werden können.

▷ Gemeinsamkeiten von Anwendungsfällen zu erkennen und zu dokumentieren, um ein mögliches Wiederverwendungspotenzial zu erschließen.

Im Rahmen dieser detaillierten Spezifikation ist es zur Verifikation und als Vorbereitung für die Erstellung von Testfällen auch oft sinnvoll, einzelne Szenarien (auch *Anwendungsfall-Instanzen* genannt) und ev. Prototypen zu erstellen.

Im Gegensatz zum Lastenheft werden im Pflichtenheft alle Anwendungsfälle detailliert und vollständig mit Varianten und Ausnahmen nach einem differenzierten Beschreibungsmuster spezifiziert. Die folgende Abbildung 5.10 skizziert diesen Übergang in der Detaillierung der Beschreibung von einem Grobmodell im Lastenheft zu ausführlichen Spezifikationen der Anwendungsfälle im Pflichtenheft.

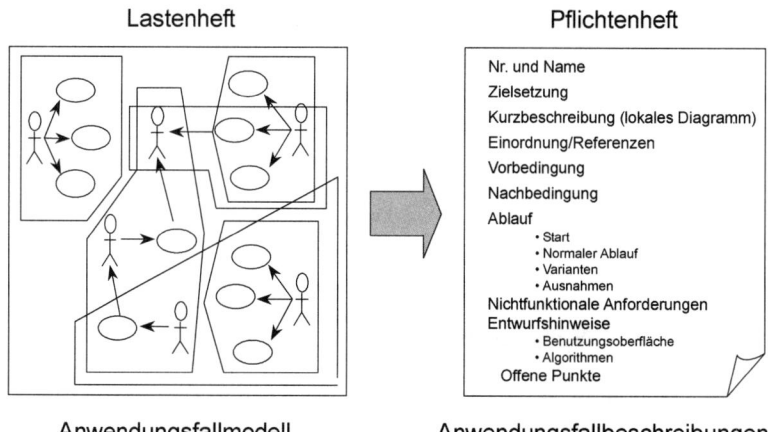

Abbildung 5.10: Anwendungsfälle im Lasten- und im Pflichtenheft

Für diese detaillierte Beschreibung von Anwendungsfällen hat sich das folgende Glie-derungsschema bewährt (Tabelle 5.14):

Feld	Beschreibung
Nr. und Name des Anwendungsfalls	Gibt an, wie der Anwendungsfall eindeutig identifiziert, benannt und referenziert werden kann.
Zielsetzung	Beschreibt den Zweck, den der Anwendungsfall im Gesamtsystem erfüllt.
Kurzbeschreibung mit lokalem Diagramm	Enthält eine kurze Charakterisierung des Anwendungsfalls. Alle Akteure und verbundenen Anwendungsfälle werden dargestellt.
Einordnung/Referenzen	Hier wird auf dem Anwendungsfall zugrunde liegende Dokumente (Anforderungen, Geschäftsprozesse, Produktskizze etc.) verwiesen.
Vorbedingung	Hier stehen die Vorbedingungen, welche gelten müssen, damit der Anwen-dungsfall ausgeführt werden kann.
Nachbedingung	Hier stehen die Nachbedingungen, welche nach Beendigung des Anwen-dungsfalls zugesichert werden.
Ablauf	Hier wird der Ablauf der Ausführung beschrieben:
– Start	– Auslösendes Ereignis (von einem Akteur oder zeitliches Ereignis)
– Normaler Ablauf	– Reihenfolge und Schritte des Standardablaufs
– Varianten	– Variationspunkte des Standardablaufs
– Ausnahmen	– Ausnahmen bzw. Fehlersituationen mit Reaktionen

Tabelle 5.15: Beschreibungsmuster für Anwendungsfälle

Feld	Beschreibung
Nichtfunktionale Anforderungen	Hier werden Qualitätsanforderungen an den Anwendungsfall definiert. Wie lange darf der Anwendungsfall dauern? Welche Verfügbarkeit erwartet der Akteur vom Anwendungsfall?
Entwurfshinweise - Benutzungsoberfläche - Algorithmen	Dieser Abschnitt ist optional. Hier können Gestaltungshinweise für die Benutzungsoberfläche, Verweise auf Prototypen oder fachliche Algorithmen stehen, welche im Anwendungsfall genutzt werden.
Offene Punkte	Hier werden alle noch zu klärenden Fragen aufgenommen.

Tabelle 5.15: Beschreibungsmuster für Anwendungsfälle (Forts.)

Die bisher vorgestellten Konzepte reichen jedoch nicht aus, um den Anforderungen an eine solche detaillierte Anwendungsfallbeschreibung gerecht zu werden. So kommt es z. B. öfters vor, dass verschiedene Anwendungsfälle in Teilen identisch sind, weil jeder für sich eine Funktionalität beschreibt, die mit zum Ablauf gehört. Oder es wird festgestellt, dass mehrere Akteure ein und denselben Anwendungsfall nutzen und dadurch die Übersichtlichkeit des Anwendungsfallmodells und der Anwendungsfallbeschreibung leidet.

Für diese und weitere Fälle gibt es Modellierungskonzepte, die im Folgenden kurz vorgestellt werden. In der UML werden dafür drei Arten von Beziehungen zwischen Anwendungsfällen unterschieden:

▶ Die *include-Beziehung* dient dazu, Anwendungsfälle, die von anderen Anwendungsfällen verwendet werden, auszuzeichnen. Durch diese Beziehung wird also eine Abhängigkeitsrelation zwischen Anwendungsfällen dargestellt: Ein Anwendungsfall B nutzt die Eigenschaften eines Anwendungsfalls A. Diese Beziehung dient dazu, Teilfunktionalitäten, die in mehreren Anwendungsfällen gleichermaßen vorkommen, zu extrahieren und damit Redundanz zu vermeiden.

▶ Die *extend-Beziehung* dient dazu, Anwendungsfälle, die andere Anwendungsfälle erweitern, auszuzeichnen. Ein Anwendungsfall A wird unter bestimmten Bedingungen um die Eigenschaften eines (erweiternden) Anwendungsfalls B erweitert. Durch eine solche Erweiterung an einer bestimmten Stelle (sog. *extension point*) können also Variationspunkte, wie zusätzliche Funktionalitäten, Ausnahmen oder Fehlerfälle, modelliert werden.

▶ Die *Generalisierungs-Beziehung* dient dazu, Vererbungsbeziehungen zwischen Anwendungsfällen zu beschreiben. Ein Anwendungsfall B erbt die Eigenschaften, d.h. das Verhalten bzw. die Bedeutung eines Anwendungsfalls A. Ähnlich wie bei der Vererbungsbeziehung zwischen Klassen kann dabei der abgeleitete Anwendungsfall B den übergeordneten Anwendungsfall A erweitern, modifizieren oder überschreiben.

Abbildung 5.11 zeigt ein einfaches Beispiel für diese drei Beziehungen ausgehend vom
bereits eingeführten Anwendungsfall *Exemplar ausleihen*.

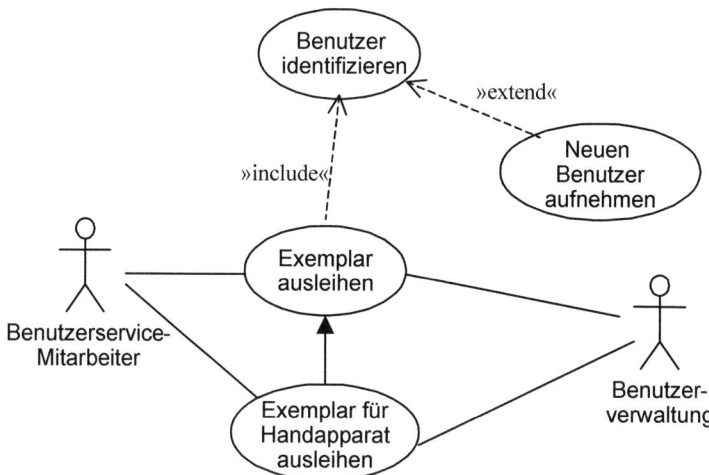

Abbildung 5.11: Beziehungen zwischen Anwendungsfällen

Um ein Exemplar auszuleihen, muss der Mitarbeiter des Benutzerservices zunächst
den Benutzer identifizieren. Diese Identifikation wird aber auch in vielen anderen
Situationen benötigt, daher wurde ein eigener Anwendungsfall *Benutzer identifizieren*
eingeführt.

Sofern es sich um einen neuen Benutzer handelt, wird der Anwendungsfall erweitert
um *Neuen Benutzer aufnehmen*. Eine Spezialisierung des Anwendungsfalls *Exemplar
ausleihen* ist die Ausleihe eines Exemplars in einen Handapparat. *Exemplar für Handapparat ausleihen* erbt alle Eigenschaften von *Exemplar ausleihen* und erweitert diesen
um spezifische Funktionalitäten für die Apparateausleihe.

Diese Vererbungsbeziehung kann ebenfalls auf Akteure angewendet werden. Ein Akteur
B erbt die Eigenschaften (Rollen) eines Akteurs A und kann diese spezifisch erweitern.
Im Aktivgeschäft von Banken können etwa sowohl der Akteur *Privatkundenbetreuer* als
auch der Akteur *Firmenkundenbetreuer* einen Anwendungsfall *Finanzierung bearbeiten*
ausführen. Da dies unter Umständen im Anwendungsfallmodell und in der Anwendungsfallbeschreibung unübersichtlich wird, kann hier ein generalisierter Akteur *Kreditsachbearbeiter* definiert werden, von dem dann sowohl der *Privatkundenbetreuer* als auch
der *Firmenkundenbetreuer* erben. Dadurch tritt gegenüber dem Anwendungsfall *Finanzierung bearbeiten* nur noch der Akteur *Kreditsachbearbeiter* in Erscheinung.

Dieses Vorgehen der schrittweisen Ausdifferenzierung birgt allerdings die Gefahr, dass man zu sehr vielen, sehr kleinen Anwendungsfällen kommt und damit die Anwendungsfallmodellierung »missbraucht«. Oft geschieht dies aus Unkenntnis der zugrunde liegenden Konzepte, oft aber auch absichtlich, um mit einer scheinbar nur neuen Notation altbekannte Sachverhalte auszudrücken. Die Urheber solcher Modelle beklagen sich häufig zusätzlich noch über fehlende Modellierungselemente, etwa die Fähigkeit, Abfolgen von Anwendungsfällen zu spezifizieren oder Anwendungsfallhierarchien zu beschreiben.

Anwendungsfallmodelle sollten jedoch *nicht* benutzt werden, um eine funktionale Zerlegung des Systems zu beschreiben, Workflows darzustellen oder Module, Bibliotheken oder Teilprojekte zu spezifizieren. Tappt man in eine dieser Fallen, kann man den Hauptvorteil eines Anwendungsfallmodells nicht mehr nutzen: Anhand wohldefinierter, logisch zusammenhängender, am Endbenutzer orientierte Dienste komplexe Systeme frühzeitig so zu strukturieren, dass das Anforderungsmanagement erleichtert wird.

Diese Fehler lassen sich z. B. dadurch vermeiden, dass sich der Modellierer in die Rolle des Akteurs versetzt und aus dessen Sicht den Anwendungsfall bewertet und Anwendungsfälle als Vorstufe eines Benutzerhandbuches sieht, das dem Benutzer dabei hilft, eine bestimmte Aufgabe zu erledigen.

Richtig angewendet, helfen somit Anwendungsfälle auch den generellen Fehler einer zu frühen funktionalen Zerlegung des Gesamtsystems (Dekomposition) zu vermeiden und damit Jacksons kategorischem Ratschlag bezüglich dieser leider immer noch häufig zu findenden Dekompositionsansätze in den frühen Phasen zu folgen [Jackson95, S. 199]: »*In short, my advice to those about to work top-down is like Mr Punch's advice to those about to marry: Don't.*«

Ein weiteres häufiges Problem bei der Erstellung von Anwendungsfällen ist die Technologielastigkeit der Beschreibung. Dies wird insbesondere bei der Beschreibung der Benutzerinteraktionen deutlich, welche häufig eine bestimmte Benutzungsschnittstelle voraussetzen. Da diese Art der Anwendungsfallbeschreibung die Möglichkeit der fachlichen Wiederverwendung reduziert und Designentscheidungen unnötig einschränkt, empfehlen Constantine und Lockwood in [Constantine99] die Erstellung sog. essenzieller Anwendungsfälle [Constantine99], ähnlich der bekannten essenziellen Systemanalyse [McMenamin84].

Abbildung 5.12 verdeutlicht den Ansatz zur Modellierung essenzieller Anwendungsfälle. Der essenzielle Anwendungsfall beschreibt die wesentlichen Schritte des Geldabhebens am Ausgabeautomaten technologieunabhängig. Ob der Teilschritt *Identität prüfen* über PIN oder über biometrische Verfahren läuft, ist beispielsweise egal. Die konkrete Beschreibung ist eine spezifische Ausprägung des essenziellen Anwendungsfalls.

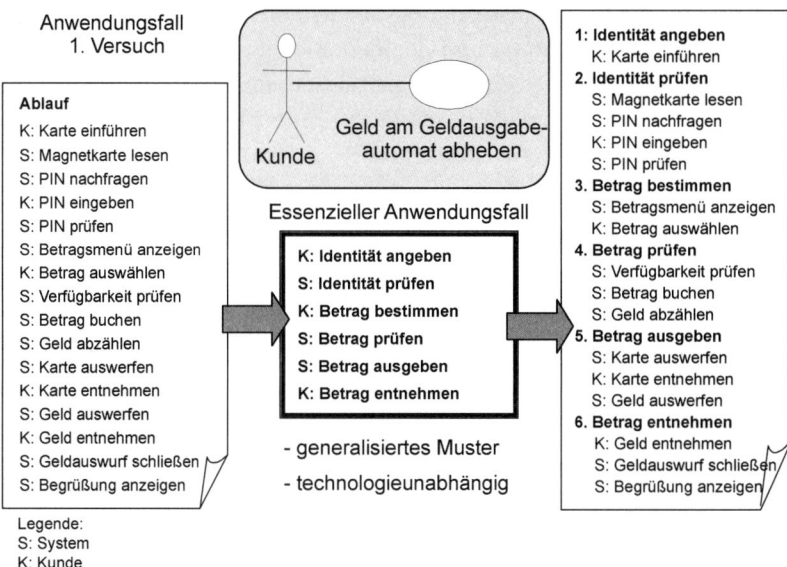

Abbildung 5.12: *Modellierung essenzieller Anwendungsfälle*

Als grobe Faustregel hat sich in größeren Projekten bewährt, Anwendungsfälle so zu entwerfen, dass die Umsetzung eines Anwendungsfalls ein bis zwei Personenmonate erfordert. Kleine Anwendungsfälle führen zu einer unüberschaubaren Zahl von Einzelfunktionalitäten, größere Anwendungsfälle sind zu unspezifisch, um sinnvolle Benutzerinteraktionen abzuleiten.

Literaturempfehlung

Inzwischen existiert eine Reihe sehr guter Bücher zur Modellierung von Anwendungsfällen. Ein Muss ist nach wie vor das erste Buch vom »Erfinder« selbst (vgl. [Jacobson1992]). Empfehlenswert sind auch [Schneider1998] und [Constantine99] für essenzielle Anwendungsfälle. Als deutschsprachige Quelle wird [Grässle00] empfohlen. Dieses Buch ist hervorragend didaktisch aufbereitet und insbesondere für Neulinge gut geeignet.

Eine gute ergänzende Quelle zur Anwendungsfallmodellierung ist [Carrol95]. Dieser Sammelband enthält eine Reihe guter Artikel zur szenariobasierten Beschreibung von Anforderungen.

5.2.7 Bedeutungsanalyse

Sowohl die Erschließung eines Anwendungsbereichs zur Erhebung von Anforderungen als auch die anschließende Nutzung einer Anwendung erfolgen in sprachlichen Handlungen. Gegenstände dieses Sprechens und Handelns sind die Informationsobjekte und Aktivitäten im jeweiligen Anwendungsbereich, welche durch Fachbegriffe repräsentiert werden. Da die Bedeutung und der Gebrauch dieser Fachbegriffe leider nicht für alle Beteiligten unmittelbar verständlich sind und auch nicht immer einheitlich erfolgen, muss dieses gemeinsame Verständnis zur Entwicklung von Anwendungen schrittweise erarbeitet und festgehalten werden.

Die Erschließung eines Anwendungsbereichs ist in diesem Sinne eher ein gemeinsamer Konstruktions- oder Lernprozess als ein reiner Erhebungsprozess. Ford et al. drücken dies so aus [Ford93, S. 9]: »*Knowledge acquisition is a constructive modelling process, not simply a matter of expertise transfer.*«

Das Ziel der Bedeutungsanalyse ist es, Unsicherheiten und Fehler im Entwurfsprozess, die auf Mehrdeutigkeiten, Vagheiten oder Unvollständigkeiten von Aussagen zu Anforderungen zurückzuführen sind, frühzeitig zu beseitigen und damit einen systematischen Übergang in die folgenden Phasen der Anwendungsentwicklung zu ermöglichen.

Die einzelnen Schritte der Bedeutungsanalyse sind:

1. Sammlung von Aussagen

2. Klärung und Definition der Fachbegriffe

    –   Exemplarische Einübung

    –   Verwendungsregeln

    –   Definition und Erläuterung

3. Standardisierung der Aussagen

4. Klassifikation der Aussagen

Die Schritte 1 bis 3 stellen den Kern der Bedeutungsanalyse dar. Sie müssen eher als ein inkrementeller Prozess verstanden werden, in dem alle Fachbegriffe und Aussagen über Sachverhalte des Anwendungsbereichs und Anforderungen an das Anwendungssystem nach und nach ermittelt, präzisiert und stabilisiert werden. Dabei werden verschiedene Sichtweisen und Auffassungen sowie auseinander laufende Zielvorstellungen schrittweise vereinheitlicht und zu einer Beschreibung der fachlichen Aufgabenstellung der zu entwickelnden Anwendung geführt, welche von allen beteiligten Personen in ihren unterschiedlichen Rollen getragen wird.

Die Technik der Bedeutungsanalyse lässt sich gut mit anderen Techniken zum Anforderungsmanagement kombinieren. Sie kann die Effektivität der Anforderungsanalyse wesentlich verbessern.

Sammlung von Aussagen

Im Zyklus der Bedeutungsanalyse ist das Ergebnis der Phase Aussagensammlung eine Liste relevanter, d.h. sachbezogener umgangssprachlicher Aussagen, welche durch Techniken wie Interviews, Fachliteraturstudium oder Beobachtung erhoben wurden.

Abbildung 5.13 zeigt verschiedene Aussagen eines Szenarios, die etwa im Rahmen der Entwicklung einer Bibliotheksverwaltung erhoben wurden.

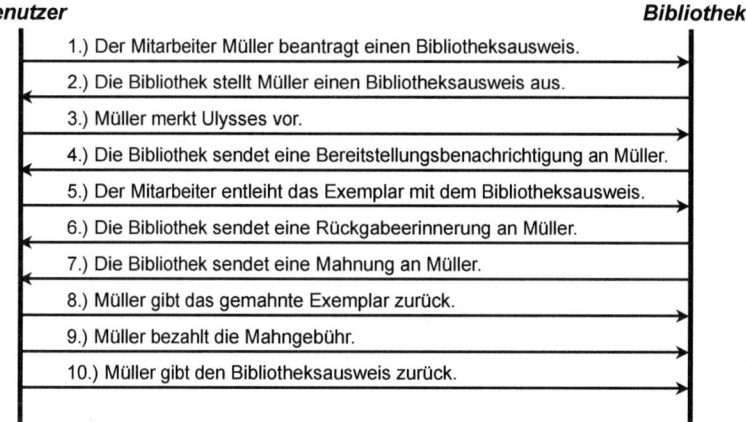

Benutzer   **Bibliothek**

1.) Der Mitarbeiter Müller beantragt einen Bibliotheksausweis.

2.) Die Bibliothek stellt Müller einen Bibliotheksausweis aus.

3.) Müller merkt Ulysses vor.

4.) Die Bibliothek sendet eine Bereitstellungsbenachrichtigung an Müller.

5.) Der Mitarbeiter entleiht das Exemplar mit dem Bibliotheksausweis.

6.) Die Bibliothek sendet eine Rückgabeerinnerung an Müller.

7.) Die Bibliothek sendet eine Mahnung an Müller.

8.) Müller gibt das gemahnte Exemplar zurück.

9.) Müller bezahlt die Mahngebühr.

10.) Müller gibt den Bibliotheksausweis zurück.

Abbildung 5.13: Einfaches Szenario in einer Bibliothek

Untersucht man die so erhobenen Aussagen genauer, so stellt man häufig syntaktische und semantische Mehrdeutigkeiten und Widersprüchlichkeiten fest. Beispielsweise ist die fünfte Aussage des dargestellten Szenarios syntaktisch mehrdeutig, da die Präpositionalphrase »mit dem Bibliotheksausweis« sowohl als Konstituente der Verbalphrase als auch alternativ als Attribut von »das Exemplar« abzuleiten wäre. Abbildung 5.14 stellt die beiden möglichen Syntaxbäume dar.

Natürlich werden solche einfachen mehrdeutigen Aussagen durch die beteiligten Personen in einer konkreten Situation fast immer richtig interpretiert. Da im weiteren Entwicklungsprozess dieser Kotext aber verloren geht und auch nicht bei allen Beteiligten immer die notwendige Kompetenz zur richtigen Interpretation vorausgesetzt werden kann, sollten alle umgangssprachlichen Aussagen in eine eindeutige Repräsentation überführt werden. Bevor diese syntaktischen Mehrdeutigkeiten jedoch geklärt und beseitigt werden können, müssen zunächst die in den Aussagen enthaltenen Fachbegriffe (oder sog. *Prädikatoren*) in ihrer Bedeutung bestimmt und festgelegt werden. Ein Vergleich der beiden folgenden Aussagen macht diese Forderung deutlich:

Ein Benutzer darf dasselbe Buch nicht mehrmals vormerken.

Ein Benutzer darf das gleiche Buch nicht mehrmals vormerken.

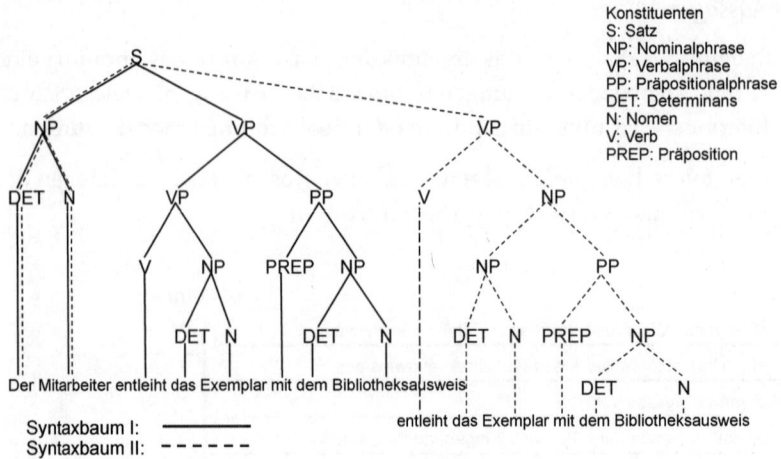

Abbildung 5.14: Syntaktische Ambiguitäten

Umgangssprachlich wird zwischen Identität und Gleichheit bzw. zwischen dem Gebrauch von *dasselbe* und *das gleiche* häufig nicht ausreichend unterschieden. Solange unklar ist, ob *Buch* ein einzelnes konkretes Buchexemplar mit einer eindeutigen Verbuchungsnummer bezeichnet oder aber eine bestimmte Publikation im Sinne eines Buchtyps mit einer eindeutigen ISBN meint, ist fraglich, ob ein Benutzer sich nur nicht mehrmals in die Vormerkliste desselben, identischen Buchexemplars eintragen darf (in andere Exemplare dieser Publikation aber sehr wohl), oder ob es Benutzern auch nicht erlaubt sein soll, mehrere Exemplare des gleichen Buchtyps vorzumerken.

Ähnliche Interpretationsprobleme können im Entwicklungsprozess durch die Verwendung von Homonymen oder Polysemen auftreten. Die Bedeutung eines Satzes wie »Der Apparat ist danach aktualisiert« ist aufgrund der lexikalischen Mehrdeutigkeit von *Apparat* unklar; *Apparat* kann etwa sowohl eine Literaturzusammenstellung (Handapparat oder Semesterapparat) als auch das Leseartenverzeichnis als Gesamtheit der textkritischen Angaben in einer kritischen Ausgabe (Kritischer Apparat) oder die Menge von Bibliographien einer Bibliothek (Bibliographischer Apparat) bezeichnen.

Klärung und Definition der Fachbegriffe

Der Prozess der Klärung und eindeutigen Bestimmung der Bedeutung von Fachbegriffen lässt sich in die drei Schritte *exemplarische Einführung*, *Verwendungsregeln* und *Definition und Erläuterung* unterteilen.

Die exemplarische Einführung dient dazu, erste, den Beteiligten unbekannte Fachbegriffe in einem gemeinsamen Handlungskontext mit dem Fachexperten praktisch einzuüben. Der Gebrauch von Fachbegriffen wie *Microfiche* oder *Fernleihschein* kann dem

Anforderungsanalytiker beispielsweise einfach durch Zeigen oder Vormachen zusammen mit Aussagen wie »Dieser Gegenstand ist ein Fernleihschein« oder »Dieser Gegenstand ist kein Microfiche« verdeutlicht werden.

Durch Verwendungsregeln wird anschließend der Gebrauch der Fachbegriffe untereinander klargestellt. Die Verwendung von Fachbegriffen in einem Anwendungsbereich wird abhängig von der Verwendung anderer Fachbegriffen vereinbart. Eingeführte und in ihrer Verwendung durch solche Regeln vereinbarte Fachbegriffe heißen Termini. Zusammen mit den Verwendungs- oder Prädikatorenregeln bilden diese Termini eine Terminologie.

Beispiele für formale Verwendungsregeln sind:

Subordination:x ε Mitarbeiter $\Rightarrow$ *x ε Person*

Synonymität:x ε Bibliotheksausweis $\Leftrightarrow$ *x ε Benutzerkarte*

Kontrarität:x ε Periodikum $\Leftrightarrow$ *x ε' Serie*

Nach diesen Regeln ist *Mitarbeiter* ein Unterbegriff von *Person*. *Ausweis* und *Benutzerkarte* sind synonyme Begriffe, während *Periodikum* und *Serie* konträr sind, d.h. ein Gegenstand kann nicht gleichzeitig Periodikum und Serie sein. Der Regelpfeil $\Rightarrow$ (lies: »gehe über zu«) erlaubt den Übergang von der links vom Pfeil stehenden Aussage zu der rechts stehenden Aussage. Anstelle von Verwendungsregeln können solche Beziehungen auch als mengenalgebraische Beziehungen ausgedrückt werden – zwischen der Menge der Mitarbeiter und der Personen besteht ein Inklusionsverhältnis ($\forall$x (x ε Mitarbeiter $\rightarrow$ x ε Person)).

In der Praxis werden die verschiedenen Arten von begrifflichen Beziehungen, welche differenziert werden sollen, natürlich nur einmal bestimmt und anschließend festgelegt, wie mit ihnen im Rahmen der Begriffsbildung umgegangen werden soll. Dabei hat sich bei Problemen in der Begriffsbildung das in Tabelle 5.16 beschriebene Vorgehen bewährt.

Art	Beschreibung	Beispiel	Lösung
Synonyme	Unterschiedliche Bezeichner für einen Begriff	*Benutzerkarte – Bibliotheksausweis* oder *Externer Fremdmitarbeiter*	Synonyme transparent machen und kontrollieren
Homonyme	Ein und derselbe Bezeichner für verschiedene Begriffe	*Bank* zur Bezeichnung von *Geldinstitut* und *Sitzgelegenheit*	Homonyme müssen aufgelöst und unterschieden werden
Äquipollenzen	Umfangsgleiche aber inhaltsunterschiedliche Begriffe mit verschiedenen Bezeichnern	*Paarzeher* und *Wiederkäuer* oder *Person* und *Verbraucher*	Äquipollenzen müssen aufgedeckt und bekannt gemacht werden

Tabelle 5.16: Probleme und Lösungsansätze bei der Begriffsfestlegung

Art	Beschreibung	Beispiel	Lösung
Vagheiten	Keine klare inhaltliche Trennung zwischen Begriffen	*Apparat* – als *Handapparat* oder *Kritischer Apparat*	Vage Begriffe müssen präzisiert und abgegrenzt werden
Falsche Bezeichner	Bezeichner stimmt nicht mit dem suggerierten Begriff überein	*Vorwärtsverteidigung* für *Angriff* oder *Wertstoffbehälter* für *Abfalleimer*	Falsche Bezeichner sollten auf jeden Fall ersetzt werden

Tabelle 5.16: Probleme und Lösungsansätze bei der Begriffsfestlegung (Forts.)

Durch eine explizite Definition wird im letzten Schritt die Bedeutung von Fachbegriffen geklärt. Im Unterschied zu Verwendungsregeln ist eine solche Definition vollständig und abgeschlossen. Aufgrund der Definition ist eindeutig geklärt, wie der definierte Fachbegriff zu gebrauchen ist und welche Gegenstände durch diesen Fachbegriff im Anwendungsbereich bezeichnet werden können und welche nicht.

Die folgende Tabelle 5.17 gibt exemplarisch die Definition des Fachbegriffs *Externer* in einer Bibliothek wieder.

Fachbegriff:	**Externer**
Synonyme:	Fremdmitarbeiter, Leiharbeiter
Beziehungen:	Unterbegriff von Mitarbeiter, Teil von Belegschaft
Kurzbeschreibung:	Ein Externer ist ein Mitarbeiter, der arbeitsvertraglich an eine andere, rechtlich selbstständige Firma gebunden ist.
Langbeschreibung: (Aussagen)	Ein Externer ▶ kann nur mit der Genehmigung des Bibliotheksleiters eingestellt werden ▶ darf nur für eine begrenzte Dauer beschäftigt werden ▶ ist von der Zeiterfassung befreit ▶ darf nur bei der Verbuchung und der Buchrückstellung mitarbeiten ▶ ...
Beispiele:	alle Mitarbeiter der Fa. Bodyrent
Umfang:	ca. 20 Mitarbeiter

Tabelle 5.17: Definition externer Mitarbeiter

In vielen Anwendungsbereichen kann diese Begriffsbildung natürlich auf bestehende Terminologien oder Begriffs- und Datenmodelle zurückgreifen und muss nicht voraussetzungslos anfangen. In der Sparkassen-Finanzgruppe ist beispielsweise eine Fachnomenklatur mit ca. 1800 Fachbegriffen, untergliedert nach 26 Themenbereichen, definiert. Das Referenzdatenmodell der Sparkassen-Finanzgruppe enthält ca. 3000 Fachbegriffe, welche neun Kernentitäten zugeordnet sind.

Standardisierung der Aussagen

Nachdem die relevanten Fachtermini definiert sind, werden die Anforderungen mit den geklärten Fachbegriffen bzw. Vorzugsbenennungen standardisiert, so dass von der Aussage eindeutig auf den dargestellten Sachverhalt geschlossen werden kann. Idealerweise richtet sich diese Standardisierung nach vorgegebenen Satzmustern, um durch die Normierung von fachlichen Aussagen eine hohe Wiederverwendung zu erreichen. Satzmuster stellen im Sinne einer konstruktiven Qualitätssicherung letztlich Konstruktionsregeln zur Zusammensetzung von fachlichen Aussagen aus definierten Fachbegriffen dar.

Die folgende Tabelle stellt einige einfache Satzmuster für verschiedene Arten von Aussagen dar.

Musterart	Muster und Beispiel
Partizipation	\<Gegenstand> HAT EIN \<Gegenstand>
	Benutzer HAT EIN Benutzerstatus.
Inklusion	\<Gegenstand> IST EIN \<Gegenstand>
	Periodikum IST EIN Sammelwerk.
Partition	\<Gegenstand> BESTEHT AUS \<Gegenstand>
	Sammelwerk BESTEHT AUS Einzelwerk.
Fähigkeit	\<Person> KANN \<Handlung>
	Benutzer KANN Buch ausleihen.
Prozess	\<Handlung> FOLGT AUF \<Handlung>
	Buch katalogisieren FOLGT AUF Buch inventarisieren.
Regel	WENN \<Ereignis> UND \<Bedingung> DANN \<Handlung>
	WENN Exemplarrückgabe UND Ausleihzeit überschritten DANN Mahngebühr einziehen.

Tabelle 5.18:

Klassifikation der Aussagen

In den vorigen Schritten wurden alle fachlich relevanten Aussagen gesammelt und standardisiert (normiert). Um den Übergang in eine Modellierungssprache vorzubereiten, werden die normierten Aussagen im letzten Schritt gemäß ihrer Ergebnistypen und Modellierungselemente klassifiziert. Für eine anschließende objektorientierte Spezifikation der Anforderungen können die oberen Aussagen beispielsweise in einem ersten Schritt folgendermaßen klassifiziert werden:

Benutzer HAT EIN Benutzerstatus ⇒ Attribut

Periodikum IST EIN Sammelwerk ⇒ Vererbungsbeziehung

Sammelwerk BESTEHT AUS Einzelwerk ⇒ Aggregationsbeziehung

Benutzer KANN Buch ausleihen ⇒ Methode

Buch katalogisieren FOLGT AUF Buch inventarisieren ⇒ Zustandswechsel

WENN Exemplarrückgabe UND Ausleihzeit überschritten DANN Mahngebühr einziehen ⇒ Einschränkung

Bei dieser Klassifikation gilt es zum einen zu beachten, dass sich eine Aussage auf mehrere unterschiedliche Modellaspekte beziehen kann. Zum anderen sind bei der Überführung im Allgemeinen mehrere unterschiedliche Abbildungen in objektorientierte Konstrukte möglich. Abbildung 5.15 stellt einen solchen Fall dar.

Die Bedeutungsanalyse hat ergeben, dass *(Bibliotheks)Exemplar* Oberbegriff von *Zeitschrift*, *Buchband* etc. ist. Abhängig vom Anwendungskontext kann entweder die direkte Abbildung auf Super- und Subtypen, die Einführung eines Typs *Exemplar* mit den verschiedenen Medienarten als Aufzählungstyp oder die Einführung eines sog. power types *Medienart* sinnvoll sein.

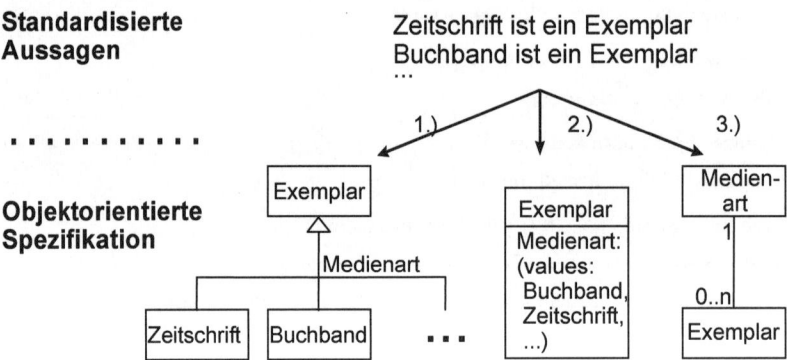

Abbildung 5.15: Übergang in die objektorientierte Spezifikation

Die Wahl der ersten Alternative ist beispielsweise sinnvoll, wenn die sich ergebenden Subtypen durch weitere unterschiedliche Merkmale (Attribute, Methoden ...) zu beschreiben sind und Ausprägungen dieser Merkmale für die Anwendung relevant sind. Der zweite Übergang ist zu wählen, wenn lediglich die Zuordnung zu einer Medienart für einzelne Exemplare notwendig ist, außer dieser Zuordnung aber keine weiteren medienartenspezifischen Informationen benötigt werden. Die dritte Alternative empfiehlt sich, wenn unterschiedliche Medienarten durch gleiche Merkmale, aber unterschiedliche Merkmalsausprägungen zu beschreiben sind und diese Ausprägungen für alle zugeordneten Instanzen des Typs *Exemplar* identisch sind.

Literaturempfehlungen

Das Ansatz der Bedeutungsanalyse geht auf Ortner zurück und wird ausführlich in [Ortner97] dargestellt. Ihre Anwendung in der objektorientierten Anwendungsentwicklung beschreibt [Schienmann97]. Darin wird auch eine formale Notation für solche Satzmuster auf der Grundlage einer rationalen Grammatik entwickelt. Einen ähnlichen Ansatz empfiehlt [Rupp01, S. 211 ff]. Rupp et al. geben eine Reihe solcher natürlichsprachlicher Satzmuster für die Beschreibung von Anforderungen etwa zu Benutzerinteraktionen oder selbstständigen Systemaktivitäten an.

5.2.8 Problem Frames

Problem Frames sind eine von Jackson eingeführte Technik zur Strukturierung und Spezifikation von Problemen. Sie basieren auf der Beobachtung, dass im Rahmen der Software-Entwicklung zu früh und zu stark in Lösungen gedacht wird. In den frühesten Phasen der Anwendungsentwicklung sollten zunächst jedoch die Kundenprobleme analysiert und ausreichend verstanden werden, welche durch das System gelöst werden sollen.

Der Nutzen der Problem Frames besteht darin, dass ein komplexes Problem in kleinere handhabbare Teilprobleme zerlegt wird. Resultierende Anforderungen werden gezielt den jeweiligen Teilproblemen zugeordnet und sinnvoll gruppiert. Ausgehend von der identifizierten Problemklasse (dies entspricht einem *Problem Frame*) können direkt bestimmte Arten von adäquaten Problembeschreibungen abgeleitet werden. Beispielsweise sind Anwendungsfälle eine gute Technik zur Beschreibung von Problemklassen, in denen die Benutzerinteraktion dominiert.

Die Voraussetzung für die Anwendung der Problem Frames ist das Vorliegen eines Visionsdokuments, in welchem die Ziele des geplanten Systems fixiert sind. Das Ergebnis der Nutzung von Problem Frames sind Frame-Diagramme mit der Beschreibung des Problems und der zugehörigen Anforderungen sowie die Beschreibung der verbundenen Domänen.

Die Arbeitsschritte der Nutzung von Problem Frames sind:

1. Ermittlung aller Domänen, welche durch die Problemstellung betroffen sind

2. Ermittlung von Berührungspunkten zwischen den Domänen (sog. *shared phenomena*)

3. Ermittlung der Problem Frames

4. Formulierung der zugehörigen Anforderungen

5. Vertiefung des zugehörigen Domänenwissens

Ermittlung aller Domänen, welche durch die Problemstellung betroffen sind

In der Sichtweise der Problem Frames ist ein tiefes Verständnis der Anforderungen nur aus dem Verständnis des Systemumfelds zu erreichen. Aus diesem Grunde werden zunächst Domänen des Systemumfelds identifiziert. Dies sind typischerweise Systembenutzer, benachbarte Systeme, Eingabe- und Ausgabedaten. Hinzu kommt die Systemdomäne, welche das spätere System repräsentiert. Evtl. existieren weitere »interne« Domänen innerhalb der Systemgrenzen (z.B. die Domäne der CAD-Zeichnungen innerhalb eines CAD-Systems).

Anhand des stark vereinfachten Beispiels eines Compilers sollen diese Arbeitsschritte erläutert werden. In Falle des Compilers können drei elementare Domänen mit verschiedenen Eigenschaften identifiziert werden:

▶ die Domäne der Eingaben (Quellcode-Domäne)

▶ der Compiler (System-Domäne)

▶ die Domäne der Ausgaben (Zielcode-Domäne)

Diese drei Domänen werden mit Hilfe eines Frame-Diagramms visualisiert. Die Domänen (einschließlich der speziell gekennzeichneten System-Domäne) sind durch Rechtecke dargestellt (vgl. Abbildung 5.16).

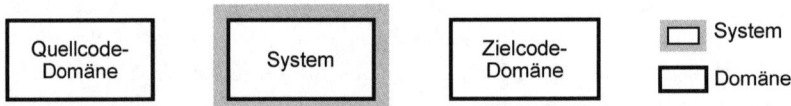

Abbildung 5.16: Elemente eines Frame-Diagramms

Ermittlung von Berührungspunkten zwischen den Domänen (shared phenomena)

In einem zweiten Schritt wird ermittelt, welche Domänen in direkter Wechselwirkung (*shared phenomena*) miteinander stehen. Berührungspunkte deuten Schnittstellen zwischen den Domänen an. Diese Schnittstellen müssen nicht notwendigerweise technisch sein, sondern können einen beliebigen funktionalen Zusammenhang ausdrücken.

Im Beispiel sind die Domänen der Ein- und Ausgaben über Schnittstellen mit der System-Domäne verbunden. Falls weitere Berührungspunkte (*shared phenomena*) zwischen den einzelnen Domänen existieren, wird im Frame-Diagramm eine Verbindung eingezeichnet (vgl. Abbildung 5.17).

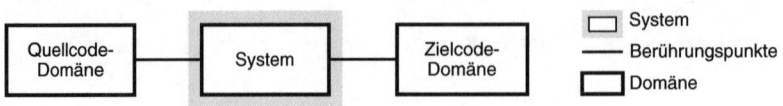

Abbildung 5.17: Berührungspunkte zwischen den Domänen

Ermittlung der Problem Frames und der jeweils zugehörigen Domänen

Im nächsten Schritt werden diejenigen Probleme identifiziert, welche vom System gelöst werden sollen. Jackson unterscheidet in [Jackson95] fünf grundlegende Arten von *Problem Frames*, welche typische elementare Problemstellungen widerspiegeln:

▷ Transformationsprobleme (transformation problem)

▷ Informationsprobleme (information problem)

▷ Werkstückprobleme (workpiece problem)

▷ Kontrollprobleme (control problem)

▷ Verbindungsprobleme (connection problem)

Bei dieser Kategorisierung handelt es sich um eine Typisierung fundamentaler wiederkehrender Problemstellungen. Reale Problemstellungen bestehen aus mehreren, zumeist geschachtelten Problem Frames. Ähnlich wie *design patterns* sind Problem Frames Muster, aber eben keine Design- oder *Lösungs*muster, sondern *Problem*muster.

Zur Verdeutlichung wird jede dieser fünf Arten von Problem Frames anhand eines Beispiels charakterisiert:

▷ Ein Beispiel für ein Transformationsproblem ist die Problemstellung *Compiler*. Typisch für Transformationsprobleme ist die Übersetzung von Eingabedaten in Ausgabedaten nach bestimmten vordefinierten Regeln einer Grammatik.

▷ Ein Beispiel für ein Informationsproblem ist die Problemstellung *Internet-Suchmaschine*. Typisch für Informationsprobleme sind Akteure, welche sich über eine Domäne informieren wollen. In einer Variante des Informationsproblems können die Akteure auch aktiv mit Informationen über die Domäne versorgt werden (pull- versus push-Technologie)

▷ Ein Beispiel für Werkstückprobleme ist die Problemstellung *Editor* in allen ihren Varianten – Grafikeditoren, CAD-Systeme etc. Typisch für solche Probleme ist, dass Objekte (Textdokumente, CAD-Zeichnung) systemintern repräsentiert und manipuliert werden.

▷ Ein Beispiel für Verbindungsprobleme ist die Problemstellung *TCP-IP-Protokoll*. Typisch für Verbindungsprobleme ist die Synchronisation von Informationen und Abläufen in verschiedenen Domänen. Verbindungsprobleme existieren in vielfältiger Ausprägung und sind häufig die schwierigsten Problemarten.

▷ Ein Beispiel für Kontrollprobleme aus dem technischen Bereich ist die Problemstellung *Anlagensteuerung*. Typisch für Kontrollprobleme ist die Überwachung bestimmter Entitäten im Systemumfeld nach vorgegebenen Regeln und Toleranzbereichen.

Bei der Problemstellung *Compiler* liegt somit ein einfaches Transformationsproblem vor. Dieses wird entsprechend Abbildung 5.18 als Frame-Diagramm visualisiert:

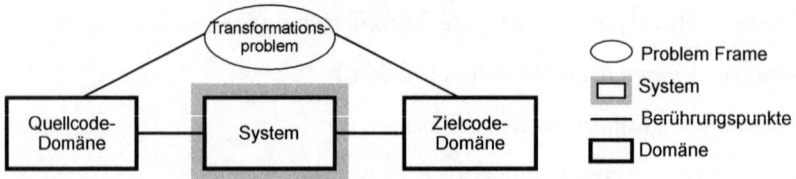

Abbildung 5.18: Darstellung eines Transformationsproblems

Der Frame, als Ellipse dargestellt, verbindet die Domänen, welche direkt in das Problem involviert sind. Dies sind die Quellcode- und Zielcode-Domäne. Zwischen diesen besteht eine Abbildungsrelation in Form von Übersetzungsregeln. Interessanterweise erfolgt im Unterschied zu einem Anwendungsfalldiagramm keine Verbindung zwischen Problem Frame und dem System, da das System die zukünftige *Lösung* repräsentiert und nicht Teil des *Problems* ist.

Für die fünf Arten von Problem Frames sind in Abbildung 5.19 die resultierenden typischen Frame-Diagramme dargestellt.

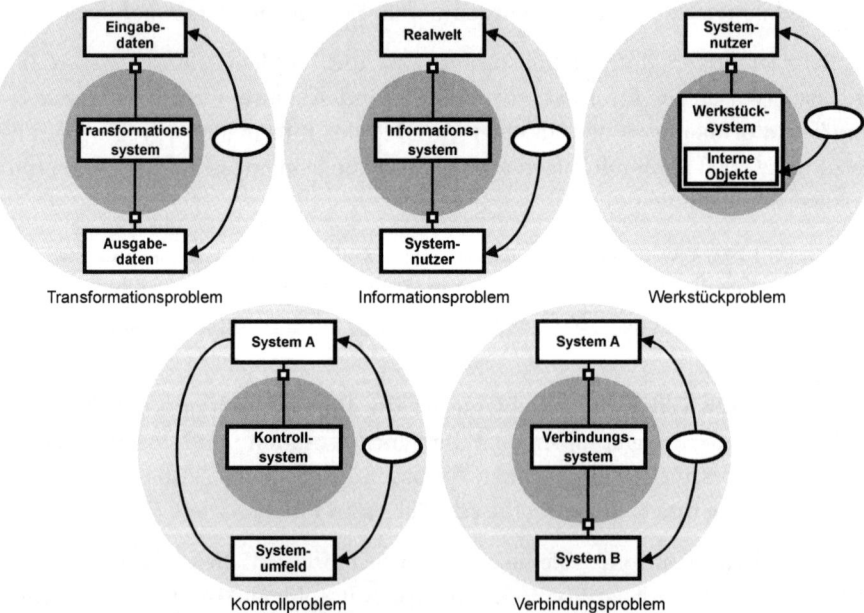

Abbildung 5.19: Frame-Diagramme für die verschiedenen Problemklassen

Formulierung der zugehörigen Anforderungen

Jedem der vorgestellten Problemtypen entspricht eine spezielle Art von Anforderung. Typische Anforderungen für die fünf vorgestellten Problem Frames sind etwa:

▶ *Transformationsproblem*
   Die Anforderungen beschreiben Abbildungsregeln zwischen Ein- und Ausgaben.

▶ *Informationsproblem*
   Die Anforderungen beschreiben Anfragen an die Objekte der Domäne.

▶ *Werkstückproblem*
   Die Anforderungen beschreiben die Struktur und das Verhalten der bearbeiteten Objekte.

▶ *Verbindungsproblem*
   Die Anforderungen beschreiben Synchronisations- und Transaktionsmechanismen.

▶ *Kontrollproblem*
   Die Anforderungen beschreiben Regeln zur Kontrolle von Gegenständen.

Für unterschiedliche Problemstellungen sollten unterschiedliche Spezifikationsmethoden verwendet werden, um das Problem geeignet zu beschreiben (Anwendungsfälle, formale Grammatiken, Klassenmodelle, Zustandsautomaten etc.). Problem Frames helfen die jeweils passenden Spezifikationsmethoden für ein Problem zu identifizieren.

Bei einem Compiler handelt es sich um ein typisches Übersetzungsproblem. Anforderungen sollten deshalb als Abbildungsvorschrift zwischen der Ein- und Ausgabedomäne (Quell- und Zielcode-Domäne) formuliert werden. Diese lassen sich am besten mit formalen Grammatiken spezifizieren. Eine Spezifikation mit Hilfe von Anwendungsfällen wäre in diesem Falle ungeeignet, wie leicht einzusehen ist.

Abbildung 5.20 zeigt für die verschiedenen Arten von Problem Frames das jeweilige Grundmodell im Sinne geeigneter Spezifikationsmethoden und Problembereiche bzw. Systeme, für welche sich dieses Grundmodell eignet.

Exemplarisch werden für die oben aufgeführten Systeme geeignete Spezifikationstechniken genannt:

▶ Suchmaschine (als Beispiel für ein *Informationsproblem*): Anwendungsfälle eignen sich zur Spezifizierung typischer Suchszenarien und Nutzungsfälle.

▶ Compiler (als Beispiel für ein *Transformationsproblem*): Formale Grammatiken (z.B. LALR1-Grammatiken) können zur Spezifizierung der Abbildungsregeln definiert werden.

▶ Grafikeditor (als Beispiel für ein *Werkstückproblem*): Klassenmodelle sind ein gutes Mittel zur Spezifizierung der Struktur und des Verhaltens der bearbeiteten Grafikobjekte.

▷ TCP-IP-Protokoll (als Beispiel für ein *Verbindungsproblem*): Kommunizierende Zustandsautomaten dienen zur Spezifizierung der verschiedenen Systemzustände und Übergänge.

▷ Anlagensteuerung (als Beispiel für ein *Kontrollproblem*): Erweiterte Zustandsautomaten ermöglichen die Spezifizierung der Zustände des angesteuerten Systems.

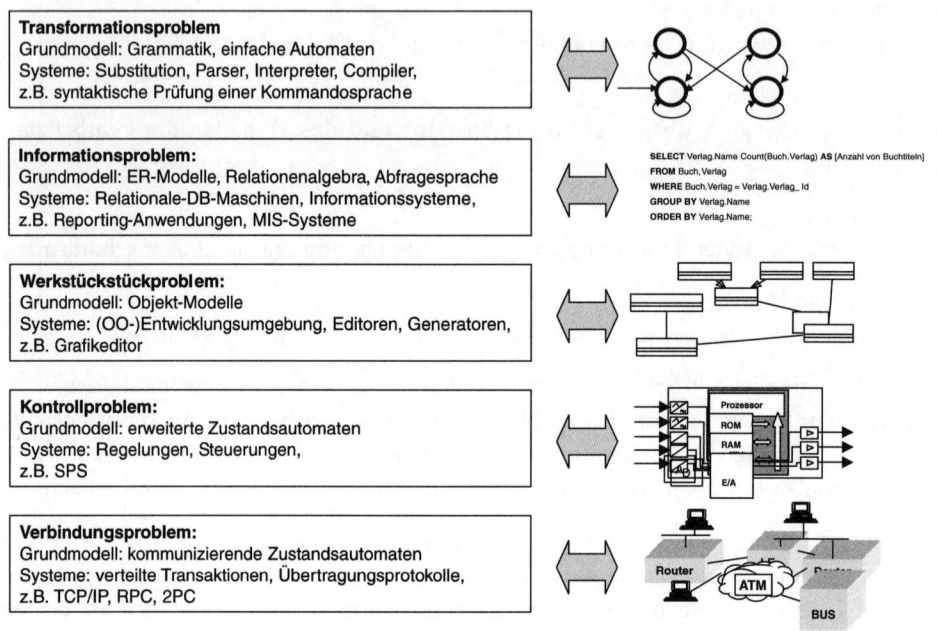

Transformationsproblem
Grundmodell: Grammatik, einfache Automaten
Systeme: Substitution, Parser, Interpreter, Compiler,
z.B. syntaktische Prüfung einer Kommandosprache

Informationsproblem:
Grundmodell: ER-Modelle, Relationenalgebra, Abfragesprache
Systeme: Relationale-DB-Maschinen, Informationssysteme,
z.B. Reporting-Anwendungen, MIS-Systeme

Werkstückstückproblem:
Grundmodell: Objekt-Modelle
Systeme: (OO-)Entwicklungsumgebung, Editoren, Generatoren,
z.B. Grafikeditor

Kontrollproblem:
Grundmodell: erweiterte Zustandsautomaten
Systeme: Regelungen, Steuerungen,
z.B. SPS

Verbindungsproblem:
Grundmodell: kommunizierende Zustandsautomaten
Systeme: verteilte Transaktionen, Übertragungsprotokolle,
z.B. TCP/IP, RPC, 2PC

Abbildung 5.20: Problemklassen und Grundmodell

Vertiefung des zugehörigen Domänenwissens

Für jeden Problem Frame existieren spezielle typische Fragen zu den verbundenen Domänen. Die Beantwortung dieser Fragen führt zu einem tieferen Problemverständnis. [Kovitz98] argumentiert, dass eine präzise Beschreibung der Charakteristika der Domänen die Basis für die Spezifikation von Anforderungen liefert. Ist diese Beschreibung (des Systemkontexts) unvollständig, resultieren typischerweise Integrationsprobleme bei der späteren Inbetriebnahme des Systems.

Bei dem vorliegenden Compiler können für den Problem Frame *Transformationsproblem* typische Fragen zur Vertiefung des Domänenwissens gestellt werden. Fragen zur Eingabedomäne sind:

▷ Was ist die Menge der möglichen Eingaben? (Reguläre Ausdrücke ...)

▶ Wie bekommt das System diese Eingaben? (Datei, direkte Eingabe durch den Benutzer, Netzwerk ...)

▶ In welcher Form liegen die Eingaben vor? (ASCII, Unicode, XML)

Zur Charakterisierung und Motivation dieser sehr empfehlenswerten Technik soll abschließend der Erfinder selbst zitiert werden:

> *A problem frame defines the shape of a problem by capturing the characteristics and interconnections of the parts of the world it is concerned with, and the concerns and difficulties that are likely to arise. So problem frames help you to focus on the problem, instead of drifting into inventing solutions. They do this by emphasizing the world outside the computer, the effects that are required there, and the relationships among things and events or the world by which your customer will ultimately judge whether those effects have been achieved.«
> [Jackson01, S. xii]*

Literatur:

Problem Frames wurden von Jackson in [Jackson95] eingeführt. Eine sehr ausführliche neuere Darstellung ist in [Jackson01] zu finden. Hier werden auch viele Anwendungsbeispiele für Problem Frames gegeben. Ihre Verwendung wird anschaulich auch in [Kovitz98] beschrieben.

5.2.9 Quality Function Deployment

Quality Function Deployment (QFD) ist eine zu Beginn der siebziger Jahre in Japan entwickelte Technik zur Ermittlung von Kundenanforderungen und deren Umsetzung in der Produktentwicklung. QFD folgt einer systematischen Vorgehensweise, die sicherstellt, dass die Festlegung der Lösungsmerkmale ausschließlich von den Anforderungen der Kunden bestimmt wird. Im Sinne des QFD-Ansatzes gibt es keine absolut gute oder schlechte Qualität, sondern nur Qualität im Sinne der Erfüllung der Kundenbedürfnisse. Diese werden anhand des Erfüllungsgrades in den drei Dimensionen Produktqualität, Kosten und Zeit beurteilt. QFD ist deshalb ein wichtiger Bestandteil der vorbeugenden Qualitätssicherung.

Der Nutzen von QFD besteht in der Trennung der Kundenanforderungen (*WAS*) von den technischen Lösungsmerkmalen (*WIE*). Es soll vermieden werden, dass ohne genaue Kenntnisse der Kundenanforderungen sofort Produkt- bzw. Lösungsmerkmale festgelegt werden. Aufgrund der starken Kundenorientierung sollen dadurch spätere aufwändige Änderungen der Produkteigenschaften minimiert werden.

Eine Voraussetzung für QFD ist die direkte Ermittlung der Kundenanforderungen (*Voice of the Customer*). Die oftmals undifferenzierten, vagen Äußerungen der Kunden müssen in definierte, aussagefähige und weitgehend messbare Kundenanforderungen umgewandelt werden, ohne sie dabei zu verfälschen. Zur Unterstützung und Dokumentation wird oft die *6-W-Tabelle* herangezogen (*wer, was, wo, wann, wie viel, warum*). Unterschieden wird oft auch in:

▶ Basisanforderungen (oft nicht vom Kunden ausgesprochen, werden vorausgesetzt)

▶ Leistungsanforderungen (werden vom Kunden genannt, sind meist messbar)

▶ Begeisternde Anforderungen (oft nicht genannt, nur als Bedürfnis angedeutet)

Das Ergebnis von QFD ist eine nach Kundenprioritäten ermittelte Produkt- bzw.
Lösungsplanung. Zur Auswertung und Dokumentation wird heute überwiegend das
von Fukahara entwickelte *House of Quality* eingesetzt, das die QFD-Matrix und die verschiedenen Bewertungstabellen, -listen und weitere Dokumentationen zusammengefasst darstellt (siehe Abbildung 5.21).

Der gesamte QFD-Ansatz besteht aus vier aufeinander aufbauenden Planungsschrit-
ten, wobei in jeder Phase ein eigenes *House of Quality* erstellt wird:

1. *Qualitätsplan Produkt:* Die für das Anforderungsmanagement eigentlich relevante
   Phase. Die vagen Kundenwünsche werden in messbare Produktanforderungen
   überführt und kritische Qualitätsmerkmale identifiziert.

2. *Qualitätsplan Komponenten:* Aus den kritischen Qualitätsmerkmalen des Produktes
   werden die Qualitätsmerkmale für die Entwicklung von Baugruppen und Teilen
   abgeleitet.

3. *Qualitätsplan Prozess:* Auf der Basis der Qualitätsmerkmale der Komponenten werden Prozess- und Prüfablaufpläne mit Prüf- und Testpunkten sowie kritischen Pro-
   zessmerkmalen erstellt.

4. *Qualitätsplan Produktion:* Im letzten Schritt werden die konkreten Arbeits- und Prüf-
   anweisungen abgeleitet und die aus den Kundenwünschen resultierenden Produktanforderungen systematisch bis auf die Produktionsebene überführt.

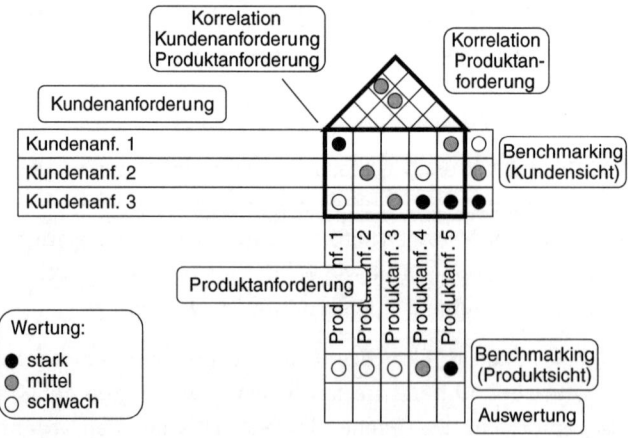

Abbildung 5.21: House of Quality

Nachfolgend wird nur die erste für das Anforderungsmanagement wichtige Phase der Überführung von Kunden- in Produktanforderungen behandelt. Die Arbeitsschritte in dieser Phase sind:

1. Ermittlung der potenziellen Kunden

2. Ermittlung der Kundenanforderungen (Zeilenstruktur im House of Quality)

3. Bewertung der Kundenanforderungen

4. Ableitung der Produktanforderungen (Spaltenstruktur im House of Quality)

5. Zuordnung von Kundenanforderungen zu Produktanforderungen

6. Bewertung der Produktanforderungen

7. Gewichtung der Produktanforderungen

Mit QFD sollen diejenigen Produktanforderungen gefunden werden, bei welchen sich eine Optimierung im Sinne einer maximalen Kundenzufriedenheit lohnt: Produktmerkmale, welche stark mit Kundenanforderungen hoher Priorität korrelieren, sind bevorzugt zu realisieren.

Die geschilderten Schritte beschreiben nur das prinzipielle Vorgehen. In das *House of Quality* können wesentlich mehr Informationen eingebracht werden:

▶ Zuordnung von Qualitätszielen zu Produktmerkmalen

▶ Abschätzungen technischer Schwierigkeiten bei der Realisierung der Produktmerkmale

▶ Abschließende Bewertung aus Kundensicht nach erfolgter Realisierung des Produkts

▶ Vergleich der Produktmerkmale verschiedener Konkurrenzprodukte

▶ Konflikte zwischen technischen Merkmalen (im Dach des *House of Quality*)

Durch gezielte Auswertung dieser Informationen ist eine weitere Optimierung der Produkteigenschaften möglich und es können wichtige Hinweise für folgende Produktreleases gewonnen werden.

Ermittlung der potenziellen Kunden

Im ersten Schritt werden die (potenziellen) Kunden des zukünftigen Produkts ermittelt.

Im folgenden Beispiel wird ein QFD-Modell für eine Office-Komponente zur Adress- und Terminverwaltung erstellt. Zunächst werden die Schlüsselkunden für dieses System identifiziert. Zentrale Rollen sind:

▷ Sachbearbeiter, welche mit dem System arbeiten

▷ Organisatorische Bereiche, welche für das System bezahlen

Ermittlung der Kundenanforderungen (Zeilenstruktur im House of Quality)

Nachdem die wichtigen Schlüsselkunden bekannt sind, werden deren Anforderungen an das Produkt, etwa durch Interviews oder Kundenbefragungen, ermittelt. Für die Office-Komponente werden die in Abbildung 5.22 dargestellten Kundenanforderungen identifiziert.

| Eingabefehler vermeiden |
| Verschieben von Terminen |
| Periodische Termine |
| ...... |

Abbildung 5.22: Kundenanforderungen

Bewertung der Kundenanforderungen

Die Kundenanforderungen werden nach verschiedenen Kriterien aus Kundensicht bewertet.

Im Beispiel soll die Bewertung nach den folgenden Kriterien erfolgen:

▷ Kundenbasis (Anzahl interessierter Kunden)

▷ Wichtigkeit (aus Kundensicht)

▷ Dringlichkeit (aus Kundensicht)

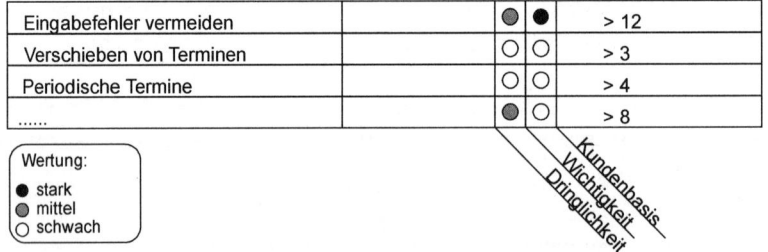

Abbildung 5.23: Bewertung von Kundenanforderungen

Ableitung der Produktanforderungen (Spaltenstruktur im House of Quality)

Aus den Kundenanforderungen werden Produktanforderungen oder -merkmale bestimmt, welche diese Kundenanforderungen (auch partiell) realisieren. Diese werden in der Spaltenstruktur des QFD-Diagramms aufgelistet.

Produktanforderungen, welche sich aus diesen Kundenanforderungen ableiten, sind im vorliegenden Fall etwa (vgl. Abbildung 5.24):

▶ Copy & Paste

▶ Rechtschreibkorrektur

▶ Adressdatenbank

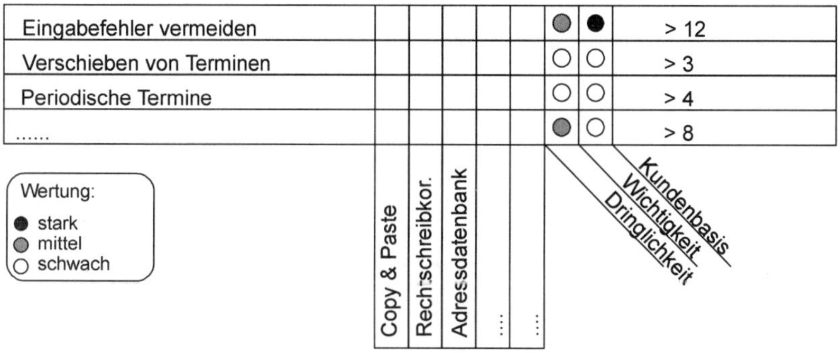

Abbildung 5.24: Abgeleitete Produktanforderungen

Zuordnung von Kundenanforderungen zu Produktanforderungen

Für die Zuordnung der Produktanforderungen werden in der Zeilen-Spalten-Matrix Korrelationsfaktoren eingetragen, welche anzeigen, wie stark eine Produktanforderung eine Kundenanforderung erfüllt.

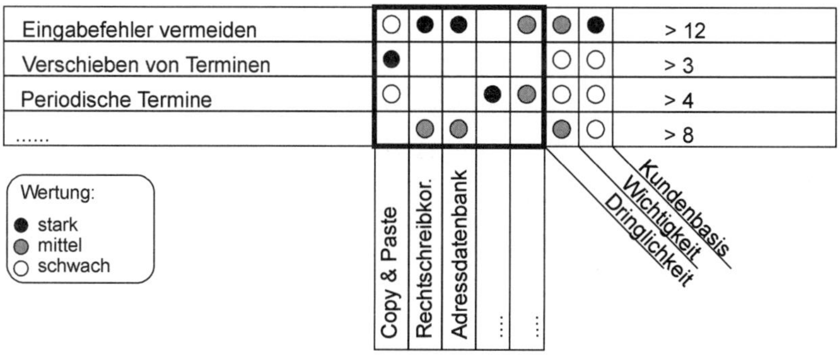

Abbildung 5.25: Korrelation von Kunden- zu Produktanforderungen

Im vorliegenden Beispiel wird folgende Skala gewählt: schwache, mittlere, starke (und keine) Korrelation. Die Korrelationsmatrix in Abbildung 5.25 zeigt beispielsweise starke Korrelationen zwischen der Kundenanforderung *Eingabefehler vermeiden* zu der Produktanforderung *Rechtschreibkorrektur*.

In kommerziellen AM-Werkzeugen wie z.B. RequisitePro oder DOORS können Traceability-Matrizen mit der gleichen Intention genutzt werden. Leider verfügen diese Werkzeuge in der Regel jedoch über keinerlei Möglichkeiten, die Stärke einer Korrelation anzugeben (vgl. Abbildung 5.26).

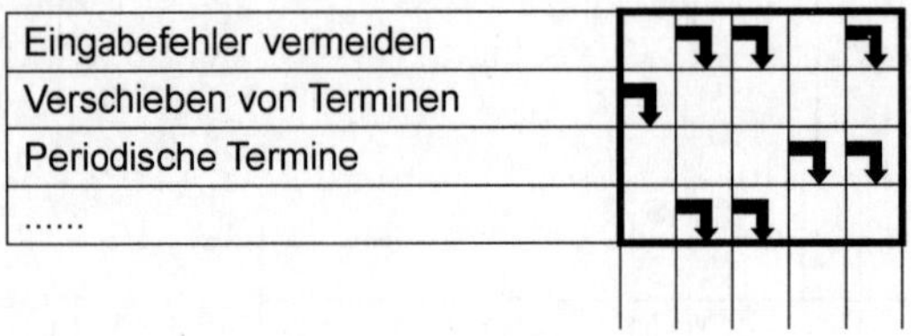

Abbildung 5.26: *Typische Traceability-Matrix eines AM-Werkzeugs*

Bewertung der Produktanforderungen

Die Produktanforderungen werden ähnlich wie die Kundenanforderungen bewertet. Diesmal erfolgt die Bewertung jedoch aus Sicht des Produktmanagements bzw. der Anwendungsentwicklung.

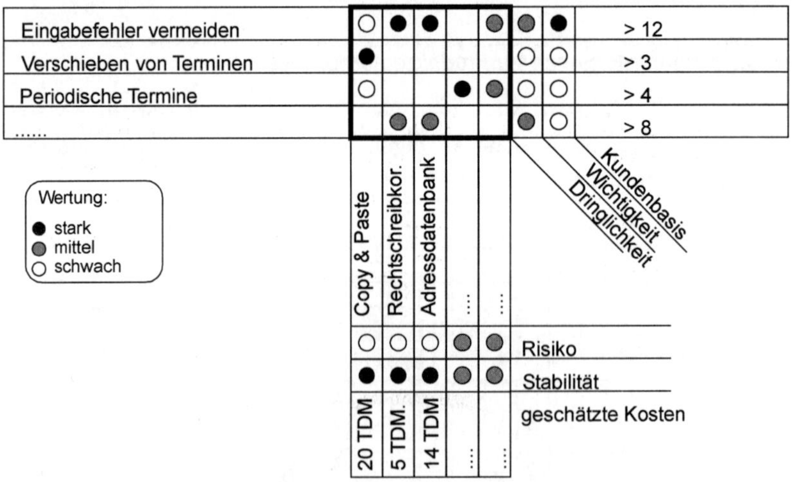

Abbildung 5.27: *Bewertung der Produktanforderungen*

Zur Bewertung der Produktanforderungen werden folgende Kriterien gewählt:

▶ Risiken (speziell technologische Risiken wie z.B. Komplexität der Realisierung)

▶ Stabilität (»technologische Halbwertzeit«)

▶ geschätzte Kosten

Die vorliegenden Produktanforderungen werden gemäß dieser Kriterien eingeschätzt (vgl. Abbildung 5.27).

Gewichtung der Produktanforderungen

Abschließend werden nun Korrelationen zwischen Produktanforderungen ermittelt und mit Hilfe eines Gewichtungsverfahrens diejenigen Produktanforderungen bestimmt, welche bevorzugt zu realisieren sind. Die Berechnung erfolgt für jedes einzelne Produktmerkmal wie folgt:

▶ Ermittlung der zugehörigen Kundenanforderungen (via Korrelationsmatrix)

▶ Kodierung der Kundenanforderung als Kennzahl (basierend auf den vorhandenen Kenngrößen wie Wichtigkeit, Kundenbasis etc.)

▶ Aufsummierung dieser Kennzahlen unter Berücksichtigung der Korrelationsfaktoren

▶ Korrektur der gewonnenen Summe (basierend auf Kenngrößen der Produktanforderung wie Kosten, Risiken etc.)

Für die Gewichtung ergibt sich damit die folgende Formel:

Gewichtung = Bewertung Produktmerkmal * $\sum$ (Korrelation * Bewertung Kundenanforderung)

Das Berechnungsverfahren ist in Abhängigkeit von den vorhandenen Kenngrößen festzulegen. Zweck dieses Verfahrens ist es, diejenigen Produktmerkmale zu finden, welche für den Kunden wichtig sind und deren Realisierung (unter verschiedenen Gesichtspunkten – Kosten, Risiken etc.) vertretbar ist. Die abschließende Gewichtung der Produktmerkmale verknüpft die im QFD-Diagramm vorhandenen Informationen und favorisiert bestimmte Produktanforderungen (vgl. Abbildung 5.28).

In die Berechnung fließen ein:

▶ die Kundenbasis (positive Korrelation),

▶ die Wichtigkeit (positive Korrelation),

▶ die Dringlichkeit (positive Korrelation),

▶ die Stabilität (positive Korrelation),

▶ das Risiko (negative Korrelation) und

▶ die Kosten (negative Korrelation).

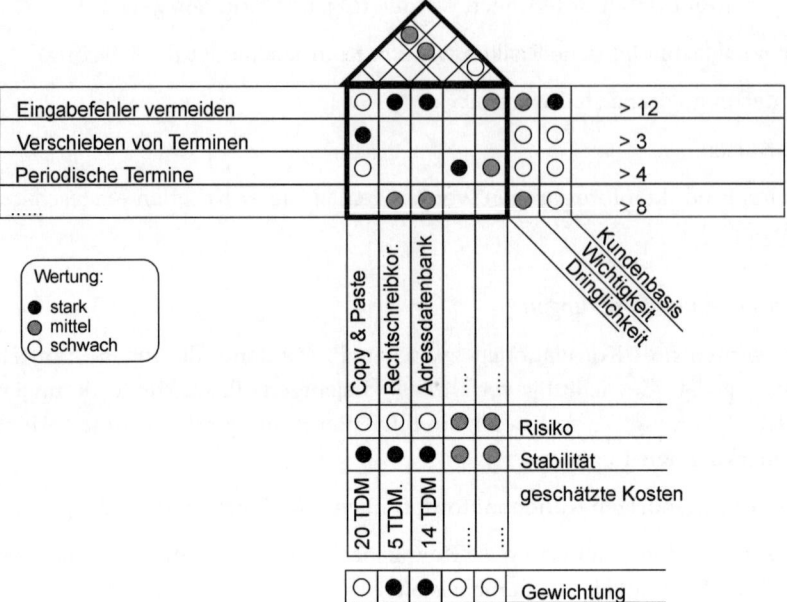

Abbildung 5.28: Gewichtung der Produktanforderungen

Für verschiedene Produktmerkmale ergeben sich verschiedene Gewichtungen (unterste Zeile der Grafik). Das Produktmerkmal *Rechtschreibkorrektur* erhält beispielsweise eine hohe Gewichtung. Die Gründe hierfür sind hohe Dringlichkeit (aus Kundensicht), sehr hohe Wichtigkeit (aus Kundensicht), große Kundenbasis (> 12), geringes (technologisches) Risiko, sehr große (technologische) Stabilität und moderate Kosten.

Eine Variante von QFD kann verwendet werden, falls bereits fertige Komponenten oder Produkte vorliegen. In diesem Fall wird mit QFD überprüft, ob die Produktmerkmale der vorliegenden Produkte die Kundenanforderungen ausreichend abdecken. Gegebenenfalls können Produkte verschiedener Hersteller in Rahmen eines Benchmarkings miteinander verglichen werden.

Abbildung 5.29 zeigt ein Beispiel aus dem Client-Server-Computing, in welchem Kundenanforderungen in mehrere Produktanforderungen (Anforderungen an Clients, Applikations- und Datenbankserver, Netzwerke etc.) zerfallen. Die vergleichenden Benchmarks werden für die einzelnen Produktmerkmale durchgeführt. In einem weiteren Schritt würden die einzelnen Benchmarks nochmals gewichtet werden (stärkere Gewichtung falls hohes Kundeninteresse).

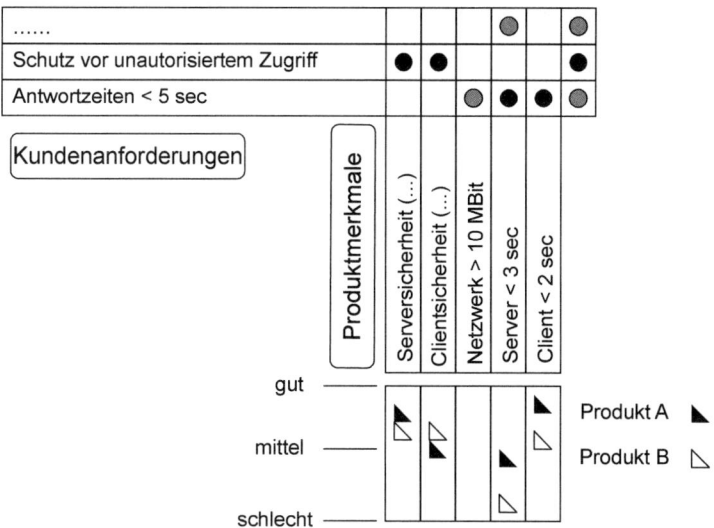

Abbildung 5.29: Vergleich von Produkten mit QFD

Literaturempfehlungen

Gute allgemeine Bücher zu QFD sind [Saatweber97] und [Klein99]. Die spezifische Anwendung von QFD in der Software-Entwicklung behandelt [Herzwurm97].

5.2.10 Entscheidungstabellen

Entscheidungstabellen sind eine bewährte Technik zur Darstellung komplexer Entscheidungslogiken in Anforderungen. Seit 1979 ist die Entscheidungstabellentechnik in der DIN-Norm 66241 standardisiert. Entscheidungstabellengeneratoren bieten weitgehende Werkzeugunterstützung von der Erstellung und Prüfung der Logik über die Erstellung eines Entscheidungstabellenverbunds bis zur Erzeugung von Quellcode.

Eine Entscheidungstabelle besteht grundsätzlich aus vier Elementen oder Quadranten:

1. *Bedingungen* beschreiben mögliche Zustände von Objekten.

2. *Regeln* oder Bedingungsanzeiger zeigen Kombinationen von Bedingungswerten an.

3. *Aktionsanzeiger* zeigen die Belegung der Bedingungen mit Aktionen an.

4. *Aktionen* geben an, welche Aktivität abhängig von gegebenen Regeln auszuführen ist.

Die folgende Tabelle zeigt den grundsätzlichen Aufbau einer solchen Entscheidungstabelle.

BEDINGUNGEN	REGELN
AKTIONEN	AKTIONSANZEIGER

Tabelle 5.19: Elemente einer Entscheidungstabelle

Zur Erstellung einer Entscheidungstabelle wird die folgende Vorgehensweise empfohlen:

1. Bedingungen festlegen

2. Aktionen angeben

3. Regeln und Aktionsanzeiger setzen

4. Konsolidierung der Entscheidungstabelle

5. Prüfung auf Widerspruchsfreiheit und Vollständigkeit

Das Vorgehen zur Erstellung einer Entscheidungstabelle soll anhand des folgenden Beispielsszenarios beschrieben werden:

Bereichsleiter Schmid möchte eine Mitarbeiterin im Krankenhaus besuchen. Er informiert sich telefonisch an der Information über die Besuchsmöglichkeiten und erhält folgende Antwort: Die Patientin kann ohne Einschränkungen innerhalb der Besuchszeit besucht werden, sofern keine ansteckende Krankheit vorliegt und sie kein Fieber hat. Außerhalb der Besuchszeit ist in diesem Fall eine Schwester als Begleitung erforderlich. Falls die Patientin eine ansteckende Krankheit hat, werden Besuche ganz abgelehnt. Wenn die Krankheit nicht ansteckend ist, die Patientin aber Fieber hat, darf der Besuch innerhalb der Besuchszeit maximal 30 Minuten betragen, außerhalb der Besuchszeit dürfen Patienten mit Fieber nicht besucht werden.

Bedingungen festlegen

Im ersten Schritt werden alle Bedingungen und mögliche Werte oder Wertebereiche dieser Bedingungen ermittelt. Im Beispiel können drei Bedingungen identifiziert werden:

▸ Patientin hat ansteckende Krankheit (j/n)

▸ Besuch innerhalb Besuchszeit (j/n)

▸ Patientin hat Fieber (j/n)

Alle Bedingungen haben booleschen Charakter.

Aktionen angeben

Im zweiten Schritt werden alle resultierenden Aktionen aufgelistet:

▶ Besuchszeit maximal 30 Minuten

▶ Besuch ablehnen

▶ Besuch mit Begleitung einer Schwester

▶ Normalbesuch in Besuchszeit

Regeln und Aktionsanzeiger setzen

Um die Vollständigkeit und Widerspruchsfreiheit einer Entscheidungstabelle bei der Erstellung sicherzustellen, sollten bei der Erstellung der Regeln zunächst alle Kombinationen von Bedingungen erfasst werden. Falls nur boolesche Bedingungen (j/n) vorliegen, entspricht dies 2^n Regeln mit n als Anzahl der unabhängigen Bedingungen. Anschließend werden die Aktionsanzeiger ebenfalls vollständig gesetzt.

Besuchsmöglichkeiten								
BEDINGUNGEN	1	2	3	4	5	6	7	8
Ansteckende Krankheit (j/n)	j	j	j	j	n	n	n	n
Besuch innerhalb Besuchszeit (j/n)	j	j	n	n	j	j	n	n
Patientin hat Fieber (j/n)	j	n	j	n	j	n	j	n
AKTIONEN								
Besuchszeit maximal 30 Minuten	x	x	x	x	x	x	x	x
Besuch ablehnen								
Besuch mit Begleitung einer Schwester								
Normalbesuch in Besuchszeit								

Tabelle 5.20: Vollständig ausgefüllte Entscheidungstabelle

Konsolidierung der Entscheidungstabelle

Häufig können unterschiedliche Regeln, welche zu gleichen Aktionen führen, zusammengefasst werden. Nach der Zusammenfassung tritt in der konsolidierten Tabelle an die Stelle eines Bedingungswertes der Irrelevantanzeiger (--). Diese Konsolidierung bedeutet, dass die Prüfung einer Bedingung oder Bedingungskombination für die Auswahl einer Aktion nicht relevant ist.

Im Beispiel können die Regeln 1 bis 4 zusammengefasst werden. Ein Besuch wird immer abgelehnt, falls eine ansteckende Krankheit vorliegt, unabhängig von weiteren Bedingungen.

Besuchsmöglichkeiten					
BEDINGUNGEN	I	2	3	4	5
Ansteckende Krankheit (j/n)	j	n	n	n	n
Besuch innerhalb Besuchszeit (j/n)	--	j	j	n	n
Patientin hat Fieber (j/n)	--	j	n	j	n
AKTIONEN					
Besuchszeit maximal 15 Minuten	x	x	x	x	x
Besuch ablehnen					
Besuch mit Begleitung einer Schwester					
Normalbesuch in Besuchszeit					

Tabelle 5.21: Vollständige Entscheidungstabelle

Prüfung auf Widerspruchsfreiheit und Vollständigkeit

Eine Prüfung auf Vollständigkeit – die Zahl der durch vorhandene Regeln abgedeckten Bedingungen entspricht der Zahl der möglichen Bedingungen – ist nur erforderlich, falls bei der Konstruktion der Entscheidungstabelle nicht alle Kombinationen systematisch gesetzt wurden. Die Prüfung auf Widerspruch untersucht, ob Regeln mit gleichen, konsolidierten Bedingungen zu unterschiedlichen Aktionen führen, die Zusammenfassung von Regeln also korrekt erfolgt ist. Ein solcher Widerspruch würde beispielsweise vorliegen, falls in Tabelle 5.21 die dritte Regel die Kombination n/j/-- enthielte. In diesem Fall wären Regel 2 und 3 identisch, würden aber zu unterschiedlichen Aktionen führen.

Literaturempfehlung

Ein gutes Buch zur Entscheidungstabellentechnik ist [Strunz77]. In diesem Buch werden dem interessierten Leser auch Hilfestellungen zur Darstellung weitergehender komplexer Sachverhalte gegeben. Beispiele sind etwa die Einführung der *Else*-Regel, erweiterte Bedingungen und Aktionen sowie Entscheidungstabellenverbünde (Folge, Wiederholung und Verzweigung).

5.2.11 Inspektion

Das Ziel der Inspektion ist die Identifikation von Fehlern, das Feststellen von Verstößen gegen Spezifikationen, Standards und Pläne sowie das Aufzeigen von Fehlertypen. Prüfgegenstände einer Inspektion können alle Artefakte des Software-Entwicklungsprozesses sein – Anforderungsdokumente, Designdokumente, Quellcode, Testdokumente, Projektpläne, etc. Inspektionen nutzen die menschlichen Denk- und Analysefähigkeiten zur Bewertung und Prüfung komplexer Sachverhalte. Fagan entwickelte die Technik der Inspektion bereits Mitte der Siebziger Jahre.

Der Nutzen der Inspektion besteht in der immer wieder festgestellten hohen Effizienz, d.h. dem Verhältnis der gefundenen Fehler zu dem investierten Aufwand für die Inspektion. Die Voraussetzungen für die Inspektion im Rahmen des Anforderungsmanagements sind das Vorliegen des Anforderungsdokuments und weiterer Referenzdokumente, wie etwa Prüflisten oder Befundlisten, soweit sie im Rahmen der Inspektion benötigt werden.

Die Arbeitsschritte der Inspektion sind

1. Planung der Inspektion

2. Vorbereitung der Inspektion

3. Inspektionssitzung

Planung der Inspektion

Die Planung umfasst die Zusammenstellung des Inspektionsteams, die Festlegung von Zeit und Ort der Inspektionssitzung sowie die Bereitstellung erforderlicher Unterlagen (Prüfgegenstand, Prüfkriterien). Für die Inspektionsplanung ist der Sitzungsleiter verantwortlich. Im Rahmen der Planung wird festgelegt, wie intensiv der Prüfgegenstand inspiziert wird. Bei Anforderungsdokumenten beträgt der Durchschnittswert ca. 4 Seiten pro Stunde. Dieser Wert variiert natürlich abhängig von der Textmenge pro Seite, der fachlichen Komplexität der Spezifikation und den Qualitätsanforderungen an das spätere Produkt.

Vorbereitung der Inspektion

Die Vorbereitungsphase dient der individuellen Vorbereitung eines jeden Teammitglieds (max. 4 bis 6 Personen) entsprechend seiner Rolle. Während der Vorbereitung untersucht jeder Inspektor den Prüfgegenstand anhand von Prüflisten mit dem Ziel, Fehler zu identifizieren. Im Allgemeinen werden bis zu 75 % der Fehler während dieser Vorbereitungsphase entdeckt.

Die folgende Tabelle zeigt beispielhaft eine solche Liste zur Prüfung eines Lastenhefts.

Prüfliste Lastenheft	Projekt:	Prüfer:	Datum:
Dokument:			

Nr.	Allgemeine Fragen zum Dokument	OK
1.	Hat die Unterlage einen eindeutigen Versionsstand?	
2.	Ist ein Deckblatt vorhanden und ist es vollständig ausgefüllt?	
3.	Gibt es ein Inhalts-, Abkürzungs-, und Quellenverzeichnis mit Referenzdokumenten, sind Querverweise eindeutig?	
4.	Sind wichtige Begriffe und Abkürzungen in einem Glossar definiert?	
5.	Sind Begriffe eindeutig definiert und durchgängig verwendet?	
6.	Ist das Dokument vollständig, d.h. fehlen keine Textstellen, Seiten, Abbildungen?	
7.	Ist das Dokument gut gegliedert und klar aufgebaut (Graphiken, Tabellen ...)?	
	Fragen zu den Rahmenbedingungen	
8.	Sind die Markterfordernisse und die aktuelle Produktlandschaft berücksichtigt?	
9.	Ist das Produkt richtig in das Umfeld eingeordnet?	
10.	Ist das Profil der zukünftigen Nutzer korrekt erfasst?	
11.	Sind die HW/SW-Konfiguration und alle Schnittstellen vollständig vorgegeben?	
12.	Sind die Entwicklungsrahmenbedingungen vollständig erfasst und begründet?	
	Allgemeine Fragen zur Darstellung der Produktanforderungen	
13.	Wird die (zukünftige) Produktstrategie deutlich?	
14.	Sind die Anforderungen sinnvoll benannt, vollständig und ausreichend detailliert?	
15.	Sind Anforderungen durch testbare Abnahmekriterien konkretisiert?	
16.	Sind die Anforderungen konsistent und widerspruchsfrei?	
17.	Sind die Abhängigkeiten der Anforderungen untereinander aufgezeigt?	
	Fragen zu den funktionalen Anforderungen	
18.	Sind Abläufe und Geschäftsobjekte vollständig erfasst?	
19.	Sind Inputs, Ergebnisse, Reaktionen zu den Abläufen vollständig und notwendig?	
20.	Sind allen Anwendungsfällen Anforderungen zugeordnet?	

Tabelle 5.22: Einfache Prüfliste für ein Lastenheft

Prüfliste Lastenheft	Projekt:	Prüfer:	Datum:	
Dokument:				
Nr.	**Allgemeine Fragen zum Dokument**			**OK**
	Fragen zu den nichtfunktionalen Anforderungen			
21.	Sind zu jeder Qualitätsanforderung die relevanten Produktmerkmale angegeben?			
22.	Gibt es Widersprüche zwischen den Qualitätsanforderungen?			
23.	Sind die Qualitätsanforderungen priorisiert?			

Tabelle 5.22: Einfache Prüfliste für ein Lastenheft (Forts.)

Inspektionssitzung

Die Inspektionssitzung beginnt mit einer Einweisung der Beteiligten. Die Beteiligten werden vom Moderator auf die Ziele und die Vorgehensweise eingestimmt. Anschließend trägt ein Leser aus dem Inspektionsteam in einer straffen und logischen Weise die Inhalte des Prüfgegenstands vor. Die einzelnen Inspektoren folgen diesem anhand der Prüflisten, wobei sie durch die Prüfkriterien und Erfahrungsdaten unterstützt werden. Der Ersteller spielt eine passive Rolle. Er steht nur zur Beantwortung von Fragen zur Verfügung. Diskussionen werden auf die Identifikation von Fehlern begrenzt. Der Moderator greift nur ein, wenn sich die Diskussion vom Thema bzw. Ziel der Software-Inspektion entfernt. Ein Protokollführer erfasst alle festgestellten Fehler. Nach Beendigung der Diskussion werden die aufgezeichneten Fehler in ihrer Gesamtheit vorgestellt und von allen Teilnehmern gemeinsam auf Vollständigkeit untersucht.

Alle in der Sitzung festgestellten Fehler, die vorgeschlagenen Maßnahmen und Empfehlungen sowie die getroffenen Entscheidungen werden dokumentiert. Verantwortlich für die Erstellung der Ergebnisdokumentation ist der Sitzungsleiter. Die Sitzungsdauer sollte zwei Stunden nicht überschreiten. Das Ergebnis der Inspektion wird am Ende der Inspektionssitzung festgelegt. Folgende Ergebnisse sind möglich:

▷ Der Prüfgegenstand wird akzeptiert, gegebenenfalls mit Auflage zu geringer Nacharbeit, ohne dass jedoch eine weitere Prüfung erforderlich ist.

▷ Der Prüfgegenstand wird akzeptiert, nachdem sich der Sitzungsleiter von der ordnungsgemäßen Durchführung erforderlicher Nacharbeiten überzeugt hat.

▷ Nach einer Überarbeitung des Prüfgegenstandes ist eine erneute Inspektion erforderlich.

Bei der Inspektion von Anforderungsdokumenten sind folgende Punke zu beachten:

▷ Inspektionen sollten sofort beim Projektstart mit der Prüfung von Problembeschreibungen, Planungsdokumenten, Anforderungsspezifikationen und Verträgen beginnen.

▶ Die Dokumente sollten explizite Abnahmekriterien erfüllen, bevor sie für eine Inspektion freigegeben werden.

▶ Ein Dokument sollte zunächst stichprobenartig geprüft werden, um eine erste Einschätzung der Qualität zu bekommen. Erst wenn dieser Qualitätsfilter erfolgreich bestanden wurde, beginnt die eigentliche Inspektion.

▶ Hauptaufgabe ist das Finden von signifikanten Fehlern. 90 % unwichtige Fehler zu finden ist nicht das Ziel der Inspektion, diese sollten bereits herausgefiltert worden sein.

▶ Die Ergebnisse der Inspektionen müssen systematisch erfasst und analysiert werden mit dem Ziel, die Schwächen und Fehler in den Prozessen des Anforderungsmanagements zu finden, welche die Abweichungen und Fehler verursacht haben. Durch geeignete Verbesserungen der Prozesse sollten die Fehler in Zukunft vermieden werden.

Literaturempfehlungen

Die wahrscheinlich beste Quelle zur Durchführung von Inspektionen ist [Gilb93].

5.2.12 Mediation

Die Mediation dient der Verständigung oder dem Übereinkommen zwischen zwei oder mehreren Konfliktparteien. Mediation bedeutet etwa *Vermittlung* oder *vermittelndes Dazwischentreten*. Der Mediator ist ein Vermittler, der die Konfliktparteien befähigt, selbst konsensfähige Lösungen für ihr Problem zu entwickeln. Dies kann bedeuten, ausgetretene Wege zu verlassen und sich von Vorurteilen zu verabschieden, um gemeinsam nach neuen Optionen Ausschau zu halten, die sich deutlich von faulen Kompromissen unterscheiden. Unter Anleitung des Vermittlers sollen die Beteiligten ihre Interessen und Bedürfnisse einbringen und nach tragbaren Problemlösungen mit möglichst großem Gewinn für alle suchen, so genannte *Win-Win-Lösungen*.

Im Vordergrund der Mediation steht also das gemeinsame Finden sachlicher Lösungen, welche die Parteien nicht trennen, sondern eine weitere Zusammenarbeit ermöglichen. Insbesondere fällt der Mediator keine Entscheidungen, Urteile oder Schlichtersprüche. Die Konfliktpartner behalten ihre Selbstverantwortlichkeit, was den Mediator deutlich von einem Polizisten, Richter oder Revisor unterscheidet.

Mediation ist natürlich nicht nur im Anforderungsmanagement zur Konfliktbeseitigung anwendbar. Diese Technik wird in verschiedenen Bereichen des privaten und öffentlichen Lebens genutzt, zum Beispiel als Familien-Mediation bei Scheidungen, Sorgerechten und Vermögensverteilungen oder als Schul- oder Unternehmensmediation bei Mobbing. Durch das Herausarbeiten und Verdeutlichen von hinter dem Konflikt liegenden Bedürfnissen sowie durch die Aufarbeitung emotionaler Folgen schafft die Mediation die Voraussetzungen dafür, dass die Konfliktpartner sich nicht übervorteilt fühlen und ihre Selbstachtung erhalten bleibt.

Durch die Verbindlichkeit – teilweise sogar Rechtsverbindlichkeit – der getroffenen Vereinbarung werden unter anderem zusätzliche Aktivitäten überflüssig, was sich sowohl in monetärem (Ersparnis von Gebühren, Prozesskosten) als auch in nichtmonetärem Nutzen (Zeitersparnis, Motivation) niederschlagen kann. Insbesondere wird die Konfliktbewältigung den Beteiligten nicht entzogen, sondern sie behalten Einfluss auf das Ergebnis. Dies verhindert durch Fremdbestimmung auftretende Blockaden und Frustrationen.

Folgende Arbeitsschritte kennzeichnen die Mediation:

1. Vorbereitung

2. Erhebung

3. Prüfung der Motivation

4. Lockerung der Positionen

5. Entwicklung von Optionen

6. Vereinbarung

7. Umsetzung

Die Voraussetzungen für die Mediation sind ein Mediationsübereinkommen oder -vertrag, in dem unter anderem festgehalten wird, dass ein Konflikt existiert und die beteiligten Parteien zu gemeinsamen Gesprächen und Verhandlungen, zur Kooperation und zur Suche nach einer tragfähigen Lösung bereit sind. Dieses Übereinkommen kann am Ende der ersten Phase der Mediation geschlossen werden.

Das Ergebnis der Mediation ist eine durch Hilfe zur Selbsthilfe im Sinne des Win-Win-Prinzips entstandene Vereinbarung, die zwischen den Konfliktpartnern über die ausgewählte Lösung geschlossen wird. Hierbei handelt es sich um diejenige der erarbeiteten Optionen, die für alle Beteiligten den größtmöglichen Gewinn bietet. Die Vereinbarung enthält Kriterien, die die Konfliktpartner in die Lage versetzen, die Umsetzung zu kontrollieren.

Die Phasen zwei bis sechs sind als Hauptteil der Mediation zu sehen. Die Phasen drei bis fünf können mehrmals durchlaufen werden. Die Phasen drei und vier erfordern neben gemeinsamen Sitzungen der Konfliktparteien oft auch Einzelsitzungen. Nachfolgend sind die Phasen erläutert:

Vorbereitung

Der Mediator erläutert den Konfliktparteien den Ablauf und die Möglichkeiten einer Mediation. Er stellt seine Rolle als neutraler Vermittler dar, der weder Entscheidungen fällt, noch Ratschläge inhaltlicher Art gibt. Gegebenenfalls wird ein Mediationsüberkommen zwischen den Konfliktparteien und dem Mediator geschlossen. Beispiel:

> *Mediator: Guten Tag, meine Damen und Herren. Sie haben sich freiwillig hier in den Räumen ihrer Stadtbibliothek versammelt, weil Sie sich von einer Mediation die Möglichkeit einer Einigung versprechen. Ich hoffe, dies wird uns gemeinsam gelingen. Ich fungiere lediglich als Vermittler zwischen Ihren Positionen, sämtliche Vorschläge werden von Ihnen kommen, wodurch wir hoffentlich zu einer tragfähigen Einigung kommen werden.*

Erhebung

Unter Anleitung des Mediators erarbeiten die Konfliktparteien gemeinsam die relevanten Themenbereiche. Der Mediator hält mit nichtmanipulativen Zusammenfassungen eine konstruktive Arbeitsatmosphäre aufrecht, wobei er die Technik des Reframing einsetzt. Reframing nimmt den Äußerungen ihre emotionalen, unsachlichen Anteile, so dass der Empfänger in die Lage versetzt wird, die Botschaft aufzunehmen. Beispiel:

> *Mediator: Was führt Sie also hier zusammen?*
>
> *Bibliotheksmanagement: Wir benötigen unbedingt ein grundlegend neues Erscheinungsbild, das in der Öffentlichkeit deutlich mehr Aufmerksamkeit erregt und wieder zu mehr aktiven Benutzern führt. Aber damit treffe ich überall nur auf taube Ohren. Mit dem derzeitigen Angebot und der Selbstdarstellung können wir uns unter keinen Umständen weiter sehen lassen, wenn wir nicht weiter einen massiven Rückgang unserer Benutzer hinnehmen wollen.*
>
> *Kulturreferat der Stadt: Aber nicht doch. Wir profitieren gerade davon, dass wir in der Öffentlichkeit seit mehr als 100 Jahren nahezu unverändert als eine Art Markenzeichen bekannt sind. Lassen Sie sich das von einem Kollegen sagen, der die Geschicke unserer Bibliothek seit immerhin 20 Jahren verfolgt und mitgestaltet.*
>
> *Mediator: Wenn ich Sie bislang richtig verstanden habe, gibt es also zwei verschiedene Sichtweisen hinsichtlich der Darstellung in der Öffentlichkeit. Möglichkeit eins: Die Darstellung ist nicht zeitgemäß. Möglichkeit zwei: Die Darstellung ist zeitlos.*

Prüfung der Motivation

Unter Anleitung des Mediators legen die Konfliktparteien ihre Interessen und Sichtweisen dar. Der Mediator legt ihre subjektiven Wirklichkeiten offen und arbeitet mit ihnen etwaige verdeckte Konflikte heraus, um hinter dem Konflikt liegende Wünsche, Bedürfnisse, Forderungen und Hintergründe ebenso deutlich zu machen wie Ängste und Vorbehalte. Das Verhalten der Konfliktparteien muss im Zusammenhang mit der jeweiligen sozialen Umgebung gesehen werden, ohne dass es jedoch zu Verharmlosungen kommt. Die Vergangenheit wird hierbei ausschließlich als Information für das Verstehen des Konflikts und der Anliegen beider Parteien aufgearbeitet. Beispiel:

Bibliotheksmanagement: Natürlich ist sie nicht zeitgemäß. In den Spielhallen und Internetcafés geht die Jugend ein und aus. Und bei uns? Wir haben bald alle Jugendlichen verloren.

Mediator: Und wie äußert sich das?

Bibliotheksmanagement: Kaum ein Jugendlicher erscheint in unseren Räumlichkeiten. Selbst meine Tochter sagte neulich, dass sie sich in ihrem neuen Freundeskreis an der Universität gar nicht zu sagen traut, wo ihr Vater arbeitet.

Mediator: Und wie sehen Sie das, Herr Müller, wie schätzen Sie dieses Verhalten der Jugendlichen ein?

Kulturreferat der Stadt: Diese Schwierigkeiten sehen ich nicht so. Wie Sie vielleicht wissen, habe ich vor zirka zehn Jahren selbst in dieser Stadtbibliothek gearbeitet. Ich denke, dass dieses Problem damals bereits ähnlich bestand und solche Trends kommen und gehen. Deshalb gleich revolutionäre Änderungen einzuführen halte ich nicht für sinnvoll.

Lockerung der Positionen

Unter der teilnehmenden Neutralität des Mediators nehmen die Konfliktparteien ihre Verhandlungen auf. Die nicht nur durch Vorteilsstreben, sondern auch zusätzlich durch zum Beispiel Ärger, Enttäuschung, Ängste oder Hilflosigkeit verfestigten Positionen werden konstruktiv in Frage gestellt.

Der Mediator baut bei den Beteiligten den Anspruch auf Beurteilung oder Verurteilung vergangener Handlungen ab und leitet Veränderungen gegen Aggressionen, Unverständnis oder Verunsicherung ein. Hierzu benötigt er Kenntnisse im Umgang mit unterschiedlichen Machtverhältnissen auf der Beziehungs- und Ressourcenebene. Er achtet auf das Einhalten der Spielregeln und baut Brücken des Verstehens. Die Lockerung der Positionen ist eine wesentliche Voraussetzung dafür, dass die Beteiligten die Problemlösung als eine gemeinsame Herausforderung betrachten und somit zu Konflikt*partnern* werden. Konstruktive Zusammenfassungen und die Technik des Reframings kommen auch hier zum Einsatz. Beispiel:

Mediator: Haben Sie, Herr Müller, denn damals ähnliche Erfahrungen gemacht wie Ihr Kollege heute?

Kulturreferat der Stadt: Sicherlich nicht in diesem Ausmaß. Allein durch den vor fünf Jahren notwendigen Umzug vom Zentrum an den heutigen Standort sind die Benutzerzahlen natürlich auch zurückgegangen. Insgesamt, denke ich, stehen wir aber nicht viel schlechter dar als unsere Kollegen in anderen Städten.

Mediator: Und wie sehen die Zahlen zur Zeit aus, Herr Meier?

Bibliotheksmanagement: Die Anzahl aktiver Benutzer insgesamt ist in den letzten fünf Jahren um zirka 10 % zurückgegangen. Die Anzahl jugendlicher Benutzer ist im gleichen Zeit-

raum allerdings dramatisch um über 25 % gesunken. Unser Bibliothekspersonal hat kaum noch Kontakt zu Jugendlichen, Beratungsgespräche zur Auswahl von Literatur gibt es kaum noch.

Mediator: Bevor die Diskussion weitergeht, lassen Sie uns noch kurz einiges festhalten. Ihre Benutzerzahlen, Herr Meier, sind um 10 % bei Erwachsenen und 25 % bei Jugendlichen gesunken?

Bibliotheksmanagement: Das ist richtig.

Mediator: ... und Sie, Hr. Meier, halten diese Entwicklung im Prinzip vergleichbar mit dem Trend in anderen Städten auch?

Kulturreferat der Stadt: Im Prinzip schon. Die Zahlen sind bei Jugendlichen natürlich schon Besorgnis erregend.

Entwicklung von Optionen

Die inzwischen zu Konfliktpartnern gewordenen Beteiligten arbeiten unter Anleitung des Mediators verschiedene Lösungsoptionen heraus. Wichtig ist ein kooperatives und produktives Klima, das Sichtweisen eröffnet, die über den bisherigen Horizont hinausgehen. Hierzu benötigt der Mediator die Kenntnis von Kreativitätstechniken.

Die Bewertungskriterien für die Lösungsoptionen leiten sich nicht ausschließlich aus einer wirtschaftlichen Kosten-Nutzen-Rechnung, sondern ebenso aus ethischen Werten und gesellschaftlichen Interessen ab, so dass die Motivation der Betroffenen gefördert wird. Beispiel:

Mediator: Wenn ich Sie beide richtig verstehe, sehen Sie beide bei einer Zielgruppe von Benutzern Handlungsbedarf?

Bibliotheksmanagement: Das ist richtig. Bei Jugendlichen müssen wir etwas machen.

Kulturreferat der Stadt: Wenn ich auch noch einmal etwas sagen darf. Bei der öffentlichen Darstellung spielt ja auch das gewählte Medium eine Rolle. So kann man selbstverständlich T-Shirts mit Werbeaufdruck einsetzen. Ebenso kann man sich über neue Plakate unterhalten. Wenn ich aber höre, dass Jugendliche kaum mehr ihre Beratungskapazitäten in Anspruch nehmen oder lieber in Internetcafés gehen, scheint mir der Brückenschlag zum Netz näher zu liegen. Vielleicht könnten wir über die Internetpräsenz speziell Jugendliche stärker ansprechen, als uns das bisher gelingt. Und vielleicht müssten wir hierbei nicht einmal sehr viel an unserer bisherigen Darstellung in der Öffentlichkeit gegenüber anderen Benutzerkreisen ändern, so dass man uns nach wie vor wieder erkennen würde.

Bibliotheksmanagement: Das erscheint mir in Ansätzen ein Erfolg versprechender Weg.

Vereinbarung

Aus den gemeinsam entwickelten Lösungsoptionen wählen die Konfliktpartner einvernehmlich die für alle Beteiligten beste Lösung aus. Dies kann zum Beispiel bedeuten, dass Recht, Wirtschaft und Emotion in einem ausgewogenen Verhältnis zueinander stehen, so dass keine der Parteien benachteiligt wird und keine zukünftigen Konflikte vorprogrammiert sind.

Über die gewählte Lösung wird als Ergebnis der Mediation eine Vereinbarung zwischen den Beteiligten geschlossen. Die Vereinbarung enthält Kriterien, die die Konfliktpartner in die Lage versetzen, deren spätere Umsetzung zu kontrollieren.

Beispiel:

Mediator: Wie könnte man diesen Weg nun formulieren?

Bibliotheksmanagement: Ich schlage vor, dass Sie, Herr Meier, und ich gemeinsam einen Projektvorschlag ausarbeiten, um eine Internetpräsenz unserer Bibliothek aufzubauen. Unter Nutzung unseres Bekanntheitsgrades in der Öffentlichkeit und unter weitgehender Nutzung des gewohnten Erscheinungsbildes sollte unser Internetauftritt insbesondere den Zukunftsmarkt der Jugendlichen ansprechen. Vielleicht können wir ja auch später mit einem Internetcafé aufwarten.

Kulturreferat der Stadt: Meine Unterstützung haben Sie.

Umsetzung

Die Konfliktparteien setzen die Punkte der Vereinbarung um. Da es sich um die für alle Beteiligten beste Lösung handelt, stehen die Chancen gut, dass keine der Parteien aus dem Konsens aussteigt oder diesen zukünftig blockiert. Unter Anleitung des Mediators überprüfen die Konfliktpartner mit Hilfe der in der Vereinbarung festgelegten Kriterien gemeinsam die Umsetzung.

Beispiel:

... und auf der Agenda der nächsten Sitzung des Finanzreferats der Stadt war bereits zu lesen: »TOP 6: Internetauftritt der Stadtbibliothek«

Literaturempfehlung

Eine sehr gute Beschreibung zur Mediation ist [Altmann99].

5.2.13 Anforderungspriorisierung

Das Ziel der Anforderungspriorisierung ist es, diejenigen Anforderungen zu ermitteln, welche aus Sicht der Bewerter bevorzugt umzusetzen sind. Die Priorisierung von Anforderungen kann sowohl für die Produktplanung als auch die für Planung des Entwicklungsprozesses genutzt werden. Durch die Priorisierung wird deutlich, welche Anforderungen essenziellen Charakter haben und Bestandteil eines Produktkerns sein sollten oder welche Anforderungen eher »Goldrand«-Charakter haben. Nachfolgend wird ein einfach anwendbares Priorisierungsverfahren vorgestellt.

Die Arbeitsschritte der Anforderungspriorisierung sind:

1. Erstellung der Anforderungsliste
2. Festlegung der Bewertungskriterien
3. Bewertung der Anforderungen
4. Festlegung eines Berechnungsverfahrens
5. Berechnung der Prioritäten

Erstellung der Anforderungsliste

Zunächst werden alle Anforderungen aufgelistet und (falls noch nicht geschehen) mit einem Schlüssel versehen. Die folgende Anforderungsliste enthält typische Anforderungen an eine Software zur Routenplanung:

Anf. I	Das System soll das zusätzliche Einblenden einer Übersichtskarte ermöglichen. Der aktuell dargestellte Kartenausschnitt ist in einer Übersichtskarte als Rahmen sichtbar.
Anf. 2	Auf einem Referenzrechner soll die Berechnung der kürzesten Fahrstrecke zwischen zwei frei wählbaren Koordinaten maximal 20 Sekunden benötigen.
Anf. 3	Das System soll die berechnete kürzeste Fahrstrecke vor dem Landkartenhintergrund als farblich abgehobenen Linienzug darstellen.
....	

Tabelle 5.23: Anforderungsliste

Festlegung der Bewertungskriterien

Für die Bewertung der Anforderungen sind geeignete Bewertungskriterien festzulegen. Dabei ist darauf zu achten, dass sowohl Bewertungskriterien aus Kundensicht als auch aus Lieferanten- bzw. Entwicklungssicht berücksichtigt werden.

Folgende Bewertungskriterien werden für das Beispiel ausgewählt:

▶ Bewertungskriterien aus Sicht des Kunden

 – Nutzen aus Sicht des Kunden
 – Relevanz aus Sicht des Kunden

▶ Bewertungskriterien aus Sicht der Entwicklung

 – Kosten der Realisierung
 – Risiken der Realisierung (speziell technische Risiken)

Bewertung der Anforderungen

Anhand der festgelegten Kriterien werden alle Anforderungen bewertet. Für jedes Bewertungskriterium wird ein Wertebereich (etwa 1 bis 5) definiert und anschließend wird jede Anforderung eingeschätzt. Die folgende Tabelle zeigt beispielhaft eine solche Bewertung:

| Anforderung | Kundensicht | | | Lieferantensicht | | | Gesamtsicht | | |
	Nutzen	Relevanz	Σ	Kosten	Risiko	Σ			Ergeb-nis
Gewichtung									
Anf. 1	2	3		5	4				
Anf. 2	4	5		2	2				
Anf. 3	5	4		2	1				
....									

Tabelle 5.24: Bewertung der Anforderungen

Festlegung eines Berechnungsverfahrens

Basierend auf den Bewertungskriterien wird ein numerisches Berechnungsverfahren gewählt, um die Priorität einer Anforderung zu ermitteln. Als Berechnungsformel für die Priorität kann etwa die folgende einfache Formel gewählt werden:

(A * Nutzen + B * Relevanz) / (C * Kosten + D * Risiko)

wobei A, B, C und D die Gewichtungsfaktoren für Nutzen, Relevanz, Kosten und Risiko sind. Die Werte für die Gewichtungsfaktoren werden wie folgt gewählt:

A = B = C = 2; D = 1

Bei der Wahl des Berechnungsverfahrens ist zu beachten, dass manche der Bewertungsfaktoren positiv mit dem Ergebnis korrelieren (Nutzen, Relevanz), während andere negativ korrelieren (Kosten, Risiko). Faktoren, welche negativ korrelieren, werden im vorliegenden Beispiel im Nenner aufgeführt.

Anforderung	Kundensicht			Lieferantensicht			Gesamtsicht		
	Nutzen	Relevanz	Σ	Kosten	Risiko	Σ			Ergeb-nis
Gewichtung	2	2		2	I				
Anf. I	2	3		5	4				
Anf. 2	4	5		2	2				
Anf. 3	5	4		2	I				
....									

Tabelle 5.25: Gewichtung der Kriterien

Berechnung der Prioritäten

Die Prioritäten der einzelnen Anforderungen werden auf der Basis der gewählten Formel errechnet. Für das vorliegende Beispiel ergibt sich folgendes Gesamtergebnis:

Anforderung	Kundensicht			Lieferantensicht			Gesamtsicht		
	Nutzen	Relevanz	Σ	Kosten	Risiko	Σ			Ergeb-nis
Gewichtung	2	2		2	I				
Anf. I	2	3	10	5	4	14			0.7
Anf. 2	4	5	18	2	2	6			3
Anf. 3	5	4	18	2	I	5			3.6
....									

Tabelle 5.26: Gesamtbewertung der Anforderungen

Um genauere Priorisierungen zu erhalten oder zusätzliche Parameter zu berücksichtigen, sind natürlich auch andere Berechnungsschemata denkbar. Wird diese Technik
durch Erfahrungsdaten ergänzt, können die Prioritäten von Anforderungen mittelfris-
tig sehr genau ermittelt werden. Die Abschätzungen und Gewichtungen können a pri-
ori durch eine Sensitivitätsanalyse validiert werden. Dabei wird analysiert, wie sich die
Priorisierung der Anforderungen ändert, wenn die Modellparameter und deren
Gewichtung leicht variiert werden. Ändern sich die Priorisierungen der Anforderungen nicht mehr wesentlich, ist die Abschätzung der Modellparameter und deren
Gewichtung stabil. Bei Anforderungen, deren Priorität instabil ist, sollten die Abschätzungen überprüft und ggf. kalibriert werden.

Das Problem verzerrter Priorisierungen kann durch Vergleiche der Abschätzungen mit den tatsächlichen Daten am Ende eines Projektes vermindert werden. Erfahrungsdaten sollten dazu systematisch erfasst und in neuen Projekten bei der Abschätzung der Modellparameter und deren Gewichtung berücksichtigt werden.

Literaturempfehlungen

Einfache, in der Praxis gut anwendbare Verfahren für die Priorisierung von Anforderungen werden in [Wiegers99] und [Leffingwell99] vorgestellt.

5.2.14 Risiko-Top-10

Die Risiko-Top-10 ist einfache Technik zur Risikoüberwachung durch Verfolgung der jeweils zehn wichtigsten Risiken in einer Liste. Die Risiko-Top-10-Liste wird in regelmäßigen Abständen aktualisiert, um die Projektbeteiligten permanent auf veränderte Risiken und deren Vermeidung hinzuweisen. Neben der Auflistung der Risiken enthält die Risiko-Top-10 zu jedem Risiko die wichtigsten Gegenmaßnahmen. Sie ermöglicht es den Entscheidern, sich effektiv auf die größten Risiken und die kritischen Erfolgsfaktoren eines Projektes zu konzentrieren. Es wird vermieden, dass Entscheidungsträger mit Details zu geringen Risiken überschwemmt werden.

Die Risiko-Top-10 dient zur qualitativen Risikobewertung und Risikokontrolle. Diese Technik kann schnell erfolgreich genutzt werden, auch wenn bisher nur geringe oder keine Erfahrungen vorliegen. Wird die Risiko-Top-10 über einen größeren Zeitraum eingesetzt, ergeben sich firmenspezifische Erfahrungswerte für Risiken und Gegenmaßnahmen, welche zur schnellen Erstellung und Aktualisierung genutzt werden können.

Die folgende Vorgehensweise wird empfohlen:

1. Identifizierung der Risiken

2. Analysieren der Risiken hinsichtlich Eintrittswahrscheinlichkeit und Schaden

3. Priorisierung der Risiko-Top-10 entsprechend dem Risikofaktor

4. Untersuchung, Planung und Durchführung von Gegenmaßnahmen

5. Verfolgung der Risiken durch Aktualisierung der Risiko-Top-10

Identifizierung der Risiken

Im ersten Schritt wird eine Liste der verschiedenen Risiken der Anforderungen erstellt. Typische Risiken im Anforderungsmanagement sind beispielsweise:

▷ Unrealistische Kundenerwartungen

▷ Häufige Änderungen von Anforderungen

▷ Zu viele Anforderungen

▷ Unzureichende Qualität der Anforderungen

▷ Konflikte zwischen Anforderungen

▷ Unvollständige Anforderungen

▷ Mangelnde Nutzerbeteiligung

▷ Zu umfangreiche Anforderungsdokumente

Analysieren der Risiken hinsichtlich Eintrittswahrscheinlichkeit und Schaden

Im zweiten Schritt werden diese Risiken hinsichtlich Eintrittswahrscheinlichkeit und möglichem Schadensausmaß analysiert. Um den Risikofaktor quantitativ einfach ermitteln zu können, werden die relative Eintrittswahrscheinlichkeit und der mögliche Schaden auf einer Skala von 0 bis 10 bewertet (0 = nicht vorhanden, 10 = sehr hoch).

Priorisierung für Risiko-Top-10 entsprechend dem Risikofaktor

Der Risikofaktor dient zur Bewertung eines Risikos. Er ergibt sich aus der Eintrittswahrscheinlichkeit multipliziert mit dem möglichen Schadensausmaß. Das Risiko ist also umso größer, je höher die Eintrittswahrscheinlichkeit und das Ausmaß des Schadens sind. Anhand des Risikofaktors werden die Risiken priorisiert.

Die folgende Tabelle 5.27 zeigt beispielhaft diese Bewertung für die oben genannten Risiken.

Risiko	Eintritt	Schaden	Faktor
Häufige Änderungen von Anforderungen	8	7	56
Mangelnde Nutzerbeteiligung	7	8	56
Unvollständige Anforderungen	6	9	54
Unrealistische Kundenerwartungen	4	8	32
Zu viele Anforderungen	5	6	30
Unzureichende Qualität der Anforderungen	4	6	24
Zu umfangreiche Anforderungsdokumente	5	4	20
Konflikte zwischen Anforderungen	2	5	10

Tabelle 5.27: Liste der wichtigsten Risiken

Untersuchung, Planung und Durchführung von Gegenmaßnahmen

Für jedes Risiko werden eine Ursachenanalyse betrieben sowie konkrete Gegenmaßnahmen geplant und gegebenenfalls deren Umsetzung veranlasst (vgl. Tabelle 5.28).

Risiko	Gegenmaßnahme
Häufige Änderungen von Anforderungen	Produktziele klären oder präzisieren
Mangelnde Nutzerbeteiligung	Anforderungsworkshop organisieren
Unvollständige Anforderungen	Inspektion durchführen
Unrealistische Kundenerwartungen	Validierung durch Prototyping
Zu viele Anforderungen	Priorisierung der Anforderungen
Unzureichende Qualität der Anforderungen	Abnahmekriterien definieren
Zu umfangreiche Anforderungsdokumente	Rollenspezifische Sichten auf Dokumente
Konflikte zwischen Anforderungen	Mediation durchführen

Tabelle 5.28: Gegenmaßnahmen zur Risikominderung

Verfolgung der Risiken durch Aktualisierung der Risiko-Top-10

Die Durchführung der Gegenmaßnahmen wird regelmäßig überprüft, Fortschritte bei der Risikominderung werden kontrolliert. Transparent erfolgt dies durch ein regelmäßiges Ranking der Risiken. Dieses Ranking zeigt, wie sich die Bewertung der Risiken verschiebt und die Maßnahmen zur Risikominderung greifen. Die folgende Tabelle 5.29 zeigt zu jedem Risiko den Monatsrang und die vorgesehenen Maßnahmen zur Risikominderung. Der Monatsrang gibt in den drei Spalten das Ranking für diesen Monat, für den letzten Monat und die Verweildauer des Risikos in der Top-10-Liste an.

Risiko	Monatsrang			Fortschritt
Häufige Änderungen von Anforderungen	1	1	3	Produktziele werden geklärt
Unvollständige Anforderungen	2	3	4	Inspektion geplant
Zu viele Anforderungen	3	5	3	Bisher keine Priorisierung
Unrealistische Kundenerwartungen	4	4	3	Prototyp wird erstellt
Unzureichende Qualität der Anforderungen	5	6	2	Bisher keine Abnahmekriterien
Mangelnde Nutzerbeteiligung	6	2	4	Workshop durchgeführt
Zu umfangreiche Anforderungsdokumente	-	7	2	erledigt
Konflikte zwischen Anforderungsstellern	-	8	2	erledigt

Tabelle 5.29: Maßnahmen zur Risikominderung

Beim Einsatz einer solchen Technik im Risikomanagement sollte beachtet werden, dass sie von unabhängigen Personen durchgeführt wird, also von Mitarbeitern, die nicht direkt am Projekt verantwortlich beteiligt sind. Unter keinen Umständen sollte die Risiko-Top-10 vom Projektmanager selbst erstellt und fortgeschrieben werden. Die Risiko-Top-10 ist kein Ersatz für eine formale Risikoanalyse, welche bei der Entwicklung von sicherheitskritischen Systemen oder von Systemen mit hohen Zuverlässigkeitsanforderungen unbedingt erforderlich ist.

Literaturempfehlungen

Wichtige Beiträge zum Thema Risikomanagement stammen von Boehm. Der Sammelband [Boehm89] behandelt alle wichtigen Aspekte mit Methoden und Techniken des Risikomanagements. Ein guter einführender Artikel zum Risikomanagement ist [Boehm91]. Ein weiteres empfehlenswertes Buch zum Risikomanagement, welches auch ausführlich auf die Risikoanalyse von Anforderungen eingeht, ist [Charette98].

5.3   FAQ – typische Probleme und ihre Lösungen

Die richtige Nutzung von Techniken und Best Practices basiert auf praktischen Erfahrungen. Erfahrungen anderer sind jedoch kein Ersatz für eigene Erfahrungen. Ihre Übertragung ist ohne die genaue Kenntnis der Randbedingungen oft problematisch. Dies erschwert die Auswahl geeigneter Techniken und die Verwendung dazugehöriger Best Practices. Wenn nicht klar ist, wann eine Technik richtig eingesetzt wird und unter welchen Randbedingungen sie wie zu verwenden ist, werden durch falsche Auswahl oder Handhabung die erhofften Wirkungen nicht erzielt.

Diese Auswahlproblematik soll in diesem Abschnitt mittels Fragestellungen im Sinne von *FAQs (frequently asked questions)* gemindert werden. Anhand charakteristischer Fragen und Problemstellungen werden Best Practices, Techniken und weitere Lösungsmöglichkeiten vorgestellt, die bei der Problembewältigung helfen können. Die folgenden Beispiele sind natürlich nicht vollständig. Sie sollen eher als Einstiegspunkt zur Entwicklung einer eigenen Erfahrungsdatenbank dienen.

Wie kann man beurteilen, ob eine Anforderung ausreichend geklärt ist? Eine Anforderung ist erfüllt, wenn die Abnahmekriterien erfüllt sind. Ob eine Anforderung ausreichend geklärt ist, kann deshalb indirekt durch die Definition und Überprüfung der Abnahmekriterien festgestellt werden. Zur Klärung ist es deshalb unbedingt erforderlich, die Abnahmeart und das zugehörige Abnahmekriterium zu formulieren.

Wie sollte man die Qualität von Anforderungen bewerten? Die Qualität von Anforderungen sollte durch Inspektionen und durch technische Reviews beurteilt werden. Inspektionen haben sich als sehr effizientes Mittel für die Validierung und Verifikation von Anforderungen bewährt. Wichtige Hilfsmittel sind Prüflisten, Richtlinien und Standards, fachliche Simulationen und der Abgleich mit Referenzmodellen.

Welche Techniken und Best Practices eignen sich insbesondere für kleine Projekte?
Die Aufwandsabschätzung wird in kleineren Projekten oft vernachlässigt. Für kleine
Projekte sind die Best Practices zu Miniaturplänen, zur Verwendung von Abnahmekriterien und zur Konformität von Schnittstellen empfehlenswert, um frühzeitig eine stabile Grundlage für die schnelle Umsetzung der Anforderungen zu erhalten.

Auf welche Probleme muss man bei der Erhebung von Anforderungen achten? Bei
der Erhebung von Anforderungen zusammen mit Anwendern treten oft folgende
Schwierigkeiten auf:

▶ Anwender und Fachexperten nennen häufig nicht ihr eigentliches Problem, sondern ihnen plausible Lösungen oder Abnahmekriterien.

▶ Anwender schildern nur ihre jeweils aktuellen Probleme der letzten Tage, nicht die
wesentlichen Problemstellungen, welche gelöst werden sollen.

▶ Anwender verlieren sich bei der Beschreibung der Geschäftsobjekte und Abläufe
häufig in Nebensächlichkeiten, Varianten und Ausnahmen, da ihnen der Normal-
fall selbstverständlich ist und nicht erwähnenswert erscheint.

Diesen Problemen kann dadurch gegengesteuert werden, dass unterschiedliche Beteiligte im Rahmen von Workshops zusammengeführt und dabei Kartentechniken wie
etwa Snowcards genutzt werden. Anwendungsfälle und die Anforderungspriorisierung
sind ebenfalls gute Techniken zur Konzentration auf die wesentlichen Anforderungen.
Der erste Punkt sollte allerdings eher als Chance durch den Anforderungsanalytiker aufgefasst werden, indem nicht gleich versucht wird, das eigentliche Problem zu ergrün-
den, sondern zunächst die Abnahmekriterien festgehalten werden und danach erst das
Problem erschlossen wird.

Wie kann man sicherstellen, dass keine Anforderungen vergessen worden sind? Leider gibt es keine Methode oder Vorgehensweise, die sicherstellt, dass alle Anforderungen gefunden und berücksichtigt worden sind. Vollständigkeit in diesem Sinne lässt
sich nur falsifizieren. Analysetechniken wie Problem Frames, CRC-Karten, Anwendungsfälle oder QFD können jedoch helfen, Anforderungen zu vervollständigen. Weiterhin sind Prüflisten bzw. Inspektionen gute Techniken, die Vollständigkeit zu prüfen.

Wie kann der Aufwand für die Umsetzung von Anforderungen geschätzt werden?
Es gibt verschiedene Ansätze zum Schätzen des Aufwandes von Anforderungen:

▶ Bei der *Expertenschätzung* schätzt ein mit dieser Art von Anforderungen vertrauter
und erfahrener Experte den Aufwand ohne weitere Formalismen anhand der
Beschreibung.

▶ Die *Analogieschätzung* basiert auf einem Vergleich mit der Umsetzung einer oder
mehrerer ähnlicher Anforderungen. Auch hier gibt es keine weiteren Formalismen.

▶ *Parametrische Schätzmethoden* sind formale Methoden, die sich auf empirisch ermittelte Faktoren wie etwa Komplexität, Terminplan, Ausbildungsstand etc. stützen.

▶ Bei der *Dekompositionsmethode* werden Teilanforderungen identifiziert und diese dann nach einem der anderen Verfahren eventuell kombiniert geschätzt.

Im Anforderungsmanagement kommen grundsätzlich alle diese Verfahren zum Einsatz. Zur Abschätzung größerer Projekte haben sich auf *Functionpoints* basierende parametrische Schätzmethoden bewährt. Functionpoint-Abschätzungen sollten jedoch mit *Jones-First-Order*-Abschätzungen und Abschätzungsgraphen kombiniert werden, um Varianzen zu verdeutlichen. Mit Hilfe von Functionpoints lassen sich die Kosten und die Dauer einer Umsetzung abschätzen. Mit Hilfe von Abschätzungsgraphen wird der Varianzbereich von Functionpoint-Modellen in Abhängigkeit von der aktuellen Phase der Umsetzung nach oben und unten bewertet.

Welche Art von Anforderungsmanagement ist erforderlich, wenn schon ein bestehendes System existiert? Das Anforderungsmanagement für Wartungs-, Pflege- und Weiterentwicklungsprojekte unterscheidet sich zwar nicht grundsätzlich von denjenigen für Neuentwicklungen. Einige wichtige Punkte müssen aber beachtet werden. Pflegeprojekte haben einen begrenzten und klar definierten Umfang. Für Weiterentwicklungsprojekte ist häufig eine Ist-Analyse Bestandteil der Problembeschreibung. Besondere Schwierigkeiten bei Weiterentwicklungsprojekten bereiten Seiteneffekte (Auswirkungen von Änderungen auf andere Komponenten), Aufwärtskompatibilität, Stabilität der Architektur und Migrationskonzepte. Diese Aspekte müssen bereits im Anforderungsmanagement bei der Produktplanung bedacht werden.

Welche Techniken des Anforderungsmanagements sind für Großprojekte anwendbar? Große Entwicklungsprojekte sind anfällig für externe Störfaktoren, d.h. Faktoren, die nicht direkt beeinflusst werden können. Diese Risiken können durch klare Zieldefinitionen im Lastenheft und ein systematisches und konstruktives Risikomanagement reduziert werden. Für die Projektplanung sind realistische Abschätzungen der Aufwände eine notwendige Voraussetzung. Die Erfahrung zeigt, dass die Planungsgranularität häufig zu grob gewählt wird. Die Priorisierung von Anforderungen ist ebenso unerlässlich wie die genaue Spezifikation von externen und internen Schnittstellen. Die Best Practices zur Verwendung einer Risiko-Top-10-Liste, die Nutzung von Miniaturplänen, die frühzeitige Festlegung nichtfunktionaler Anforderungen und der Produktarchitektur, die Definition von Abnahmekriterien und die frühzeitige Priorisierung von Anforderungen sollten auf jeden Fall genutzt werden.

Gibt es (ausreichende) Toolunterstützung für das Anforderungsmanagement? Wie Kapitel 6 dieses Buches zeigt, existiert inzwischen eine breite Palette an Werkzeuglösungen für fast alle Aufgaben im Anforderungsmanagement. Ob dabei eine große Lösung mit eigenem Repository entwickelt wird, ein spezielles AM-Werkzeug eingeführt werden sollte oder ein Textverarbeitungswerkzeug bzw. eine Tabellenkalkulation ausreichend ist, hängt natürlich vom Anwendungskontext ab.

Wie kann unrealistischen Erwartungen entgegengesteuert werden? Ein Hauptgrund für den Bruch zwischen Kunden und Entwicklern sind unrealistische Erwartungen und Planungen. Unrealistische Planungen verzögern zwar nicht die Entwicklungszeiten an sich, es entsteht aber zu Unrecht der Eindruck, das Projekt liege nicht mehr im Plan, obwohl die Entwickler einwandfrei arbeiten. Realistische Planungen und Priorisierungen von Anforderungen führen zu realistischen Erwartungen.

Wie kann die Sprachbarriere zwischen Kunden, Anwendern und Entwicklern vermindert werden? Die unzureichende Kommunikation zwischen Anwendern, Kunden und Entwicklern führt oft zu ungeklärten oder missverstandenen Anforderungen. Im Extremfall ist der Kunde nicht bereit, das Produkt abzunehmen. Lesbare Anforderungsdokumente, realistische Planungen und verbindliche Abnahmekriterien verbessern das Verhältnis von Kunden und Entwicklern. Die Nutzung von Kartentechniken im Rahmen von Workshops und die vielfältige Nutzung von Anwendungsfällen und Nutzungsszenarien verbunden mit einem Prototyping und einer Bedeutungsanalyse kann sehr zur Entspannung des Verhältnisses zwischen Entwicklern und Kunden beitragen.

5.4 Literaturempfehlungen

Umfassende Sammlungen von Techniken und Best Practices für das Anforderungsmanagement sind in [Kotonya98] und [Sommerville97] zu finden. Eine hervorragende Quelle für die Anwendung eher allgemeiner Techniken wie Interview oder Workshops im Rahmen der Anforderungserhebung ist [Gause93]. Kurze Darstellungen verschiedener Techniken mit Übersichten und Bewertungen sind in [Hoffmann00] zu finden.

Der Einsatz von Techniken sollte im Kontext des gesamten Entwicklungsprozesses gesehen werden. Eine gute Sammlung von 201 Best Practices für den gesamten Software-Lebenszyklus gibt Davis [Davis95]. Für die objektorientierte Entwicklung kann [Graham97] und für den deutschsprachigen Raum insbesondere das sehr umfassende und aktuelle Buch von Noack [Noack01] empfohlen werden.

6 Werkzeuge (unter Mitarbeit von Klaus Pohl)

Erfolgreiches Anforderungsmanagement ist ohne ausreichende Werkzeugunterstützung nicht denkbar. Zentrale Gründe für den Einsatz von Werkzeugen in größeren Projekten oder Entwicklungsorganisationen sind:

▶ Die Verwaltung der vielen Zusammenhänge zwischen Anforderungen sowie zwischen Anforderungen und anderen Ergebnistypen, wie etwa zugehörige Abnahmekriterien, erfordert eine weitgehend automatisierte Unterstützung.

▶ Änderungsmanagement bedarf der konsistenten Integration von Anforderungsveränderungen und die Propagierung ihrer Auswirkungen auf andere betroffene Entwicklungsergebnisse.

▶ Im Rahmen des Anforderungsmanagements müssen eine Vielzahl von Dokumenten und Berichten für unterschiedliche Zielgruppen schnell erstellt und aufbereitet werden. Diese sollten jeweils den aktuellen Status der Ergebnisse wiedergeben.

Darüber hinaus bieten Werkzeuge die Möglichkeit der selektiven Anfrage und Präsentation von Anforderungen, etwa für Statusreports oder Risikoanalysen, und unterstützen in der Regel die Versionierung und die kooperative Erstellung und Prüfung von Anforderungen.

In diesem Kapitel werden zunächst verschiedene Werkzeugszenarien vorgestellt. Anschließend wird in Abschnitt 6.2 eine Marktübersicht der AM-Werkzeuge gegeben. In den Abschnitten 6.3 und 6.4 werden ein Bewertungsrahmen für die Werkzeugauswahl vorgestellt und ein Vorgehen für die Auswahl empfohlen.

6.1 Einordnung in einen Werkzeugrahmen

Gemäß dem NIST/ECMA-Referenzmodell [ECMA94] können die zur Anwendungsentwicklung und -pflege eingesetzten Werkzeuge in zwei Klassen unterteilt werden:

▶ **Horizontale Werkzeuge:** Diese unterstützen typischerweise eine bestimmte Phase des Entwicklungsprozesses oder den Übergang zwischen zwei Phasen. Zu den horizontalen Werkzeugen zählen daher Analyse-, Entwurfs-, Programmier-, Benutzungsoberflächen-, Wartungs- und Testwerkzeuge.

▶ **Vertikale Werkzeuge:** Im Gegensatz dazu unterstützen vertikale Werkzeuge mehrere Phasen oder den gesamten Entwicklungsprozess. Typische Werkzeuge dieser Klasse sind Projektmanagement-, Konfigurations-, Qualitätssicherungs- und Wiederverwendungswerkzeuge.

Im Entwicklungsprozess wird eine Vielzahl von Werkzeugen eingesetzt, welche für eine effiziente Unterstützung geeignet integriert werden müssen. Das NIST/ECMA-Referenzmodell sieht hierzu ein gemeinsames Repository vor (vgl. Abbildung 6.1).

Ob AM-Werkzeuge eher den vertikalen oder den horizontalen Werkzeugen zuzurechnen sind, hängt von dem Verständnis des Anforderungsmanagements ab.

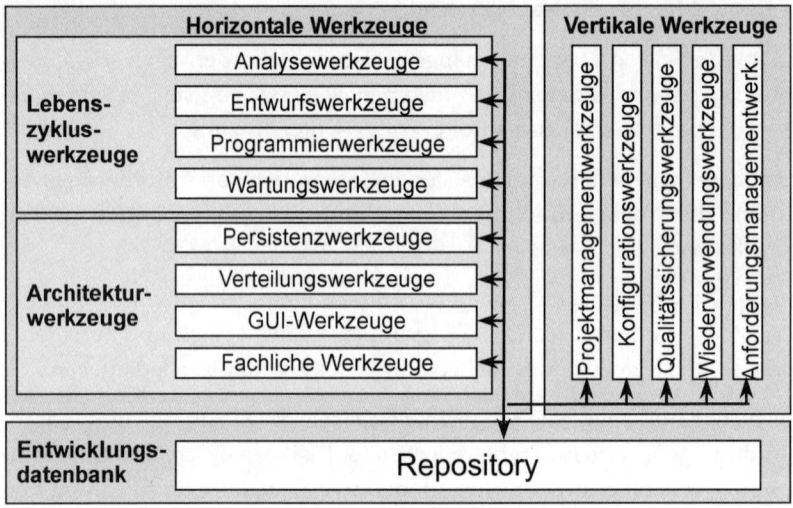

Abbildung 6.1: Verschiedene Werkzeugarten einer Entwicklungsumgebung

Begrenzt man Anforderungsmanagement auf eine frühe Phase der Software-Entwicklung, sind AM-Werkzeuge primär den horizontalen Werkzeugen zuzuordnen. Wird es stattdessen umfassend im Sinne dieses Buches verstanden und sollen neben dem Kunden- und Produkt-AM auch die verschiedenen Entwicklungsphasen anforderungsbasiert durchgeführt werden, sind AM-Werkzeuge den vertikalen Werkzeugen zuzurechnen. Dies stellt höhere Anforderungen sowohl an die technische Integrierbarkeit als auch an die methodische Unterstützung. Aus beiden Einordnungen wird jedoch die Notwendigkeit einer Integration von AM-Werkzeugen mit anderen Werkzeugen des Entwicklungsprozesses deutlich. Diese Integration entscheidet oft über ihren erfolgreichen Einsatz.

Welche Szenarien sind für den Werkzeugeinsatz im Anforderungsmanagement denkbar? Die Anzahl der konkreten Nutzungsvarianten ist natürlich fast unbegrenzt.

Abhängig vom Einführungsaufwand lassen sich jedoch grob drei Lösungsansätze unterscheiden:

1. **Große Lösung:** Die Verwaltung der Anforderungen erfolgt in einem zentralen, meist selbst entwickelten Repository. Über offene Schnittstellen oder Brücken wird der Datenaustausch mit den eingesetzten Entwicklungswerkzeugen sichergestellt.

2. **Mittlere Lösung:** Für das Anforderungsmanagement werden ein oder mehrere Standard-AM-Werkzeuge eingesetzt. Brückenprogramme oder standardisierte Schnittstellen ermöglichen eine Integration mit anderen Entwicklungswerkzeugen.

3. **Kleine Lösung:** Für das Anforderungsmanagement werden vorhandene Entwicklungswerkzeuge, etwa aus dem Bereich der Modellierung oder des Konfigurationsmanagements, eingesetzt. Spezifische AM-Werkzeuge kommen nicht zum Einsatz.

Die Vor- und Nachteile dieser drei Varianten liegen auf der Hand. Die große Lösung erfordert einen hohen Entwicklungsaufwand. Die eigenen Anforderungen können bei dieser Lösung allerdings optimal berücksichtigt werden. Eine Integration mit anderen Werkzeugen und Ergebnistypen, z.B. aus der Geschäftsprozessmodellierung, ist sichergestellt. Diese Lösung kommt aufgrund des entstehenden Aufwands und des hohen Erfolgsrisikos nur für große Entwicklungsorganisationen und Projekte in Frage. In [Schienmann00] wird eine solche Lösung auf der Grundlage eines Rochade-Repositories beschrieben. Diese Lösung wurde in einem Großprojekt zur Entwicklung eines Kernbanksystems mit drei beteiligten Verbandsrechenzentren der Sparkassen-Finanzgruppe entwickelt.

Die mittlere Lösung erfordert wesentlich geringeren (Anpassungs-)Aufwand. Häufig müssen bei den eigenen Anforderungen aber Abstriche gemacht werden. Beispielsweise bereitet die Integration mit bereits eingesetzten Entwicklungswerkzeugen oft Schwierigkeiten, da keine bidirektionalen Schnittstellen angeboten oder nur bestimmte Plattformen unterstützt werden. Falls in einer Organisation oder in einem Projekt nur eine Plattform oder Entwicklungssuite eingesetzt wird, sind diese Integrationsprobleme u.U. weniger relevant. Beispielsweise bietet Rational mit den Werkzeugen ClearQuest, RequisitePro, Rose und ClearCase eine solche weitgehend integrierte Suite für das Änderungsmanagement, das Anforderungsmanagement, die objektorientierte Modellierung und das Konfigurationsmanagement (KM) an.

Die kleine Lösung ist akzeptabel in Entwicklungsprojekten oder in Organisationen mit geringeren Anforderungen an die Funktionalität von AM-Werkzeugen. Falls etwa die Aufrechterhaltung des Produktionsbetriebs dominiert und wenig Änderungsdienst anfällt, kann das Anforderungsmanagement durchaus erfolgreich mit vorhandenen Notes-Lösungen und Office-Produkten in Verbindung mit den eingeführten Werkzeugen für das Konfigurationsmanagement abgewickelt werden. Die Unterstützung des Änderungsmanagements durch ein Werkzeug wie PVCS Tracker ist beispielsweise ausreichend, falls nicht zu viele Änderungsanforderungen anfallen und keine komplexen Abhängigkeiten zwischen Anforderungen verwaltet werden müssen.

In dieser kurzen Diskussion verschiedener Lösungen wird bereits deutlich, dass im Rahmen der Entwicklung und Verwaltung von Anforderungen eine Vielzahl von Werkzeugen eingesetzt werden kann. Abbildung 6.2 nennt exemplarisch einige dieser Werkzeuge.

Die Palette reicht von KM-Werkzeugen, wie PVCS oder ClearCase zur Versionierung von Anforderungsdokumenten, über Änderungsmanagementwerkzeuge wie etwa ClearQuest bis hin zu einer Vielzahl von Werkzeugen zur Unterstützung des Durchführungspfads. Für die Geschäftsprozessmodellierung werden beispielsweise häufig Werkzeuge wie ARIS, Adonis oder Visio genutzt. Die Modellierung von Anwendungsfällen, initialen Klassen oder Systemarchitekturen erfolgt mit Werkzeugen wie Rose, Innovator oder objectiF. Die Ableitung und Analyse von Produktanforderungen im Produkt-AM unterstützen beispielsweise QFD-Werkzeuge wie QFD Designer oder QFD/Capture. Bei der detaillierten Beschreibung von Entscheidungslogiken helfen ET-Generatoren wie Sipina, Poevs oder ET. Für die Dokumentenerzeugung und -verbreitung werden natürlich hauptsächlich die verbreiteten Office-Suiten oder Notes genutzt.

Die speziell für das Anforderungsmanagement entwickelten Werkzeuge können natürlich auch operativ für die Entwicklung von Anforderungen eingesetzt werden, primär unterstützen sie aber die Verwaltung der Anforderungen (vgl. Abbildung 6.2).

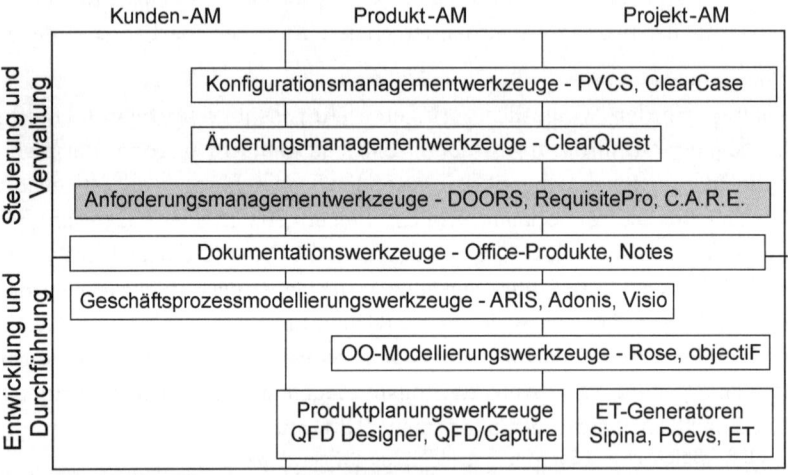

Abbildung 6.2: Werkzeuge im Anforderungsmanagement (Beispiele)

Die folgende Marktübersicht und die Beschreibung des Auswahlverfahrens konzentriert sich auf diese speziellen AM-Werkzeuge. Alle anderen aufgeführten Werkzeuge werden nur insofern betrachtet, als ihre mögliche Integration ein wichtiger Aspekt der Bewertung eines AM-Werkzeugs ist.

6.2 Marktübersicht

Der zunehmende Bedarf an Werkzeugen für das Anforderungsmanagement zeigt sich sichtbar in der aktuellen Marktentwicklung. Während vor einigen Jahren noch kein dezidierter Markt für AM-Werkzeuge existierte, haben sich inzwischen zahlreiche Anbieter etabliert. Die Wachstumsrate für einzelne Anbieter betrug beispielsweise bis zu 1.000 % im Jahr 1999, d.h. eine Steigerung der Installationen um den Faktor 10 (ausgehend allerdings von einer relativ geringen Installationsbasis).

6.2.1 Werkzeuge für das Anforderungsmanagement

Die Tabelle 6.1 gibt eine Übersicht der am Markt angebotenen AM-Werkzeuge. Die Produkte DOORS und RequisitePro der Firmen Telelogic und Rational dominieren mit einem Anteil von fast 70 % den weltweiten Markt. In Deutschland sind die Produkte C.A.R.E. und Objects9000 von Sophist und Rösch Consulting bekannt. Beide Produkte sind Notes-Lösungen. Insbesondere im Bereich des Systems Engineering hat auch SLATE eine gewisse Verbreitung erreicht. Alle anderen Produkte haben eher Nischencharakter, können aber aufgrund ihrer Herkunft für bestimmte Domänen wie Raumfahrt, Flugsicherung oder Rüstung sehr interessant sein.

Da viele Anbieter *white paper* und kostenlose *downloads* im Internet zur Verfügung stellen, ist in Tabelle 6.1 neben der Adresse des Anbieters auch dessen Internetadresse angegeben. Ein Besuch dieser Seiten lohnt sich immer. Die Qualität der Informationen insbesondere bei den zuerst genannten Produkten ist gut.

Produkt	Anschrift	Internetadresse
RequisitePro	Rational Software GmbH, Keltenring 15, D-82041 Oberhaching	*www.rational-software.de*
DOORS	Telelogic Deutschland GmbH, Seidlstrasse 8, D-80335 München	*www2.telelogic.com*
C.A.R.E.	SOPHIST GmbH, Vordere Cramergasse 11 – 13, D-90478 Nürnberg	*www.sophist.de*
Objects 9000	Roesch Consulting, Siepbach 9, D-41564 Kaarst	*www.roesch.com*
SLATE	SDRC Software and Services GmbH, Martin-Behaim-Strasse 12, D-63263 Neu-Isenburg	*www.tdtech.com*
Caliber-RM	Starbase Corporation, 400 Interstate North Parkway Suite 1500 Atlanta, GA 30339, USA	*www.tbi.com*
Tracer	RBC Inc., 10100 W. 87th St. Suite 111 Overland Park, KS 66212, USA	*www.revbiz.com/tracer*

Tabelle 6.1: Übersicht von AM-Werkzeugen und Werkzeuganbietern

Produkt	Anschrift	Internetadresse
CORE	Vitech Corporation, 2070 Chain Bridge RD Suite 320, Vienna, VA 22182-2536, USA	*www.vtcorp.com*
Envision	Future Tech Systems, Inc. 824 East Main Street, Auburn, WA 98002, USA	*www.future-tech.com/*
Cradle	3SL, P.O. Box 310, Olney MD 20830-0310, USA	*www.threesl.com*
RDT	IGATECH Systems Pty Ltd., Level 3, 86 Pirie St., Adelaide SA 5000, Australia	*www.igatech.com*
Xtei-RT	Teledyne Brown Engineering, 3000 Sparkman Dr. NW, P.O. Box 07007, Huntsville Alabama, USA	*www.tbe.com*

Tabelle 6.1: Übersicht von AM-Werkzeugen und Werkzeuganbietern (Forts.)

Diese Liste ist jedoch bei weitem nicht vollständig. Da sich der AM-Werkzeugmarkt sehr schnell wandelt und teilweise bereits eine Konsolidierung erkennbar ist, wird für aktuelle Informationen die Internetadresse des *International Council on System Engineering (INCOSE)* empfohlen. Unter der Webadresse *incose.org/tools/tooltax.html* findet sich ein umfassender Überblick von AM-Werkzeugen mit entsprechenden Verweisen auf die Werkzeuganbieter.

Um einen Einblick in die Leistungsfähigkeit moderner AM-Werkzeuge zu geben, werden nun die beiden Marktführer DOORS und Requisite kurz vorgestellt. In Abschnitt 6.3 wird anhand dieser beiden Werkzeuge auch beispielhaft eine Werkzeugauswahl durchgeführt.

6.2.2 Kurzvorstellung von DOORS

DOORS (Dynamic Object Oriented Requirements System) ist ein universelles, textbasiertes AM-Werkzeug. DOORS wird seit 1993 entwickelt und liegt aktuell in der Version 5 vor (Stand Mitte 2001). Hervorgegangen ist es aus einem für die *European Space Agency (ESA)* erstellten Framework. Die folgende Beschreibung beruht auf der Version 4.1.4 SR 2.

Anforderungen werden in DOORS als diskrete Objekte behandelt, welche durch beliebige Attribute wie Wichtigkeit, Umsetzungsaufwand, Status oder Dringlichkeit qualifiziert werden können. Anforderungen sind über sog. Module organisierbar. Mit Filtern über Attribute lassen sich Sichten aufbauen und Dokumente generieren, etwa für verschiedene Produktversionen oder -varianten. Durch hinterlegte Dokumentenmuster können Organisationsstandards etabliert werden. Solche Muster sind beispielsweise verfügbar für das V-Modell97 oder verschiedene Standards des US-Verteidigungsministeriums.

Anforderungen und andere Ergebnistypen, wie Abnahmekriterien oder Testfälle, werden über »point-and-link«-Techniken in Beziehung gesetzt. Anforderungen für bestehende Produktversionen können leicht für neue Produktversionen erweitert und wiederum über Attribute und Sichten ausgewählt und sichtbar gemacht werden. Projekte lassen sich im Ganzen archivieren und als Vorlage für neue Projekte verwenden.

DOORS besitzt ein eigenes Versions- und Änderungsmanagement. Standardmäßig erfolgt die Versionierung auf Dokumenten-/Modulebene, die Historie wird auf Objektebene (etwa Anforderung oder Attribut) protokolliert. Das Werkzeug stellt sicher, dass allen Anwendern stets der aktuelle Stand der Dokumente vorliegt. Prüfungen und Metriken können mittels der *DOORS eXtension Language (DXL)* hinterlegt werden.

Schnittstellen zu anderen KM-Werkzeugen, wie etwa ClearCase, sind vorhanden oder in Vorbereitung. Die Integration mit Modellierungswerkzeugen wird für Standardwerkzeuge wie Rational Rose, Paradigm Plus oder COOL:Jex angeboten. Die Integration umfasst jeweils Navigations- und Update-Möglichkeiten zwischen den Werkzeugen. So können Anwendungsfälle und Klassen aus einem UML-Werkzeug nach DOORS importiert und mit Anforderungen verbunden werden. Das Hin- und Herspringen zwischen den Werkzeugen wird über integrierte Suchfunktionen unterstützt. DOORS unterstützt Exportformate für gängige Textverarbeitungsprogramme wie MS-Word, Framemaker oder Interleaf. Ebenso wird eine automatische Generierung von HTML-Dokumenten mit allen vorhandenen Links zwischen Dokumenten angeboten. Weitere Export- oder Importformate können über die bereits genannte DXL erzeugt werden.

Eine integrierte Benutzerverwaltung ist für jedes Projekt unterschiedlich konfigurierbar. Zugriffsrechte lassen sich für jedes einzelne Objekt und Attribut gesondert verwalten. Da Objekte einzeln gesperrt werden können, kann ein Anwender eine einzelne Anforderung (oder ein Kapitel, ein Unterkapitel) bearbeiten, der Rest des Dokumentes bleibt für alle anderen Anwender aber weiterhin verfügbar. Für jeden Benutzer können eigene Sichten aufgebaut, voreingestellt und mit Zugriffsrechten geschützt werden. Beim Öffnen eines Moduls sieht ein Benutzer nur die für ihn relevanten Daten. Die Unterstützung mehrerer Benutzer ist gut gelöst. Beispielsweise werden Verantwortliche bei Änderungen an einem Objekt (einer Anforderung, einem Test) per E-Mail über die Änderung benachrichtigt. Ein sog. *Change Proposal System (CPS)* sorgt dafür, dass Änderungsvorschläge zu Anforderungen oder Attributen über ein Dialogfenster eingegeben und mit dem zu ändernden Element verknüpft werden können. Diese Änderungsvorschläge werden vom zuständigen Benutzer bewertet und bestätigt oder abgelehnt (sog. Review). Bestätigte Änderungsvorschläge werden automatisch in die Dokumente eingearbeitet und die Eigentümer der Änderungsvorschläge über den Status ihrer Vorschläge benachrichtigt.

DOORSNet sorgt für die Anbindung von DOORS an das Internet/Intranet. Es bereitet Daten aus der DOORS-Datenbank auf und macht sie für den Webserver verfügbar. Mittels CPS können ausgewählte Daten (Sichten) für Kunden und Auftraggeber zum Lesen und Kommentieren (über das o.g. CPS) zur Verfügung gestellt werden. Die gängigen Windows- und Unix-Plattformen (Win95, Win98, NT, Solaris, AIX, Digital UNIX, HP-UX) werden von DOORS unterstützt. Möglich sind sowohl reine Einzelplatz- als auch Client-Server-Installationen in heterogenen Netzwerken (gemischte PC/Unix Clients und Server). Die Anzahl der Clients wird über *floating licenses* lizenziert, die Anzahl der Server ist beliebig.

Die verschiedenen Niederlassungen von Telelogic bieten weltweite Unterstützung und Projektberatung für DOORS. Das Schulungsprogramm reicht von Theoriekursen zum Anforderungsmanagement bis hin zu spezifischen Werkzeugkursen. Eine gute Zusammenfassung der Methodik, auf welcher DOORS beruht, ist in [Stevens98] zu finden.

Im Verhältnis zu anderen AM-Werkzeugen ist DOORS zwar ein relativ teures Produkt. Aufgrund seiner Mächtigkeit ist es aber ein Kandidat, der bei keiner Werkzeugevaluation vernachlässigt werden sollte.

6.2.3 Kurzvorstellung von RequisitePro

RequisitePro wurde 1995 entwickelt und 1997 von Rational aufgekauft. Integriert in die Werkzeug-Suite von Rational, liegt es aktuell in der Version 2001 vor.

RequisitePro verfolgt einen sehr interessanten dokumentenzentrierten Ansatz. Anforderungen werden als Teile bzw. als Textfragmente in MS-Word-Dokumenten erzeugt und präsentiert. Diese Textfragmente sind dynamisch mit der RequisitePro-Datenbank verknüpft und können dort mit weiteren Informationen und Attributen qualifiziert und analysiert werden. Der dokumentzentrierte Ansatz erlaubt die Nutzung beliebiger organisationsinterner Dokumentenmuster als Word-Vorlage. Über die Dokumente und die interne Datenbank werden Anforderungen und andere Ergebnistypen wie Abnahmekriterien oder Testfälle in Beziehung gesetzt und lassen sich dann über Traceability-Matrizen analysieren.

Die Integration mit ClearCase und ClearQuest ermöglicht ein projektübergreifendes Versions- und Änderungsmanagement. Die Anbindung an Rational Rose sorgt für den Übergang in die objektorientierte Modellierung. Der Datenaustausch mit anderen Werkzeugen wird wesentlich durch die Export- und Import-Funktionalitäten von MS-Word bestimmt. Eine browserbasierte Weblösung wird mit RequisiteWeb angeboten. Als Multi-User-Anwendung unterstützt RequisitePro die Verwaltung von Zugriffsrechten für einzelne Benutzer und Gruppen auf der Ebene von Projekten. RequisitePro wurde für die gängigen Windows-Plattformen entwickelt, MS-Word wird vorausgesetzt. Als Datenbank dient Oracle bzw. der Microsoft SQL Server. Unterstützt werden *nodelocked* und *floating licences*.

Mit Rational ist sowohl die weltweite als auch die lokale Unterstützung für Requisite-Pro gewährleistet. Rational und viele Partnerfirmen im Umfeld bieten ein umfangreiches Schulungsprogramm an. Von den (geistigen) Vätern von RequisitePro stammt ein sehr empfehlenswertes Buch zum Anforderungsmanagement (vgl. [Leffingwell99]).

RequisitePro ist sicherlich die erste Wahl für Organisationen, welche in ihrer Software-Entwicklungsumgebung auf Rational setzen und nun eine Komplettierung mit einem AM-Werkzeug anstreben. Zwar bietet DOORS mehr Funktionalitäten für das Anforderungsmanagement, wenn diese fortgeschrittenen Möglichkeiten aber nicht unbedingt benötigt werden, ist RequisitePro eine wichtige Option.

6.3 Kriterien für die Bewertung von Werkzeugen

Die Auswahl eines geeigneten AM-Werkzeuges ist angesichts der zahlreichen Alternativen und des sich schnell entwickelnden Marktes keine leichte Aufgabe. Eine generelle Empfehlung ist aufgrund der vielen möglichen Bewertungskriterien und der unterschiedlichen Einsatzszenarien nicht möglich. Erschwerend kommt hinzu, dass eine Auswahl mit vertretbaren Ressourcen durchgeführt werden sollte. In der Praxis führen diese Bedingungen häufig zu oberflächlichen Werkzeugbewertungen, die etwa nur auf einer Herstellerumfrage und ein oder zwei Präsentationen beruhen.

Der in Abbildung 6.3 dargestellte Bewertungsrahmen für AM-Werkzeuge wurde von Prof. Dr. Klaus Pohl entwickelt. Der Bewertungsrahmen enthält sieben unterschiedliche Sichten oder Aspekte für eine detaillierte Werkzeugauswahl.

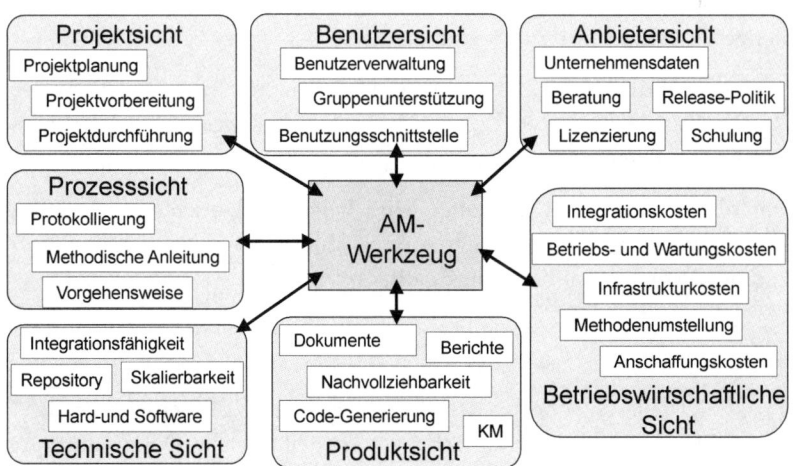

Abbildung 6.3: Sichten für die Bewertung eines AM-Werkzeugs

1. Die **Produktsicht** fasst alle Fassetten eines Werkzeuges zusammen, die sich auf die Verwaltung von Informationen (Anforderungen, Abnahmekriterien etc.) sowie deren Präsentation beziehen. Hierzu zählen insbesondere auch die zur Verfügung gestellten Dokumentations- und Report-Eigenschaften (etwa Generierung des Lastenheftes).

2. Die **Benutzersicht** umfasst die Fassetten, die sich aus Sicht des Benutzers ergeben. Neben der Gestaltung der Benutzungsschnittstelle zählen hierzu das Arbeiten von mehreren Benutzern sowie die Benutzerverwaltung und die Unterstützung von Benutzerkooperationen.

3. Die **Anbietersicht** beschreibt die Leistungen und Marktstellung des Herstellers. Dazu gehören die angebotenen Schulungen, Beratung sowie die Lizenzierungspolitik.

4. Die **Projektsicht** charakterisiert die Unterstützung des Werkzeuges für die Projektdurchführung. Neben dem projektspezifischen Setup gehören die Unterstützung der Projektplanung, die Projektkontrolle und die Qualitätssicherung dazu.

5. Die **Prozesssicht** fasst die angebotene methodische Unterstützung sowie die Möglichkeit zu deren Erweiterung zusammen. Neben der methodischen Unterstützung für die Definition von Anforderungen zählt hierzu auch die Nachvollziehbarkeit (Traceability) der Anforderungsdefinition.

6. Die **technische Sicht** beschreibt die Integrationsfähigkeit des Werkzeuges sowie die technischen Voraussetzungen an das Betriebs- und Rechnersystem. Zudem wird in dieser Sicht die permanente Datenhaltung des Werkzeuges charakterisiert. Ein wichtiger Aspekt dieser Sicht ist zudem die Skalierbarkeit des Werkzeuges bezüglich Datenmenge, Projektanzahl und Benutzer.

7. Die **betriebswirtschaftliche Sicht** adressiert die mit einem Werkzeugeinsatz verbundenen Kosten. Dazu zählen etwa Lizenzgebühren, Schulungskosten, Wartungskosten und absehbare Folgeaufwendungen.

Diese Sichten mit ihren zahlreichen Fassetten sind bei einer Werkzeugevaluierung abhängig von den eigenen Problemstellungen auszuwählen und zu gewichten. Nachfolgend werden diese Sichten detailliert vorgestellt.

6.3.1 Produktsicht

Die Abbildung 6.4 zeigt eine Gliederung der zu bewertenden Kriterien der Produktsicht. Innerhalb der Produktsicht wird zunächst untersucht, welche Dokumenttypen durch das Werkzeug unterstützt werden. Hierbei wird zwischen der Struktur der Dokumente und ihrer Darstellung unterschieden. Die Dokumentenstruktur baut sich allgemein aus atomaren Daten- oder Informationstypen auf, die mit verschiedenen

Strukturierungsmitteln zu komplexeren Elementen zusammengesetzt werden können. Ein Dokumenttyp, etwa ein Lastenheft für ein Produkt, fasst beliebige Informationstypen zusammen. Weiterhin ist zu unterscheiden zwischen den vom Hersteller des Werkzeuges vordefinierten Dokumenttypen und der Unterstützung des Benutzers bei der Definition eigener Typen.

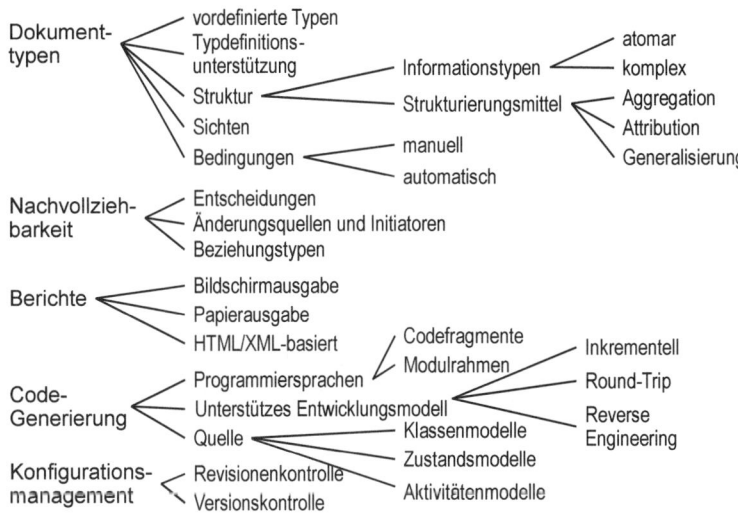

Abbildung 6.4: Gliederungskriterien der Produktsicht

In vielen Werkzeugen lassen sich auf komplexe Dokumenttypen eingeschränkte Sichten oder Filter definieren. Neben der eigentlichen Struktur und den Sichten können zumeist noch Bedingungen an korrekte Dokument- und Informationstypen sowie die erlaubten Operationen definiert werden. Bei den Bedingungen ist zu unterscheiden zwischen der automatischen Überprüfung und der manuell initiierten Überprüfung.

Um die Nachvollziehbarkeit der Anforderungsdefinition zu gewährleisten, ist das Aufzeichnen von Entscheidungen und Änderungsquellen unabdingbar. Weiterhin müssen diese Informationen miteinander in Beziehung gesetzt werden können. Die Unterstützung bei der Erzeugung solcher typisierter Beziehungen und deren späterer Verwendung sind wichtige Funktionalitäten eines AM-Werkzeugs.

Neben der Definition und Erfassung von Dokumenten stellt sich die Frage nach der Ausgabe der erfassten Informationen, d.h. die Erzeugung von Berichten oder Auswertungen am Bildschirm, in Papierform oder netzbasiert. XML wird sicherlich zunehmend ein wichtiges Ausgabeformat, um die weitere Verarbeitung von Informationen zu erleichtern.

Basierend auf den Anforderungsbeschreibungen bieten einige Werkzeuge Unterstützung bei der Code-Generierung. Zu bewerten ist der Umfang der Generierung sowie die zur Code-Generierung benutzten Quellen. Die Generierung kann von Modulrahmen bis zu fertigen Codefragmenten reichen. Zumeist werden dazu Klassenmodelle genutzt, denkbar sind aber auch Zustands- oder Aktivitätenmodelle. Als mögliche Entwicklungsmodelle kommen das Reverse-Engineering, die inkrementelle Generierung oder ein Round-Trip-Engineering infrage.

Um die gespeicherten Informationen verwalten zu können, ist ein Konfigurationsmanagement notwendig. Dieses umfasst die Verwaltung von Revisionen, d.h. verschiedenen, in einer zeitlichen Reihenfolge stehenden Versionen, sowie die Verwaltung von zeitlich nicht zu ordnenden Versionen, so genannten Varianten. Diese sind typischerweise bei der Verwaltung von Produktfamilien anzutreffen.

6.3.2 Benutzersicht

Aus Sicht des Benutzers stellen sich bei der Beurteilung eines AM-Werkzeugs hauptsächlich drei Fragen (vgl. Abbildung 6.5): Wie stellt sich mir das Werkzeug dar? Wie stelle ich mich dem Werkzeug dar? Wie kann ich mit anderen Benutzern zusammenarbeiten?

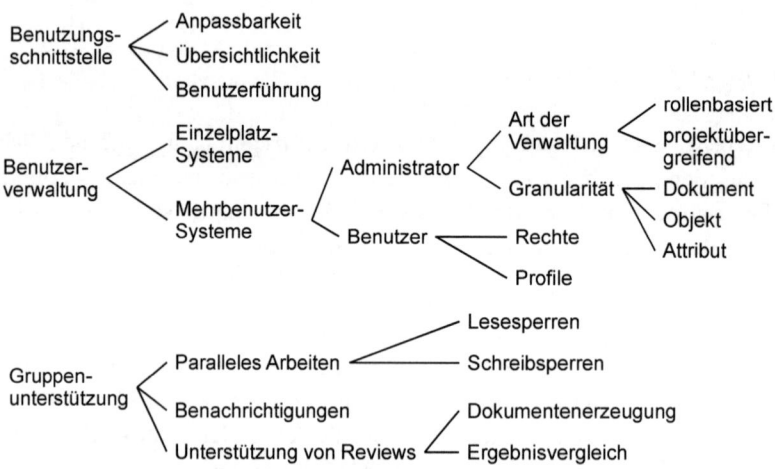

Abbildung 6.5: Gliederungskriterien der Benutzersicht

Die erste Frage betrifft die Benutzungsschnittstelle. Die Regel sind dem Windows-Standard angepasste Benutzungsoberflächen. Große Unterschiede gibt es jedoch hinsichtlich der benutzungsspezifischen Anpassbarkeit, der Übersichtlichkeit und der Benutzerführung – insbesondere Notes-Lösungen sind hier häufig gewöhnungsbedürftig.

Die zweite Frage spricht die Benutzerverwaltung an. Einzelbenutzer-Systeme sind eher selten anzutreffen. Bei Mehrbenutzer-Systemen werden zumindest Anwender und Administrator unterschieden. Für den Werkzeugbenutzer ist es wichtig, dass sein Profil individuellen Bedürfnissen anpassbar ist und automatisch an unterschiedlichen Arbeitsplätzen zur Verfügung steht. Für den Administrator ist die Art der Unterstützung bei der Benutzerverwaltung (rollenbasiert, projektübergreifend) zu bewerten. Zudem ist die Granularität der Verwaltung der Zugriffsrechte (Projekte, Dokumente, Objekte, Attribute, ...) zu untersuchen. Einige Werkzeuge erlauben hier sehr feine Differenzierungen, andere Werkzeuge regeln Zugriffsrechte nur auf Projektebene.

In der dritten Frage spiegeln sich die Aspekte der Gruppenunterstützung wider. Hierzu zählt etwa der Zugriff von mehreren Benutzern auf einen gemeinsamen Bestand an Informationen. Zu klären ist die angebotene Unterstützung für das parallele Arbeiten durch geeignete Sperrmechanismen (Lesesperren, Schreibsperren, ...). Zudem ist die Unterstützung von QS-Maßnahmen zu bewerten. Bietet das Werkzeug die Möglichkeit zur automatischen Benachrichtigung an Werkzeugbenutzer aus verschiedenen Anlässen (beispielsweise bei Änderung eines Objekts, nach Beendigung einer Aktivität, beim Ausleihen eines Objektes etc.) an, kann dies die Arbeit sehr erleichtern.

6.3.3 Anbietersicht

Die Anbietersicht fasst alle Fassetten zusammen, die den Werkzeuganbieter oder die Beziehung zwischen Anbieter und Benutzer des Werkzeuges betreffen. Dazu gehören die angebotenen Schulungen und Beratungen (Hotline, Handbücher, Online-Hilfe), die Lizenzierungspolitik, die Preisgestaltung, die Unternehmensdaten und die Release-Politik des Herstellers (vgl. Abbildung 6.6).

Die von den Herstellern veranstalteten Kurse unterscheiden sich erheblich, insbesondere bezüglich der methodischen Schulung. Zumindest sollten Schulungen für die Anwender und für die Administratoren (Wartung und Pflege) des Werkzeuges angeboten werden. Größere Anbieter haben oft ein umfangreiches Schulungsprogramm entwickelt, um auch vertiefende Kenntnisse der dem Werkzeug zugrunde liegenden Philosophie zu vermitteln.

Bei der Lizenzierung interessieren die verwendeten Lizenzierungsschemata sowie die resultierenden Lizenzgebühren und anfallende Wartungs- und Update-Kosten. Zudem kann die Anschaffung von zusätzlichen Software-Lizenzen erforderlich sein, etwa für eine eigene Oracle-Entwicklungsdatenbank. Da Preisunterschiede um den Faktor zehn für zunächst scheinbar ähnliche Werkzeugleistungen keine Seltenheit in diesem Markt sind, ist eine genaue Kenntnis der eigenen Anforderungen an das AM-Werkzeug umso wichtiger.

Abbildung 6.6: Gliederungskriterien der Anbietersicht

Bei der Beratung sind verschiedene Formen zu unterscheiden. Handbücher beziehungsweise eine Online-Hilfe sind für den Werkzeugeinsatz unerlässlich. Sie helfen zusammen mit *FAQs (frequently asked questions)* hauptsächlich bei der Lösung auftretender Standardprobleme. Für schwierigere Probleme sollte eine Hotline (E-Mail oder Telefon) mit garantierter Antwortzeit zur Verfügung stehen. Foren von Benutzergruppen sind oft eine wertvolle Hilfe zur Lösung aktueller Probleme. Die Ausstattung und das Vorhandensein von Vertriebs- und Unterstützungszentren in dem jeweiligen Anwendungsland ist ein weiterer wichtiger Aspekt.

Nähere Angaben zum Unternehmen selbst sind aufgrund der schnellen Veränderungen im Markt der AM-Werkzeuge ein entscheidender Auswahlfaktor. Eine hohe Marktrelevanz garantiert eine gewisse Stabilität und ausreichende Verfügbarkeit von geschulten Experten. Einen ungefähren Eindruck von der Marksstellung des Anbieters geben Marktanteil-Schätzungen unabhängiger Institute, die Anzahl der Installationen sowie die geografische Verteilung der Installationen. Referenzanwendungen und Kundenlisten runden das Bild ab. Wichtige Kenngrößen wie der erzielte Umsatz und Gewinn des Unternehmens, Allianzen mit anderen Herstellern, die Anzahl der Vertriebsstellen sowie die Anzahl der Angestellten insgesamt, im Vertrieb und im Support sowie in der Produktentwicklung, helfen zusätzlich die Seriosität und Stabilität eines Anbieters einzuschätzen.

Mit der Release-Politik werden generelle Zusagen und Strategien des Herstellers bewertet und nichttechnische Aspekte, wie etwa Probleme bei der Umstellung auf ein neues Release. Die wesentlichen Fragen hier sind der zeitliche Abstand zwischen zwei Releases, die Dauer der Unterstützung alter Releases sowie die Release-übergreifende Gewährleistung der Migration der in den Repositories gespeicherten Daten.

6.3.4 Projektsicht

In der Projektsicht wird die Unterstützung bei der Durchführung und Überwachung von Projekten aus Sicht des Anforderungsmanagements beurteilt.

Eine elementare Unterstützung ist die Einrichtung oder Vorbereitung eines Projektes. Hierfür ist die Definition von projektspezifischen Informationstypen und Dokumenten zu bewerten. Zudem müssen die Dokumente einem Projekt zugeordnet werden können. Für die Projektplanung sollte das Werkzeug die Definition und Überwachung von Meilensteinen, die Zuweisung und Planung von Ressourcen sowie die Arbeitsverteilung unterstützen. Zudem sollten Mechanismen zur Kontrolle und Überprüfung der Projektdurchführung sowie der Qualitätssicherung angeboten werden. In der Regel spielt jedoch die Bewertung der Integration mit einem Projektmanagement-Werkzeug eine größere Rolle als die Bewertung der oben genannten Fassetten, da für diese Aufgaben im allgemeinen Projektmanagement-Werkzeuge genutzt werden (vgl. zur Integration Abschnitt 6.3.6).

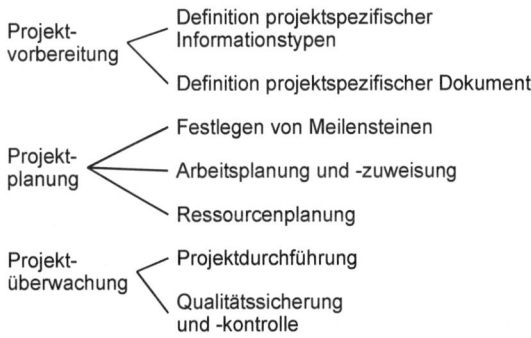

Abbildung 6.7: Gliederungskriterien der Projektsicht

6.3.5 Prozesssicht

Bezüglich der Prozessunterstützung ist zum einen die methodische Anleitung des Benutzers während der Prozessausführung, d.h. die projektspezifische Führung des Benutzers während der Definition sowie der Änderung von Anforderungen zu untersuchen. Zum anderen ist die Unterstützung für die Protokollierung von Informationen zur Nachvollziehbarkeit der Anforderungsdefinitionsprozesse sowie die Verwendung der aufgezeichneten Informationen während der Prozessausführung einzuschätzen (vgl. Abbildung 6.8).

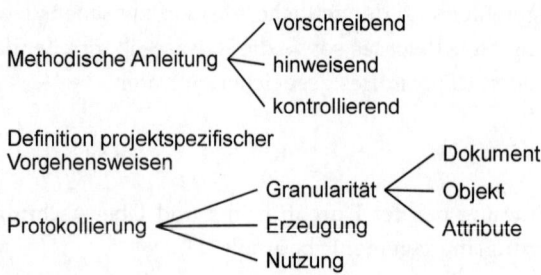

Abbildung 6.8: Gliederungskriterien der Prozesssicht

Die Benutzeranleitung kann entweder vorschreibend, hinweisend oder / und kontrollierend erfolgen. Sie kann sowohl als Online-Hilfe angeboten werden oder in die Werkzeuge integriert sein. Im letzteren Fall passt sich das Verhalten des Werkzeuges an die jeweils gültige Prozessdefinition an.

Neben der Anleitung ist die Definition projektspezifischer Vorgehensweisen zu beurteilen, welche die Grundlage für die methodische Anleitung und die Protokollierung oder Nachvollziehbarkeitsunterstützung bieten. Hierbei kann die Einfachheit der Beschreibung von Vorgehensweisen sowie deren Wiederverwendung und Anpassung berücksichtigt werden. Da die meisten derzeit kommerziell verfügbaren AM-Werkzeuge keine systematische Prozessunterstützung anbieten, wird auf eine weitere Spezifikation dieser Fassette hier verzichtet, stattdessen wird der interessierte Leser auf [Pohl96] verwiesen.

6.3.6 Technische Sicht

Aus technischer Sicht sind zunächst die Anforderungen an die Hardware und Software zu betrachten. Neben den Standardanforderungen wie minimaler Hauptspeicher, Speicherplatz etc. ist zwischen lokaler und verteilter Installation (Netzwerkbetrieb) und den damit verbundenen Anforderungen zu unterscheiden. Hinsichtlich der Software sind die erforderlichen Eigenschaften des Betriebsystems sowie die zusätzlich notwendige Software zu betrachten. Zudem ist zwischen der Unterstützung von homogenen und heterogenen Betriebssystemen im Netzwerkbetrieb zu unterscheiden.

Die Integrationsfähigkeit des Werkzeugs ist ein zentraler Beurteilungsaspekt. Hierzu sind die verfügbaren APIs (Application Programming Interfaces) sowie die Einfachheit der API-Verwendung und -Programmierung zu bewerten. Darüber hinaus ist die Möglichkeit der Daten-, Kontroll- und Prozessintegration zu beurteilen. Bei der Datenintegration sind etwa die unterstützten Standardformate (CDIF, XML ...), bei der Kontrollintegration die unterstützten Standards (CORBA, OLE-DCOM ...) zu betrachten.

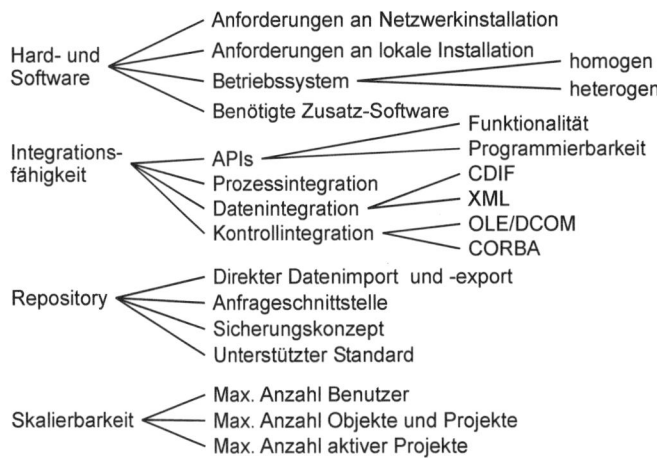

Abbildung 6.9: Gliederungskriterien der technischen Sicht

Der dritte technische Gesichtspunkt betrifft die Datenhaltung in einem Repository bzw. in einer Entwicklungsdatenbank. Hier sind vor allem das zugrunde liegende Sicherheitskonzept und die zur Verfügung gestellten direkten Import- und Export-Funktionalitäten zu untersuchen. Darüber hinaus sind die Anfrageschnittstelle und die Anfragesprache zu bewerten. Da die Anfragesprache des Repository sich von der im AM-Werkzeug zur Verfügung gestellten Anfragesprache unterscheiden kann, sollte diese getrennt analysiert werden.

Die letzte Fassette innerhalb der technischen Sicht betrifft die Skalierbarkeit des Werkzeugs. Die drei wesentlichen Aspekte der Skalierbarkeit sind die maximale Anzahl der gleichzeitig unterstützten Benutzer, die maximale Größe des Repository bezüglich der verwalteten Objekte eines Projektes und die Anzahl der gleichzeitig aktivierbaren Projekte.

6.3.7 Betriebswirtschaftliche Sicht

Die betriebswirtschaftliche Sicht umfasst die mit einer Werkzeuganschaffung und -einführung verbundenen Kosten (vgl. Abbildung 6.10).

Zu den Kosten der Werkzeuganschaffung zählen neben den Lizenzierungskosten für das Werkzeug sowie für benötigte zusätzliche Software (z.B. für ein zugrunde liegendes Datenbanksystem) vor allem auch die Kosten für die Werkzeugauswahl.

Abbildung 6.10: Gliederungskriterien der betriebswirtschaftlichen Sicht

Die Infrastrukturkosten umfassen die Kosten für die Anschaffung und Aufrüstung der vorhandenen Rechnerinfrastruktur. Typischerweise entstehen hierbei Zusatzkosten für die Datenhaltung (größere Massenspeicher oder Datenbanken), für die Hardware (neue Prozessoren), für die Software (z.B. neueres Betriebssystem) oder die Vernetzung (z.B. höhere Durchsatzraten).

Zu den Kosten für die Methodenumstellung zählen die Kosten für die Methoden- und Werkzeugschulung der Mitarbeiter. Aber auch Kosten, die mit der Erprobung und schrittweisen Einführung der Methodik verbunden sind, beispielsweise erhöhte Kosten für Pilotprojekte, fallen unter diese Fassette. Meist zu gering eingeschätzt werden die Kosten für die Werkzeugintegration. Neben der Anzahl der zu integrierenden Werkzeuge hängen die Integrationskosten von der gewünschten Integrationstiefe (Daten-, Kontroll-, und Prozessintegration) ab.

Die letzte Fassette dieser Sicht fasst die Betriebs- und Wartungskosten zusammen. Hierunter fallen Kosten für die Benutzerbetreuung sowie für Updates der Werkzeuge und vor allem die Kosten für die Werkzeugadministration, wie beispielsweise das Einspielen von neuen Service-Packs, das Durchführen von regelmäßigen Sicherungen oder das periodische Überprüfen der Installationen. Zusätzlich können durchaus auch die etwaigen Kosten für ein »Rückgängigmachen« des Werkzeugeinsatzes geschätzt und bei Risikobetrachtungen berücksichtigt werden.

6.4 Vorgehen bei der Auswahl eines Werkzeugs

Die Bewertung und Auswahl eines AM-Werkzeugs muss mit vertretbarem Aufwand erfolgen. Gesucht ist ein Bewertungsverfahren, das einerseits den Aufwand in akzeptablen Grenzen hält, andererseits aber auch alle wesentlichen Kriterien ausreichend berücksichtigt. Als Lösung hierfür wird die folgende dreistufige Vorgehensweise empfohlen:

1. **Vorauswahl der am Markt verfügbaren Werkzeuge**: Durch Herstellerumfragen, Präsentationen oder anhand einer groben Evaluation von Demo-Versionen werden zwei bis drei Werkzeuge, welche für eine nähere Untersuchung in Frage kommen, selektiert.

2. **Detaillierte Evaluierung der selektierten Werkzeuge**: Basierend auf dem Bewertungsrahmen werden die ausgewählten Werkzeuge wie folgt detailliert untersucht:

   - **Definition von anwendungsspezifischen Nutzungsszenarien**: Nutzungsszenarien definieren die von den Werkzeugen erwarteten Leistungen. Sie beschreiben Anwendungsfälle der Werkzeugbenutzung und bilden zusammen mit dem Bewertungsrahmen die Grundlage für die Werkzeugbewertung.

   - **Verfeinerung der Szenarien und des Bewertungsrahmens**: Zur Bewertung der ausgewählten Werkzeuge werden Nutzungsszenarien anhand des Bewertungsrahmens detailliert. Dieser dient als Ideenlieferant und Selektionskriterium für Werkzeugfassetten, die bei der Verfeinerung der Szenarien berücksichtigt werden sollen.

   - **Bewertung der Werkzeuge**. Die ausgewählten Werkzeuge werden hinsichtlich ihrer Unterstützung der definierten Szenarien bewertet.

3. **Entscheidung und pilotierter Einsatz**: Auf der Grundlage der detaillierten Evaluierung wird ein AM-Werkzeug für eine Pilotierung in einem kleineren, nicht unternehmenskritischen Projekt ausgewählt und anschließend eine Entscheidung über den flächendeckenden Einsatz getroffen.

Abbildung 6.11 stellt diese drei Schritte übersichtsartig dar. Nachfolgend wird die Vorgehensweise anhand eines kleinen Beispiels mit DOORS und RequisitePro verdeutlicht.

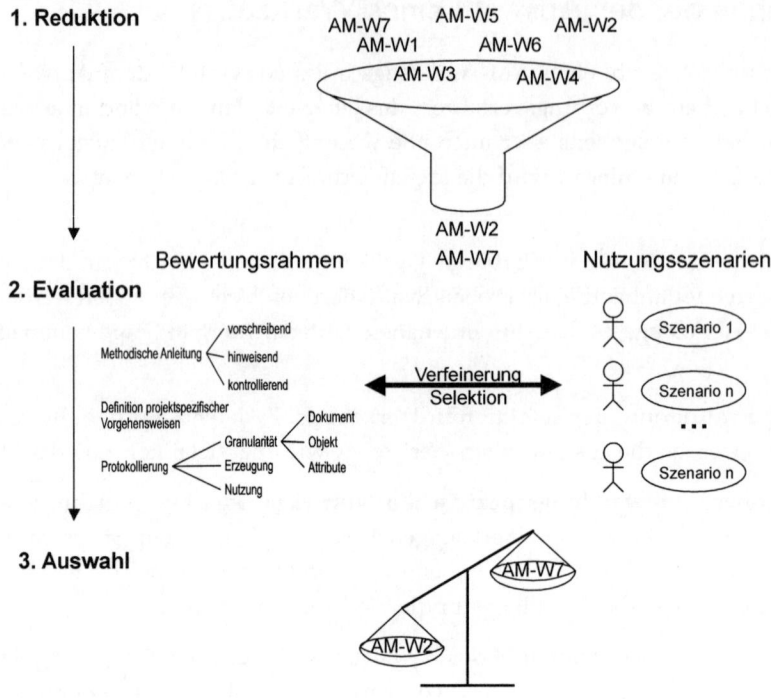

1. Reduktion

AM-W7   AM-W5   AM-W2
AM-W1   AM-W6
AM-W3   AM-W4

AM-W2
Bewertungsrahmen   AM-W7   Nutzungsszenarien

2. Evaluation

Methodische Anleitung — vorschreibend / hinweisend / kontrollierend

Definition projektspezifischer Vorgehensweisen — Dokument

Protokollierung — Granularität / Erzeugung / Nutzung — Objekt / Attribute

Verfeinerung Selektion

Szenario 1
Szenario n
...
Szenario n

3. Auswahl

AM-W7

AM-W2

Abbildung 6.11: Vorgehen bei der Werkzeugauswahl

6.4.1 Vorauswahl der Werkzeuge

Die erste Selektion von AM-Werkzeugen, welche für eine weitere Evaluierung in Frage kommen, sollte mit geringem Aufwand erfolgen. Anhand des Bewertungsrahmens werden mehrere zentrale Muss-Kriterien festgelegt und die Erfüllung dieser Kriterien als Auswahlfilter herangezogen. Solche Muss-Kriterien könnten beispielsweise sein:

▶ Marktanteil und Stabilität des Anbieters sowie unterstützte Plattformen

▶ Benutzerverwaltung und Zugriffsschutz (Datenschutz und Datensicherheit)

▶ Integration mit dem Modellierungs- oder Konfigurationsmanagementwerkzeug

Als Beispielszenario wird angenommen, dass in einem größeren Rechenzentrum (ca. 600 Entwickler) erstmalig ein AM-Werkzeug eingeführt werden soll. Als wesentliche Kriterien für die Auswahlreduktion wurden der Marktanteil des Anbieters und die mögliche Werkzeugintegration mit Rational Rose und ClearCase bestimmt. Sowohl das Modellierungswerkzeug als auch das KM-Werkzeug sind als Unternehmensstandard für die objektorientierte Anwendungsentwicklung gesetzt und müssen deshalb vom AM-Werkzeug unterstützt werden. Nach Präsentationen verschiedener Hersteller werden für eine weitere Begutachtung DOORS und RequisitePro ausgesucht.

6.4.2 Detaillierte Evaluierung der Werkzeuge

Dem Rechenzentrum werden für die Dauer von einem Monat kostenlose Testlizenzen für die Bewertung zu Verfügung gestellt. Die Evaluierung erfolgt mit Nutzungsszenarien, welche auf der Grundlage des vorgestellten Bewertungsrahmens entwickelt wurden.

Definition von Nutzungsszenarien

Ein Szenario ist eine umgangssprachliche Beschreibung einer konkreten Aufgabenstellung, die durch das Werkzeug unterstützt werden soll. Neben der Aufgabenstellung soll das Szenario daher auch Wissen über die erwartete Unterstützung enthalten. Die Definition von Szenarien gewährleistet indirekt, dass vor der Bewertung eines Werkzeuges ein genügend tiefes Verständnis für die zu unterstützenden AM-Prozesse entwickelt wurde.

Es sollten sowohl *Ist-Szenarien* als auch *Soll-Szenarien* beschrieben werden. Ein Ist-Szenario beschreibt eine konkrete Nutzung im Rahmen der derzeitigen Vorgehensweise. Im Gegensatz dazu beschreibt ein Soll-Szenario eine beabsichtigte, zukünftige Werkzeugnutzung. Weiterhin kann zwischen *Aufzeichnungs-* und *Verwendungsszenarien* unterschieden werden. Aufzeichnungsszenarien beschreiben die Art und Weise der Dokumentation von Anforderungsinformationen, Verwendungsszenarien dagegen die Nutzung dieser Informationen.

Bei der Definition von Szenarien sollte *keine* Vollständigkeit angestrebt werden. Sinnvoller ist es, fünfzehn bis maximal zwanzig zentrale Szenarien zu definieren und zu priorisieren und damit die für den Werkzeugeinsatz im jeweiligen Umfeld besonders wichtigen Unterstützungsaspekte detaillierter zu untersuchen.

Quellen für die Definition solcher Nutzungsszenarien können beispielsweise sein:

▶ **Werkzeugbewertungsrahmen:** Zur Identifikation von Szenarien bieten die in Abschnitt 6.3 definierten Sichten und Fassetten eine gute Hilfestellung. Für jede Facette kann geprüft werden, welche Unterstützung vom Werkzeug erwartet wird. Ein Szenario betrifft oft mehrere Fassetten (oder sogar Sichten).

▶ **Best Practices und Techniken:** Soll eine der in Kapitel 5 beschriebenen Best Practices und Techniken im angestrebten Anforderungsmanagementprozess integriert werden, sollte die intendierte Unterstützung in einem Nutzungsszenario definiert werden – etwa die Ableitung von Produktanforderungen aus Kundenanforderungen mit QFD.

▶ **Prozessbeschreibungen:** Die Vorgehensweise für das Anforderungsmanagement bietet eine ausgezeichnete Quelle für die Definition von Nutzungsszenarien. Da für die verschiedenen Prozessbereiche des Anforderungsmanagements u.U. unterschiedlicher Unterstützungsbedarf besteht, sollten alle Bereiche durch Szenarien abgedeckt werden.

▶ **Richtlinien für die Anforderungsspezifikation:** Die in Kap. 4 beschriebenen Richtlinien und Standards zur Anforderungsspezifikation sind ebenfalls ein guter Ausgangspunkt für die Definition von Nutzungsszenarien zur Erhebung und Verwaltung von Anforderungen und Anforderungsdokumenten.

In unserem Beispielszenario werden zur Bewertung von DOORS und RequisitePro u.a. ein Aufzeichnungsszenario (Szenario 1) und ein Verwendungsszenario (Szenario 2) ausgewählt (vgl. Abbildung 6.12):

▶ **Szenario 1 - Einbinden von Anforderungen eines Sitzungsprotokolls im Word-Format.** Ein Word-Dokument enthält die Protokolle dreier Interviews mit Angestellten, die nach ihren Anforderungen an ein Kartenverwaltungssystem gefragt wurden. Aus den Protokollen sollen die enthaltenen Anforderungen sowie die Ergänzungen zu bereits vorhandenen Anforderungen in ein vorhandenes Anforderungsdokument eingebracht werden. Um die Nachvollziehbarkeit der Änderungen zu gewährleisten, sollen die Änderungen am Anforderungsdokument mit den Protokoll-Passagen verknüpft werden.

▶ **Szenario 2 - Selektives Suchen von verknüpften Anforderungen.** Zur weiteren Planung sollen die Auswirkungen einer beabsichtigten Änderung der ermittelten Anforderung untersucht werden. Hierzu ist ein Bericht anzufertigen, der die Abhängigkeiten zu anderen Anforderungen sowie zu den entsprechenden Architekturelementen enthält.

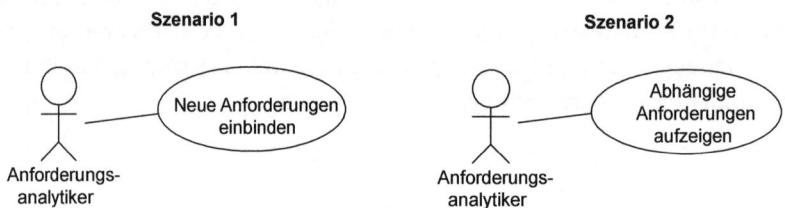

Abbildung 6.12: Nutzungsszenarien für die Werkzeugevaluation

Verfeinerung der Szenarien

Beide Szenarien sind für eine Bewertung der Werkzeuge noch zu unpräzise. Die grundlegende Idee zur Detaillierung der Szenarien besteht darin, diese mit den im Bewertungsrahmen definierten Werkzeugfassetten zu verfeinern. Durch diese Verfeinerung werden indirekt auch die Fassetten des Bewertungsrahmens detailliert. Bereits für andere Szenarien vorgenommene Verfeinerungen können natürlich wieder verwendet werden. Dieses Vorgehen wird unterstützt, indem bestehende Verfeinerungen mit den entsprechenden Fassetten des Bewertungsrahmens verknüpft werden. Bereits existierende Verfeinerungen können somit zusätzlichen Input für die Verfeinerung des aktuellen Szenarios liefern.

Mögliche Verfeinerungen des ersten Szenarios anhand einiger Sichten und Fassetten des Bewertungsrahmens könnten etwa sein:

▶ **Produktsicht:** Verfeinerungen in der Produktsicht betreffen etwa die genauere Analyse vordefinierter Dokumententypen für Protokolle und Nachvollziehbarkeitsinformationen, beispielsweise für Entscheidungen und Änderungsquellen oder deren benutzerspezifische Definition. Ebenso wäre die Möglichkeit zur Definition von Einschränkungen zu untersuchen, welche sicherstellen, dass Änderungen, die auf einer Entscheidung in einem Protokoll basieren, nur nach einer Revision der Entscheidung aufgehoben werden können.

▶ **Benutzersicht:** Innerhalb der Benutzersicht könnten die Gruppenunterstützung und die Benutzerverwaltung näher betrachtet werden. Bestehen beispielsweise Möglichkeiten zum Hervorheben von Protokollinformationen in den Anforderungsdokumenten oder können die zuletzt erfolgten Änderungen nachvollzogen werden?

▶ **Anbietersicht:** Innerhalb dieser Sicht ist die Fragestellung interessant, ob das für die Durchführung des Szenarios benötigte Werkzeugwissen in den Standardschulungen vermittelt wurde und/oder ob entsprechende Einträge in den Handbüchern oder in der Online-Hilfe vorhanden sind.

▶ **Projektsicht:** Die Projektsicht kann verfeinert werden hinsichtlich der Überprüfung einer korrekten Protokollintegration, der projektspezifischen Dokumentenerzeugung sowie der Arbeitsplanung und -zuweisung.

▶ **Prozesssicht:** Mögliche Verfeinerungen der Prozesssicht sind die Definition einer methodischen Anleitung zur Protokollintegration sowie die Erzeugung der notwendigen Nachvollziehbarkeitsinformationen.

▶ **Technische Sicht:** Innerhalb der technischen Sicht kann die Integrationsfähigkeit von Word-Dokumenten genauer untersucht werden. Wie wird der Datenaustausch zwischen MS-Word und dem AM-Werkzeug unterstützt, ist eine Dokumententreue gegeben? Dies betrifft sowohl den Import von Word-Dokumenten in das Werkzeug, als auch den Export der im AM-Werkzeug verwalteten Informationen in Word-Dokumente.

Die oben skizzierten Erweiterungen machen deutlich, dass der Bewertungsrahmen zahlreiche Möglichkeiten der Verfeinerung des Szenarios aufzeigt. Die Fokussierung wird von der Anwendung und dem geplanten Werkzeugeinsatz bestimmt.

Bewertung der Werkzeuge

Die Bewertung von DOORS und RequisitePro erfolgt mit den vorgestellten Nutzungsszenarien. Um die prinzipielle Vorgehensweise deutlich zu machen, wird Szenario 1 auf die Bewertung der angebotenen Möglichkeiten zum Import und Export von Word-

Dokumenten sowie zur Verknüpfung von Textfragmenten mit den Anforderungsobjekten beschränkt. Szenario 2 wird begrenzt auf die Untersuchung der angebotenen Unterstützung zum selektiven Finden von Anforderungen und deren Abhängigkeiten sowie deren Darstellung auf dem Bildschirm unter Verwendung vordefinierter Browsing-Funktionalitäten.

Unterstützung in DOORS – Szenario 1: Einbinden ... in Word-Format

Voraussetzung für den Import von Word-Dokumenten in DOORS ist die Installation eines Plug-In (DOORS-Export) in Word. Mit diesem Plug-In kann ein exportiertes Word-Dokument in DOORS importiert werden. Jeder Absatz wird automatisch ein neues DOORS-Objekt. Für Word-Formatvorlagen können Default-Objekttypen festgelegt werden, die beim Import den Typ des DOORS-Objektes bestimmen. Die Speicherung der Formatvorlage beim Objekt gewährleistet eine gewisse Dokumententreue beim Export zurück nach Word.

Die beim Import eines Protokolls erzeugten Objekte können wie jedes DOORS-Objekt bearbeitet werden. Die Objekte können also attribuiert oder weiter verfeinert und in Objekte beliebigen Typs konvertiert werden. Sie lassen sich mit neuen oder bestehenden Anforderungen bzw. den resultierenden Änderungen verknüpfen. Hierdurch wird die im Szenario gewünschte Nachvollziehbarkeit erreicht. Für den Export zurück nach Word unterscheidet DOORS zwei Arten: *Table* und *Book*. Book exportiert nur die ursprünglich importierten (aber evtl. geänderten) Texte. Diese sind formatiert mit den gespeicherten ursprünglichen Formatvorlagen. Das Ergebnis ist also dem ursprünglichen Word-Dokument sehr ähnlich. Table überträgt die Objekte mit den definierten Attributen und Attributwerten in eine entsprechende Word-Tabelle. Die ursprüngliche Formatierung wird dadurch natürlich nur teilweise wiederhergestellt.

Unterstützung in DOORS – Szenario 2: ... verknüpfte Anforderungen

Zur Darstellung von Abhängigkeiten zwischen Anforderungen bietet DOORS Traceability-Matrizen an. Die erste Spalte einer Matrix enthält das ausgewählte Objekt. Die zweite Spalte enthält die von dem ersten Objekt abhängigen Objekte. Die Tiefe der dargestellten Objekte kann vom Benutzer festgelegt werden, eine dritte Spalte könnte etwa wiederum die von den Objekten der zweiten Spalte abhängigen Objekte darstellen. DOORS bietet zudem die Möglichkeit, benutzerdefinierte Link-Typen einzurichten und damit typisierte Links zwischen Objekten einzufügen. Diese Abhängigkeiten werden in Link-Modulen zusammengefasst, d.h. ein Link-Modul ist ein vom Benutzer definiertes Bündel an Traceability-Links. Die Aufteilung der Abhängigkeiten in Link-Module bestimmt die mögliche spätere Verwendung während des Prozesses.

Objekte lassen sich hinsichtlich der in einzelnen Link-Modulen enthaltenen Abhängigkeiten auch einschränken. Beispielsweise können nur Objekte angezeigt werden, die mit einem Link aus dem spezifizierten Link-Modul mit dem Ausgangsobjekt verbunden sind. Fasst man in einem Modul alle Links eines Typs zusammen, kann so eine Einschränkung der angezeigten Objekte bezüglich des Link-Typs erfolgen.

Unterstützung in RequisitePro – Szenario 1: Einbinden ... in Word-Format

RequisitePro bietet zwei Möglichkeiten zur Einbindung von Word-Dokumenten. Existiert noch kein Anforderungsdokument, können Anforderungen direkt in der Protokoll-Datei markiert werden. Hierzu selektiert man eine Textpassage und erzeugt ein RequisitePro-Objekt. Dieses Objekt wird in der RequisitePro-Datenbank gespeichert, ist aber mit dem ursprünglichen Protokoll verknüpft.

Diese Vorgehensweise ist jedoch nicht anwendbar, wenn bereits ein Anforderungsdokument existiert. Es könnte zwar der Text des Protokolls in das vorhandene Dokument integriert werden, das Protokoll als eigenständige Datei wäre damit aber verloren. Um eine Verknüpfung der Anforderungen mit dem Protokoll zu gewährleisten, kann stattdessen ein neuer Dokumententyp definiert und das Protokoll als Instanz dieses Typs geöffnet werden. Die einzelnen Passagen im Protokoll können nun markiert und zu eigenständigen Objekten definiert werden. Für die so erzeugten Objekte wird am besten ein separater Objekttyp erzeugt, beispielsweise *Protokoll-Aussage,* und dieser für die erzeugten Objekte verwendet. Die so definierten RequisitePro-Objekte können mittels einer Traceability-Matrix mit Anforderungen verbunden werden. Eine in einem Protokoll vereinbarte Anforderung ist somit in zwei Objekten repräsentiert: dem Anforderungsobjekt und dem Protokoll-Objekt.

Unterstützung in RequisitePro – Szenario 2: ... verknüpfte Anforderungen

RequisitePro bietet nur wenig Unterstützung für das zweite Szenario. Hauptgrund hierfür ist die fehlende Typisierungsmöglichkeit von Verknüpfungen. Dies geht einher mit einem Verlust der Abhängigkeitssemantik und macht ein selektives Verfolgen von Abhängigkeiten sehr schwierig. Beispielsweise können folgende Abhängigkeiten, die mit typisierten Links zu unterscheiden wären, nicht mehr differenziert werden: A ist eine Verfeinerung von B, A begründet B, A ist ein Teil von B, A ist in Konflikt zu B u.s.w.

RequisitePro bietet die Möglichkeit, abhängige Objekte in einer so genannten *Impact Analyse* anzeigen zu lassen. In dieser Darstellung werden die von einer Anforderung abhängigen Anforderungen in einer Baumstruktur dargestellt. Leider hat auch diese Darstellung den Nachteil, dass die angezeigten Anforderungen nicht unter Verwendung des Anforderungstyps eingeschränkt werden können.

6.4.3 Auswahl und pilotierter Einsatz

Als Ergebnis der Evaluierung wird im Beispielszenario entschieden, das Werkzeug DOORS in einem Projekt zu erproben. Die Pilotierung erfolgt in einem OO-Projekt zur Entwicklung eines Kartenverwaltungssystems im Kreditgewerbe. Dieses Projekt eignet sich sehr gut, da es nicht zu groß und nicht direkt unternehmenskritisch ist, aber in einem sehr dynamischen Umfeld mit vielen Beteiligten und Betroffenen angesiedelt ist, in welchem der Nutzen eines AM-Werkzeugs deutlich werden müsste.

6.5 Literaturempfehlungen

In fast jedem Buch zum Anforderungsmanagement wird auf zwei bis drei Seiten der Werkzeugaspekt behandelt. Eine ausführlichere Betrachtung dieses für die Praxis zentralen Themas ist aber leider nicht zu finden. Gute, wenn auch nicht unbedingt neutrale Quellen sind natürlich die in Abschnitt 6.2 vorgestellten Internetadressen der Werkzeuganbieter. Einen nützlichen Überblick bietet die zitierte *INCOSE*-Seite *incose.org/ tools/tooltax.html.*

7 Business Engineering

Mit Hilfe des Anforderungsmanagements sollen dem Kunden diejenigen Lösungen bereitgestellt werden, welche von ihm *gewünscht* und *benötigt* werden. Was der Kunde wirklich benötigt, kann letztlich aber nur aus dem geschäftlichen Kontext bestimmt werden. Nur wenn wir deshalb die Geschäftsprozesse kennen und verstehen, können wir die *richtigen* Anforderungen an die Anwendungsentwicklung ableiten. Dabei sind neue oder veränderte Geschäftsprozesse natürlich zumeist selbst der Auslöser für neue Anforderungen an unterstützende Anwendungen.

In diesem Kapitel werden zunächst wesentliche Konzepte des Business Engineering vorgestellt und die Funktion des kontinuierlichen Anforderungsmanagements als Brücke zwischen der Gestaltung des Geschäfts und der Gestaltung der unterstützenden Informationstechnologie verdeutlicht. Anschließend wird gezeigt, wie Anforderungen aus Geschäftsprozessen systematisch abgeleitet werden können und welche Schritte beim Übergang von der Geschäftsprozessmodellierung in die Anwendungsentwicklung durchzuführen sind.

7.1 Übersicht und Einordnung

Das Ziel des Business Engineering ist die methodische und ganzheitliche Gestaltung und Optimierung der Geschäftsprozesse einer Organisation. Ausgehend von Geschäftsmodellen sollen die Abläufe in einer Organisationen systematisch aus Kundensicht strukturiert und verändert werden, um neue Herausforderungen schnell und erfolgreich zu bewältigen. Da diese Veränderungen immer auch die Anpassung und Weiterentwicklung der unterstützenden Anwendungen erfordern, ist das Anforderungsmanagement ein wichtiger Faktor für die erfolgreiche Umgestaltung einer Organisation.

Das folgende Zitat von Brooks aus »*The Mythical Man-Month*« verdeutlicht die Notwendigkeit eines Business Engineering und die Verbindung mit der Anwendungsentwicklung über ein systematisch betriebenes Anforderungsmanagement:

> »*The hardest single part of building a software system is deciding precicely what to build. […] No other part of the work so cripples the resulting system if done wrong. No other part is more difficult to rectify later.*« [Brooks87, S. 17]

Weder das Anforderungsmanagement noch die Anwendungsentwicklung selbst können entscheiden, was die aus Geschäftssicht *richtigen* Anwendungen mit der *richtigen* Funktionalität sind. Dies ist die Aufgabe des Business Engineering. Aus den Ergebnissen des Business Engineering muss das Anforderungsmanagement dann die Anforderungen an die Anwendungsentwicklung korrekt ableiten und diesen Ableitungsprozess nachvollziehbar und begründbar gestalten.

Indem das Anforderungsmanagement für einen möglichst reibungslosen Übergang von der Umgestaltung des Geschäfts zur Anpassung der unterstützenden Informationstechnologie sorgt, unterstützt es das Bestreben, die Anwendungsentwicklung auf der Grundlage der Geschäftsstrategie voranzutreiben.

Natürlich sollte die Geschäftsstrategie sich dabei auch immer durch Entwicklungen in der Informationstechnologie inspirieren lassen und Restriktionen aufgrund noch nicht vorhandener technischer Möglichkeiten berücksichtigen – auf diesen wechselseitigen Zusammenhang haben Hammer und Champy ausführlich in [Hammer93] hingewiesen. Die folgende Abbildung 7.1 zeigt diesen im *Business Process Reengineering (BPR)* oft betonten Kreislauf mit den zentralen Einflussfaktoren.

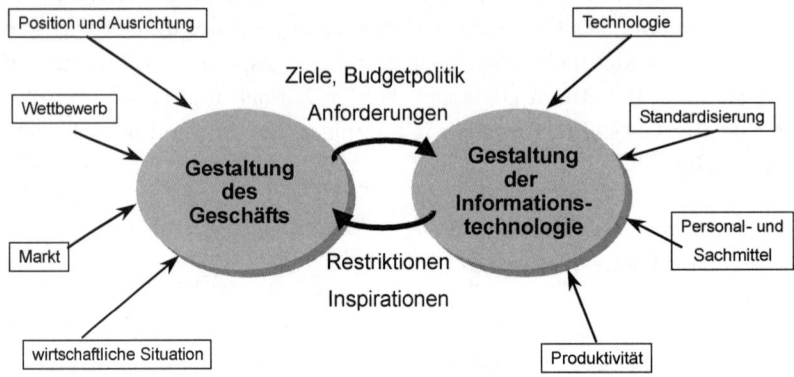

Abbildung 7.1: Zusammenhang zwischen Geschäftsgestaltung und IT-Gestaltung

7.1.1 Gestaltungsebenen des Business Engineering

Angelehnt an [Österle95] sind beim Übergang von der Neugestaltung des Geschäfts hin zur Weiterentwicklung der unterstützenden Informationstechnologie verschiedene Gestaltungsebenen zu unterscheiden. Eine Neugestaltung bezieht sich auf die vier Ebenen *Geschäftsmodell, Geschäftsprozesse, Anwendungen* sowie *Anwendungsbausteine*:

▶ **1. Ebene: Geschäftsmodell** – Auf dieser strategischen Ebene wird festgelegt, für welche Kunden welche Produkte und Leistungen über welche Vertriebskanäle mit welchem Service zu welchem Preis angeboten werden.

▶ **2. Ebene: Geschäftsprozesse** – Welche Geschäftsprozesse sind zur Umsetzung des Geschäftsmodells durchzuführen, d.h. wie sollten die Abläufe in der Organisation über die gesamte Wertschöpfungskette organisiert sein?

▶ **3. Ebene: Anwendungen** – Welche Anwendungen sind mit welchen Funktionalitäten in welcher Struktur oder Anwendungslandschaft zur Unterstützung der Geschäftsprozesse bereitzustellen?

▶ **4. Ebene: Anwendungsbausteine** – Aus welchen Anwendungsbausteinen und Komponenten können die Anwendungen konfiguriert werden, um ein hohes Maß an Flexibilität und Wiederverwendung zu erreichen?

Das Geschäftsmodell definiert die strategische Ausrichtung (das *Warum* und *Was*) der Organisation. Auf Prozessebene werden die daraus resultierenden Aufgaben und ihre fachlichen Abläufe (das *Wie*) bestimmt. Die Anwendungs- und Bausteinebene umfasst die unterstützenden Informations- und Kommunikationssysteme sowie die Teile, aus welchen sich diese zusammensetzen (das *Womit*).

Abbildung 7.2 stellt diese vier Ebenen dar (vgl. dazu [Leist00, S. 149]).

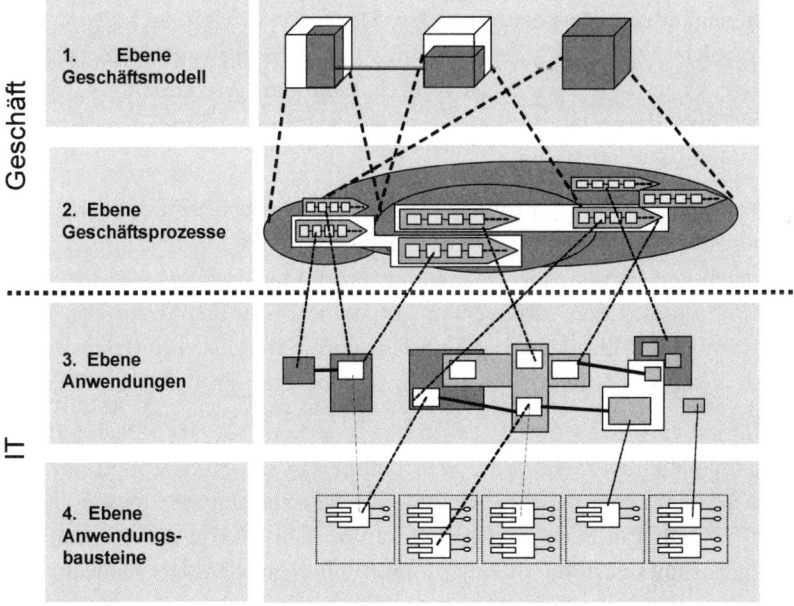

Abbildung 7.2: Gestaltungsebenen beim Übergang vom Geschäft in die IT

Auf jeder dieser Ebenen sind voneinander abhängige und aufeinander abzustimmende Gestaltungsentscheidungen zu treffen. Wie bereits in Abbildung 7.1 angedeutet, erfolgt diese Abstimmung auf den einzelnen Ebenen jeweils in zwei Richtungen.

Einerseits werden generelle Technologiepotenziale sowie Restriktionen auf Anwendungsebene analysiert und frühzeitig in die Strategiebildung einbezogen, da sie hierfür wichtige Rahmenbedingungen setzen. Andererseits muss die Umsetzung der Geschäftsmodelle und Geschäftsprozesse bis auf die Ebene der Anwendungen und Komponenten durchgesetzt werden, damit eine Wirksamkeit erzielt und das volle Potenzial entfaltet werden kann.

Diese vier Ebenen werden nachfolgend näher erläutert, um die Aufgaben des Anforderungsmanagements im Rahmen eines solchen Ansatzes zu verdeutlichen und abzugrenzen.

Geschäftsmodell

Zunehmender Wettbewerb sowie die Globalisierung und Dynamisierung der Märkte kennzeichnen die aktuelle Situation in fast allen Wirtschaftsbereichen. In einem sich stetig und schnell verändernden Geschäftsumfeld erhalten Fragen nach zukünftigen Marktleistungen, Kundenbedürfnissen, eigenen Kompetenzen, Partnerschaften u.ä. zunehmende Bedeutung. Das Geschäftsmodell beantwortet diese Fragestellungen.

Die Geschäftsmodelle werden in Abbildung 7.2 durch Würfel symbolisiert. Diese sollen die Mehrdimensionalität der bestimmenden Merkmale eines Geschäftsmodells veranschaulichen. Solche typischen Merkmale sind etwa Vertriebswege, Marktleistungen oder Kundengruppen. Innerhalb eines Würfels kann ein Geschäftsmodell durch einen eigenen Ausschnitt dargestellt werden, der die ausgewählten Produkte, Kundengruppen, Vertriebswege usw. verkörpert.

In der Sparkassen-Finanzgruppe wurden beispielsweise Geschäftsmodelle für verschiedene stationäre Vertriebskanäle erarbeitet. Beispiele sind die *Finanzdienstleistungsfiliale* für den Vertrieb von bankfachlichen Standardprodukten, das *Immobilienzentrum* für die Kundenberatung und den Verkauf von Immobilien oder das *Vermögensanlagezentrum* für die Vermögensbildung (vgl. [Kunze98]). Für jeden dieser Vertriebskanäle wurden die Kundengruppen differenziert und die angebotenen Produkte und Dienstleistungen festgelegt.

Das Anforderungsmanagement setzt auf einem definierten Geschäftsmodell auf, das in Geschäftsprozesse übertragen wurde. Strategische Fragestellungen zum Geschäftsmodell, wie etwa die Integration neuer Vertriebskanäle (z.B. Telefon, Internet) in den bisherigen Distributionsmix oder deren Ausgliederung in eigene Tochterinstitute, sind nicht Gegenstand des Anforderungsmanagements. Die Kenntnis des Geschäftsmodells ist jedoch insofern wichtig, als für die Ableitung der Anforderungen oder für die Beurteilung von Änderungsanforderungen häufig die Informationen in den Geschäftsprozessen nicht ausreichend sind und anhand der Geschäftsmodelle detailliert werden müssen.

Geschäftsprozesse

Die klassische Orientierung von Unternehmen an der effizienten Ausführung von Einzelaufgaben führt zwar zur lokalen Optimierung von Funktionsbereichen, eine wesentliche Effizienzsteigerung der gesamten Leistungserfüllung einer Organisation ist damit aber häufig nicht verbunden. Um vorhandene organisatorische Schnittstellen abzubauen und die Leistungserfüllung aus Kundensicht grundlegend zu verbessern, hat sich seit Anfang der Neunziger Jahre unter dem Stichwort BPR der Gedanke einer prozessorientierten Unternehmensgestaltung durchgesetzt.

Auf die Vorteile und die Notwendigkeit einer prozessorientierten Organisation von Unternehmen haben Organisationstheoretiker wie Nordsieck zwar bereits in den Dreißiger Jahren hingewiesen [Nordsieck34]. Erst mit den heutigen Möglichkeiten der Informationstechnologie lassen sich Geschäftsprozesse in einer Organisation aber wirklich durchgängig fallabschließend und ohne größere Medienbrüche bearbeiten. Heute bietet das E-Business und die mögliche Vernetzung von Geschäftsprozessen über Unternehmensgrenzen hinweg enorme neue Potenziale für Prozessverbesserungen.

Geschäftsprozesse stellen das Bindeglied zwischen Geschäftsmodell und Anwendungen dar. (Soll-)Geschäftsprozesse zeigen auf, wie die Geschäftsabläufe eines Unternehmens zu organisieren sind, um das Geschäftsmodell optimal umzusetzen. Sie definieren die fachlichen Anforderungen zur Entwicklung von Anwendungen nach den strategischen Vorgaben des Geschäftsmodells in einer prozessorientierten Form. Die Prozessebene ist deshalb das zentrale Element zur Beschreibung und Veränderung des Geschäfts: »*Der Prozess ist der Schlüssel des Business Engineering.*« [Österle95, S. 19] Und »*Business Engineering integriert die Strategie- und die Systementwicklung über die Prozessentwicklung.*« [Österle95, S. 20]

In der Sparkassen-Finanzgruppe wurden für die im vorigen Abschnitt genannten stationären Vertriebskanäle 180 fallabschließende Geschäftsprozesse in einem Referenzprozessmodell dokumentiert. Diese Geschäftsprozesse beschreiben die gesamte Bandbreite des Sparkassengeschäfts (vgl. [Kittlaus99]). Typische Serviceprozesse in der Finanzdienstleistungsfiliale sind im Zahlungsverkehr etwa *Überweisung Inland abwickeln* oder *Lastschrifteinreichung abwickeln*. Prozesse aus dem Vermögensmanagement sind *Wertpapierkauf durchführen* oder *Produktauswahl Aktien durchführen*. Im Immobilienzentrum sind Prozesse wie *Produktauswahl Immobilienvermittlung durchführen* oder *Fördermittel beantragen* definiert.

Anwendungen

Die Anwendungsebene zeigt die Unterstützung der Geschäftsprozesse mit Informationstechnik auf. Zentraler Ergebnistyp zur Dokumentation der Anwendungsebene ist die *fachliche Anwendungslandschaft*. Sie beschreibt, welche Teile von Anwendungen über welche Schnittstellen wie zusammenarbeiten, um die in den Geschäftsprozessen geforderten Leistungen zu erbringen. Eine Darstellung der Anwendungslandschaft als Instrument für die Planung und Schneidung von Anwendungen wurde bereits in Kapitel 3 gegeben.

Anwendungsbausteine

Die vierte Ebene wird gebildet durch wieder verwendbare Anwendungsbausteine und Komponenten. Anwendungsbausteine und Komponenten können anhand ähnlicher fachlicher Funktionalitäten in Geschäftsprozessen identifiziert werden. Ein Beispiel für eine solche fachliche Funktionalität, welche zu einer wieder verwendbaren Prozesskomponente zusammengefasst werden kann, ist im Finanzdienstleistungsbereich etwa die vorgeschriebene Aufklärung von Kunden nach dem Wertpapierhandelsgesetz (WPHG). Beim Kauf eines Wertpapiers muss der Käufer über die Risiken nach WPHG aufgeklärt werden. Der Prozess *WPHG-Aufklärung* läuft in verschiedenen Abschlussprozessen zum Kauf von Wertpapieren (Aktien, Fonds ...) grundsätzlich gleich ab. Eine Prozesskomponente *WPHG-Aufklärung* sollte deshalb nur einmal entwickelt werden und kann dann in verschiedenen Anwendungen im Wertpapiergeschäft genutzt werden.

7.1.2 Konvergenz von Geschäft und Informationstechnologie

Mit Business Engineering sollen neue Herausforderungen und damit einhergehende anhaltende Veränderungsprozesse durch die Konvergenz von Geschäft und Informationstechnologie besser bewältigt werden. Eine solche Konvergenz – Taylor spricht in [Taylor96] auch von *Convergent Architecture* – erfordert aufgrund dieser stetigen, immer schnelleren Veränderungen ein sehr effizientes, kontinuierliches Anforderungsmanagement. Nur wenn die in den Geschäftsprozessen enthaltenen fachlichen Anforderungen ermittelt und systematisch für die Planung und Umsetzung in der Anwendungsentwicklung genutzt werden, ist sichergestellt, dass die strategische Geschäftsausrichtung optimal durch Anwendungen unterlegt wird (vgl. Abbildung 7.3).

Die Nutzung von Geschäftsprozessen betrifft wesentlich drei Themenbereiche:

1. **Anwendungssystemplanung:** Die Geschäftsprozesse dienen als Ausgangspunkt für die Identifikation und Schneidung von Anwendungen und damit für die Gestaltung einer prozessorientierten, fachlichen Anwendungslandschaft.

2. **Wiederverwendung/Komponentenbildung:** Ausgehend von der Identifikation ähnlicher Fachlichkeiten in Geschäftsprozessen wird eine frühzeitige Komponentenbildung ermöglicht und damit Wiederverwendungspotenzial erschlossen.

3. **Anwendungsentwicklung:** Geschäftsprozesse unterstützen alle Entwicklungsphasen von der Ableitung erster Anwendungsfälle in der Anforderungsdefinition bis zu rollenbasierten Benutzerschulungen in der Einführungsphase.

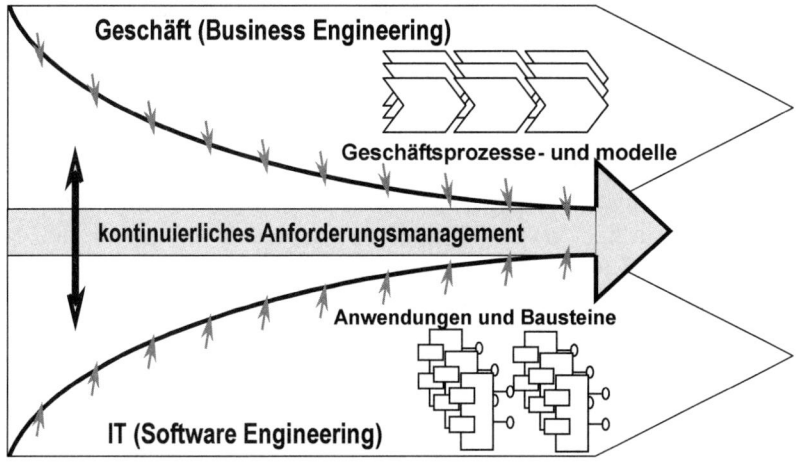

Abbildung 7.3: Konvergenz von Geschäft und Informationstechnologie

Das Anforderungsmanagement ist zwar weder für die Entwicklung der Geschäftsmodelle und Geschäftsprozesse noch für die Realisierung von Anwendungen und Anwendungsbausteinen verantwortlich. Dies bleibt die Aufgabe der Anwendungsentwicklung und der Organisations- oder Strategiebereiche. Als Brücke zwischen Geschäft und Informationstechnik sorgt das Anforderungsmanagement aber dafür, dass zum einen die Detaillierung und Qualität der dokumentierten Geschäftsprozesse ausreichend für die Ableitung von Anforderungen ist, zum anderen, dass die fachlichen Vorgaben aus den Geschäftsprozessen korrekt abgeleitet und in der Anwendungsentwicklung angemessen berücksichtigt werden.

Ob mit der Geschäftsprozessmodellierung dabei eher eine generelle Neuausrichtung im Sinne eines BPR-Ansatzes (revolutionärer Ansatz) oder eher eine Optimierung der bestehenden Situation verfolgt wird, hängt von den Rahmenbedingungen der Organisation (gegenwärtige Wettbewerbssituation, Marktanteil, Eroberung neuer Geschäftsfelder etc.) ab. In der Praxis lassen sich beide Vorgehensweisen nicht immer scharf trennen, eher revolutionäre Phasen werden durch evolutionäre Phasen abgelöst und umgekehrt. Aus Sicht des Anforderungsmanagements sind die inhaltlichen Aufgabenstellungen in beiden Fällen gleich: Welche Anforderungen leiten sich wie aus den Geschäftsprozessen und -modellen ab? Eine generelle Neuausrichtung wird allerdings im Allgemeinen zu neuen geschäftspolitischen Anforderungen und damit neuen Produkten und Entwicklungsprojekten führen, während eine Optimierung eher in Änderungsanforderungen resultiert.

Die Erfahrungen aus der Umsetzung von BPR-Projekten zeigen, dass eine generelle Neuausrichtung zwar ein großes Verbesserungspotenzial bietet, gleichzeitig aber das Entwicklungsrisiko aufgrund vieler neuer Anforderungen und neu einzuführender

Technologien sehr hoch ist. Dieses Risiko ist im evolutionären Fall viel geringer, da mehr Erfahrungen und Detailinformationen für Aufwands- und Risikoeinschätzungen vorliegen und die Komplexität der Aufgabe sehr viel geringer ist.

Nachfolgend wird gezeigt, wie der Übergang von Geschäftsprozessen in die Anwendungsentwicklung methodisch zu bewerkstelligen ist. Dazu wird in Abschnitt 7.2 zunächst noch einmal detailliert vorgestellt, was Geschäftsprozesse und Prozessmodelle sind und wie diese in der Praxis dokumentiert werden. Anschließend wird in Abschnitt 7.3 beschrieben, wie Geschäftsprozesse in die Anwendungsentwicklung überführt werden können und der Entwicklungsprozess durch sie durchgängig unterstützt werden kann.

7.2   Beschreibung von Geschäftsprozessen

Zur vollständigen Beschreibung von Geschäftsprozessen genügt es nicht, nur den logischen Arbeitsablauf einer Aufgabe zu beschreiben. Ab Anfang der Neunziger Jahre wurde eine Reihe von Informationssystemarchitekturen zur integrierten Dokumentation und Steuerung der Geschäftsprozesse und unterstützenden Informationssysteme einer Organisation entwickelt. Die beiden bekanntesten Konzepte dafür dürften die *Information Systems Architecture (ISA)* von Zachman [Zachman87] und die *Architektur integrierter Informationssysteme (ARIS)* von Scheer sein (vgl. etwa [Scheer98]).

Nicht zuletzt aufgrund der Popularität des gleichnamigen Werkzeugs und der Verbindung mit SAP hat sich der ARIS-Ansatz inzwischen als De-facto-Standard für die Beschreibung von Geschäftsprozessen etabliert. Mit der UML und ihren Erweiterungen für die Geschäftsprozessanalyse zeichnet sich eine gewisse Konkurrenz ab (vgl. dazu etwa [Eriksson00] oder [Marshall00]). Die von der UML angebotenen Konzepte erreichen bisher aber noch nicht die Ausdrucksmächtigkeit von ARIS für die Geschäftsprozessmodellierung. Die UML kann deshalb nur für eine einfache Geschäftsprozessanalyse im Rahmen der Anwendungsentwicklung empfohlen werden, ansonsten sollte man auf Ansätze wie ARIS zurückgreifen.

Zentrales Element des ARIS-Ansatzes ist die *Steuerungssicht*. Sie beschreibt in der Notation der Ereignisgesteuerten Prozessketten (EPK) den zeitlichen oder sachlogischen Ablauf eines Prozesses. Die *Datensicht* repräsentiert die Informationsobjekte, welche in den Prozessen bearbeitet werden. Sie wird beschrieben durch Fachbegriffs- oder Entity-Relationship-Modelle (ERM). Die *Funktionssicht* beinhaltet die verfeinerte Beschreibung der Funktionen selbst und enthaltener Teilfunktionen. Sie wird etwa durch Funktionszuordnungsdiagramme (FZD) beschrieben. Die *Organisationssicht* definiert über Rollen und Organisationseinheiten die Fähigkeiten und Berechtigungen der Prozessbeteiligten. Abbildung 7.4 fasst die Elemente von ARIS zusammen (vgl. [Scheer98]).

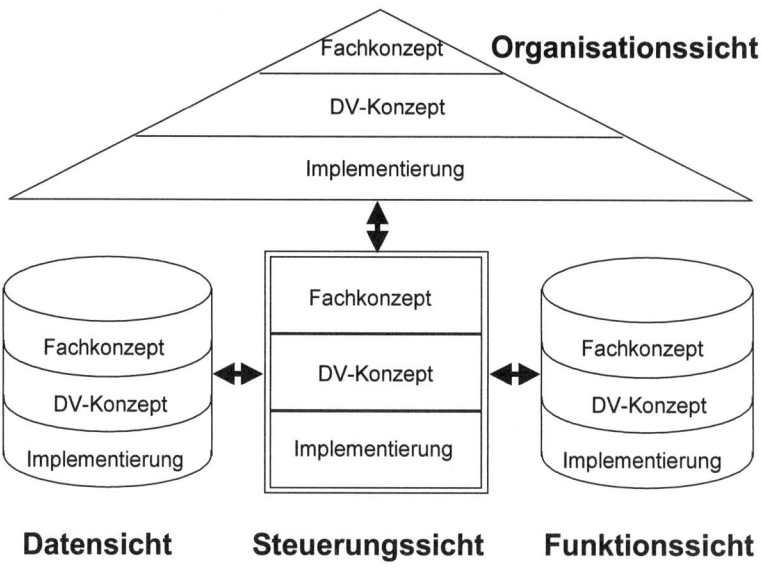

Abbildung 7.4: ARIS-Zerlegungssichten des Prozessmodells

Diese vier Sichten sind jeweils noch in drei Beschreibungsebenen unterteilt. ARIS unterscheidet zwischen einer fachlichen, konzeptionellen Ebene (*Fachkonzept*), einer logischen Ebene (*DV-Konzept*) und einer informationstechnischen Ebene (*Implementierung*). Für die Geschäftsprozessmodellierung ist die konzeptionelle Ebene relevant.

Der ARIS-Ansatz ist ein Rahmenwerk, welches zusammen mit dem Werkzeug eine Vielzahl unterschiedlicher Modelle, Methoden, Darstellungsarten und Architekturen von Geschäftsprozessmodellen unterstützt. Wie jedes Rahmenwerk muss ARIS deshalb im konkreten Anwendungskontext an die Aufgabenstellungen der jeweiligen Organisation oder des Projektes angepasst werden. Diese Anpassung wird exemplarisch im nächsten Abschnitt anhand des Referenzmodells der Sparkassen-Finanzgruppe erläutert.

7.2.1 Elemente eines Geschäftsprozessreferenzmodells

In verschiedenen BPR-Projekten der Sparkassen-Finanzgruppe wurde ein Referenzprozessmodell mit einer umfassenden Methodik für die Geschäftsprozessmodellierung mit ARIS entwickelt. Diese Methodik und das Referenzprozessmodell werden als exemplarische Ausgangssituation für die Ableitung von Anforderungen und den Übergang in die Anwendungsentwicklung vorgestellt. Eine ausführliche Darstellung des Referenzmodells, seiner Historie und seiner Inhalte sind im Sammelband [Kittlaus99] zu finden.

Das *Referenzprozessmodell (RPM)* besteht aus insgesamt sechs Architekturelementen (vgl. Abbildung 7.5):

▶ einer *bankfachlichen Geschäftsvorfallstruktur (BGVS)*

▶ dem *Gesamtbankmodell*

▶ den *Geschäftsprozessmustern (GPM)*

▶ den eigentlichen *Geschäftsabläufen* oder *-prozessen*

▶ einem *Rollen- und Organisationsmodell (ROM)*

▶ und einem *Zielbaum*

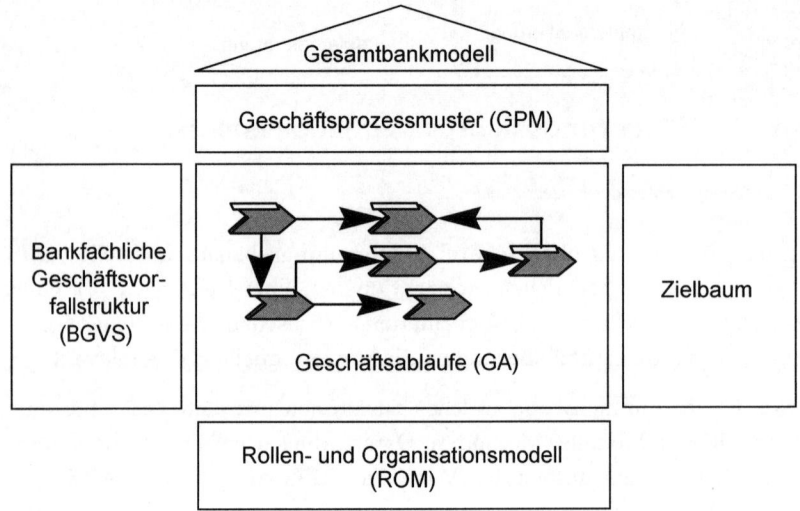

Abbildung 7.5: Architektur des Referenzprozessmodells der Sparkassen-Finanzgruppe

Das Referenzmodell beinhaltet alle ARIS-Sichten und umfasst mit der BGVS und den GPM zwei zusätzliche Modelle zur verbesserten Navigation und Wiederverwendung von Inhalten des Prozessmodells. Ähnlich wie im ARIS-Ansatz sind die Geschäftsabläufe das zentrale Dokumentationsmodell, über welches alle anderen Ergebnisse in Beziehung gesetzt werden.

Bankfachliche Geschäftsvorfallstruktur

Die BGVS strukturiert die Geschäftsvorfälle über mehrere Ebenen nach ihrer bankfachlichen Aufgabenstellung. Sie bildet einen Baum, dessen innere Knoten Kategorien von Geschäftsvorfällen repräsentieren. Die von den Geschäftsvorfällen einer Kategorie ausgelösten Geschäftsprozesse haben eine vergleichbare, ähnliche Ablauflogik. Jeder konkrete Geschäftsvorfall auf Blattebene stellt ein vom Kunden initiiertes Ereignis dar, welches genau einen fallabschließenden Geschäftsablauf auslöst.

Abbildung 7.6 stellt einen Ausschnitt der Geschäftsvorfallstruktur des Prozessmodells mit den Geschäftsvorfallkategorien bis zur Blattebene und die Verbindung zu den Abläufen dar. Konkrete Geschäftsvorfälle einer Kategorie *Überweisung* sind im Beispiel etwa *Überweisung Inland, Überweisung Ausland* oder *Überweisung von Geldkarte.* Diese Geschäftsvorfälle lösen die jeweiligen Prozesse zur Überweisung aus, wobei der Ablauf der Überweisung für diese unterschiedlichen bankfachlichen Produkte ähnlich ist.

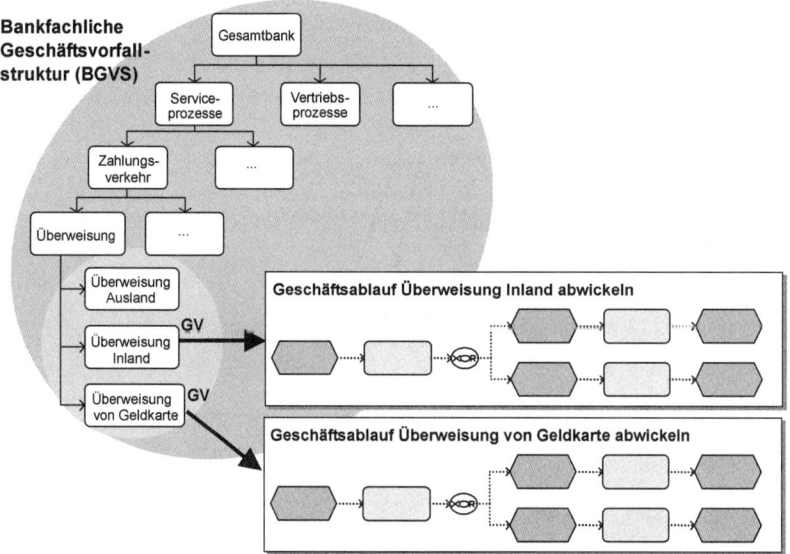

Abbildung 7.6: Geschäftsvorfallstruktur und Zuordnung von Geschäftsabläufen

Jeder Geschäftsprozess ist genau einer Geschäftsvorfallskategorie zugeordnet. Ist eine geeignete Kategorie für einen Geschäftsprozess noch nicht vorhanden, wird die Geschäftsvorfallstruktur um eine neue Kategorie erweitert. Erweist sich mit der Zeit eine Kategorie als nicht spezifisch genug, wird eine weitere Verfeinerung vorgenommen.

Die bankfachliche Geschäftsvorfallstruktur wird im Werkzeug ARIS durch einen Funktionsbaum dargestellt, welcher mit den einzelnen Geschäftsabläufen über eine 1:1-Beziehung verknüpft ist.

Gesamtbankmodell und Geschäftsprozessmuster

Das Gesamtbankmodell beschreibt auf einer groben Ebene die strategischen Geschäftsfelder einer Sparkasse mit Elementen wie *Kundengeschäft, Auftragsabwicklung* oder *Geschäftsunterstützung.* Diesen Geschäftsfeldern sind auf tieferen Ebenen hierarchisch die Geschäftsprozessmuster zugeordnet (vgl. Abbildung 7.7).

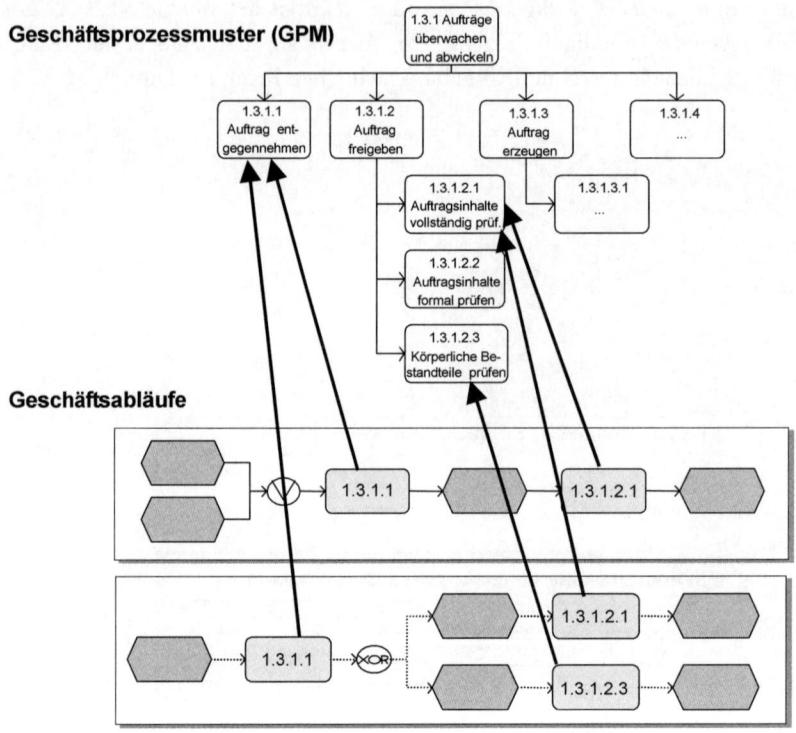

Abbildung 7.7: Zuordnung von Aktivitäten zu Geschäftsprozessmustern

Geschäftsprozessmuster verallgemeinern die in den Prozessen beschriebenen fachlichen Aktivitäten nach Kriterien wie Kundengruppenneutralität, Vertriebswegeneutralität oder Technikneutralität. Die Kernidee der Geschäftsprozessmuster entspricht den in Kapitel 5 beschriebenen essenziellen Anwendungsfällen von Constantine und Lockwood [Constantine99]. Die Aktivitäten der modellierten Geschäftsprozesse werden jeweils genau einem bestehenden Geschäftsprozessmuster zugeordnet oder zu einem neuen Prozessmuster abstrahiert. Durch die Zuordnung wird eine direkte Wiederverwendung der Modellierungsergebnisse gefördert, da Ähnlichkeiten im Modell unmittelbar transparent werden. Weiterhin hilft die Zuordnung bei der Prüfung der Vollständigkeit und bei der Einhaltung einer vergleichbaren Verfeinerung der Prozesse.

Abbildung 7.7 zeigt oben den Teilbaum der Prozessmuster zur Auftragsüberwachung und Abwicklung. Im unteren Teil sind zwei Geschäftsabläufe skizziert. Alle Aktivitäten der Geschäftsabläufe sind Prozessmustern zugeordnet. Die jeweils erste Aktivität der Abläufe ist dem Prozessmuster *1.3.1.1 Auftrag entgegennehmen* zugeordnet. Die Zuordnung macht deutlich, dass in beiden Abläufen eine ähnliche oder identische Aktivität durchgeführt wird – im ersten und im zweiten Ablauf jeweils die Aktivität *Zahlungsauftrag entgegennehmen* oder aber im zweiten Ablauf *Wertpapierorder entgegennehmen*. Das Gesamtbankmodell und die Prozessmuster werden in ARIS durch einen Funktionsbaum abgebildet. Die Blätter dieses Baums sind mit den Aktivitäten in den Prozessen verknüpft.

Rollen- und Organisationsmodell

Die Etablierung von Geschäftsprozessen führt auch zu einem Überdenken der traditionellen Herangehensweise bei der Festlegung der Aufbauorganisation und ihrer Aufgabenstruktur. Werden Rollen mit ihren Rechten neu durchdacht und festgelegt, sind auch neue Formen der Prozesssteuerung anzustoßen. Die organisatorischen Auswirkungen können je nach Ausgangslage weitreichend sein. Als Grundprinzip lässt sich festhalten, dass eine prozessorientierte Sichtweise ein Denken in Rollen bedeutet.

Die Zuordnung von Rollen zu konkreten organisatorischen Einheiten erfolgt über die Rolleninhaber, so dass ein Mitarbeiter mehrere Rollen innehaben kann. Die Einteilung der Rollen wird dadurch unabhängig von der organisatorischen Struktur der Einheit und erleichtert die Anpassung auf verschiedene Unternehmensformen und -größen. Abbildung 7.8 zeigt ein einfaches Beispiel für die Zuordnung von Rollen wie *Versicherungsverkäufer* oder *Leasing-* und *Versicherungsexperte* zu einer Aktivität. Im Rahmen der Rollenmodellierung können diese Rollen entweder weiter verfeinert oder vergröbert werden. Alle Rollen einer Organisation werden in einer Rollenhierarchie abgelegt. In ARIS wird dazu das Modellelement Personentyp verwendet.

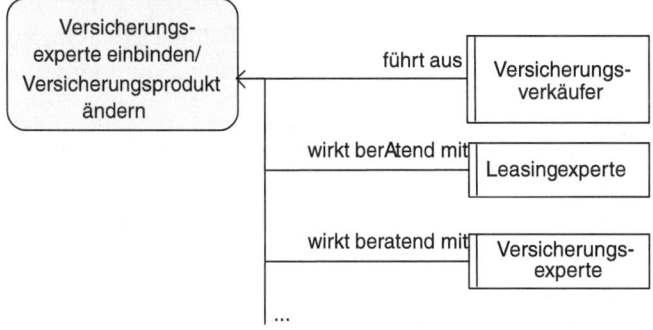

Abbildung 7.8: Zuordnung von Rollen zu Aktivitäten

Die Rolle erlaubt es, die Beteiligten eines oder mehrerer Prozesse mit notwendigen Berechtigungen und erforderlichen Qualifikationen zu charakterisieren. Über sie werden damit Kompetenzen und notwendige Fähigkeiten der Akteure eines Prozesses definiert. Erforderlich sind diese Informationen beispielsweise für die Benutzer- und Berechtigungsverwaltung sowie für die Ableitung der Workflow-Steuerung.

Jede Rolle sollte mit der verbundenen Zielsetzung, den Kernideen für die Einführung einer solchen Rolle und den benötigten Kenntnissen, Fähigkeiten und Berechtigungen dokumentiert sein. Ein einfaches Beispiel für eine Beschreibung einer Rolle aus Abbildung 7.8 gibt Tabelle 7.1.

Name: Versicherungsverkäufer

Ziel der Rolle: Der Versicherungsverkäufer soll Standardgeschäftsprozesse aus dem Versicherungsbereich zügig abwickeln und dem Kunden den gewünschten Service bieten. Er erkennt den Überleitungsbedarf zu entsprechenden Spezialisten.

Kernidee: Durch die Einführung dieser Rolle sollen 95 % aller Geschäftsvorfälle im Versicherungsbereich vollständig abgewickelt werden können. Für die restlichen 5 % der Geschäftsvorfälle werden Spezialisten hinzugezogen.

Kenntnisse/Fähigkeiten: Kenntnis aller Versicherungsprodukte inklusive Zielgruppen, Unterschiede und Vorzüge einzelner Produkte, Margen, Verkaufsmethoden, Risikobewertungsmethoden, Modellrechnungen usw.

Benötigte Berechtigungen: Zugriff auf Kundendaten, Abschluss von Versicherungsverträgen mit Kunden, Buchung von Besprechungsräumen.

Rollenkonflikte: Versicherungscontroller, gesetzliche Vorschriften.

Geschäftsabläufe

Die Geschäftsabläufe bilden den Kern des Referenzprozessmodells. Sie definieren die Reihenfolge der Aktivitäten von Geschäftsvorfällen aus Kundensicht. Geschäftsabläufe oder Geschäftsprozesse werden mit Ereignisgesteuerten Prozessketten (EPK) modelliert. Um den Kontrollfluss detailliert darzustellen und gleichzeitig die Übersichtlichkeit zu erhalten, kann ein Geschäftsprozess in mehrere Teilprozesse aufgeteilt werden. Nicht weiter verfeinerte Aktivitäten werden durch Funktionszuordnungsdiagramme (FZD) hinterlegt und detailliert.

Abbildung 7.9 skizziert diese verschiedenen Beschreibungsebenen. Der obere Geschäftsablauf besteht aus einer Aktivität A und einem Teilprozess B. Dieser Teilprozess B wird weiter verfeinert. Im übergeordneten Prozess wird dies mittels einer Prozessschnittstelle dargestellt. Die unterste Ebene der Prozessbeschreibung bilden die Aktivitäten A, C und D. Für diese werden Funktionsbeschreibungen mit FZDs angelegt. Ein als Prozesskapsel modellierter Teilprozess repräsentiert einen abgeschlossenen, wieder verwendbaren Teilprozess. Typische Beispiele dafür sind etwa die Identifikations- oder Legitimationsprüfung von Kunden, welche in sehr vielen Geschäftsprozessen enthalten sind, oder die bereits vorgestellte WPHG-Aufklärung. Solche Prozesskapseln sind ein wichtiges Instrument zur Komplexitätsreduzierung und zur Wiederverwendung, da sie es erlauben, Funktionalität nur einmal zu spezifizieren und anschließend in beliebigen Prozessen einzubinden.

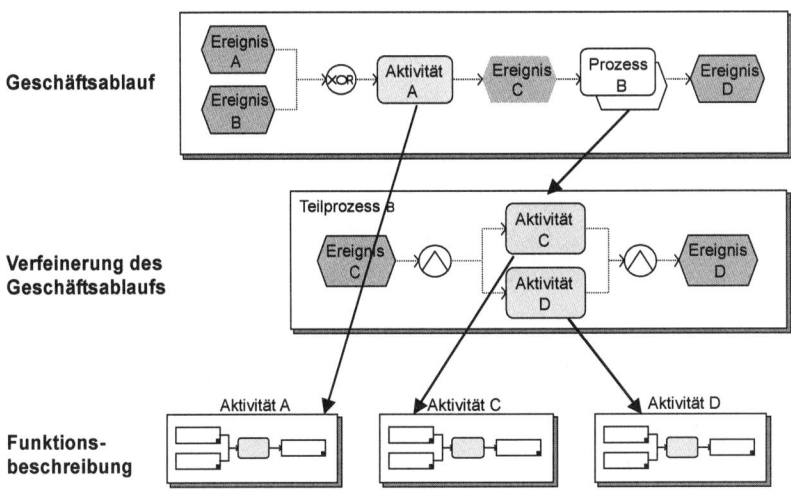

Abbildung 7.9: Beschreibung und Verfeinerung von Geschäftsabläufen

Abbildung 7.10 zeigt die verschiedenen Elemente zur Beschreibung einer Aktivität im FZD.

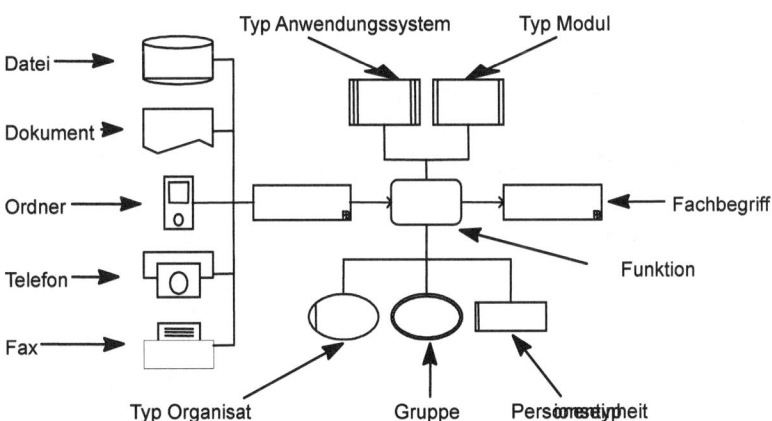

Abbildung 7.10: Elemente zur Beschreibung einer Aktivität im FZD

Im FZD werden für jede Aktivität alle benötigten Input- und erzeugten Output-Daten als Fachbegriffe für Informationsobjekte spezifiziert. Zusätzlich ist angegeben, wer diese Daten liefert oder wer deren Empfänger ist. Darüber hinaus werden die an einer Aktivität beteiligten Rollen und die Art ihrer Beteiligung dokumentiert (vgl. dazu Abbildung 7.10).

Zielbaum

Bevor Geschäftsprozesse modelliert werden, sollten die zugrunde liegenden Geschäftsziele geklärt sein. Die Ziele legen fest, wo die Organisation zukünftig stehen will und welche Geschäftsprozesse sie durchführen möchte. Ziele sind *die* Richtschnur für jede Neuentwicklung und Neuausrichtung. Nur wenn klare Ziele im Geschäftsmodell gesetzt sind, kann entschieden werden, welche Maßnahmen und Aktivitäten zur Zielerreichung in den Geschäftsprozessen durchgeführt werden müssen.

Zur Darstellung von Zielen werden im Allgemeinen Zielbäume mit Ober- und Unterzielen genutzt. Abbildung 7.11 zeigt exemplarisch einen Zielbaum in der ARIS-Notation mit der Verknüpfung zu den Aktivitäten. Das Oberziel, die Anzahl der Gewerbekunden zu erhöhen, kann in verschiedene Teilziele, wie etwa die Verbesserung der Kontoführung oder die Verkürzung von Kreditanfragezeiten, verfeinert werden. Die Verknüpfungen mit den Aktivitäten in Geschäftsabläufen geben an, an welcher Stelle im Ablauf ein Beitrag zur Zielerreichung geleistet wird.

Die Beschreibung eines Ziels setzt sich aus mindestens drei Teilen zusammen:

▶ Zielinhalt – Welches Ziel bzw. welcher Zustand soll überhaupt erreicht werden?

▶ Zielausmaß – In welchem Ausmaß soll dieses Ziel erreicht werden?

▶ Zeithorizont – Bis wann soll dieses Ziel erreicht werden?

Neben diesen Hauptdimensionen können Ziele hinsichtlich ihrer Reichweite (strategisch, taktisch oder operativ), ihrer Entscheidungsbereichsadäquanz und ihrer Abhängigkeiten analysiert und spezifiziert werden. Mit Entscheidungsbereichsadäquanz ist die mögliche Beeinflussung der Zielerreichung durch Entscheidungen und Aktivitäten gemeint. Falls diese Beeinflussbarkeit nicht gegeben ist, ist die Zielsetzung sinnlos. Gibt es mehrere Ziele, müssen ihre Abhängigkeiten – Kompatibilität, Neutralität oder Kontrarität – geklärt werden.

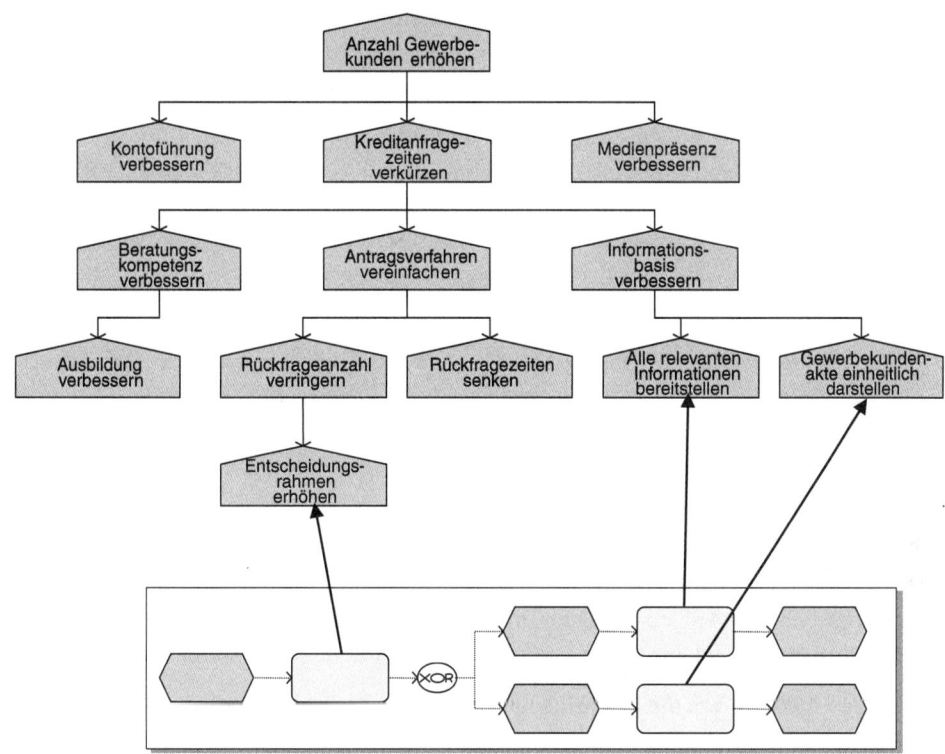

Abbildung 7.11: Zielbaum und unterstützende Aktivitäten

7.3 Übergang in die Anwendungsentwicklung

In Abschnitt 7.1.2 wurde die Funktion des Anforderungsmanagements als verbinden-
des Glied zwischen Geschäft und IT eingeführt (vgl. dazu Abbildung 7.3). In diesem
Abschnitt werden die Aufgaben und das Vorgehen des Anforderungsmanagements
für diese Verbindung beschrieben. Der Übergang von der Geschäftsprozessmodellierung in die Anwendungsentwicklung besteht aus insgesamt fünf Schritten (vgl. Abbildung 7.12):

1. **Aufbereitung der Geschäftsprozesse:** Im ersten Schritt werden die Geschäftsprozesse für die Anwendungsentwicklung präzisiert und detailliert. Das Ergebnis dieses Schrittes sind exakt spezifizierte, um Rollen, Fachbegriffe und Sicherheitsaspekte
   ergänzte Geschäftsprozesse.

2. **Ableitung von Anwendungsbausteinen und Komponenten:** Im zweiten Schritt
   erfolgt die Identifikation und Zusammenfassung fachlicher Ähnlichkeiten in den

detaillierten Geschäftsprozessen. Das Ergebnis sind Anwendungsbausteine und Komponentenkandidaten, welche mit ihren notwendigen fachlichen Diensten initial beschrieben sind.

3. **Schneidung von Anwendungen und Produkten:** Jetzt werden die eigentlichen Anwendungen geschnitten. Es wird bestimmt, welche Teile der Prozesse in welcher Form durch welche Anwendungen unterstützt werden sollen. Als Ergebnis dieses Schrittes sind alle Anwendungen zur Unterstützung der Geschäftsprozesse ermittelt.

4. **Konsolidierung der Anwendungsprozesse:** In diesem Schritt werden die aus der Anwendungsschneidung resultierenden Anwendungsprozesse (oder Workflows) dokumentiert. Anwendungsprozesse beschreiben den fachlichen Ablauf aller automatisierten Aktivitäten als Interaktionen zwischen den Bausteinen und Komponenten.

5. **Nutzung in der Anwendungsentwicklung:** Im letzten Schritt erfolgt der eigentliche Ergebnistransfer hinein in die Anwendungsentwicklung. Durch die erarbeiteten Ergebnisse der ersten vier Schritte wird der gesamte Anwendungsentwicklungsprozess von der Anforderungsdefinition und Modellierung bis hin zum Entwurf, zur Umsetzung und zur Einführung von Anwendungen unterstützt.

Im Allgemeinen werden diese Schritte natürlich mehrere Iterationen durchlaufen, wobei insbesondere die Schritte zwei, drei und vier häufiger wiederholt werden müssen.

Bleibt die Frage, wie diese Aufgaben den verschiedenen Bereichen des Anforderungsmanagements zuzuordnen sind. Abbildung 7.12 stellt die Zuordnung auf der linken Seite dar.

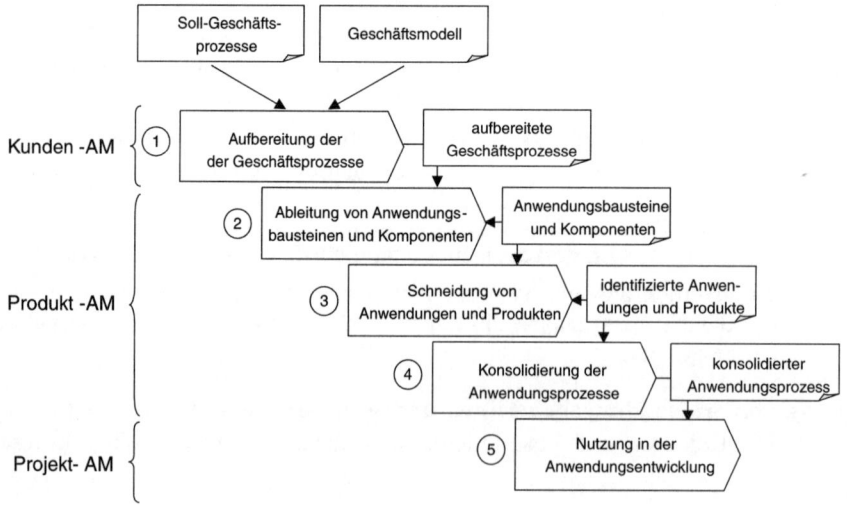

Abbildung 7.12: Vorgehen beim Übergang in die Anwendungsentwicklung

Der erste Schritt fällt in den Aufgabenbereich des Kunden-AM. Die Aufbereitung der Geschäftsprozesse entspricht der Aufbereitung von Rohanforderungen des Kunden zu standardisierten Kundenanforderungen in prozessorientierter Form. Im Gegensatz zu normalen Rohanforderungen werden die in den Geschäftsprozessen beschriebenen Anforderungen natürlich zumeist geschäftspolitischen Charakter haben, insbesondere, wenn die Prozesse initial in BPR-Projekten entwickelt wurden.

Die Schritte zwei bis vier liegen im Verantwortungsbereich des Produkt-AM. Diese Schritte kommen der Bündelung von Anforderungen im Rahmen der Produkt- und Releaseplanung gleich. Auch hier geht es darum, geeignete Produktanforderungen aus den Geschäftsprozessen abzuleiten und Anwendungen und Produkte so zu schneiden, dass die in den Geschäftsprozessen beschriebenen Aktivitäten optimal unterstützt werden.

Der letzte Schritt betrifft die Aufgaben des Projekt-AM. Hier sind Anwendungsfälle oder Klassenkandidaten anhand der Geschäftsprozess zu identifizieren und zu spezifizieren und der gesamte Entwicklungsprozess ist bis zur Einführung der Anwendung mit den Ergebnissen der Geschäftsprozessmodellierung zu begleiten.

7.3.1 Aufbereitung der Geschäftsprozesse

Im Kunden-AM müssen zunächst alle für die Umsetzung ausgewählten Geschäftsprozesse für die Anwendungsentwicklung vervollständigt und präzisiert werden. Diese Aufbereitung der Geschäftsprozesse ist natürlich nur so weit erforderlich, als entsprechende Mängel aus Sicht der Anwendungsentwicklung in den Ausgangsprozessen gegeben sind.

In vielen Projekten hat sich gezeigt, dass Geschäftsprozesse nicht unmittelbar in der Anwendungsentwicklung genutzt werden können. Es werden keine präzisen Fachbegriffe verwendet und die Fachlichkeit der Prozesse selbst ist nicht ausreichend klar und eindeutig spezifiziert. Abbildung 7.13 zeigt auf der linken Seite ein typisches Beispiel für eine solche mangelnde Fachlichkeit, die unbedingt für die Ableitung von Anforderungen bereinigt werden muss.

Geschäftsprozesse sollen beschreiben, was getan werden sollte, um eine fachliche Aufgabe auszuführen. Stattdessen wird häufig dokumentiert, womit oder wie diese Aufgabe aktuell erledigt wird. Es werden also keine Soll-Aktivitäten modelliert, sondern die Ist-Verwendungsreihenfolge von Werkzeugen oder anderen Hilfsmitteln.

Der Geschäftsprozess in Abbildung 7.13 beschreibt zwar, welche Werkzeuge eingesetzt werden, aber nicht, welchem fachlichen Zweck diese dienen. Anhand der Aktivitäten wird nicht klar, welchen fachlichen Hintergrund das Starten der Datenbank oder das Öffnen von Lotus Notes hat. Zur Entwicklung einer (besseren) Lösung muss geklärt werden, dass der erste Schritt dem Ermitteln von Adressdaten und der zweite Schritt der Benachrichtigung von Kunden dient.

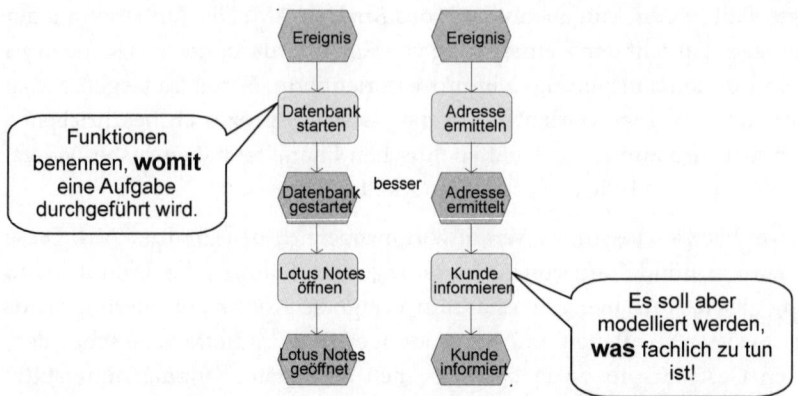

Abbildung 7.13: Beispiel für eine mangelnde Fachlichkeit in Geschäftsprozessen

Häufig fehlen in Geschäftsprozessen auch gerade einige für die Anwendungsentwicklung wichtige Elemente. Insbesondere die präzise Spezifikation von Fachbegriffen, Rollen und Sicherheitsaspekten sowie die Festlegung der geforderten IT-Unterstützung einer Aktivität (manuell, IT-unterstützt, automatisiert) sollte auf jeden Fall geleistet werden. Da die Beschreibung von Rollen bereits in 7.2.1 behandelt wurde, wird anschließend gezeigt, wie Sicherheitsanforderungen und Fachbegriffe für den effizienteren Übergang in die Anwendungsentwicklung in den Geschäftsprozessen beschrieben werden sollten.

Sicherheitsanforderungen

Die Dokumentation von Sicherheitsanforderungen in Prozessen ist eine zentrale Rahmenbedingung für die korrekte Umsetzung. Folgende Aspekte sollten dokumentiert sein:

▷ *Einhaltung der gesetzlichen Aufbewahrungsvorschriften für rechtlich relevante Dokumente:* Die Fristen zur Aufbewahrung von Dokumenten, welche Teile der juristischen Datenbeständen sind, sollten angegeben werden, um beispielsweise Anforderungen an die Archivierung bestimmen zu können.

▷ *Wahrung der Vertraulichkeit, Integrität und Verfügbarkeit aller sensitiven Informationsobjekte:* Ein einfaches Schema für die Sensitivitätseinstufung (S) von Aktivitäten und Informationsobjekten ist:

  − *S1 - kein Schutz- und Kontrollbedarf:* Frei zugängliche Aktivitäten und Informationsobjekte erhalten die Bewertung S1. Solche allgemein zugänglichen Quellen sind etwa Postleitzahlen, Bankleitzahlen oder das Handelsregister.

- *S2 - geringer Schutz- und Kontrollbedarf:* Mit der Bewertung S2 werden alle Objekte versehen, deren Kenntnis durch Unbefugte keinen nennenswerten Schaden verursachen kann und wenn keine Persönlichkeitsrechte beeinträchtigt werden. Dazu gehören etwa betriebliche Namens- und Telefonverzeichnisse oder Organigramme.

- *S3 - begrenzter Schutz- und Kontrollbedarf:* Objekte mit der Bewertung S3 sind vertraulich. Eine Kenntnis durch Unbefugte kann zu einem begrenzten Schaden führen oder steht im Widerspruch zu gesetzlichen oder anderen Sicherheitsbestimmungen. Hierzu gehören etwa personenbezogene Daten oder Bonitätsangaben.

- *S4 - erheblicher Schutz- und Kontrollbedarf:* Die Aktivitäten und Informationsobjekte mit der Bewertung S4 sind geheim. Eine Kenntnis durch Unbefugte kann erheblichen Schaden verursachen. Hierunter fallen etwa strategische Produktplanungen oder Forschungsergebnisse.

Verarbeitet eine Aktivität sensitive Informationsobjekte, sollten erforderliche Schutzmechanismen zur Berücksichtigung der Vertraulichkeit, der Integrität und der Verbindlichkeit der Informationsobjekte genannt werden.

▶ *Gewährleistung der Nachvollziehbarkeit der Geschäftsprozesse:* In Geschäftsprozessen sollte dokumentiert sein, welche Aktivitäten nachvollziehbar sein müssen und damit zu protokollieren sind.

Beschreibung von Fachbegriffen

In der Geschäftsprozessmodellierung wird die Beschreibung der Fachbegriffe oft zu gering geachtet. Geschäftsprozesse überschreiten jedoch fast immer Bereichs- und Abteilungsgrenzen und betreffen deshalb sehr viele unterschiedliche Personen mit verschiedenem Erfahrungshintergrund und unterschiedlichem Wortschatz. Nur wenn Fachbegriffe in den Geschäftsprozessen einheitlich verwendet und präzise beschrieben werden, können in der Anwendungsentwicklung die zugeordneten Informationsobjekte richtig bestimmt und relevanten Datenstrukturen zugeordnet werden. Ideal ist zusätzlich die Verbindung mit einem Fachbegriffsmodell oder mit einem Datenmodell, um eine Datenintegration auf der Grundlage einer Prozessintegration frühzeitig sicherzustellen.

Die folgende Abbildung 7.14 zeigt den im Referenzprozessmodell der Sparkassen-Finanzgruppe verfolgten Ansatz für eine solche Integration von Geschäftsprozessen und Daten über die in den FZDs eingeführten Fachbegriffe für Informationsobjekte.

Die Fachbegriffe in den Funktionsbeschreibungen (Input und Output der Aktivitäten) sind mit den Fachbegriffen eines Fachbegriffsmodells in Beziehung gesetzt oder mit diesen identisch. Dieses einheitliche Fachbegriffsmodell der Sparkassen-Finanzgruppe, die so genannte SKO-Nomenklatur, umfasst aktuell zirka 2000 Fachbegriffe aus dem Finanzdienstleistungsbereich. Diese Fachbegriffe sind wiederum verbunden mit den Strukturen eines unternehmensweiten SKO-Datenmodells. Dieses Datenmodell besteht aus etwa 600 Entitätstypen. Indem die Fachbegriffe in den FZDs zur Beschreibung der Ein- und Ausgaben der Aktivitäten genutzt werden, können über das Fachbegriffsmodell indirekt die Datenstrukturen des SKO-Datenmodells den Aktivitäten zugeordnet werden.

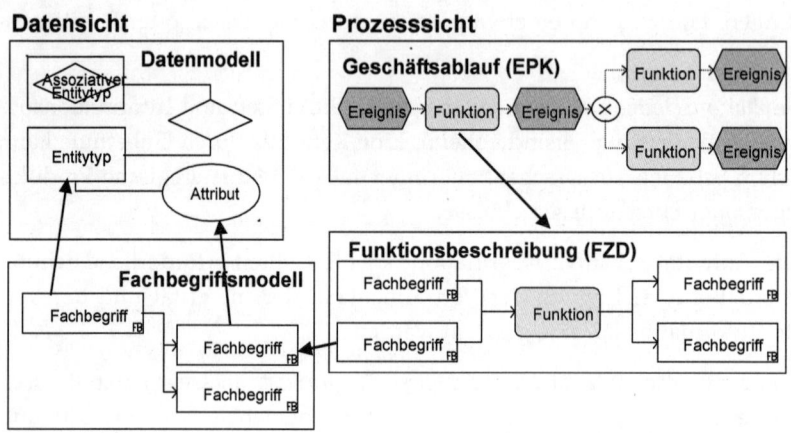

Abbildung 7.14: Zusammenhang der Datensicht und der Prozesssicht

Die Aufbereitung der Geschäftsprozesse entspricht der beschriebenen Konsolidierung von Roh- bzw. Kundenanforderungen im Kunden-AM. Gemäß der Vorgehensweise in Kapitel 2 wären jetzt im Rahmen des Kunden-AM noch die Folgeaufgaben der Priorisierung und Entscheidungsfindung zur Umsetzung durchzuführen. Aufgrund der Besonderheit, dass die Umsetzung neuer Geschäftsprozesse oft geschäftspolitischen bzw. strategischen Charakter hat und zumeist auch nur eine ganzheitliche Realisierung sinnvoll ist, erfolgt dieser Entscheidungsprozess aber häufig außerhalb des Kunden-AM. In vielen Fällen wird (sollte!) die Entscheidung zur Entwicklung unterstützender Anwendungen natürlich auch schon vor der Entwicklung und Verfeinerung der Geschäftsprozesse gefallen sein.

7.3.2 Ableitung von Anwendungsbausteinen und Komponenten

Nachdem die Geschäftsprozesse aufbereitet und vollständig beschrieben vorliegen und ihre Umsetzung beauftragt wurde, müssen diejenigen Anwendungsbausteine und Anwendungen identifiziert und entwickelt werden, welche diese Unterstützung leisten. Häufig werden dazu keine Neuentwicklungen notwendig sein, sondern bestehende Anwendungen um zusätzliche Eigenschaften ergänzt werden. In diesem Fall können die bereits vorgestellten Aktivitäten und Techniken zur Bündelung von Anforderungen und zur Produktplanung genutzt werden.

Vielfach erfordern neue Geschäftsprozesse aber auch ganz neue Anwendungen mit neuen Technologien. Da die Bereitstellung solcher Anwendungen eine komplexe Aufgabe mit einem hohen Entwicklungsrisiko ist, müssen frühzeitig Konzepte zur Reduzierung dieser Komplexität genutzt werden. In diesem und den folgenden Abschnitten wird deshalb ein komponentenorientierter Lösungsansatz empfohlen.

Im Rahmen des Produkt-AM werden zunächst durch eine vollständige Analyse aller umzusetzenden Geschäftsprozesse diejenigen fachlichen Kandidaten für Anwendungsbausteine und Komponenten abgeleitet, aus welchen die zu entwickelnden Anwendungen zu konfigurieren sind. Diese frühzeitige Identifikation und Schneidung von Komponenten verfolgt zwei hauptsächliche Ziele:

▷ Die Komplexität und das Risiko der Anwendungsentwicklung wird frühzeitig reduziert, eine Verteilung und inkrementelle Umsetzung der aus den Geschäftsprozessen ermittelten Anforderungen wird möglich.

▷ Das fachliche Wiederverwendungspotenzial der Geschäftsprozesse für die Komponentenbildung wird ausgenutzt, die Komponenten unterstützen optimal die geforderte Fachlichkeit in den Geschäftsprozessen.

In diesem Schritt sollen keine Aufgaben der Anwendungsentwicklung vorweggenommen werden. Anwendungsbausteine und Komponenten werden nicht abschließend spezifiziert, sondern nur so weit identifiziert und beschrieben, dass damit das Ziel einer vertikalen Partitionierung der Anwendungen und einer möglichen verteilten Umsetzung systematisch unterstützt wird.

Letztlich geht es in diesem ersten Schritt vor allem darum, zunächst geeignete Gruppierungen oder »Schubladen« für Anforderungen aus den Geschäftsprozessen zu finden. Anwendungsbausteine stellen diese »fachlichen Schubladen« für Anforderungen und abgeleitete Komponenten dar. Sie sind eine konzeptionelle Einheit zur Organisation und Wiederverwendung von Anwendungsfunktionalitäten im Sinne von *Business Objects* der *Object Management Group (OMG)*.

Angelehnt an die Beschreibungen in [Herzum00] werden in einem Anwendungsbaustein verschiedene Schichten unterschieden. Dies sind die *Präsentation (PR)* für die Funktionalitäten der Benutzungsschnittstelle, die *Anwendungsschicht* mit den Teilen *Steuerung (ST)* für die Prozesslogik und *Fachliche Anwendungslogik (FA)* für die elementaren fachlichen Dienste sowie die *Datenverwaltungsschicht (DA)* für die Persistenzschicht. Abbildung 7.15 zeigt die Schichten eines solchen Anwendungsbausteins.

Die Aufteilung in diese Schichten erlaubt die differenzierte Zuordnung (Besiedelung) von fachlichen Inhalten aus dem Prozessmodell zu Elementen der Anwendungsbausteine. In Geschäftsprozessen sind zwar immer Anforderungen zu allen vier Ebenen enthalten, die Aufteilung der Gesamtfunktionalität und die Identifikation von Anwen-

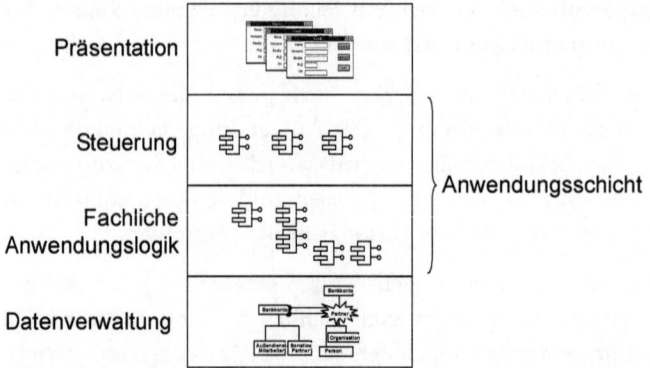

Präsentation

Steuerung

Anwendungsschicht

Fachliche
Anwendungslogik

Datenverwaltung

Abbildung 7.15: Schichten eines Anwendungsbausteins

dungsbausteinen wird aber wesentlich durch die Anwendungsschicht mit den beiden Ebenen Steuerung und Fachliche Anwendungslogik bestimmt.

Das Vorgehen zur Bildung der Anwendungsbausteine besteht aus vier Teilschritten:

1. **Festlegung initialer Anwendungsbausteine:** Anhand vorhandener Komponenten, Kernentitäten oder definierter Geschäftsobjekte werden erste Anwendungsbausteine bestimmt.

2. **Besiedelung der Anwendungsbausteine:** Die Anwendungsbausteine werden durch Zuordnung aller in den Geschäftsprozessen zu unterstützenden Aktivitäten besiedelt.

3. **Ergänzung und Konsolidierung:** Es erfolgt eine lokale Konsolidierung und Optimierung der zugeordneten Aktivitäten durch Abstraktion und Komposition (Refactoring).

4. **Vorläufige Bildung von Komponenten:** Ähnliche, konsolidierte Aktivitäten werden zu fachlichen (Kandidaten für) Komponenten und deren Diensten zusammengefasst.

Festlegung initialer Anwendungsbausteine

Die schrittweise *Besiedelung* der Anwendungsbausteine geschieht durch Zuordnung von Aktivitäten aus den Geschäftsprozessen. Bevor eine solche Zuordnung erfolgen kann, müssen natürlich erste Kandidaten identifiziert werden. Je stabiler diese ersten Kandidaten sind, desto stabiler sind die Zuordnungen der Aktivitäten und die Komponentenbildungen. Im Laufe der Besiedelung, Ergänzung und Konsolidierung wird sich aber sicherlich immer wieder die Notwendigkeit von Änderungen und Umstrukturierungen ergeben.

Gute Quellen für die Identifikationen erster Anwendungsbausteine sind beispielsweise Kernentitäten aus bestehenden Datenmodellen, zentrale Verrichtungsobjekte in Prozessmodellen oder Geschäftsobjekte aus Objektmodellen. Typische, sehr stabile erste Kandidaten für Anwendungsbausteine sind etwa *Partner, Produkt, Ressource, Vertrag, Leistung, Segment, Kondition* und *Konto* (vgl. Abbildung 7.16).

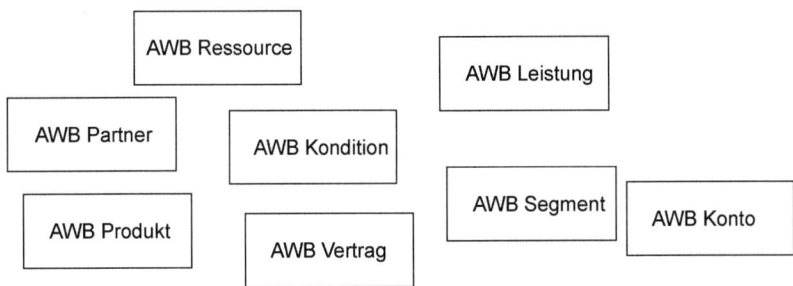

Abbildung 7.16: Erste Kandidaten für Anwendungsbausteine

Weitere Auswahlkriterien können natürlich bereits vorhandene Bausteine oder einfach ein vermutetes Marktpotenzial sein. Vorhandene Bausteine in der Anwendungslandschaft von Finanzdienstleistern dürften etwa *Auftragsabwicklung* oder detaillierter ein Baustein *Zahlungsauftragsabwicklung* sein. Marktfähige Bausteinen wäre etwa in Bereichen wie dem Risikomanagement, der Sicherheitenverwaltung, dem Meldewesen oder einer zentralen Berechtigungsverwaltung zu suchen.

Besiedelung der Anwendungsbausteine

Das Ziel der Besiedelung besteht darin, alle durch Anwendungen zu unterstützenden Aktivitäten in den Geschäftsprozessen auf Anwendungsbausteine abzubilden. Die Besiedelung der Anwendungsbausteine erfolgt zunächst durch Zuordnung zu den Ebenen Steuerung (ST) und Fachliche Anwendungslogik (FA). Dabei gilt:

▶ **Zuordnung zur Ebene ST:** Die in den Prozessen dokumentierten Prozessschnittstellen für wiederholt enthaltene Teilprozesse werden der ST-Ebene zugeordnet. Einzelne Aktivitäten in den Geschäftsprozessen werden ebenfalls der Ebene ST zugeordnet, falls sie eine eigene Steuerungslogik enthalten.

▶ **Zuordnung zur Ebene FA:** Alle elementaren Aktivitäten aus den Geschäftsprozessen werden der Ebene FA zugeordnet.

Abbildung 7.17 skizziert diese Zuordnung anhand zweier kleiner Prozessausschnitte A und B aus Geschäftsprozessen im Bereich Wertpapiergeschäft.

WPHG-Aufklärung wird als wieder verwendbarer Teilprozess dem Anwendungsbaustein *Partner* auf der ST-Ebene zugeordnet. Alle weiteren elementaren Aktivitäten werden den Bausteinen *Partner* und *Produkt* auf der Ebene FA zugeordnet.

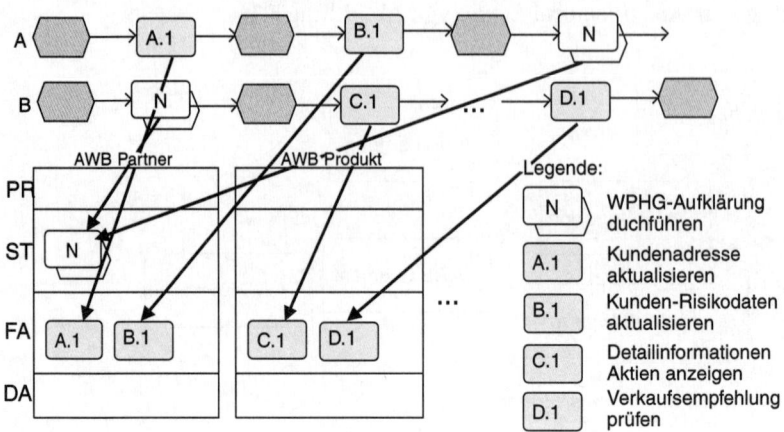

Abbildung 7.17: Besiedelung der Anwendungsbausteine

Eine Hilfestellung bei der Zuordnung zu einem Anwendungsbaustein bietet die Analyse des Ein- und Ausgabeverhalten der Funktionen. Mittels einer *CDUR-Matrix* (C=create, D=delete, U=update, R=read) mit den beiden Dimensionen *Aktivitäten* und *Daten* werden dazu die Fachbegriffe innerhalb der FZDs analysiert. Auf eine enge *Bindung* als Hinweis für die Zuordnung zu einem Baustein deutet das Neuanlegen, Aktualisieren und Löschen von Informationsobjekten hin. Die Zuordnung des Teilprozesses *WPHG-Aufklärung durchführen* zum Anwendungsbaustein *Partner* basiert beispielsweise auf der Analyse, dass im Rahmen einer WPHG-Aufklärung zwar verschiedene Daten aus anderen Anwendungsbausteinen, etwa Risikodaten aus *Produkt*, gelesen werden, eine Modifikation aber lediglich bei den Partnerdaten erfolgt, etwa ob und für welche Wertpapierarten eine Aufklärung erfolgte.

Ergänzung und Konsolidierung

Die Anwendungsbausteine werden disjunkt besiedelt, jede Aktivität ist eindeutig zugeordnet. Um funktionale Redundanzen zu vermeiden, erfolgt anschließend eine Restrukturierung der Anwendungsbausteine (vgl. »Refactoring« [Fowler00]). Zwei wesentliche Einflussfaktoren für diese Restrukturierung sind:

▶ **Fachlichkeit und Bindung:** Primärer Einflussfaktor bei der Bildung von (neuen) Anwendungsbausteinen ist die in den Geschäftsprozessen beschriebene Fachlichkeit hinsichtlich Verrichtung und Verrichtungsobjekt. Zusammengehörende Prozesse und Teilprozesse, etwa zum Anlegen und Löschen von Informationsobjekten, sollten in einem Anwendungsbaustein zusammengefasst werden.

▶ **Komplexität und Handhabbarkeit:** Ein Anwendungsbaustein sollte eine gewisse Größe nicht übersteigen. Wächst die zugehörige Anzahl von Aktivitäten und später abgeleiteten Komponenten zu sehr, so sind diese anders einzusortieren oder Anwendungsbausteine aufzutrennen.

Diese Faktoren ergänzen sich bei der Reorganisation häufig. Eine zunehmende Komplexität von Anwendungsbausteinen geht zumeist einher mit einer abnehmenden Bindung. Durch eine Zerlegung kann also sowohl die Komplexität eines Bausteins verringert, als auch die fachliche Bindung erhöht werden. Ein klares Signal für eine notwendige Reorganisation ist auch die zunehmende funktionale Verflechtung der Bausteine. Etwa, wenn Aktivitäten bezüglich *Ort* oder *Adresse* in Geschäftsprozessen nicht nur im Kontext *Partner*, sondern auch im Kontext *(Markt)Segment* relevant werden.

Die Konsolidierung von Anwendungsbausteinen kann sehr schön am Beispiel *Partner* in Abbildung 7.17 verdeutlicht werden. Falls beispielsweise im Laufe der Besiedelung diesem Baustein weitere Aktivitäten wie *Postleitzahl prüfen* oder *Adressdupletten prüfen* zugeordnet wurden, ist eine Restrukturierung, verbunden mit einer Komplexitätsreduzierung durch die Einführung eines neuen Bausteins *Ort,* möglich, welchem alle Aktivitäten zur Adressverwaltung zugeordnet werden.

Vorläufige Bildung von Komponenten

In diesem Schritt werden anhand fachlicher Ähnlichkeiten der zugeordneten Aktivitäten Anwendungskomponenten oder Software-Bausteine gebildet und ihre Dienste beschrieben. Abbildung 7.18 verdeutlicht diesen Konstruktionsprozess.

Der Teilprozess *WPHG-Aufklärung durchführen* im Anwendungsbaustein *Partner* wird einer Komponente *WPHG* mit der Schnittstelle *IWPHG* zugeordnet. Diese Schnittstelle bietet den fachlichen Dienst zur Durchführung der WPHG-Aufklärung an.

Die Beschreibung dieser Dienste ergibt sich zunächst einfach aus den Beschreibungen der Aktivitäten im Geschäftsprozess. In der Abbildung ist dies für das Beispiel *Kunden-Risikodaten aktualisieren* verdeutlicht. Bei diesen Beschreibungen steht weniger die absolute Korrektheit im Vordergrund, sondern vor allem die Erschließung des Wiederverwendungspotenzials der in den Geschäftsprozessen beschriebenen Fachlichkeit. Über die zugeordneten Prozessmuster kann beispielsweise geprüft werden, für welche Aktivitäten aus Geschäftsprozessen diese Komponente Dienste bereitstellen kann oder wo sie noch angepasst werden muss, um nutzbar zu sein.

Nachdem gemäß diesem Vorgehen die Komponenten der Ebenen *Steuerung* und *Fachliche Anwendungslogik* definiert sind, werden abschließend die Geschäftsprozesse auf fachliche Anforderungen zu den Ebenen *Präsentation* und *Datenverwaltung* hin untersucht und diese ebenfalls zugeordnet. Diese Zuordnungen beeinflussen im Allgemeinen nicht die Bildung von Anwendungsbausteinen und enthalten zumeist auch nicht

ausreichende Informationen für die Schneidung von Präsentations- bzw. Datenadminis-
trationskomponenten. Als fachliche Anforderungen definieren sie aber Rahmenbedingungen für die Spezifikation solcher Komponenten in der Anwendungsentwicklung
(vgl. dazu etwa in Abschnitt 7.3.5 die Gestaltung der Benutzungsschnittstelle).

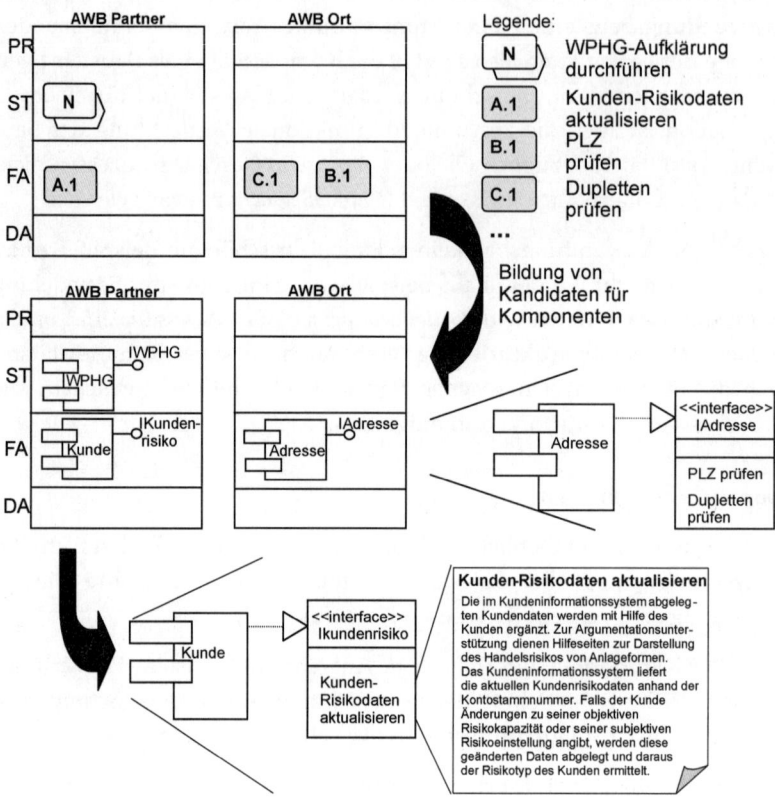

Abbildung 7.18: Bildung von Komponenten

7.3.3 Schneidung von Anwendungen

Wichtigster Einflussfaktor für die Schneidung von Anwendungen ist der *Funktions-
wechsel* innerhalb des Geschäftsprozessmodells:

▷ Anwendungen sollten nach Möglichkeit so gebildet werden, dass kontinuierliche
Abläufe und Kontrollflüsse nicht unterbrochen werden.

▷ Ein Wechsel zwischen manuellen Tätigkeiten und automatisierten Abläufen oder
zwischen Vertriebskanälen kann den Wechsel von Anwendungen erfordern.

▶ Zuständigkeitswechsel bei den Geschäftsprozessen, etwa Überleitungsprozesse, sind weitere Indikatoren für Schnitte zwischen Anwendungen.

Weiterhin können *Mengengerüste* die Separierung von Anwendungen rechtfertigen. Oft ist es etwa sinnvoll, den primären Ablauf in Geschäftsprozessen mit dem Massengeschäft durch transaktionsgünstige Anwendungen abzuwickeln und seltene Prozessvarianten bzw. teurere Spezialfälle durch eine separate Anwendung zu unterstützen.

Natürlich stellen insbesondere auch die *nichtfunktionalen Anforderungen* eine wichtige Entscheidungsgrundlage für die Schneidung von Anwendungen dar. Zwei zentrale Aspekte sind die *Verfügbarkeit* und die *Performanz*. So sollten absehbar rechenintensive Abläufe möglichst nicht auf mehrere Anwendungen verteilt werden.

Nicht direkt aus den Prozessmodellen ableitbare Einflussfaktoren für die Schneidung sind:

▶ *Soll-Anwendungslandschaft:* Eine definierte Soll-Anwendungslandschaft ist eine Zielvorgabe für die Schneidung von Anwendungen und dient als Instrument für die Migration vorhandener Anwendungen.

▶ *Organisatorische oder strategische Aspekte:* Darunter fallen strategische Vorgaben wie etwa die Standardisierung von Anwendungen oder organisatorische Rahmenbedingungen, wie getrennte Abwicklung von Wertpapiergeschäften aufgrund getrennter Zuständigkeiten in den Häusern.

▶ *Sicherheitsaspekte:* Diese können wesentlich die Schneidung von Anwendungen beeinflussen. Ein Beispiel ist etwa die Notwendigkeit des Wechsels des Sicherheitsverfahrens im Prozess, etwa von einer symmetrischen Verschlüsselung in HBCI (Home Banking Computer Interface) zu einer asymmetrischen Verschlüsselung.

Die folgende Abbildung 7.19 deutet an, wie Geschäftsprozesse aufgrund dieser Kriterien in verschiedene Anwendungen geschnitten wird.

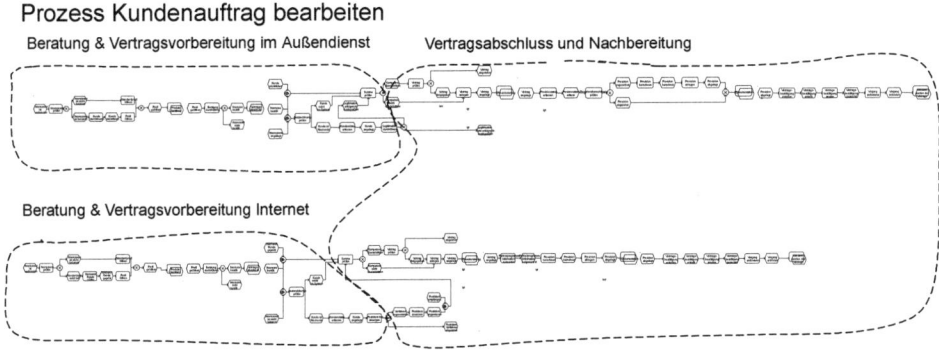

Abbildung 7.19: Skizzierung von Anwendungsschnitten

Ein Geschäftsprozess *Kundenauftrag bearbeiten* wird in drei Anwendungen aufgeteilt. Ein erster Schnitt setzt zwischen Back-Office (Vertragsabschluss und Nachbereitung) und Vertrieb (Beratung und Vertragsvorbereitung im Außendienst oder im Internet) an. Ein zweiter Anwendungsschnitt erfolgt aufgrund unterschiedlicher Vertriebskanäle.

7.3.4 Konsolidierung der Anwendungsprozesse

Der Konsolidierung der Anwendungsprozesse ist der letzte Schritt vor der Umsetzung in der Anwendungsentwicklung. Die fachliche Beschreibung von Abläufen für ganze Geschäftsprozesse wird reduziert auf die Teile, die innerhalb eines Anwendungssystems stattfinden und im Rahmen eines Entwicklungsprojektes realisiert werden sollen. Die nicht technisch unterstützten Teile der Geschäftsprozesse sowie auch die nicht innerhalb des Anwendungssystems realisierten Teile des Ablaufes werden nur noch als Interaktion mit Akteuren betrachtet.

In diesem Schritt werden die Ergebnisse der Bildung von Anwendungsbausteinen und Anwendungen genutzt, um den Anwendungsprozess (Workflow) zu beschreiben. Dieser Schritt zielt also auf die prozessübergreifende Konsolidierung und Optimierung der Funktionalitäten und Abläufe für eine gesamte Anwendung. Am Beispiel der Entwicklung einer Anwendung für den Bereich Zahlungsverkehr wird das Ziel dieser Konsolidierung deutlich (vgl. Abbildung 7.20).

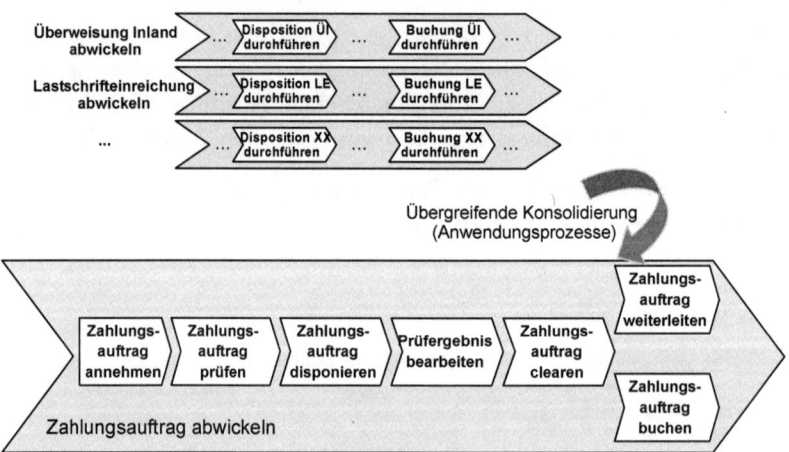

Abbildung 7.20: Konsolidierung der Anwendungsprozesse

Ausgehend von einer Vielzahl von Geschäftsprozessen zum Zahlungsverkehr, wie etwa *Überweisung Inland abwickeln* oder *Lastschrifteinreichung abwickeln*, werden in der Konsolidierung fachliche Ähnlichkeiten dieser Geschäftsprozesse, etwa hinsichtlich der Prüfung, des Disponierens oder der Buchung des Verrichtungsobjekts, identifiziert und anschließend zu einem Prozess *Zahlungsauftrag abwickeln* mit Schritten wie *Zahlungsauftrag prüfen, Zahlungsauftrag disponieren* und *Zahlungsauftrag buchen* zusammengefasst. Die von der Anwendung zu unterstützenden Aktivitäten der verschiedenen Zahlungsverkehrsprozesse werden zu Aktivitäten eines Prozesses konsolidiert, der die Abwicklung für alle unterschiedlichen Zahlungsauftragsarten leistet.

Die Auswirkungen dieser Konsolidierung auf der Ebene der einzelnen Aktivitäten zeigt Abbildung 7.21.

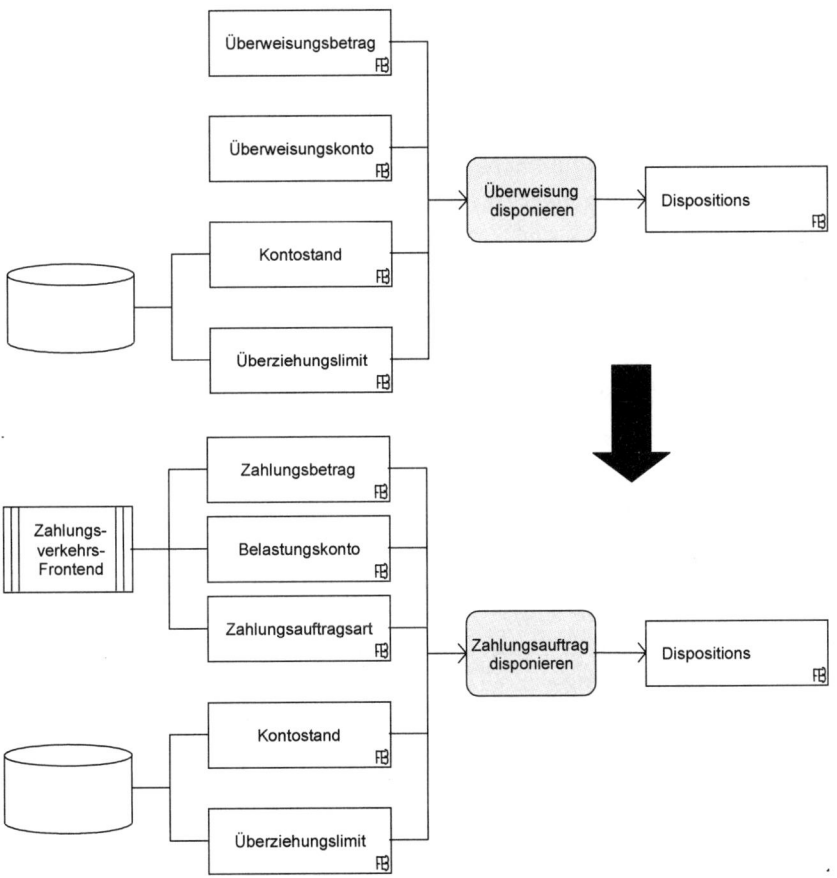

Abbildung 7.21: Konsolidierung von Aktivitäten

Wie in Abbildung 7.20 bereits skizziert, werden die Verrichtungsobjekte *Überweisung* und *Lastschrift* generalisiert zu *Zahlungsauftrag*. Entsprechend müssen die ursprünglichen Aktivitäten *Lastschrifteinreichung disponieren* und *Überweisung Inland disponieren* zu einer Aktivität *Zahlungsauftrag disponieren* verallgemeinert und die Fachbegriffe entsprechend angepasst werden. Ein zusätzlicher Fachbegriff *Zahlungsauftragsart* erlaubt

die differenzierte Ausführung von Aktivitäten, abhängig davon, ob etwa eine Lastschrifteinreichung oder eine Überweisung disponiert wurde. Der in der Aktivitätsbeschreibung eingeführte Anwendungssystemtyp *Zahlungsverkehrs-Frontend* deutet eine
Schnittstelle zu einem anderen Anwendungssystem an.

Als Ergebnis dieses Schrittes liegt ein vollständig beschriebener, fachlich konsolidierter
Prozess der Anwendung vor. Die Konsolidierung stellt sicher, dass einerseits alle
bekannten fachlichen Anforderungen an die Anwendung berücksichtigt werden,
andererseits aber von fachlichen Unterschieden in den zugrunde liegenden Geschäftsprozessen, welche aus Sicht der Anwendung nicht relevant sind, abstrahiert wird.

Vor dem Übergang in die Anwendungsentwicklung wird abschließend noch überprüft, ob neben den funktionalen Anforderungen auch alle weiteren in den Geschäftsprozessen enthaltenen Anforderungen berücksichtigt wurden. Natürlich definieren
Geschäftsprozesse insbesondere funktionale Anforderungen. Sie spezifizieren die notwendigen Leistungen unterstützender Anwendungssysteme – z.B.: »Eine WPHG-Aufklärung ist in den Schritten X, Y und Z durchzuführen.« oder »Tilgungspläne sind
entsprechend dem Algorithmus L mit den folgenden Inputs zu berechnen.«

Daneben lassen sich aber eine Reihe weiterer Anforderungen ableiten. Am Beispiel
nichtfunktionaler Anforderungen wird dies besonders deutlich. Anforderungen etwa
an die Zuverlässigkeit, Verfügbarkeit oder Benutzbarkeit einer Anwendung lassen sich
gut durch eine Analyse der Prozesskunden, der zu unterstützenden Aktivitäten und
der vorgesehenen Vertriebskanäle der Geschäftsprozesse bestimmen.

Beispielsweise muss ein Zahlungsverkehrs- bzw. ein Buchungssystem ständig verfügbar sein, falls die zu unterstützenden Geschäftsprozesse vom Kunden direkt über das
Internet jederzeit durchgeführt werden können und nicht nur teilweise als Transaktion
angestoßen werden sollen. Eine solche Anforderung lässt sich weiter verschärfen
hinsichtlich der Forderung nach einem Direkt- oder Echtzeitbuchungssystem: In
Geschäftsprozessen zum Zahlungsverkehr, etwa einer Inlandsüberweisung, wird oft
empfohlen, zwischen der Disposition und der Buchung einer Überweisung ein Cross-
Selling (Vertrieb anderen bankfachlicher Produkte) durchzuführen. Solche Aktivitäten
können aber nur sinnvoll durchgeführt werden, falls ständig aktuelle Konteninforma-
tionen zur Verfügung stehen. Dieses wiederum erfordert ein Direktbuchungssystem.
Da in Geschäftsprozessen auch häufig Schätzungen von Mengengerüsten dokumentiert sind, können zusätzliche Anforderungen zum Zeit- und Verbrauchsverhalten
einer solchen Anwendung aus Vertriebssicht definiert werden.

Diese kurzen Beispiele geben einen Eindruck davon, wie auch nichtfunktionale Anforderungen an Anwendungen auf der Grundlage der Geschäftsprozesse ermittelt werden können. Diese Möglichkeit betrifft grundsätzlich alle Anforderungsarten: An eine
Komponente, die etwa für die Legitimationsprüfung entwickelt werden soll, lassen
sich beispielsweise Entwicklungsanforderungen an eine gute Erweiterbarkeit ableiten,

falls bekannt ist, dass die fachliche Funktionalität der Legitimation noch in anderen Geschäftsprozessen modelliert wurde und zukünftig unterstützt werden soll.

Im Rahmen des Produkt-AM werden alle diese Anforderungen jetzt abschließend gebündelt und im Lastenheft spezifiziert. Der aufbereitete Geschäftsprozess stellt die im Lastenheft geforderte Problembeschreibung dar. Der Anwendungsprozess und alle weiteren Anforderungen gehören in das Kapitel Produktanforderungen, wobei der Anwendungsprozess das Anwendungsfall-Grobmodell ersetzt.

Die folgende Abbildung 7.22 fasst diese Ableitung und Bündelung von unterschiedlichen Anforderungen aus Geschäftsprozessen noch einmal zusammen.

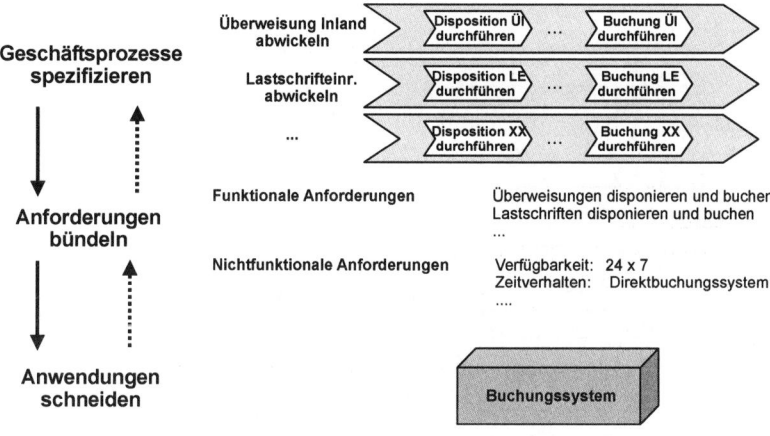

Abbildung 7.22: Ableitung von Anforderungen aus Geschäftsprozessen

7.3.5 Nutzung in der Anwendungsentwicklung

Die Ergebnisse der Geschäftsprozessmodellierung zahlen sich nicht nur in den frühen Phasen der Anwendungsentwicklung für die Ableitung von Anforderungen aus. Ihre durchgängige Nutzung unterstützt und beschleunigt den gesamten Entwicklungsprozess. Der Beitrag der Geschäftsprozesse in den einzelnen Abschnitten der Anwendungsentwicklung ist etwa:

▷ **Anforderungsdefinition:** Ableitung von Anwendungsfällen durch Schneidung von Aktivitäten und Nutzung von Informationen zum Prozesskontext, zu Rollen und Fachbegriffen für die Gestaltung der Benutzungsschnittstelle.

▷ **Analyse:** Identifikation initialer Klassen bzw. Klassenkandidaten und Beziehungen auf Grundlage der beschriebenen Fachbegriffe in den Prozessen.

▷ **Design:** Hinweise zur Gestaltung der Architektur der Anwendung durch eine Analyse der Prozesseigenschaften und den Abgleich mit Architekturmustern.

▶ **Umsetzungsphase:** Ableitung von Testfällen aus den Geschäftsprozessen zur Qualitätssicherung der geforderten Unterstützung, etwa hinsichtlich einer vollständigen Anwendungsunterstützung aller Pfade durch einen Geschäftsprozess.

▶ **Einführungsphase:** Hinweise für eine am Geschäftsprozess orientierte Einführungshilfe. Benutzerschulungen und Dokumentationen von Anwendungen können anhand der dokumentierten Rollen benutzergruppenspezifisch erfolgen.

Abbildung 7.23 skizziert diese durchgängige Nutzung der Ergebnisse in der Anwendungsentwicklung. Diese Durchgängigkeit führt dazu, dass der gesamte Entwicklungsprozess wesentlich durch die aus den Geschäftsprozessen abgeleiteten Anforderungen getrieben wird und damit die angestrebte Konvergenz von Geschäft und IT erreicht wird.

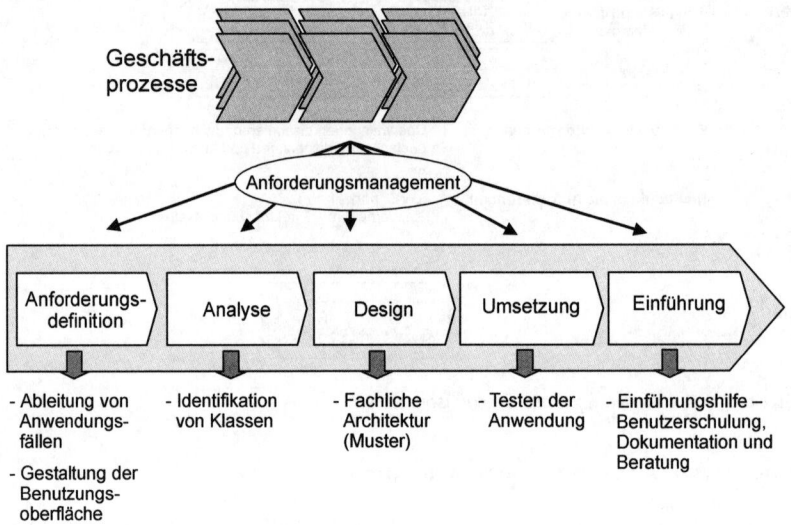

Abbildung 7.23: Überführung der Ergebnisse in die Anwendungsentwicklung

Ein iterativ/inkrementeller Ansatz für die Anwendungsentwicklung unterstützt allerdings die Konvergenz von Geschäft und IT besser als Wasserfall-Vorgehensmodelle, da neue Geschäftsanforderungen früher berücksichtigt und Veränderungen schneller umgesetzt werden können.

Ableitung von Anwendungsfällen

Die nutzerorientierte Beschreibung der Anforderungen an ein Anwendungssystem mit Hilfe von Anwendungsfällen hat sich als Standard insbesondere in der objektorientierten Anwendungsentwicklung weitgehend durchgesetzt. Die Ableitung von Anwendungsfällen aus Anwendungs- oder Geschäftsprozessen ist deshalb eine zentrale

Aufgabe des Projekt-AM und der Ausgangspunkt für weitere Entwicklungsschritte. Erfahrungen haben gezeigt, dass sich Anwendungsfälle gut aus aufbereiteten Geschäftsprozessen oder Anwendungsprozessen schneiden lassen.

Die folgende Abbildung 7.24 zeigt am Beispiel eines Prozesses *Produktauswahl Aktien* diese Schneidung von Anwendungsfällen zur Entwicklung einer Wertpapierempfehlungsdatenbank.

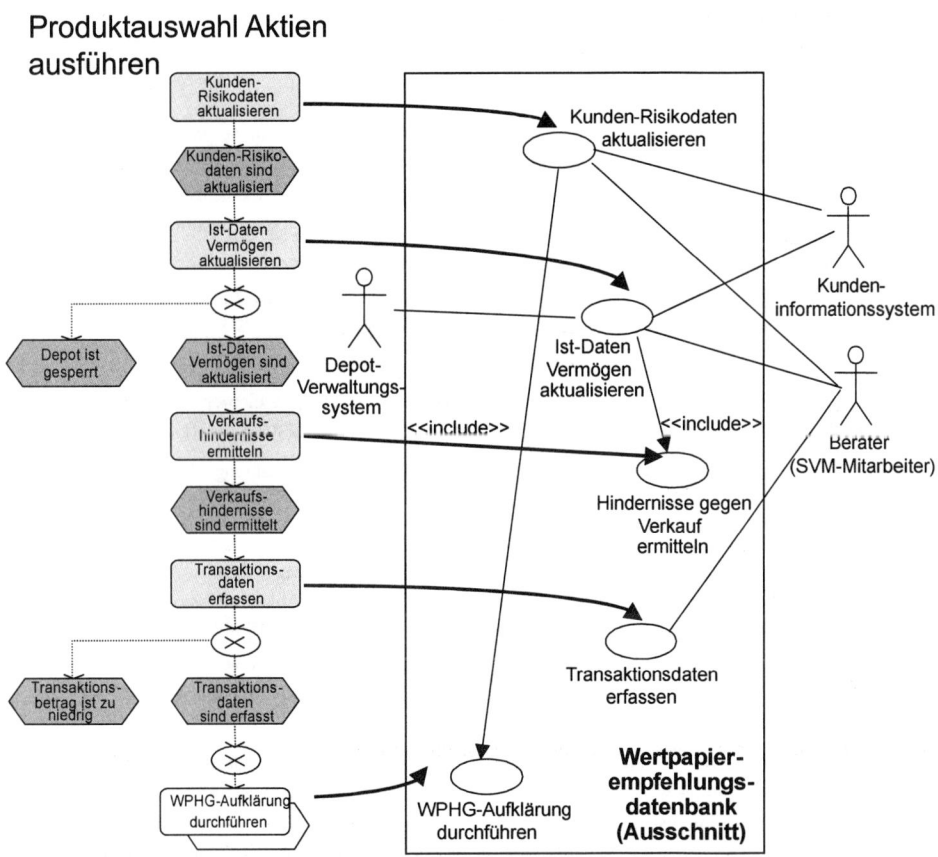

Abbildung 7.24: Ableitung von Anwendungsfällen aus ARIS-Prozessen

Für diese Ableitung sind natürlich Regeln bzw. Heuristiken erforderlich, die angeben, welche Elemente aus Geschäftsprozessen wie in Anwendungsfälle überführt werden können. Im Beispiel wurden alle aufgeführten Aktivitäten und der Teilprozess *WPHG-Aufklärung* zu Anwendungsfällen. Die Akteure ergaben sich aus den an den Aktivitäten beteiligten Rollen und externen Systemen.

Die folgende Tabelle 7.2 stellt die wichtigsten Überführungsregeln von Elementen aus
ARIS-Prozessen zu Anwendungsfällen dar. Diese Regeln können natürlich nur als
Richtschnur dienen und müssen im jeweiligen Einzelfall kritisch geprüft werden.

Prozesse	Anwendungsfälle	Erläuterung
Aktivität	Anwendungsfall	Einzelne Aktivitäten in Geschäfts- bzw. Anwendungsprozessen sind gute Kandidaten für Anwendungsfälle. Abhängig von der Verfeinerung der beschriebenen Aktivitäten und vorkommenden Rollenwechseln können auch mehrere in einer Sequenz stehende Aktivitäten zu einem Anwendungsfall zusammengefasst werden.
Prozessschnitt-stelle	Anwendungsfall	Prozessschnittstellen werden als ganzer (abstrakter) Anwendungsfall abgeleitet, falls die enthaltenen Aktivitäten detailliert sind. Ansonsten werden die einzelnen Aktivitäten einer Prozessschnittstelle in Anwendungsfälle überführt.
Rolle	Akteur	Rollen lassen sich direkt in Akteure überführen.
Prozessmuster	Essenzieller Anwendungsfall	Prozessmuster basieren auf der gleichen Idee wie essenzielle Anwendungsfälle. Aus Prozessmustern können diese also bestimmt werden.
Anwendungs-systemtyp	Akteur	Anwendungssysteme sind externe Elemente in Geschäftsprozessen und lassen sich damit auf Akteure abbilden.
Ereignis	Startereignis und Endereignis	Ereignisse gehen in die Feinbeschreibung des Ablaufs von Anwendungsfällen als Start- bzw. Endereignis oder als Vor- und Nachbedingung ein.
XOR	Variante Ausnahme Anwendungsfall	Eine XOR-Verknüpfung im Prozessablauf kann eine Variante des Anwendungsfalls sein, falls der Ablauf wieder zusammengeführt wird. Ohne Zusammenführung liegt entweder eine Ausnahme vor oder ein eigener Anwendungsfall wird abgeleitet, falls die Aktivitäten für den Benutzer einen messbaren Nutzen erzeugen.
UND/ODER	Variante Ausnahme Anwendungsfall	Eine UND/ODER-Verknüpfung im Prozessablauf kann eine Variante des Anwendungsfalls sein, falls der Ablauf wieder zusammengeführt wird. Ohne Zusammenführung liegt entweder eine Ausnahme vor oder ein eigener Anwendungsfall wird abgeleitet. Die UND/ODER-Verknüpfung deutet auf eine »include«- oder »extend«-Beziehung zwischen Anwendungsfällen hin.
Fachbegriff	Glossar	Alle in den Prozessen enthaltenen Fachbegriffe sollten in das Glossar, welches im Rahmen der Anforderungsdefinition erstellt wird, aufgenommen werden.

Tabelle 7.1: Abbildung von Prozessen auf Anwendungsfälle

Die Ableitung von Anwendungsfällen wird auch durch Werkzeuge unterstützt. Die Firma *Emprise* vertreibt beispielsweise eine *ARIS-Rose-Bridge* für den Transfer von ARIS-Inhalten nach Rose.

Gestaltung der Benutzungsoberfläche

In vielen heutigen Anwendungen sind die Benutzungsoberfläche und die Dialoge nicht aufgaben- und benutzerangemessen gestaltet, sondern eher daten- und funktionsorientiert. Anwendungen orientieren sich nicht an den realen Arbeitsabläufen und sind damit nicht aufgabenangemessen, fachlich zusammenhängende Aktivitäten und Objekte werden oft getrennt, so dass umständlich navigiert werden muss.

Um diese Aufgabenangemessenheit zu gewährleisten, wurde eine Vielzahl von Techniken zur Analyse und zur Gestaltung von Benutzungsoberflächen entwickelt. Eine gute Übersicht dieser Techniken findet sich in [Noack01, S. 219 ff], eine ausführliche Darstellung gibt [Beyer98].

Prozesse mit enthaltenen Rollendefinitionen, Input- und Outputdaten oder Kontrollflussinformationen unterstützen diese Techniken sehr gut. Direkt aus der Aktivitätsbeschreibung ergibt sich, welche Informationen in der Aktivität benötigt werden und ein- oder ausgegeben werden müssen. Abbildung 7.25 zeigt beispielhaft solche Ein- und Ausgabedaten. Eine Aktivität *Kunden-Risikodaten aktualisieren* benötigt im Prozess einer Wertpapierberatung verschiedene Daten, welche im Dialog von einem Vermögensmanagement-Mitarbeiter erfasst werden. Vom Kunden werden dazu beispielsweise seine Risikoeinstellung, seine Lebensphase und seine laufenden finanziellen Verpflichtungen erfragt.

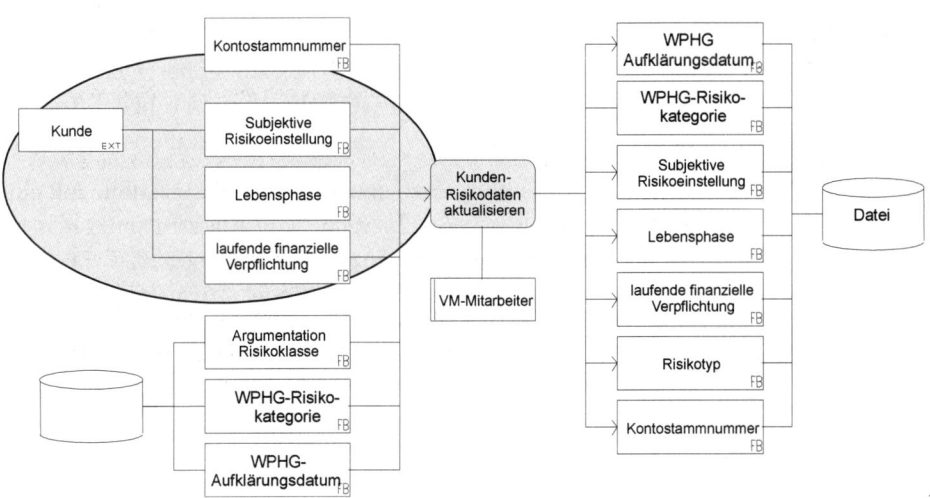

Abbildung 7.25: Informationen für die Gestaltung der Benutzungsoberfläche (Beispiel)

Eine wichtige Aufgabe bei der Gestaltung der Benutzungsoberfläche ist der Dialogentwurf. Der Dialogentwurf legt die Art der Dialoge und deren Verknüpfung untereinander fest. Ziel ist es, eine konsistente Benutzerführung mit gleichen Dialogen bei
gleichen Arbeitsschritten zu gewährleisten. Anhand der dokumentierten Anwendungsprozesse, Rollen und Mengengerüste lassen sich gleiche und ähnliche Dialog-
sequenzen identifizieren. Daraus können dann Entscheidungen zur Zusammenlegung
von häufigen Aktivitätssequenzen oder zur Auslagerung seltener Aktivitäten in eigene
Dialoge getroffen werden.

Benutzerprofile lassen sich anhand der Rollen fast vollständig bestimmen. Das Ziel,
die Brauchbarkeit (*Benutzerangemessenheit*) der Anwendung durch Berücksichtigung
der Eigenschaften der Benutzerrollen zu berücksichtigen, wird durch die Rollenmodellierung sehr gut unterstützt.

Ähnliches gilt für eine Objekt-/Aktionsanalyse. Ziel dieser Technik ist die Identifizierung der Aktionen (bzw. Aktivitäten), die ein Benutzer mit den Verrichtungsobjekten
einer Anwendung durchführt. Es soll ein konsistentes Verhalten der Verrichtungsobjekte sowie eine zentrale Verwaltung des Verhaltens und der Präsentation der funk-
tionsauslösenden Oberflächenelemente erreicht werden. Durch die Zuordnung der
Fachbegriffe zu einer Terminologie und der möglichen Identifikation aller Aktivitäten
in den Geschäftsprozessen, an denen ein Fachbegriff beteiligt ist, kann schnell eine
vollständige Objekt-/Aktionsanalyse durchgeführt werden.

Diese kurze Darstellung zeigt, dass Geschäftsprozesse für die Analyse und den Entwurf von aufgabenangemessenen Benutzungsoberflächen einen wichtigen Beitrag leisten können.

Identifikation von Klassen

Das Klassenmodell der Analysephase stellt eine erste objektorientierte Lösung zur
Umsetzung der Anforderungen dar. Es ist noch weitgehend mit Fachbegriffen der
Anwender formuliert und enthält noch keine DV-technischen Implikationen.

Geschäfts- und Anwendungsprozesse bilden neben dem Anwendungsfallmodell eine
wichtige Quelle für die Identifikation und Beschreibung von Klassenkandidaten für
das Analysemodell. Die Nutzung der Geschäftsprozesse stellt sicher, dass die Fachsprache der Anwender sich im Analysemodell wieder findet. Ausgehend von den
Geschäftsprozessen können Klassen, Attribute, Methoden und Beziehungen identifiziert werden. Ob diese für das Analysemodell wirklich geeignet sind, muss natürlich
geprüft werden.

Ein guter Klassenkandidat ist zunächst immer das primäre Verrichtungsobjekt eines
Geschäftsprozesses oder einer Aktivität. Weitere gute Kandidaten für Klassen sind die
beteiligten Rollen und externe Organisationseinheiten. Bei allen anderen Fachbegrif-

fen, welche Eingaben oder Ausgaben repräsentieren, ist zu prüfen, ob sie eher Attributcharakter haben oder zu eigenständigen Klassen führen.

Aktivitäten werden zumeist eine Methode derjenigen Klasse, welche das Verrichtungsobjekt repräsentiert. Anhand der in Abbildung 7.26 dargestellten Aktivität zur Auswahl einer Karte im Geschäftsprozess *Kartensperre* (welcher etwa bei Verlustmeldung einer Karte ausgelöst wird) wird diese Ableitung von Informationen deutlich.

Klassenkandidaten sind im Beispiel etwa *Karte, Kunde, VM-Mitarbeiter, FDL-Mitarbeiter* und *Evidenzzentrale.* Diesen Klassen könnten weitere Fachbegriffe als Attribute zugeordnet werden, etwa *Kartennummer, Kartenart* und *Verfalljahr* der Klasse *Karte.* Die Aktivität *Karte auswählen* würde zunächst im Verantwortungsbereich von *Karte* platziert werden, d.h. eine Methode der Klasse *Karte* werden.

Falls nach dem in den vorherigen Abschnitten beschriebenen Vorgehen Anwendungsbausteine entwickelt wurden, werden zur Erstellung der Analysemodelle natürlich auch die dort vorliegenden Ergebnisse herangezogen. Ist bereits eine fachliche Konsolidierung bei der Zuordnung von Aktivitäten erfolgt, können diese auch in die Analysemodelle eingearbeitet werden. Umgekehrt lassen sich die bisher nur initial identifizierten und beschriebenen Bausteine mit diesem Verfahren jetzt schrittweise genauer spezifizieren.

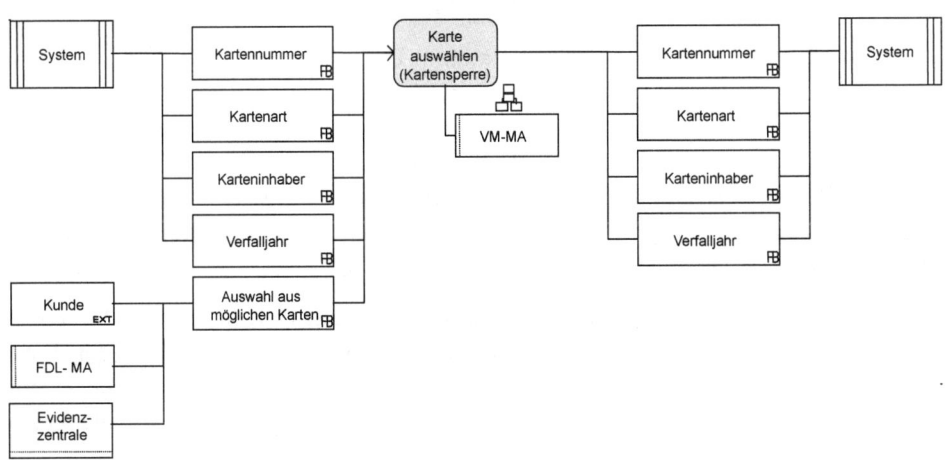

Abbildung 7.26: Ableitung von Informationen für erste Analyseklassen

Fachliche Architektur (Muster)

Aus der Analyse der Geschäftsprozesse ergeben sich Rahmenbedingungen und Gestaltungshinweise für die Systemarchitektur. Durch Abgleich der Eigenschaften der umzusetzenden Prozesse mit Architekturmustern erhält der Architekt Anhaltspunkte für eine erste Systemarchitektur.

Wird beispielsweise in mehreren Geschäftsprozessen häufig auf ein Informationsobjekt zugegriffen, etwa um Prüfungen oder Entscheidungen durchzuführen, ist dies ein (natürlich nur ein!) Hinweis für eine Repository-Architektur. In Prozessen zum Zahlungsverkehr werden beispielsweise oft Zahlungsaufträge oder Umsätze geprüft und für Entscheidungen gelesen. Dies ist ein Hinweis, in einer Zahlungsverkehrsanwendung eine Repository-Architektur mit einem zentralen Umsatzspeicher zu wählen. Ein anderes Muster wäre etwa eine Pipe-and-Filter-Architektur. Diese ist ins Auge zu fassen, wenn im Geschäftsprozess ein bestimmtes Informationsobjekt häufig verändert oder transformiert wird.

Weitere zentrale Gestaltungsmerkmale für die Architektur bilden, wie bereits beschrieben, natürlich die erwarteten Mengengerüste und die dokumentierten Sicherheitsanforderungen.

Testen der Anwendung

Da Geschäftsprozesse der Ausgangspunkt für die Entwicklung einer Anwendung sind, müssen diese natürlich auch Grundlage für den Test sein. Die Geschäfts- und Anwendungsprozesse spielen vor allem eine wichtige Rolle im System- und Abnahmetest. Indem der Testkandidat gegen die Geschäfts- und Anwendungsprozesse getestet wird, erhalten Anwender und Auftraggeber Gewissheit darüber, ob das entwickelte Anwendungssystem die geforderte Unterstützung liefert oder nicht.

Alle wesentlichen Testaktivitäten – Testplanung, Testfallermittlung, Testvorgehensfestlegung, Testdurchführung und Testdokumentation – können die Prozesse nutzen. Bei der Testfallermittlung ist darauf zu achten, dass wirklich alle Pfade der Prozesse durchlaufen werden und auch Aspekte wie Oberflächengestaltung (finden sich die Fachbegriffe der Geschäftsprozesse hier wieder?) untersucht werden. Im Rahmen der Qualitätssicherung sollte bereits verifiziert worden sein, ob die Ableitung der Anwendungsfälle aus den Geschäftsprozessen korrekt erfolgte.

Auch das Testvorgehen mit der Testreihenfolge richtet sich nach dem Ablauf und den Ergebnissen des Geschäftsprozesses oder des Teils des Geschäftsprozesses, der durch das zu entwickelnde System unterstützt werden soll. Beispielsweise ist zuerst eine Aktivität *Kunde anlegen* zu durchlaufen, bevor *Kredit verkaufen* sinnvoll getestet werden kann.

Einführungshilfe – Benutzerschulung, Dokumentation und Beratung

Die Nutzung von Geschäftsprozessen in der Einführung von Anwendungen schließt den Kreis von der ursprünglichen Ableitung der Anforderungen an die Anwendung bis zur Bereitstellung der Lösung für den Benutzer. Durch eine am Geschäftsprozess orientierte benutzergruppenspezifische Einführung von Anwendungen kann die Akzeptanz von Anwendungen stark verbessert und der Schulungsaufwand reduziert werden.

Einführungshilfen sind alle Maßnahmen in mündlicher, papiermäßiger und digitalisierter Form, welche die Einführung einer Anwendung beim Kunden so gestaltet, dass diese gemäß den Aufgaben des Benutzers eingesetzt werden kann und der Benutzer der Anwendung entsprechenden Nutzen beimisst. Die Einführungshilfe von Anwendungen umfasst die drei Hauptsäulen *Benutzerschulung*, *Anwenderdokumentation* und *Beratung*. Als vierte unterstützende Säule kann das *Marketing* betrachtet werden. Es stellt als Absatzförderer vor, während und nach dem Roll-Out Informationen über den Nutzen der Anwendung bereit.

Benutzerschulungen sind benutzergruppenorientierte Maßnahmen, bei denen in direkter oder indirekter Interaktion von Trainern und Benutzern Wissensvermittlung erfolgt, welche die Benutzer in die Lage versetzen sollen, Anwendungen gemäß den eigenen Aufgabenstellungen einzusetzen.

Benutzerdokumentationen sind eine auf die jeweiligen Benutzergruppen zugeschnittene Hilfe zum Einsatz der Anwendung. Sie dokumentieren die Anwendungsfunktionalitäten und deren korrekte Nutzung. Zum einen sind Anwenderdokumentationen Nachschlagewerke für erfahrene Benutzer, zum anderen können sie für neue Benutzer eine Hilfe sein, um die in der Benutzerschulung erworbenen Kenntnisse zu vertiefen. Idealerweise ist der Verwendung der Anwenderdokumentation eine Benutzerschulung vorausgegangen.

Beratung ist die organisatorische und technische Unterstützung von Kunden hinsichtlich einzuführender Anwendungen. Die organisatorische Beratung dient zur Planung, Festlegung und Umsetzung der betriebswirtschaftlichen Rahmenbedingungen hinsichtlich der Anwendungseinführung. Ziel ist die Schaffung der organisatorischen Voraussetzungen für den optimalen Einsatz der Software. Die technische Beratung befasst sich mit der Ermittlung, Planung und Umsetzung der technischen Anforderungen, die der Einsatz der Software-Lösung beim Kunden mit sich bringt (z. B. Hardware-Ausstattung, Migration, Leistungen etc.).

Marketing ist die Förderung des Absatzes der Anwendungen beim Kunden. Marketingmaßnahmen werden schon während der Entwicklung der Anwendung konzipiert und durchgeführt. Sie umfassen die Vermittlung des Nutzens der Anwendung für den Kunden und unterstützen die Einführung der Anwendung beim Kunden.

Bei allen diesen Aufgaben ist der Nutzen von Geschäftsprozessen unmittelbar klar. Die am Geschäftsprozess orientierte Einführung einer Anwendung bringt einem Benutzer unmittelbar die Unterstützung der Anwendung in seinen fachlichen Aufgabenstellungen nahe. Der Geschäftsprozess macht den Kontext und die Zielsetzung jeder Aktivität klar und ermöglicht spezifische rollenbasierte Hilfestellungen, Schulungen und Dokumentationen einer Anwendung.

7.4 Literaturempfehlungen

Zum Business Engineering und zu verwandten Themenfeldern wie BPR oder Geschäftsprozessoptimierung wurde eine Reihe guter Bücher sowohl im Bereich Management und Organisationsentwicklung als auch zur Anwendungsentwicklung geschrieben.

Eine leicht verständliche, einführende Literatur zum Business Engineering stammt von Österle [Österle95]. Ein gutes neues Buch aus dem Umfeld der Hochschule St. Gallen ist [Österle00]. Dieser Sammelband zeigt viele Bezüge zu neuen Themen wie etwa dem Kundenbeziehungsmanagement auf und enthält auch eine Reihe von Anwendungsbeispielen. Der Klassiker zum Thema BPR ist natürlich [Hammer93]. Dieses Buch ist immer noch sehr lesenswert, gerade auch durch den jetzt möglichen Vergleich der dort skizzierten Visionen und Verbesserungspotenziale mit bisherigen Erfahrungen auf diesem Gebiet.

Dem Thema Anwendungsentwicklung sehr viel näher sind die Bücher von Scheer. In [Scheer98] und [Scheer98a] werden die Kernideen von ARIS und die Grundgedanken der Geschäftsprozessmodellierung ausgebreitet. Eine sehr ausführliche, praxisnahe Darstellung der Modellierungsmethodik mit ARIS gibt [Davis01].

Im Sammelband von Kittlaus und Goebel [Kittlaus99] wird die Entwicklung des Themas BPR und Geschäftsprozessmodellierung in der Sparkassen-Finanzgruppe dargestellt. Der Leser findet hier auch sehr ausführliche Darstellungen des in diesem Abschnitt vorgestellten Referenzprozessmodells.

Zwei Bücher, welche das Thema Business Engineering vor allem aus dem Blickwinkel der Anwendungsentwicklung betrachten, sind [Marshall00] und [Eriksson00]. Beide nutzen (und erweitern) die UML, was auch die Nähe zur Software-Entwicklung verdeutlicht. Zwei empfehlenswerte Klassiker für diese Sicht der Anwendungsentwicklung auf das Thema Business Engineering sind [Taylor95] und [Jacobson94].

8 Einführung und Prozessverbesserung

Die Einführung und Weiterentwicklung des Anforderungsmanagements muss entsprechend den Rahmenbedingungen und Zielen der jeweiligen Organisation erfolgen. Das in diesem Buch beschriebene Vorgehen sollte deshalb adaptiert und dann schrittweise umgesetzt werden, um zu effizienten Prozessen und nachhaltigen Verbesserungen zu führen.

Im ersten Teil dieses Kapitels wird zunächst allgemein beschrieben, wie das Anforderungsmanagement prozessorientiert in einer Organisation eingeführt werden kann. Anschließend wird ein Reifegradmodell zur kontinuierlichen Verbesserung bestehender Prozesse vorgestellt. Da Verbesserungsmaßnahmen auf der kritischen Analyse der eigenen Stärken und Schwächen beruhen sollten, wird abschließend dargestellt, was bei Assessments zum Anforderungsmanagement zu beachten ist.

8.1 Vorgehen bei der Einführung

Das in den vorherigen Kapiteln beschriebene Vorgehen kann als Referenzmodell dienen, um den eigenen AM-Prozess optimal zu gestalten und in einer Organisation zu verankern. Im Wesentlichen sind folgende sechs Schritte einer prozessorientierten Einführung und Verbesserung des Anforderungsmanagements zu unterscheiden (vgl. dazu [Kugeler00] und Abbildung 8.1):

1. **Soll-Prozesse für das Anforderungsmanagement erstellen:** Ausgehend von den Zielen und Anforderungen der Organisation werden die Soll-Prozesse für das Anforderungsmanagement entwickelt.

2. **Organisationseinheiten aus den Soll-Prozessen ableiten:** Aus den Soll-Prozessen werden die notwendigen Rollen zur Durchführung der Aufgaben bestimmt, Kapazitätsbedarfe ermittelt und die Prozesse verantwortlichen Organisationseinheiten zugeordnet.

3. **Stellen bilden und Organisationseinheiten zuordnen:** Anhand der zu erfüllenden Aufgaben und der notwendigen personellen Ressourcen werden Stellen für die Aufgabenträger im Anforderungsmanagement gebildet.

4. **Leitungssystem bestimmen:** In diesem Schritt werden einheitliche Verantwortungsbereiche festgelegt und die gebildeten Organisationseinheiten in ein Leitungssystem unterhalb der Geschäftsführung eingeordnet.

5. **Prozesse lokal optimieren:** Die lokalen Prozesse und ihre Schnittstellen zu anderen Organisationseinheiten, wie etwa dem Problem- oder Qualitätsmanagement, werden unter Berücksichtigung der vorhandenen Ressourcen optimiert.

6. **Einführung (Roll-Out der Prozesse):** Hier werden die neuen oder reorganisierten AM-Prozesse in der Organisation eingeführt und die dazugehörige Aufbauorganisation wird etabliert.

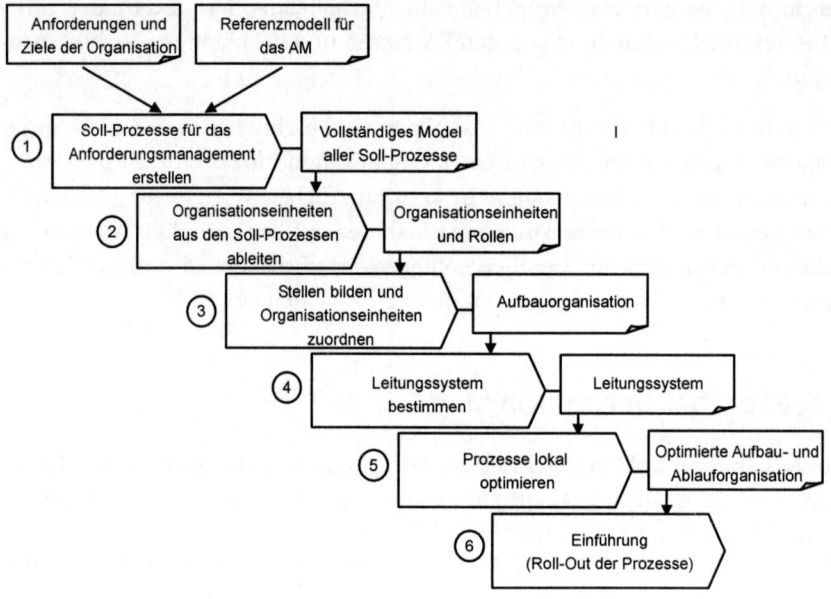

Abbildung 8.1: Vorgehen bei der Einführung des Anforderungsmanagements

Dieses Vorgehen soll eine optimale Durchführung des Anforderungsmanagements in einer Entwicklungsorganisation sicherstellen. Obwohl die folgende Beschreibung dieser Einführungsschritte notwendigerweise sequenziell ist, findet ein derartiger Prozess natürlich mit Wiederholungen der Schritte auf jeweils detaillierteren Ebenen statt. Insbesondere die Schritte 3 bis 5 werden sicherlich häufiger wiederholt werden müssen, bis wirklich gute Prozesse gefunden wurden.

8.1.1 Soll-Prozesse erstellen

In ersten Schritt werden die geplanten Prozesse im Anforderungsmanagement definiert. Die Vision und die notwendigen Leistungen sowohl der Prozesse des Durchführungspfads als auch der Querschnittsprozesse (Risiko-, Änderungs- und Umsetzungsmanagement) werden festgelegt und die sich daraus ergebenden Abläufe modelliert. Dabei kann das in den vorherigen Kapiteln beschriebene Vorgehen im Sinne eines Referenzmodells für die Gestaltung der Prozesse genutzt werden.

Die Prozessvision und die Prozessleistungen bestimmen sich aus den Anforderungen und Zielen der am Prozess beteiligten internen und externen Organisationseinheiten. Dazu sind die folgenden Fragen durch die beteiligten Organisationen zu klären und gegenseitig abzustimmen:

▶ Welche Aufgaben im Anforderungsmanagement wollen wir aufgrund unserer Geschäftsziele durchführen, wo sehen wir unsere Kernkompetenzen, welche Prozessleistungen erwarten wir und bieten wir an? Falls unsere Kernkompetenz gegenüber unseren Kunden etwa im Bereich Lösungsanbieter oder Systemintegrator liegen soll, darf unser Aufgabenschwerpunkt *nicht* im Bereich des Projekt-AM liegen.

▶ Welchen Gestaltungsrahmen wollen wir bei der Entwicklung von IT-Produkten bzw. Lösungen haben? Setzen wir etwa Standardprodukte als Lizenznehmer ein und bieten diese unseren eigenen Kunden an, ist nur eine begrenzte Einflussnahme auf die Produktweiterentwicklungen möglich.

▶ Welches Profil besitzen die verschiedenen Prozessbereiche des Anforderungsmanagements in meinem Umfeld?

  – Kunden-AM: Habe ich viele unterschiedliche Kunden oder nur eine begrenzte Anzahl? Habe ich direkten Kontakt zu meinen Kunden? Sind die Kundenprofile sehr unterschiedlich oder eher homogen?

  – Produkt-AM: Wie sieht mein Produktportfolio aus? Habe ich nur einige oder viele Produkte weiterzuentwickeln? Unterliegen die Produkte aufgrund des Marktumfelds großen Veränderungen? Entwickle ich Produktfamilien? Bin ich eher Lizenznehmer von Standardprodukten? In welchen Lebenszyklen befinden sich meine Produkte?

  – Projekt-AM: Wie schnell sind meine Entwicklungszyklen, in welcher Frequenz werden neue Releases eingeführt? Wie viele Entwicklungsprojekte werden gleichzeitig abgewickelt?

Mit der Beantwortung dieser Fragen können zwischen den Beteiligten die Prozessziele und erwarteten Prozessleistungen vereinbart werden. Die Ziele und Leistungen sollten quantifiziert und operationalisiert werden, um die Zielerreichung über ein Prozesscontrolling messen zu können. Ein Ziel wie »Änderungsanfragen sollen möglichst schnell bearbeitet werden« wäre beispielsweise zu präzisieren als »Änderungsanfragen sollen innerhalb von drei Tagen fallabschließend bearbeitet werden«.

Bevor ausgehend von diesen Zielen die Soll-Prozesse modelliert werden, sollte in einem Assessment die bestehende Organisation des Anforderungsmanagements untersucht werden (vgl. dazu Abschnitt 8.3). Ein Assessment liefert durch die Bewertung der Schwächen und Stärken wertvolle Hinweise für Verbesserungspotenziale. Reorganisationsmaßnahmen und Veränderungsprozesse können besser geplant, vorbereitet und durchgeführt werden.

Im Anschluss an das Assessment werden die Soll-Prozesse entwickelt. Unterschiede in den Produktarten, den Produktlebenszyklen und den am Prozess beteiligten Organisationen können zu unterschiedlichen Prozessvarianten führen. Hinsichtlich der Produktarten werden beispielsweise unterschiedliche Abläufe für Standardprodukte, Produktfamilien oder Individualprodukte erforderlich sein. Standardprodukte erfordern umfangreiche Kundenbedürfnis-, Konkurrenz- und Marktanalysen, wobei insbesondere auf Anforderungen zu Leistungs- und Begeisterungsfaktoren zu achten ist. Bei Produktfamilien ist eine enge Abstimmung der Anforderungen zum Produktkern und zu nichtfunktionalen Anforderungen wie Stabilität oder Erweiterbarkeit erforderlich. Für Individualprodukte sind schnelle Entwicklungszyklen und kurze Durchlaufzeiten der Anforderungen anzustreben.

Der Prozess des Anforderungs- und Änderungsmanagements kann für bewährte (Alt-) Anwendungen stärker formalisiert und institutionalisiert werden als für innovative Neuentwicklungen etwa im Bereich des E-Business. Für eine Home-Banking-Anwendung mit vielen Nutzern muss ein anderes AM-Verfahren etabliert werden als für eine Anwendung im Bereich von Abwicklungssystemen für den Zahlungsverkehr mit wenigen, sehr sachverständigen (Instituts-)Kunden.

Die verschiedenen Soll-Prozesse werden in diesem ersten Schritt, soweit möglich, durchgängig vom Kunden zum Kunden aufgenommen. Dies gilt auch, falls bereits feststeht, dass bestimmte Aufgaben des Anforderungsmanagements durch externe Organisationen durchgeführt werden, etwa das Projekt-AM durch einen selbstständigen Auftragnehmer. Die durchgängige Betrachtung stellt sicher, dass die AM-Prozesse über Organisationsgrenzen hinweg optimiert und mögliche Schnittstellenprobleme minimiert werden.

8.1.2 Organisationseinheiten ableiten

Anhand der Soll-Prozesse können die ausführenden Rollen mit Kenntnissen und Fähigkeiten zur Durchführung der Aufgaben definiert und das übergreifende Organisationskonzept entwickelt werden. Das Organisationskonzept definiert, welche Teile der Prozesse durch welche Organisationseinheiten und Kooperationspartner durchgeführt werden und wie die resultierenden Prozessschnittstellen gestaltet sind.

An dieser Stelle können nicht alle Varianten der rollenbasierten Aufteilung der Aufgaben zwischen möglichen Organisationseinheiten wie Kundenmanagement, Produktmanagement, Entwicklung, Vertrieb, Marketing oder Strategie diskutiert werden. Anhand der drei Prozessbereiche Kunden-AM, Produkt-AM und Projekt-AM sollen nachfolgend aber einige wichtige Adaptionen des AM-Konzepts erläutert werden (vgl. Abbildung 8.2).

Links sind die drei Prozessbereiche Kunden-AM, Produkt-AM und Projekt-AM und mögliche Zuordnungen von Organisationseinheiten im Sinne von Verantwortungsbereichen dargestellt. Die Kreise symbolisieren die durchzuführenden Aufgaben im Rahmen des Anforderungsmanagements. Die umgebenden Rechtecke stellen abgeleitete Organisationseinheiten mit Auftraggeber-/Auftragnehmerrollen dar. In den weiteren Spalten sind diese Organisationsbereiche als Rollen beispielhaft benannt und Eigenschaften angegeben, welche eine solche Aufteilung empfehlenswert machen.

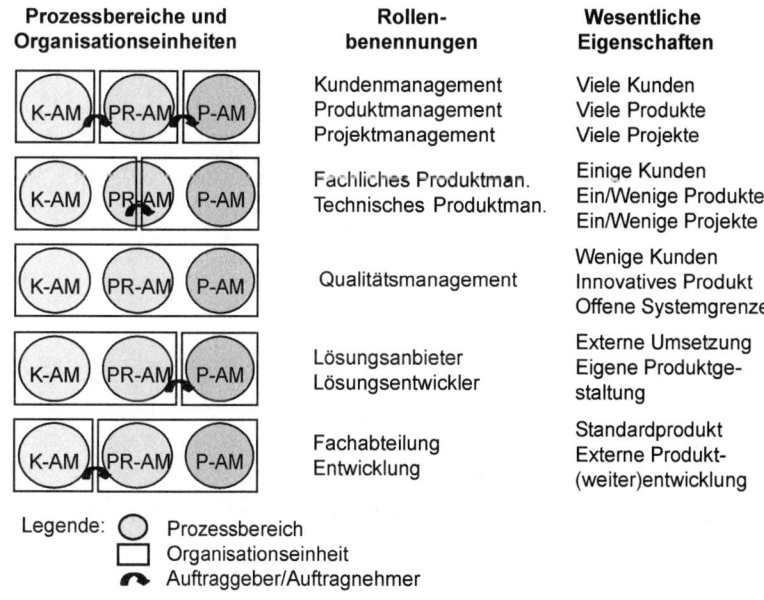

Prozessbereiche und Organisationseinheiten	Rollen- benennungen	Wesentliche Eigenschaften
K-AM PR-AM P-AM	Kundenmanagement Produktmanagement Projektmanagement	Viele Kunden Viele Produkte Viele Projekte
K-AM PR-AM P-AM	Fachliches Produktman. Technisches Produktman.	Einige Kunden Ein/Wenige Produkte Ein/Wenige Projekte
K-AM PR-AM P-AM	Qualitätsmanagement	Wenige Kunden Innovatives Produkt Offene Systemgrenzen
K-AM PR-AM P-AM	Lösungsanbieter Lösungsentwickler	Externe Umsetzung Eigene Produktge-staltung
K-AM PR-AM P-AM	Fachabteilung Entwicklung	Standardprodukt Externe Produkt-(weiter)entwicklung

Legende: ◯ Prozessbereich
☐ Organisationseinheit
↰ Auftraggeber/Auftragnehmer

Abbildung 8.2: Verschiedene Adaptionen der Prozesse im Anforderungsmanagement

Die erste Reihe zeigt eine gemäß den AM-Prozessbereichen gegliederte Aufteilung mit einem eigenständigen Kundenmanagement, Produktmanagement und Projektmanagement. Diese Aufteilung ist beispielsweise sinnvoll, falls viele Kunden, mehrere Produkte und zahlreiche Projekte zu betreuen sind. Sie ist typisch für Rechenzentren oder selbstständige IT-Dienstleister. Ein exemplarisches Beispiel für diese Aufteilung des Anforderungsmanagements sind die Verbandsrechenzentren der Sparkassen-Finanzgruppe. Diese fungieren als IT-Dienstleister für angeschlossene Sparkassen mit einer Vielzahl von IT-Produkten und Entwicklungsprojekten. In [Kräft99] wird diese Form der Aufteilung für das Verbandsrechenzentrum dvg Hannover der Sparkassen-Finanzgruppe beschrieben.

Die zweite Aufteilung unterscheidet zwischen einem fachlichen und eher IT-technischen Produktmanagement – das Produktmanagement wird beim Übergang zur Erstellung des Lastenhefts geteilt. Dies ist aus Sicht des fachlichen Produktmanagements sinnvoll, falls die eigentliche Produktentwicklung ausgelagert wird, der fachliche Umgang mit Kundenanforderungen sowie die fachliche Produktgestaltung aber weiterhin verantwortet werden sollen.

Werden neue, innovative Produkte mit zunächst noch offenen Systemgrenzen entwickelt, empfiehlt sich eine Zusammenfassung des Produkt-AM und des Kunden-AM in einer Projektorganisation. Das Anforderungsmanagement lässt sich in solchen initialen Entwicklungsprojekten (mit u.U. prototypischem Charakter) als Teilprozess des Qualitäts- oder des Konfigurationsmanagements durchführen. Dies erlaubt ein rasches Reagieren auf neue oder geänderte Anforderungen und ermöglicht kleinere Entwicklungszyklen auf Grundlage leichtgewichtiger Vorgehensmodelle.

Sind nur wenige Kunden und wenige Produkte mit einem definierten Leistungsspektrum zu betreuen und erfolgt die Umsetzung durch externe Auftragnehmer, kann das Produktmanagement die Aufgaben des Kunden-AM übernehmen. Dies führt zu schlanken Abläufen in der Produktplanung und erlaubt ein rasches Reagieren auf neue Kundenanforderungen. Das Produktmanagement hat die Rolle des Lösungsanbieters, während das Projekt-AM als Lösungsentwickler fungiert.

Die letzte Schneidung zeigt die klassische Aufteilung zwischen Fachabteilung und IT-Entwicklung in einer Organisation. Der Kunde legt fest, welche fachlichen Leistungen von einem Produkt erwünscht sind, und beauftragt die Entwicklung mit der Umsetzung. Eine ähnliche Schneidung der Aufgaben ist beim Einsatz von Standardprodukten denkbar. Der Anbieter von Standard-Software (Entwicklung) wird in diesem Modell von der direkten Koordination und Betreuung der Kunden und ihrer unterschiedlichen Anforderungen entlastet und kann sich auf die Weiterentwicklung des Produktes konzentrieren. Die interne IT-Abteilung übernimmt stattdessen die Aufgaben des Kunden-AM und positioniert sich damit gegenüber ihren Kunden als fachlicher Ansprechpartner, Koordinator und Systemintegrator.

Die Definition der Rollen und der Beziehungen zwischen den Organisationseinheiten sollte auf verbindlichen Auftraggeber/Auftragnehmer-Regelungen beruhen. Insbesondere müssen die *Budgetverantwortlichkeiten* festgelegt sein. Soll das Kundenmanagement oder der Vertrieb als Auftraggeber gegenüber dem Produktmanagement operieren oder soll das Kundenmanagement und die Entwicklung vom Produktmanagement beauftragt werden? Die Ausgestaltung dieses vertragsorientierten Vorgehens beruht auf den Geschäftsmodellen und der Rolle der beteiligten Organisationen. Abbildung 8.3 stellt dieses vertragsorientierte Vorgehen anhand des ersten Szenarios aus Abbildung 8.2 mit dem Kundenmanagement als (stellvertretendem) Auftraggeber des Produktmanagements dar.

Auftraggeber   **Auftragnehmer**
(Kundenmanagement)   **(Produktmanagement)**

Anfrage Aufwandsschätzung (Kundenanforderung)
Aufwandsschätzung (Kundenanforderung)
Anfrage (Kundenanforderung)
Angebot (Anforderungspaket/Releaseplan)
Annahme (Beauftragung Lastenheft)
Lieferung (Abnahme Lastenheft)
....
....
Lieferung und Fakturierung (Produkt)
Bezahlung

Abbildung 8.3: Vertragsorientiertes Vorgehen im Anforderungsmanagement (Beispiel)

Nach dem Eintreffen einer Kundenanforderung erfragen das Kundenmanagement bzw. die Kunden als Auftraggeber vom Produktmanagement eine erste grobe Aufwandsschätzung für die Umsetzung als Grundlage für die eigene Entscheidungsfindung. Danach wird beim Produktmanagement ein Releaseplan (Angebot) für die Umsetzung der gestellten Anforderungen angefragt. Eine Annahme des Angebots entspricht einer Beauftragung zur Entwicklung eines Lastenhefts. Nachdem dieses geliefert wurde, können weitere Entscheidungszyklen zur Erstellung eines Pflichtenhefts etc. bis zur endgültigen Produktlieferung und Bezahlung durchgeführt werden.

Das in Abbildung 8.3 skizzierte Vorgehen kommt beispielsweise für Rechenzentren oder IT-Abteilungen infrage, die auftragsgebunden IT-Dienstleistungen für Fachabteilungen erstellen und anbieten. Ein anderes Vorgehen ist zu wählen, falls das Produktmanagement eher als Koordinator zwischen Vertrieb und Marketing, Entwicklung und Management fungiert oder gar als direkter Auftraggeber gegenüber Kundenmanagement und Entwicklung auftritt. In der letzten Variante verfügt das Produktmanagement über das Produktbudget und hat gegenüber dem Management die betriebswirtschaftliche Verantwortung für den Absatz und die Weiterentwicklung eines IT-Produktes.

8.1.3 Stellen bilden und Organisationseinheiten zuordnen

Nachdem die Organisationseinheiten aus den Prozessen abgeleitet und geschnitten wurden, werden die identifizierten Rollen mit dem Ziel ganzheitlicher Aufgabenstrukturen zu Stellen kombiniert. Diese Stellenbildung für die Prozesseigner und Prozessteams erfolgt mit Blick auf die Anforderungen an Kapazitätsauslastung, Kenntnisse und Fähigkeiten der zukünftigen Stelleninhaber. Abbildung 8.4 verdeutlicht exemplarisch diese Festlegung von Stellen in einer komplexeren Organisationsstruktur mit verschiedenen eigenständigen Organisationen am Beispiel einer Anwendungsentwicklung im SIZ.

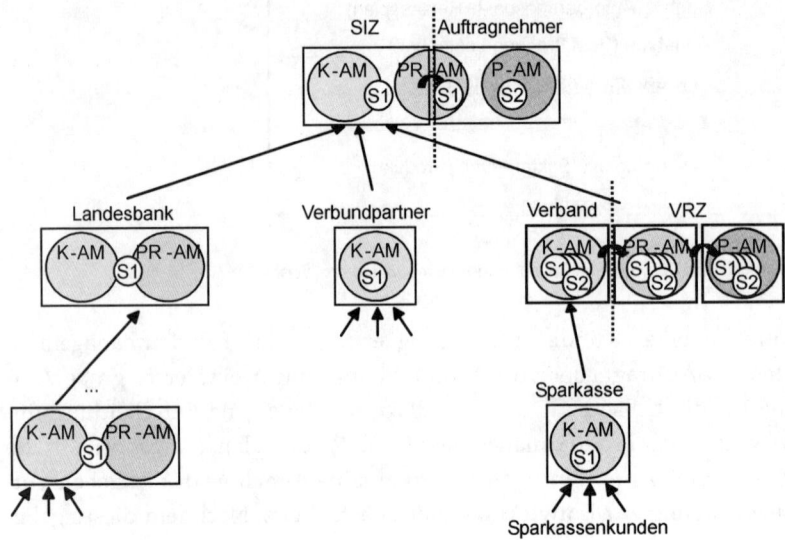

Abbildung 8.4: Beispielhafte Verteilung des Anforderungsmanagements

Im SIZ werden in einer Stelle die Aufgaben des Kunden-AM und Produkt-AM zusammengefasst, beim externen Auftragnehmer sind zwei Stellen für das Produkt- und das Projekt-AM vorgesehen. Das Kunden-AM im SIZ erhält seine Anforderungen vom Produkt-AM eines Verbandsrechenzentrums (VRZ) und einer Landesbank bzw. dem Kunden-AM eines Verbundpartners. Innerhalb von (Groß)Sparkassen können sich wiederum verschiedene Prozessbereiche des Anforderungsmanagements befinden, wobei diese ihre Anforderungen beispielsweise über einen Verband, welcher die Rolle des Kunden-AM ausübt, an ein Verbandsrechenzentrum melden. Während in vielen Organisationen eine Stelle für das Anforderungsmanagement ausreichend ist, müssen diese Aufgaben im Rechenzentrum aufgrund der vielen Projekte und Produkte auf mehrere Stellen verteilt werden. Ähnlich sind im Verband mehrere Stellen für das Kunden-AM zuständig, da eine Vielzahl von Sparkassen Anforderungen an die IT stellen können und als Kunden zu betreuen sind.

Im Rahmen der Stellenbildung müssen in diesem Schritt natürlich noch eine Vielzahl aufbauorganisatorischer Aspekte wie etwa die Zusammensetzung von Entscheidungsgremien mit Befugnissen, Sitzungszyklen oder das Dokumentationswesen geregelt werden.

8.1.4 Leitungssystem bestimmen

Nachdem Organisationseinheiten und Stellen mit operativen Aufgaben gebildet wurden, sind diese unterhalb der Geschäftsführung in ein Leitungssystem einzubinden. Zentrales Kriterium für die Bildung des Leitungssystems sind einheitliche Verantwortungsbereiche. Denkbare Verantwortungsbereiche sind etwa eine bestimmte Palette an Produkten im Produkt-AM oder verschiedene Kundengruppen im Kunden-AM.

Eine wichtige Aufgabe bei der Festlegung des Leitungssystems ist die Verankerung der Aufgaben des strategischen Anforderungsmanagements (vgl. dazu Kap. 3). Das strategische Anforderungsmanagement ist zuständig für die Durchführung von Assessments (vgl. Abschnitt 8.3) und für die kontinuierliche Prozessverbesserung im Rahmen eines adaptiven Anforderungsmanagements (vgl. Abschnitt 8.2).

8.1.5 Prozesse lokal optimieren

Als letzter Schritt vor dem Roll-Out der Prozesse wird die vorgenommene Stellenbildung dahingehend überprüft, ob die Stellen ausgelastet sind und die Prozessschnittstellen bzw. die festgelegten Abläufe noch lokal optimiert werden können. Falls in diesem Schritt größere Optimierungspotenziale identifiziert werden, sind die Schritte der Einführung in einer zweiten Iteration noch einmal zu durchlaufen.

Die Abstimmung der Prozessschnittstellen betrifft die inhaltlichen und zeitlichen Anforderungen an bereitzustellende und erwartete Prozessleistungen. Zu definieren sind insbesondere die Schnittstellen zum Vertrieb und Marketing, zum Problemmanagement, zum Qualitätsmanagement, zum Konfigurationsmanagement, zum Testmanagement und zum Auftragsmanagement. Weitere Schnittstellen betreffen etwa das Wissensmanagement oder die IT-Strategie.

Abhängig von einer detaillierteren Analyse verschiedener Faktoren, wie etwa die Anzahl der Anforderungen oder erwarteten Änderungsraten, wird in diesem Schritt noch einmal nach Möglichkeiten einer effizienteren Prozessgestaltung gesucht. Infrage kommt auch eine Konsolidierung der Prozessvarianten, um die Prozesskomplexität zu reduzieren und Kapazitäten besser auszulasten.

Exemplarisch kann diese Optimierung der Prozesse an der Schnittstelle von Kunden-AM und Produkt-AM verdeutlicht werden (vgl. dazu Abbildung 8.3). Falls etwa die erwartete Ablehnungsquote von Anforderungen gering ist, kann das Produkt-AM mit der Entgegennahme und der Bearbeitung von Kundenanforderungen und der Releaseplanung bereits starten, sobald eine Kundenanforderung vom Kunden-AM freigegeben wurde. Diese Vorgehensweise hat den Vorteil, dass bei der (turnusmäßigen) Entscheidung zur Annahme von Anforderungen vom Produktmanagement zeitgleich bereits ein Vorschlag zur Releaseplanung unterbreitet werden kann. Nach dieser Optimierung wird zeitgleich sowohl über die Annahme von Kundenanforderungen als auch über die Beauftragung der Erstellung eines Lastenheftes entschieden.

Wie bereits in Kapitel 3 beschrieben, wäre eine Reduzierung von Prozessvarianten durch den Verzicht auf Kleinstaufträge zu erreichen. Dies ist möglich, wenn neue Produktreleases mit hoher Frequenz (viertel- oder halbjährlich) ausgeliefert werden und deshalb der Bedarf an Kleinstaufträgen gering oder die zeitliche Verzögerung gegenüber einer direkten Umsetzung vernachlässigbar ist.

8.1.6 Einführung (Roll-Out der Prozesse)

Die Einführung der neu gestalteten AM-Prozesse kann nach unterschiedlichen Strategien erfolgen:

1. **Schrittweise Einführung (Step-by-Step):** Einzelne Teilbereiche werden auf die neue Prozessorganisation umgestellt, während andere Bereiche noch nach der alten Organisationsstruktur weiterarbeiten. Die Gliederung der Schritte kann nach Prozessbereichen – erst das Kunden-AM, dann das Produkt-AM und schließlich das Projekt-AM – oder nach Produktarten – erst Altanwendungen, dann Neuentwicklungen – erfolgen.

2. **Pilotierte Einführung:** Der Roll-Out erfolgt schrittweise und lokal begrenzt. An der Umsetzung sind nur einzelne Organisationseinheiten mit einer begrenzten Anzahl an Produkten beteiligt. Nach der Pilotierung können die AM-Prozesse verbessert oder die Methoden der Einführung verändert werden.

3. **Organisationsweite gleichzeitige Einführung (Big-Bang):** Bei diesem Ansatz erfolgt die Einführung weder zeitlich noch räumlich versetzt, sondern unternehmensweit gleichzeitig und in einem Schritt.

Eine Big-Bang-Lösung strebt primär eine schnelle Umsetzung der Organisations- und Prozessverbesserung an, während eine stufenweise Einführung den Sicherheitsaspekt stärker gewichtet.

Welche der dargestellten Strategien für die Einführung oder Weiterentwicklung des Anforderungsmanagements zu wählen ist, hängt stark von der konkreten Situation ab. Falls der Leidensdruck und die Unzufriedenheit der Kunden oder Fachabteilungen mit den bestehenden Lösungen sehr hoch ist, kann eine organisationsweite gleichzeitige Einführung notwendig sein, um weitere Reibungsverluste und zeitintensive Abstimmungsprozesse zu vermeiden. Ansonsten ist grundsätzlich eine pilotierte oder schrittweise Einführung trotz der längeren Einführungszeiten und der höheren Einführungskosten zu bevorzugen, um organisationsspezifische Erfahrungen zu gewinnen, Prozesse weiter optimieren zu können und insbesondere das Risiko einer Abnahme der Produktivität zu reduzieren. In der Literatur zur Verbesserung von AM-Prozessen wird deshalb praktisch immer eine pilotierte Einführung empfohlen (vgl. etwa [Stevens98] oder [Sawyer97]).

8.2 Stufenkonzept für die Prozessverbesserung

Sowohl die erstmalige Einführung als auch die nachfolgende kontinuierliche Prozessverbesserung sollte sich am aktuellen Reifegrad des Anforderungsmanagements in einer Organisation orientieren.

Jede Prozessverbesserung dient grundsätzlich dem Zweck, die Abläufe einer Organisation an neue oder geänderte Anforderungen anzupassen und effizienter zu gestalten. Effizienz meint hier, dass die Nutzleistungen von Prozessen erhöht und mögliche Fehlleistungen reduziert werden. Abbildung 8.5 verdeutlicht diese grundsätzlichen Überlegungen zu Leistungen von Prozessen und möglichen Maßnahmen zur Werterhöhung.

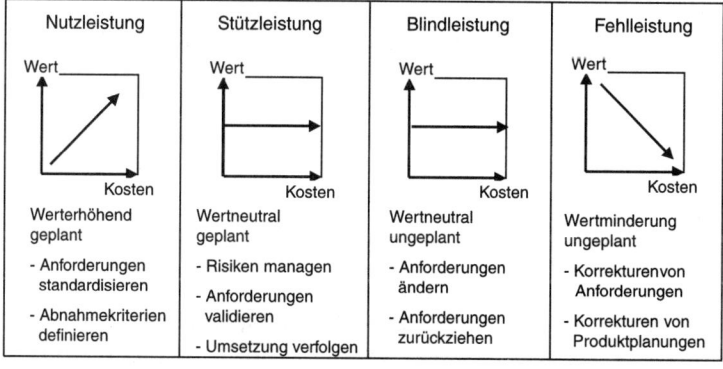

Abbildung 8.5: Leistungen und Bewertung von Prozessen

Eine Nutzleistung der Prozesse im Anforderungsmanagement wird beispielsweise durch eine standardisierte Erfassung von Anforderungen, durch das frühzeitige Ableiten von Abnahmekriterien und durch die Erstellung von Umsetzungsplänen verbessert. Im Gegensatz dazu ergeben sich Fehlleistungen etwa durch nachträgliche Korrekturen von abgenommenen Anforderungen oder Planungen. Daneben gibt es wertneutrale Stützleistungen, etwa für die notwendige Validierung von Anforderungen oder das Risikomanagement, und wertneutrale ungeplante Blindleistungen, etwa für Korrekturen von Planungen oder Anforderungen.

Nachfolgend wird ein Stufenkonzept vorgestellt, welches Reifegradverbesserungen in der Weise versteht, dass die Nutzleistung von Prozessen erhöht und Fehlleistungen reduziert werden. Es berücksichtigt die Tatsache, dass Methoden und Techniken im Anforderungsmanagement nicht isoliert betrachtet und eingeführt werden können.

So stiften Fehlervermeidungsprozesse oder der Einsatz von hochwertigen AM-Werkzeugen nur dann einen wirklichen Nutzen, falls bereits elementare Techniken angewendet und beherrscht werden.

Das Stufenkonzept stellt einen Zusammenhang zwischen den verschiedenen Prozessen, Methoden und Techniken her und skizziert Verbesserungspotenziale. Das vorgeschlagene Stufenkonzept orientiert sich am CMM-Ansatz (*Capability Maturity Model* [CMM95]), umfasst aber vereinfacht nur folgende vier, aufeinander aufbauende Stufen (ein noch einfacheres, dreistufiges Modell wird in [Kotonya98] beschrieben):

1. Initiales Anforderungsmanagement

2. Elementares Anforderungsmanagement

3. Standardisiertes Anforderungsmanagement

4. Lernfähiges und adaptives Anforderungsmanagement

Die wesentlichen Charakteristika dieser Stufen sind in Abbildung 8.6 skizziert. Im nächsten Abschnitt wird dieses Stufenkonzept vorgestellt. Für jede Qualitätsstufe werden die Prozesseigenschaften sowie die passenden Techniken und Best Practices erläutert. Abschnitt 8.2.2 stellt dann dar, in welchen Schritten ein adaptives Anforderungsmanagement erreicht werden kann.

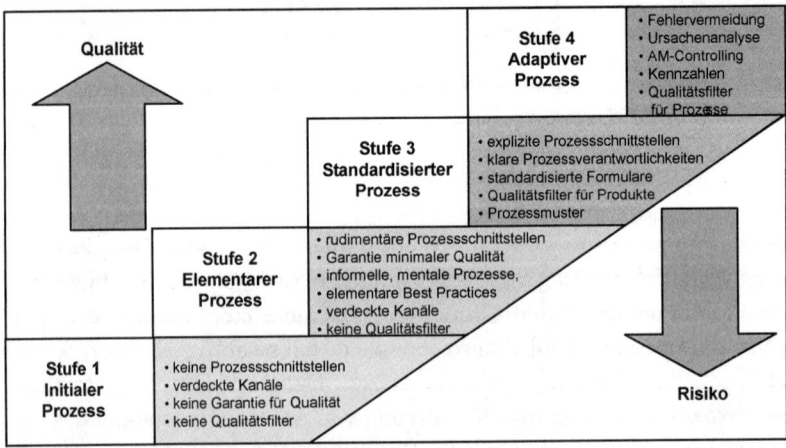

Abbildung 8.6: Reifegradmodell für das Anforderungsmanagement

Eine Orientierung an diesem Stufenkonzept bietet folgende Vorteile:

▶ Methoden, Techniken und Best Practices werden nicht isoliert eingesetzt, sondern können inkrementell, d.h. auf einander aufbauend eingeübt werden.

▶ Die Best Practices und Techniken sind den Qualitätsstufen zugeordnet.

▶ Die Techniken und Best Practices sind einfach, aber effizient. Die Prozessverbesserungen im Rahmen des Stufenkonzeptes stellen keinen unnötigen Zusatzaufwand dar.

▶ Das Stufenkonzept entspricht dem Qualitätsparadigma: *maximale Qualität durch Fehlerprävention.*

Allerdings muss hier vor einer Optimierungsmanie gewarnt werden. Reifegrade sind kein Selbstzweck. Viele Abläufe im Anforderungsmanagement laufen aus gutem Grund informell ab. Ihre Formalisierung kann zu Effizienzverlusten führen. Auch sollte nicht versucht werden, Dinge zu optimieren oder zu reparieren, die in Ordnung sind. Deshalb sollte eine Organisation auch immer einen ihren Anforderungen entsprechenden Reifegrad anstreben und das Verhältnis von Nutzen und Kosten im Auge behalten.

8.2.1 Reifegrade

Maßnahmen, Methoden und Werkzeuge zur Verbesserung von Prozessen können nicht isoliert und unabhängig voneinander eingeführt werden. Erst wenn die Qualität des Anforderungsmanagements einen bestimmten Grad erreicht hat, sollte die nächste Stufe in Angriff genommen werden.

1. Stufe: Initialer Prozess

Die erste Stufe bezeichnet die unterste Qualitätsstufe. Selbst wenn überhaupt kein explizites Anforderungsmanagement betrieben wird, ist dies ein Spezialfall eines initialen Prozesses. Charakteristisch für initiale Prozesse ist, dass es keine Festlegungen oder Regelungen gibt.

Anforderungsmanagement auf diesem initialem Qualitätsniveau liefert für die nachfolgenden Phasen eines Entwicklungsprozesses unzureichende Ergebnisse und Resultate, konsistente Planungen auf dieser Grundlage sind nicht möglich. Der Aufwand und die Dauer für die Anforderungsphase ist ebenso unvorhersehbar oder zufällig wie die Qualität der Produkte. Anforderungsmanagement auf dieser Qualitätsstufe ist sehr anfällig für Störungen, wie Änderungen von Projektrandbedingungen oder Korrekturen von Anforderungen. Ohne systematische Dokumentation ist es kaum möglich, Erfahrungen zu sammeln und auf diese Weise aus Fehlern zu lernen.

Da auf dieser initialen Qualitätsstufe keine expliziten Prozessschnittstellen definiert sind, existieren verdeckte Kanäle. Über diese können Informationen und Daten unkontrolliert in das Anforderungsmanagement gelangen und verändert werden, etwa einzelne Wünsche von Kunden, Informationen aus dem Vertrieb oder dem Marketing und strategische Entscheidungen sowie Planungen der Geschäftsführung. Auch sind Rollen, Kompetenzen und Verantwortlichkeiten nicht festgelegt. Der Zugriff auf Ressourcen ist nicht geregelt. Die Abläufe folgen den mentalen Modellen der Beteiligten. Der Prozess lässt sich am besten als regelmäßige Chaosbeseitigung charakterisieren.

2. Stufe: Elementarer Prozess

Das wichtigste Merkmal dieser Qualitätsstufe sind die elementaren Techniken und Best Practices, die eingesetzt werden. Es existieren grundlegende Dinge wie Erfassungsformulare für Anforderungen oder Dokumentenstandards für Lastenheft und Pflichtenheft.

Die elementaren Best Practices bewirken, dass wichtige Elemente des Anforderungsmanagements klarere Konturen bekommen. Im Unterschied zur initialen Stufe sorgen die elementaren Best Practices für ein gewisses Qualitätsniveau. Anforderungsdokumente sind durch vorgegebene Gliederungen und Muster strukturiert. Grobe Fehler in den Anforderungsdokumenten können erkannt werden. Durch die elementaren Best Practices wird auch ein gewisser Ablauf vorgegeben. Es gibt rudimentäre Prozessschnittstellen, beispielsweise um Kundenanforderungen aufzunehmen oder nachfolgenden Entwicklungsphasen Anforderungsdokumente zu liefern.

Dennoch hat elementares Anforderungsmanagement noch gravierende Schwächen. Zwar bekommen die informellen Prozesse und Abläufe eine Zielrichtung, sie werden aber von mentalen Modellen der Mitarbeiter gesteuert, klare Auftraggeber- und Auftragnehmerrollen sind nicht definiert. Insbesondere fehlt eine definierte Abgrenzung zu anderen Prozessen.

Da der Prozess sehr von Einzelpersonen und ihren Erfahrungen abhängig ist, schwankt die Qualität der Resultate. Besonders anfällig ist das elementare Anforderungsmanagement gegen Störungen. Die Erkennung von Ausnahmesituationen und eine Ausnahmebehandlung sind nicht vorgesehen. Treten Ausnahmesituationen auf, werden diese auf niedrigem Qualitätsniveau behandelt. Insgesamt kann elementares Anforderungsmanagement im Hinblick auf Aufwand und Dauer nur unzureichend geplant werden.

3. Stufe: Standardisierter Prozess

Das Hauptmerkmal standardisierter Anforderungsmanagementprozesse ist die explizite Festlegung und Dokumentation aller Abläufe, Zwischenergebnisse und Resultate. Standardisierte AM-Prozesse verfügen über explizite Schnittstellen, klare Prozessgrenzen und Prozessverantwortliche. Die Best Practices stehen nicht mehr isoliert, sondern sind durch Methoden, Techniken und Werkzeuge in eine Systematik eingebunden. Die Qualitätsfilter an den externen und internen Schnittstellen garantieren Qualität, schwere oder mittlere Fehler werden mit hoher Wahrscheinlichkeit entdeckt. Insbesondere werden Ausnahmesituationen erkannt und geeignet behandelt.

Die Einführung und der Aufbau von standardisierten Anforderungsmanagementprozessen ist eine schwierige Aufgabe, die Stabilisierung der Prozesse auf dieser 3. Qualitätsstufe ist langwierig. Trotz aller Bemühungen auf dieser Stufe sind jedoch noch Defizite erkennbar. Diese Mängel beziehen sich auf die Effizienz und die Lernfähigkeit des Anforderungsmanagements. Zwar können erarbeitete Ergebnisse prinzipiell jedes Qualitätsniveau erreichen, dies geschieht aber nicht unbedingt mit vertretbarem Aufwand und vertretbarer Dauer. Prozessmängel können nicht direkt als Ursache für Defizite in der Produktqualität entdeckt werden. Dies kann zu unnötigen Iterationen und Qualitätsschleifen in den Prozessen und zu Schwankungen beim Aufwand und der Dauer führen. Außerdem fehlt ein Mechanismus, der verhindert, dass Fehler wiederholt gemacht werden.

4. Stufe: Adaptiver Prozess

Die höchste Qualitätsstufe des Stufenkonzeptes stellt das adaptive Anforderungsmanagement dar. Es umfasst Qualitätsfilter für Abläufe und Mechanismen zur Kontrolle und Steigerung der Effizienz. Adaptives Anforderungsmanagement verfügt im Unterschied zur vorherigen Stufe über zwei zusätzliche Regelmechanismen: Einen *Fehlervermeidungs-* und einen *Controllingprozess*. Für beide Prozesse werden zusätzliche Schnittstellen definiert.

Der Controllingprozess benötigt Kennzahlen, welche die Aufwände in den Prozessen erfassen. Kennzahlen und deren Zuordnung zu Aktivitäten und Abläufen bilden zusammen ein System der Prozesskostenrechnung. Demgegenüber stützt sich der Fehlervermeidungsprozess auf Fehlerdaten und -berichte, die sich auf Produkte des Anforderungsmanagements beziehen. Diese Daten sind schon bei den standardisierten Prozessen an den Qualitätsfiltern für Produkte verfügbar. Der Fehlervermeidungsprozess sammelt diese Daten zu Produktfehlern systematisch. In regelmäßigen Abständen werden diese analysiert mit dem Ziel, durch Verbesserungen der Prozesse und Abläufe vergleichbare Fehler in Zukunft zu vermeiden.

Das Anforderungsmanagementcontrolling und der Fehlervermeidungsprozess setzen definierte Prozesse und Qualitätsfilter voraus. Die Einführung und der Aufbau eines adaptiven Anforderungsmanagements ist deshalb erst möglich, wenn die Maßnahmen für die 3. Qualitätsstufe konsolidiert sind und sich das Anforderungsmanagement auf diesem Niveau stabilisiert hat. Adaptives Anforderungsmanagement soll hohe Produktqualität bei effektiver Nutzung der Ressourcen garantieren. Die beiden Feedbackprozesse – Controlling und Fehlervermeidungsprozess – stellen sicher, dass sich das Anforderungsmanagement schnell an geänderte Randbedingungen des Marktes oder der IT-Technik anpassen kann.

Ist diese systematische Anpassungsfähigkeit – möglichst effizient hinreichende Qualität zu gewährleisten, auch wenn sich Randbedingungen häufig ändern – erforderlich, sollte eine Organisation ein adaptives Anforderungsmanagement anstreben. Ansonsten wird in vielen Fällen das Erreichen der dritten Stufe ausreichend sein, um die erwartete Qualität der Ergebnisse sicherzustellen und den Aufwand in vertretbarem Rahmen zu halten.

8.2.2 Systematischer Verbesserungsprozess

In diesem Abschnitt wird beschrieben, wie mit Hilfe des Stufenkonzeptes das Anforderungsmanagement weiterentwickelt werden kann. Während in Abschnitt 8.1 der Prozess der Einführung allgemein beschrieben wurde, werden in diesem Abschnitt diejenigen Aufgaben dargestellt, die spezifisch auf einer bestimmten Stufe durchgeführt werden müssen, um den nächsten Reifegrad zu erreichen. Die in Abschnitt 8.1 diskutierten sechs Schritte sind also grundsätzlich bei jeder Prozessverbesserung und Einführung neuer Prozesse zu durchlaufen. In diesem Abschnitt wird zusätzlich erläutert, auf welche Aspekte abhängig vom Reifegrad einer Organisation zu achten ist und welche Schwerpunkte beim Vorgehen zu setzen sind.

I. Phase: Vorbereitung und Einstieg

Die erste Phase *Vorbereitung und Einstieg* führt vom initialen zum elementaren Anforderungsmanagement. Zentrale Aktivitäten für diese erste Phase sind:

1. Steuerkreis einberufen

2. Assessment durchführen

3. Schlüsselprozesse festlegen

4. Prozesseigner ernennen und Prozessteams bilden

5. Elementare Best Practices auswählen und einführen

Die erste Phase ist abgeschlossen, wenn die ausgewählten Best Practices integriert sind und das Roll-Out der ausgewählten und verbesserten AM-Prozesse beendet ist. Die Aktivitäten *Steuerkreis einberufen* und *Assessment durchführen* sollten grundsätzlich immer am Anfang einer Prozessverbesserung stehen, unabhängig vom bereits erreichten Reifegrad.

1. Steuerkreis einberufen

Am Beginn jeder Prozessverbesserung sollte ein sog. Steuerkreis gebildet werden. Dieses Gremium beobachtet und unterstützt die Einführung und den Aufbau des Anforderungsmanagements. Der Steuerkreis ist die zentrale Institution, die alle Aktivitäten zur Verbesserung des Anforderungsmanagements steuert und abstimmt. Er fungiert als letzte Entscheidungsinstanz und Schiedsstelle. Er sorgt für die Bereitstellung von Ressourcen, legt Ziele fest, moderiert Abstimmungen zwischen unterschiedlichen Parteien und führt insbesondere die Verbesserungsmaßnahmen kontinuierlich fort. Die Besetzung des Steuerkreises – Geschäftsleitung, Abteilungsleiter, Betriebsrat, Koordinatoren, AM-Prozesseigner – deckt die gesamte Breite des Unternehmens ab.

2. Assessment durchführen

Die erste Aufgabe des Steuerungsteams ist eine Bestandsaufnahme und Bewertung des bestehenden Anforderungsmanagements im Rahmen eines (Self-)Assessments. Dieses zeigt den aktuellen Reifegrad und liefert Anhaltspunkte für Verbesserungsmaßnahmen. Das Assessment sollte von unabhängigen Personen begleitet werden, damit die Analyse der Stärken und Schwächen möglichst objektiv und ergebnisoffen durchgeführt wird (vgl. dazu Abschnitt 8.3).

3. Schlüsselprozesse festlegen

Ausgehend vom Assessment werden die angestrebten Soll-Prozesse erstellt. Zunächst sollte ein grober Prozessgliederungsplan (Wertschöpfungskette) erstellt werden, in welchem sämtliche Prozesse und Teilprozesse des Anforderungsmanagements aufgelistet sind. Anstatt sofort alle Prozesse zu verbessern, sollten für erste Verbesserungsmaßnahmen diejenigen Prozesse und Teilprozesse ausgewählt werden, welche den größten Einfluss auf die Kundenzufriedenheit haben.

Der Prozessgliederungsplan liefert ein prozessorientiertes Bild des Anforderungsmanagements. Er bildet die zentrale Planungsgrundlage für den Steuerkreis. Für die strategische Ausrichtung des Anforderungsmanagements auf die Prozesskunden ist die Auswahl der Schlüsselprozesse entscheidend.

4. Prozesseigner ernennen und Prozessteams bilden

Bevor mit der Einführung des Anforderungsmanagements begonnen werden kann, müssen Zuständigkeiten und Verantwortlichkeiten festgelegt werden. Die Stellenbildung folgt dem Grundsatz, dass jedem Prozess ein Prozessverantwortlicher oder -eigner zugeordnet wird, der das Prozessteam einberuft, leitet und koordiniert. Die Prozessverantwortlichen garantieren die erforderliche Nachhaltigkeit der Einführungs- und Aufbaumaßnahmen.

Das Prozessteam leistet die eigentliche Arbeit für die Einführung, den Aufbau und den Ausbau des Anforderungsmanagements. Das Prozessteam ist dafür zuständig, die

Anforderungen der Prozesskunden umsetzen, den Prozess ständig zu verbessern, aktuelle Probleme zu lösen und Regeln und Richtlinien für die Handhabung der Prozesse festzulegen. Prozessteams sollten nicht zu groß sein (maximal 7 Mitarbeiter).

5. Schritt: Elementare Best Practices auswählen und einführen

Das Assessment führt zu einer Einordnung des Anforderungsmanagements auf der Stufenskala. Zunächst sollten die fehlenden elementaren Best Practices vollständig eingeführt werden (vgl. Kapitel 5). Dies gilt auch dann, wenn bereits Elemente der höheren Qualitätsstufen umgesetzt wurden. Nur wenn alle elementaren Best Practices etabliert sind, liegt ein elementares Anforderungsmanagement vor.

2. Phase: Prozesse beschreiben und standardisieren

Die zweite Phase *Prozesse beschreiben und standardisieren* führt zu einem standardisierten Anforderungsmanagement. Maßnahmen zur Prozessverbesserung sind:

1. Prozesskunden und Prozesslieferanten vollständig identifizieren

2. Alle Prozesse vollständig festlegen

3. Techniken, Werkzeuge und fortgeschrittene Best Practices auswählen und einführen

Die zweite Phase ist abgeschlossen, wenn die Schnittstellen aller Prozesse identifiziert und festgelegt sind, alle Prozesse, Teilprozesse und Varianten dokumentiert wurden und alle ausgewählten Methoden, Werkzeuge und Best Practices integriert sind.

1. Prozesskunden und Prozesslieferanten vollständig identifizieren

Ausgangspunkt für Prozessbeschreibungen sind grundsätzlich die Schnittstellen der Prozesse. Daher müssen alle Prozesskunden und Prozesslieferanten vollständig identifiziert und ihre Schnittstellen zu den Anforderungsmanagementprozessen festgelegt werden. Außerdem wird ermittelt, welche Anforderungen die Prozesskunden an die Prozessergebnisse haben bzw. welche Anforderungen an die Prozessergebnisse gestellt werden müssen.

Bei dieser Vorgehensweise werden die Prozesse des Anforderungsmanagements aus der Sicht interner und externer Auftraggeber-Auftragnehmer-Beziehungen beschrieben. Dadurch steht die Kundenorientierung im Mittelpunkt, wobei nicht zwischen internen und externen Kunden unterschieden wird. Jede Verbesserung der Prozesse muss die Kundenzufriedenheit erhöhen oder die Effizienz steigern.

2. Alle Prozesse vollständig festlegen

Während der vorherige Schritt eine Black-Box-Beschreibung aller Prozesse und Teilprozesse lieferte (Prozesskunden und -lieferanten, Schnittstellen und Qualität der Ergebnisse), wird in diesem Schritt eine White-Box-Sicht (Abläufe und Tätigkeiten) auf alle Prozesse entwickelt, d.h. alle Prozesse werden strukturiert beschrieben.

3. Techniken, Werkzeuge und fortgeschrittene Best Practices auswählen und einführen

Techniken, Werkzeuge und fortgeschrittene Best Practices helfen Abläufe und Aktivitäten der Prozesse systematisch und effizient durchzuführen. Somit leisten sie einen wichtigen Beitrag zur Standardisierung des Anforderungsmanagements. Falls bereits mit einer Technik Erfahrungen vorliegen, sollte diese nur in Ausnahmefällen durch eine andere ersetzt werden. Der positive Effekt neuer Techniken wird oft überschätzt, der Zusatzaufwand und die Risiken ihrer Einführung werden oft unterschätzt. Eine Bestandsaufnahme über bereits eingesetzte Techniken, Werkzeuge und Best Practices hilft bestehendes Wissen und Ressourcen nicht zu vergeuden.

3. Phase: Prozesse steuern und verbessern

Die dritte Verbesserungsphase *Prozesse steuern und verbessern* sollte erst begonnen werden, wenn sich das standardisierte Anforderungsmanagement stabilisiert und eingeschwungen hat. In einem größeren Rechenzentrum oder IT-Dienstleister beträgt der dafür notwendige Zeitraum mindestens ein bis zwei Jahre. Die beiden wichtigen Maßnahmen zur Erreichung eines adaptiven Anforderungsmanagements sind:

1. Fehlervermeidungsprozess einführen und

2. Anforderungsmanagementcontrolling einführen.

Nach Abschluss dieser dritten Phase liegt ein adaptiver Anforderungsmanagementprozess vor, der schnell an geänderte Randbedingungen anpassbar ist.

1. Fehlervermeidungsprozess einführen

Der Fehlervermeidungsprozess soll das Risiko für die Entstehung von Fehlern im Anforderungsmanagement reduzieren. Er beruht auf einer Fehlermöglichkeiten- und Fehlereinflussanalyse (FMEA; failure mode and effects analysis). Potenzielle Probleme und deren Risiken und Folgen sollen bereits vor ihrer Entstehung systematisch antizipiert und erfasst werden. FMEA wurde ursprünglich für die Anwendung im Apollo-Programm entwickelt, inzwischen hat sie sich in vielen Branchen als wirkungsvolles Instrument zur Erkennung von Fehlern und Fehlerauswirkungen durchgesetzt. FMEA kann sowohl als sog. Konstruktions-FMEA für ein Produkt als auch als Prozess-FMEA für den Entwicklungsprozess genutzt werden (vgl. [Schuler90]).

Der Fehlervermeidungsprozess verläuft in einem auf ständige Verbesserung ausgerichteten sog. Deming- oder PDCA-Prozesszyklus (Plan, Do, Check, Act) in sechs Schritten (vgl. Abbildung 8.7).

Um mögliche Fehlerquellen durch geeignete Abläufe oder Aktivitäten präventiv beseitigen zu können, müssen Produktfehler und Abweichungen zunächst dokumentiert und analysiert werden. Die Fehleranalyse und Ursachenerforschung werden unabhän-

gig vom Tagesgeschäft in regelmäßigen Abständen betrieben. Gibt es andere Fehlerquellen, wird nach Möglichkeiten gesucht, diese durch Prozessveränderungen zu
beseitigen.

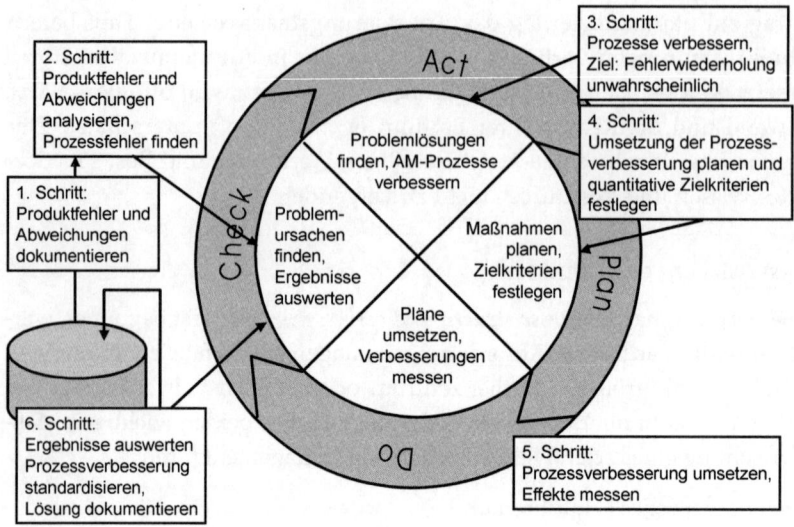

Abbildung 8.7: Fehlervermeidungsprozess

Schließlich wird die Umsetzung dieser Prozessverbesserungen geplant. Insbesondere
wird festgelegt, wie Verbesserungen festgestellt werden können und in welchem
Umfang sie zu erwarten sind. Die Verbesserungsmaßnahmen werden durchgeführt
und die Effekte beobachtet und dokumentiert. Im letzten Schritt werden die Effekte
ausgewertet und im Erfolgsfall die Verbesserungsmaßnahmen standardisiert. Das
wesentliche Instrument der Fehlervermeidung und Prozessverbesserung ist die Erfahrungsdatenbank, in welcher alle Fehler mit Fehlerort bzw. Prozessschritt, mögliche
Fehlerfolgen, Fehlerursachen, Prüfmaßnahmen sowie empfohlene und getroffene
Abstellmaßnahmen festgehalten werden.

Der Fehlervermeidungsprozess trägt erheblich zur Wertsteigerung des Anforderungsmanagements bei. Ändern sich Randbedingungen im Markt, bei den Geschäftszielen
oder in der Technologie kann dies zu Einbußen in der Qualität führen. Durch den Fehlervermeidungsprozess werden diese Abweichungen nicht nur erkannt, sondern durch
Anpassungen in den Prozessen eliminiert. Dadurch wird das Anforderungsmanagement
an geänderte Randbedingungen angepasst. Allerdings solle mit dem Fehlervermeidungsprozess nicht begonnen werden, falls die Prozesse des Anforderungsmanagements noch keinen hohen Reifegrad haben. Ansonsten entstehen Datenfriedhöfe mit
vielen Kennzahlen, welche aber nicht wirklich genutzt werden können.

2. Anforderungsmanagementcontrolling einführen

Der Controllingprozess soll sicherstellen, dass eine hohe Qualität der Prozessergebnisse effizient produziert wird. Anhand der Erfassung der Leistungen und der Kosten erfolgt eine Bewertung der Prozesse im Hinblick auf die Vorgaben der Geschäftsführung oder Marktanforderungen. Abweichungen von den Vorgaben und Erwartungen werden dokumentiert und ausgewertet, um festzustellen, ob Änderungen in den Prozessen zu Effizienzsteigerungen führen. Diese Ergebnisse werden wiederum in einen Verbesserungszyklus integriert. Eine Übersicht des Controllingprozesses gibt Abbildung 8.8.

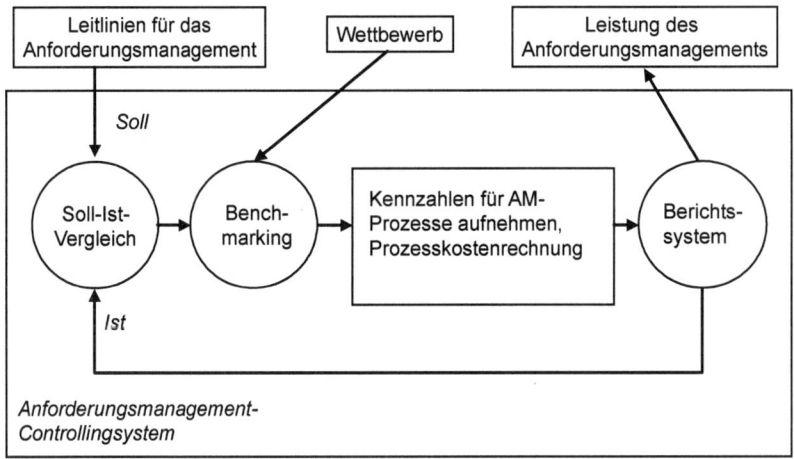

Abbildung 8.8: Controlling des Anforderungsmanagements

Wird das Verhältnis von Nutzleistung, Stützleistung, Blindleistung und Fehlleistung durch geänderte Randbedingungen gestört, soll der Rückkopplungsmechanismus des Controllings sicherstellen, dass sich schnell ein neues Gleichgewicht einstellt. Der Rückkopplungsmechanismus besteht aus den Elementen Soll-Ist-Vergleich, Benchmarking, Kennzahlen aufnehmen, Prozesskostenrechnung sowie dem Berichtssystem.

Im Soll-Ist-Vergleich und im Benchmarking wird die aktuelle Effizienz der Prozesse mit den Vorgaben der Geschäftsführung und mit Wettbewerbern verglichen. Um die Effizienz zu steigern, werden ggf. Änderungen an den Prozessen vorgenommen. Die aktuellen Kennzahlen werden mit Hilfe einer Prozesskostenanalyse ausgewertet und dokumentiert. Wird durch Veränderungen ein Prozess tatsächlich effizienter, können diese Verbesserungen standardisiert werden.

8.3   Durchführung von Assessments

Ausgangspunkt für eine Prozessverbesserung ist die Kenntnis des gegenwärtigen Zustands. Ein Assessment dient dazu, die Stärken und Schwächen der aktuellen Prozesse zu bestimmen. Anhand dieses Stärken- und Schwächenprofils kann durch den Abgleich mit einem Reifegradmodell ein detaillierter Maßnahmenkatalog erarbeitet und das Anforderungsmanagement verbessert werden (vgl. Abbildung 8.9).

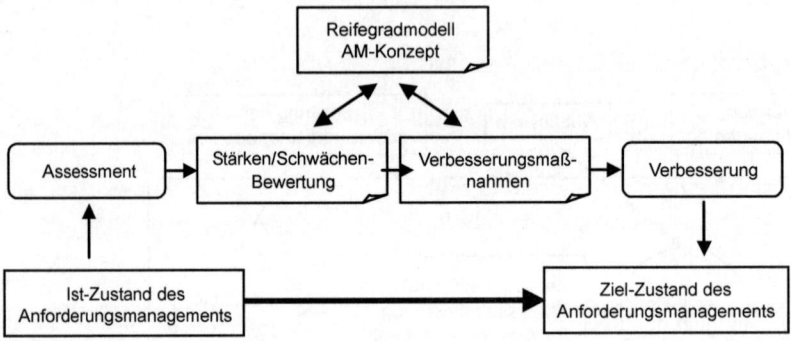

Abbildung 8.9: Durchführung von Assessments

8.3.1 Vorgehen im Assessment

Zur Durchführung eines Assessments können drei Schritten unterschieden werden:

1.   Vorbereitung

2.   Durchführung

3.   Nachbereitung

In der *Vorbereitungsphase* wird der Fokus des Assessments bestimmt. Es werden Fragebogen, Interviews und Workshops vorbereitet und alle Betroffenen und Beteiligten in das geplante Vorhaben eingeführt. Um die notwendige Vertrauensatmosphäre zu schaffen, werden alle Personen ausführlich über das Ziel des Assessments und ihre Rolle in diesem Prozess informiert. Die Vorbereitungsphase endet mit Schulungsmaßnahmen zur Durchführung des Assessments im Umfang von ein bis zwei Tagen. In dieser Vorbereitungsphase sollte möglichst bereits die verbindliche Zusage des Managements eingeholt werden, dass den Empfehlungen zu Verbesserungsmaßnahmen gefolgt wird.

Die *Durchführungsphase* ist der eigentliche Kern des Verfahrens. In ihr werden die Gegenstände des Assessments untersucht und beurteilt. Da jede Beurteilung einen Bezugsgegenstand voraussetzt, muss ein Regelwerk oder ein Reifegradmodell als Beurteilungsmaßstab vorliegen. Anhand dieses Maßstabs lassen sich vorhandene Lösungen einordnen und Verbesserungspotenziale ableiten. In dieser Durchführungsphase sollten verschiedene Informationsquellen genutzt werden, um das Anforderungsmanagement quantitativ und qualitativ zu bewerten. Die zentralen Quellen sind Personen, Prozessbeschreibungen und Anforderungsdokumente sowie eingesetzte Werkzeuge.

In der *Nachbereitungsphase* wird der Ist-Zustand des Anforderungsmanagements zusammenfassend beschrieben und konkrete Verbesserungspotenziale werden aufgezeigt. Bei der Beschreibung des Ist-Zustands müssen deutlich die Differenzen zwischen den dokumentierten Prozessen und den wirklich gelebten Abläufen herausgearbeitet werden. Die aufgezeigten Verbesserungspotenziale leiten sich aus der Darstellung eines detaillierten, nach Themenkomplexen gegliederten Stärken- und Schwächenprofils ab.

8.3.2 Informationsquellen für ein Assessment

Personen stellen die primäre Informationsquelle eines Assessments dar. Im Assessment sollten Informationen und Bewertungen von allen Beteiligten (sog. *stakeholder*) erhoben werden, um ein umfassendes und möglichst objektives Bild zu erhalten. Dazu gehören also alle Personengruppen, welche die Prozessleistungen in Anspruch nehmen, Input bereitstellen und Ergebnisse nutzen.

An einem Assessment im Kunden-AM sollten beispielsweise zumindest die folgenden Personengruppen beteiligt sein:

▶ Kunden, Benutzer, Fachexperten und ggfs. Vertrieb

▶ Kundenbetreuer, Kundenmanager und Verantwortliche für das Kunden-AM

▶ Produktmanager und Verantwortliche für das Produkt-AM

▶ Controller, Revisoren und Qualitätsmanager

▶ Anwendungsdesigner (als Aufwandsschätzer)

▶ Geschäftsführer und Entscheider (als Sponsor oder Auftraggeber)

▶ Projektleiter und Modellierer

Wichtige Techniken für die Erhebung sind zu Beginn eines Assessments Fragebogen und Workshops. Interviews sind die mit Abstand wichtigste Technik für vertiefende Einschätzungen. Es sollten offene Interviews geführt werden, um keine Bewertungen vorwegzunehmen. Anstelle »Werden Anforderungen anhand von Inspektionen verifiziert?« sollte die Frage besser lauten: »Wie sichern Sie die Qualität der Anforderungen?« Da die alleinige Beantwortung von Fragen oft unzuverlässig ist, sollten zur Bewertung auch Szenarien und Schilderungen herangezogen werden, die durch Zusatzfragen wie »Wie führen Sie eine solche Inspektion durch?« abgefragt werden. Die Bewertung der Fragen sollte mit den Befragten anschließend diskutiert werden, um Missverständnissen vorzubeugen.

Die Begutachtung von Prozessbeschreibungen, Betriebskonzepten, Anforderungsdokumenten und eingesetzten Werkzeugen dient dazu, die in den Interviews erhobenen
Aussagen zu objektivieren und Unterschiede zwischen ursprünglich geplantem Vorgehen und dessen Umsetzung in der Praxis aufzudecken.

Falls Werkzeuge eingesetzt werden, kann der vorhandene Datenbestand schnell
sowohl unter quantitativen als auch qualitativen Gesichtspunkten analysiert werden.
Quantitative Kenngrößen sind etwa der Ausfüllungsgrad von Anforderungen (Pro-
zentzahl ausgefüllter Felder) oder die durchschnittliche und maximale Verweildauer
von Anforderungen in einem Zustand des Lebenszyklus. Zu den qualitativen Informationen gehören typischerweise Eigenschaften wie Korrektheit oder Verständlichkeit
von Anforderungen.

8.3.3 Bereiche eines Assessments

Bevor mit einem Assessment begonnen wird, muss klar sein, welche Aspekte untersucht und verbessert werden sollen und wie diese zu strukturieren sind. Das folgende
zweistufige Vorgehen bietet sich an:

1. **Einschätzung des Reifegrads:** Im ersten Schritt wird anhand erster Interviews mit
   Prozessverantwortlichen in Verbindung mit einer Dokumentensichtung der Reifegrad der Organisation grob bestimmt. Aufgrund dieser Einschätzung können
   grundlegende Verbesserungspotenziale schnell identifiziert und im folgenden
   Schritt mögliche Problembereiche genauer untersucht werden.

2. **Fokussierung eines Assessments:** Im zweiten Schritt werden diejenigen Bereiche
   näher untersucht, welche aufgrund der ersten Einschätzung der Prozesse als besonders kritisch angesehen werden und die meisten Verbesserungspotenziale versprechen.

Für die grobe Einschätzung des Reifegrads kann insbesondere das von [Sawyer97]
beschriebene Verfahren auf der Grundlage von Best Practices empfohlen werden. In
der Vorbereitungsphase wird eine Liste von elementaren und fortgeschrittenen Best
Practices erstellt und anschließend analysiert, welche davon im AM-Prozess wirklich
gelebt werden. Um eine differenziertere Bewertung der Verwendung vornehmen zu
können, empfehlen Sawyer et al. die Unterscheidung in *standardisiert, üblich, teilweise*
und *kein Gebrauch*.

Abhängig vom Umfang der Nutzung elementarer und fortgeschrittener Best Practices
wird der Reifegrad der Organisation festgelegt. Erste Empfehlungen für Verbesserungen leiten sich jetzt einfach aus der Differenz zwischen gelebten Best Practices und den
Vorgaben durch das Reifegradmodell ab. Zusätzlich werden diejenigen Problembereiche aufgedeckt, welche nachfolgend näher untersucht werden. Existieren beispielsweise keine Standardformulare für Änderungsanforderungen, sollte der Prozess des
Änderungsmanagements näher untersucht werden.

Die Fokussierung des AM-Assessments im zweiten Schritt sollte nicht wahllos erfolgen, sondern nach Bereichen gegliedert strukturiert ablaufen. Die folgenden drei Bereiche des Assessments können unterschieden werden (vgl. Abbildung 8.10):

▶ Assessment der AM-Prozesse: **Wie** erfolgt das Anforderungsmanagement?

▶ Assessment der AM-Produkte bzw. Ergebnisse: **Was** wird gemanagt?

▶ Assessment der Werkzeuge: **Womit** erfolgt das Anforderungsmanagement?

Diese drei Bereiche können wiederum jeweils aus den drei Blickwinkeln *Kontextsicht*, *Gesamtsicht* und *Teilsicht* untersucht werden. Dies führt zu insgesamt neun Aspekten, welche als Hilfestellung für die Fokussierung und Strukturierung des Assessments dienen.

Nachfolgend werden diese Aspekte des Assessments erläutert und mögliche Fragestellungen in einem Assessment des Kunden-AM exemplarisch vorgestellt.

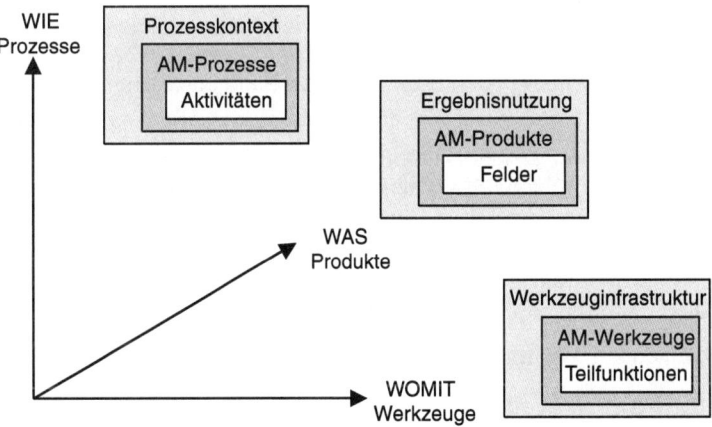

Abbildung 8.10: Aspekte des Assessments

Assessment der Prozesse

Zunächst muss geklärt werden, welche Prozesse im Anforderungsmanagement überhaupt untersucht werden sollen. Soll nur das Kunden-AM untersucht werden oder müssen alle Prozessbereich betrachtet werden? Soll lediglich der Durchführungspfad verbessert werden oder liegen die Probleme insbesondere im Risiko- und Änderungsmanagement? Anschließend können der Prozesskontext, d.h. die zu untersuchenden Prozessschnittstellen, und der Detaillierungsgrad der Untersuchung auf Ebene der einzelnen Aktivitäten der Prozesse festgelegt werden.

▶ **AM-Prozess:** Sind die Rollen und Verantwortlichkeiten klar und eindeutig abgegrenzt? Sind die Beteiligten ausreichend geschult? Was sind die Durchlaufzeiten des Gesamtprozesses? Welche Rückstauraten liegen vor? Welche Schätzmethodiken (Kosten und Zeit der Umsetzung, Risiken, Nutzen) werden eingesetzt, wie treffsicher sind diese? Wie erfolgt das Controlling und Monitoring? Sind Eskalationsstufen definiert?

▶ **Prozesskontext:** Wie ist die Abgrenzung zum Problemmanagement? Können Kunden den aktuellen Zustand einer Anforderung einsehen? Werden Kunden über Änderungen automatisch benachrichtigt? Wie und wann erfolgt der Abgleich der Anforderungen mit der Geschäftsstrategie bzw. der IT-Strategie? Können Kunden auch Anforderungen anderer Kunden einsehen?

▶ **Aktivität:** Wie wird eine Kundenanforderung mehreren Produkten zugeordnet? Welche Aktivitäten sind zur Validierung und Verifikation der Anforderungen vorgesehen? Existiert ein definiertes Verfahren für die Entscheidung über die Beauftragung? Werden getroffene Entscheidungen begründet? Existiert eine Erfahrungsdatenbank? Existieren Feedback-Zyklen zur Produktion? Wie werden Verbesserungsvorschläge erfasst?

Assessment der Produkte (Ergebnisse)

Das Assessment der Ergebnisse untersucht die Qualität der Anforderungen und damit zusammenhängender Dokumente, wie etwa Aufwandsschätzungen. Es wird untersucht, wie die Ergebnisse von den Beteiligten eingeschätzt und genutzt werden. Eine detaillierte Betrachtung der Ergebnisse sollte für wichtige Inhalte zumindest stichprobenhaft bis auf die Ebene der einzelnen Felder von Formularen erfolgen, etwa die Verteilung der Einschätzungen zur Wichtigkeit und Dringlichkeit von Anforderungen.

▶ **AM-Ergebnisse:** Sind die Standards zur Definition von Anforderungen verständlich? Sind die aufgebauten Traces, etwa zwischen Kunden- und Produktanforderungen, korrekt? Wo werden Konflikte zwischen Anforderungen festgehalten? Können ähnliche Anforderungen identifiziert werden? Wie können Anforderungen kategorisiert werden?

▶ **Ergebnisnutzung:** Sind die Anforderungen für die verschiedenen Beteiligten ausreichend präzise oder wird häufig nachgefragt? Wie viele Anforderungen werden zurückgewiesen? Aus welchen Gründen werden sie zurückgewiesen? Existiert ein Sichtenkonzept für die Nutzung der Ergebnisse? Welche Rollen werden unterschieden?

▶ **Felder:** Sind die Felder der Anforderungsformulare vollständig? Sind die einzelnen Felder korrekt ausgefüllt? Wie hoch ist der Ausfüllungsgrad? Wie können Abnahmekriterien festgehalten werden? Welche Attribute unterstützen die Verfolgbarkeit von Anforderungen? Warum ist dieses Feldes für Sie wichtig?

Assessment der Werkzeuge

Zum Assessment der eingesetzten Werkzeuge im Anforderungsmanagement kann der in Kapitel 6 vorgeschlagene Bewertungsrahmen genutzt werden. Wichtig für diese Bewertung ist insbesondere die Untersuchung der Schnittstellen zu anderen Werkzeugen.

▶ **AM-Werkzeug:** Wie ist die methodische Unterstützung des Werkzeugs? Bietet es Controlling- bzw. Monitoring-Funktionalität? Sind Statuswechsel von Anforderungen nachvollziehbar? Welches Versionierungskonzept unterstützt das Werkzeug? Welche Traces werden unterstützt? Gibt es ein Rollenkonzept für die Benutzerverwaltung?

▶ **Werkzeuginfrastruktur:** Welche Datenaustauschformate werden unterstützt? Wie sind die Schnittstellen zu Modellierungs-, Test-, Konfigurations- und Produktplanungswerkzeugen? Welche Werkzeuge werden für das Problemmanagement eingesetzt, wie ist die Schnittstelle zu den AM-Werkzeugen?

▶ **Teilfunktionen:** Sind die Präsentationsbausteine übersichtlich? Können Anforderungen nach verschiedenen Kriterien (Quelle, Anforderungsart, betroffenes Produkt etc.) gegliedert werden? Wann sind neue Anforderungen für alle Beteiligten sichtbar? Unterstützen die Werkzeuge auch Entscheidungsprozesse?

Diese Fragen stellen nur einen kleinen Auszug dar und sollen verdeutlichen, welche Aspekte zur Verbesserung des Kunden-AM analysiert werden können. Um sich auf die kritischen Punkte zu konzentrieren, sollten in der Vorbereitungsphase quantitative Analysen des Datenbestands durchgeführt und vorhandene Prozessbeschreibungen, Betriebskonzepte oder Stellenbeschreibungen intensiv untersucht werden.

Insbesondere Prozessbeschreibungen bieten einen guten Ansatzpunkt, um systematische Schwachstellen aufzudecken und gezielte Fragen stellen zu können.

Liegt der Datenbestand bereits in einer Datenbank strukturiert vor, können auf einfache Weise Kenngrößen ermittelt werden, die Hinweise auf Problembereiche geben. Werden z.B. oft einzelne Felder nicht ausgefüllt, deutet dies darauf hin, dass den ausfüllenden Personen entweder die Bedeutung dieser Felder nicht bekannt ist oder kein Nutzen im Ausfüllen gesehen wird. Häufige Verschiebungen der Umsetzung von Anforderungen können auf Probleme bei den eingesetzten Schätzverfahren hinweisen.

Ein Beispiel für die Nutzung von vorhandenen Prozessbeschreibungen zeigt die folgende Abbildung 8.11. Dargestellt ist ein Prozess aus dem Kunden-AM für Standardprodukte zur Unterstützung des elektronischen Datenaustausches. Der Prozessausschnitt zeigt in der bereits eingeführten EPK-Notation den Ablauf vom Stellen einer Anforderung durch den Einreicher bis zur Angebotseinholung bzw. Ablehnung der Anforderung. An dieser Stelle soll insbesondere der markierte Aspekt betrachtet werden. Die Benennung der Funktion macht die Bedeutung offensichtlich. Falls eine Anforderung durch das Kunden- oder Produkt-AM zurückgewiesen wird, wird diese Anforderung aus der Datenbank des AM-Systems gelöscht.

Im Assessment muss dieser Sachverhalt natürlich hinterfragt werden. Warum werden die Anforderungen aus der Datenbank gelöscht? Wäre es nicht sinnvoller, zurückgewiesene Anforderungen zusammen mit dem Ablehnungsgrund in der Datenbank zu halten? Wie wird der Einreicher über diese Zurückweisung benachrichtigt, wie erhält er die Begründung für diese Zurückweisung? Dieses einfache, sehr kleine Beispiel zeigt, dass die intensive Untersuchung von Prozessdokumentationen sehr lohnenswert ist und viele Anhaltspunkte für gezielte Prozessverbesserungen bietet.

8.4 Literaturempfehlungen

Die Einführung von Prozessen und die prozessorientierte Gestaltung von Organisationen wird gut in [Becker00] beschrieben. Obwohl dieses Buches das Prozessmanagement im Allgemeinen behandelt, lassen sich die Ergebnisse gut auf das Anforderungsmanagement übertragen. Das Vorgehen bei der Einführung von Prozessen wird verständlich beschrieben und die damit verbundenen Aspekte des Prozessmanagements werden mit Praxisbeispielen aus dem Telekommunikationsbereich erläutert.

Ein Vorgehen für die Einführung und Verbesserung von AM-Prozessen in acht Schritten beschreibt [Stevens98]. Inhaltlich deckt sich das Vorgehen im Wesentlichen mit den in Abschnitt 8.1 und 8.2 beschriebenen Schritten. Dem eiligen Leser bietet Stevens eine gute Zusammenfassung der wesentlichen Aspekte und des Nutzens einer Prozessverbesserung im Anforderungsmanagement. Gute praktische Hinweise dazu enthalten auch [Kotonya98] und [Sawyer97]. Der Artikel von Sawyer stellt aufgrund der vielen Literaturhinweise eine gute Quelle für weitere Vertiefungen dar.

Ein Muss für jeden Leser, der sich mit der Prozessverbesserung, Reifegradmodellen und Assessments beschäftigt, sind die Publikationen des Software Engineering Institute (SEI) zum CMM-Modell. Die betreffende Internetseite des SEI ist www.sei.cmu.edu/cmm.

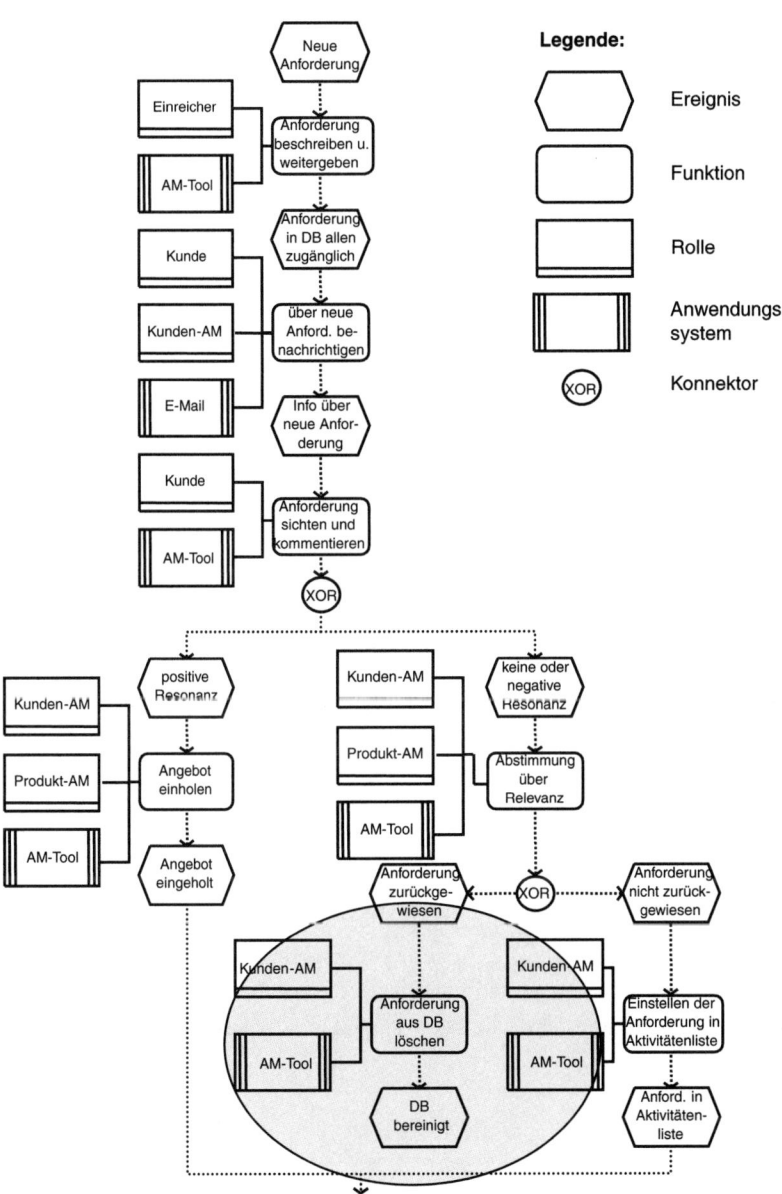

Abbildung 8.11: Assessment eines Prozesses im Kunden-AM (Beispiel)

A Literatur

[Altmann99] Altmann, G.; Fiebiger H.; Müller R.: Mediation: Konfliktmanagement für moderne Unternehmen. Beltz 1999

[Bach00] Bach, V.; Österle, H. (Hrsg.): Customer Relationship Management in der Praxis. Springer 2000

[Backus78] Backus, J.: Can Programming Be Liberated from the von Neumann Style? A Functional Style and Its Algebra of Programs. In: Communications of the ACM 8 (1978) 21, S. 613–641

[Balzert96] Balzert, H.: Lehrbuch der Software-Technik. Band 1 und Band 2. Springer 1996

[Beck99] Beck, K.: Extreme Programming Explained. Embrace Change. Addison-Wesley 1999

[Becker00] Becker, J.; Kugeler, M.; Rosemann, M. (Hrsg.): Prozessmanagement. Springer 2000

[Bellin95] Bellin, D.; Simone, S. S.: The CRC Card Book. Addison Wesley 1995

[Beyer98] Beyer, H.; Holtzblatt, K.: Contextual Design. Morgan Kaufmann 1998

[Blum93] Blum, B. I.: The Economics of Adaptive Design. In: Journal of Systems Software 1 (1993) 21, S. 117–128

[Boehm79] Boehm, B. W.: Software Engineering – R&D Trends and Defense Needs. In: Wegner, P. (Hrsg.): Research Directions in Software Technology. MIT Press 1979, S. 44–86

[Boehm89] Boehm, B. W.: Software Risk Management. IEEE Computer Society Press 1989

[Boehm91] Boehm, B. W.: Software Risk Management: Principles and Practices. In: IEEE Software 1 (1991) 1, S. 32–41

[Booch99] Booch, G.; Rumbaug, J.; Jacobson, I.: The Unified Modeling Language User Guide. Addison-Wesley 1999

[Boose93] Boose, J. H.: A Survey of Knowledge Acquisition Techniques and Tools. In: Buchanan, B.G.; Wilkins, D.S. (Hrsg): Readings in Knowledge Acquisition and Learning. Morgan Kaufmann 1993, S. 39–56

[Brooks87] Brooks, F. P.: The Mythical Man-Month. Essays on Software Engineering. Addison-Wesley 1987

[Cook94] Cook, S.; Daniels, J.: Designing Object Systems. Object-Modelling with Syntropy. Prentice Hall 1994

[CMM95] Carnegie Mellon University (Hrsg.): The Capability Maturity Model: Guidelines for Improving the Software Process. Addison-Wesley 1995

[Cockburn02] Cockburn, A.: Crystal Clear: A Human-Powered Methodology for Small Teams. Addison-Wesley (erscheint voraussichtlich 2002; Online-Version siehe *members.aol.com/humansandt/crystal/clear*)

[Constantine99] Constantine, L. L.; Lockwood, L. A. D.: Software for Use. Addison-Wesley 1999

[Davis93] Davis, A. M.: Software Requirements. Objects, Functions, & States. Prentice Hall 1993

[Davis95] Davis, A.: 201 Principles of Software Development. McGraw-Hill 1995

[Davis01] Davis, R.: Business Process Modelling with ARIS – A Practical Guide. Springer 2001

[Dorfman90] Dorfman, M.; Thayer, R. H.: Standards, Guidelines, and Examples of System and Software Requirements Engineering. IEEE Computer Society Press 1990

[Dröschel97] Dröschel, W., Heuser, W., Midderhoff, R.: Inkrementelle und objektorientierte Vorgehensweisen mit dem V-Modell 97. Oldenbourg 1998

[Eriksson00] Eriksson, H. E.; Penker, M.: Business Modeling with UML. Business Patterns at Work. OMG Press 2000

[ECMA94] European Computer Manufacturers Association (Hrsg.): Mapping of PCTE to the ECMA/NIST Frameworks Reference Model. Technischer Report TR/66. ECMA 1994

[ESPITI95] European Software Process Improvement Traning Initiative (Hrsg.): User Survey Report. ESPITI 1995

[Finkelstein92] Finkelstein, A.; Kramer, J.; Nuseibeh, B. et al.: Viewpoints: A Framework for Integration Multiple Perspectives in System Development. In: International Journal of Software Engineering and Knowledge Engineering 1 (1992) 2, S. 31–58

[Fickas88] Fickas, S.; Nagarajan, P.: Critiquing Software Specification. In: IEEE Software 5 (1988) 6, S. 37–49

[Ford93] Ford, K. M.; Bradshaw, J. M.; Adams-Webber, J. R.; Agnew, N. M.: Knowledge Acquisition as a Constructive Modeling Activity. In: International Journal of Intelligent Systems 1 (1993) 8, S. 9–32

[Gause93] Gause, D. C.; Weinberg, G. M.: Software Requirements. Anforderungen erkennen, verstehen und erfüllen. Hanser 1993

[Gilb93] Gilb T., Graham D., Finzi S.: Software Inspection. Addison Wesley 1993

[Graham97] Graham, I.; Henderson-Sellers, B.; Younessi, H.: The OPEN Process Specification. Addison-Wesley 1997

[Graham98] Graham, I.: Requirements Engineering and Rapid Development. Addison Wesley 1998

[Grässle00] Grässle, P.; Baumann, H.; Baumann, P.: UML projektorientiert. Galileo Computing 2000

[Hammer93] Hammer, M.; Champy, J.: Reengineering the Corporation. A Manifesto for Business Revolution. Harper Collins 1993

[Herzum00] Herzum, P.; Sims, O.: Business Component Factory. A Comprehensive Overview of Component-Based Development for the Enterprise. Wiley 2000

[Herzwurm97] Herzwurm, G.; Schockert, S.; Mellis, W.: Qualitätssoftware durch Kundenorientierung. Vieweg 1997

[Hofmann00] Hofmann, H. F.: Requirements Engineering. A Situated Discovery Process. Deutscher Universitäts-Verlag 2000

[IEEE610.12] IEEE Std 610.12-1991: IEEE Standard Glossary of Software Engineering Terminology. IEEE 1991

[IEEE830] IEEE Std 830-1998: IEEE Recommended Practice von Software Requirements Specifications. IEEE 1998

[IEEE1223] IEEE Std 1223-1998: IEEE Guide for Developing System Requirements Specifications. IEEE 1998

[Jacobson92] Jacobson, I.: Object-Oriented Software Engineering. Addison-Wesley 1992

[Jacobson94] Jacobson, I.; Erricson, M.; Jacobson, A.: The Object Advantage. Business Process Reengineering with Object Technology. Addison-Wesley 1994

[Jackson95] Jackson, M.: Software Requirements & Specifications: A Lexicon of Practice, Principles and Prejudices. Addison-Wesley 1995

[Jackson01] Jackson, M.: Problem Frames. Addison-Wesley 2001

[Jones94] Jones, C.: Revitalizing Software Project Management. In: American Programmer 6 (1994) 7, S. 3–12

[Jones99] Jones, C.: Applied Software Measurement. McGraw-Hill 1999

[Kittlaus99] Kittlaus, H.-B.; Goebel, R. (Hrsg.): Business Process Reengineering und Produktivitätssteigerungsprogramm. Deutscher Sparkassen Verlag 1999

[Klein99] Klein, B.: QFD. Quality Function Deployment. Expert Verlag 1999

[Koppelmann01] Koppelmann, U.: Produktmarketing. Entscheidungsgrundlagen für Produktmanager. Springer 2001

[Kotonya98] Kotonya, G.; Sommerville, I.: Requirements Engineering. Processes and Techniques. Wiley 1998

[Kovitz98] Kovitz, B.: Practical Software Requirements. A Manual of Content & Style. Manning Publications 1998

[Krahl98] Krahl, D.; Kittlaus, H.-B.: The SIZ Banking Data Model. In: Bernus, P.; Mertins, K.; Schmidt, G. (Hrsg.): International Handbook on Information Systems. Springer 1998, S. 667–687

[Kräft99] Kräft, D.; Fabian, D.: S-INI-Prozess: Von der Idee zur Anwendung. In: update 3 (1999), S. 21–23

[Kruchten99] Kruchten, P.: Der Rational Unified Process: Eine Einführung. Addison-Wesley 1999

[Kugeler00] Kugeler, M.; Vieting, M.: Gestaltung einer prozessorientierten Aufbauorganisation. In: [Becker00], S. 187–232

[Kunze98] Kunze, C.; Kittlaus, H.-B.: Kunden und Produktivität im Mittelpunkt. In: Betriebswirtschaftliche Blätter 7 (1998), S. 318–326

[Larman98] Larman, C.: Applying UML and Patterns. Prentice Hall 1998

[Lawrence98] Lawrence, B.: Requirements Happens. In: Requirements Management – A New Look. Cutter IT-Journal 1998, S. 5–14

[Lehman85] Lehman, M. M.; Belady. L. A.: Program Evolution. Academic Press 1985

[Leffingwell99] Leffingwell, D.; Widrig, D.: Requirements Management. A Unified Approach. Addison-Wesley 1999

[Leist00] Leist, S.; Heinrich, B.: Bankenarchitekturen im Informationszeitalter – Zur Rolle des Geschäftsmodells. In: [Österle00], S. 142–165

[Marshall00] Marshall, C.: Enterprise Modeling with UML. Designing Successful Software through Business Analysis. Addison-Wesley 2000

[Martin88] Martin, C. F.: User-Centered Requirements Analysis. Prentice Hall 1988

[Martin90] Martin, J.: Information Engineering. Bd. 1–3. Prentice Hall 1990

[Martin96] Martin, J. N.; Hahill, A. T. (Hrsg.): Systems Engineering Guidebook: A Process for Developing Systems and Products. Prentice Hall 1996

[McMenamin84] McMenamin, N.; Palmer, J. F.: Essential Systems Analysis. Prentice Hall 1994

[Nordsieck34] Nordsieck, F.: Grundlagen der Organisationslehre. Poeschel 1934

[Norman88] Norman, A. D.: The Design of Every Day Things. Basic Books 1988

[Noack99] Noack, J.; Schienmann, B.: Introducing Object Technology in a Large Banking Organization. In: IEEE Software 3 (1999) 16, S. 71–81

[Noack99a] Noack, J.; Schienmann, B.: Objektorientierte Vorgehensmodelle im Vergleich. In: Informatik Spektrum (1999) 22, S. 166–180

[Noack01] Noack, J. (Hrsg.): Techniken für die objektorientierte Anwendungsentwicklung. Springer 2001

[Olle91] Olle, T. W.; Hagelstein, J.; MacDonald, I. G.; Rolland, C. et al.: Information Systems Methodologies. A Framework for Understanding. Addison-Wesley 1991

[Ortner97] Ortner, E.: Methodenneutraler Fachentwurf. Zu den Grundlagen einer anwendungsorientierten Informatik. Teubner 1997

[Österle95] Österle, B.: Business Engineering. Prozeß- und Systementwicklung. Band 1 Entwurfstechniken. Springer 1995

[Österle00] Österle, B.; Winter, R.: Business Engineering. Auf dem Weg zum Unternehmen des Informationszeitalters. Springer 2000

[Oesterreich98] Oesterreich, B.: Objektorientierte Softwareentwicklung. Oldenbourg 1998

[Pohl96] Pohl, K.: Process-Centered Requirements Engineering. Wiley 1996

[Pohl99] Pohl, K.: Requirements Engineering. In: Encyclopedia of Computer Science and Technology 36 (1999), S. 345–385

[Pohl99a] Pohl, K.: Continuous Documentation of Information System Requirements. RWTH Aachen 1999

[Prieto-Diaz91] Prieto-Diaz, R.; Arango, D.: Domain Analysis and Software Systems Modeling. IEEE Computer Society Press 1991

[Robertson99] Robertson S., Robertson J.: Mastering the Requirements Process. Addison Wesley 1999

[Rupp01] Rupp, C.: Requirements-Engineering und -Management. Professionelle, iterative Anforderungsanalyse für IT-Systeme. Hanser 2001

[Saatweber97] Saatweber J.: Kundenorientierung durch Quality Function Deployment. Hanser 1997

[Sawyer97] Sawyer, P., Sommerville, I.; Viller, S.: Requirements Process Improvement Through the Phased Introduction of Good Practice. In: Software Process - Improvement and Practice 1 (1997) 3, S. 19–34

[Scheer98] Scheer, A.-W.: ARIS – Modellierungsmethoden, Metamodelle, Anwendungen. Springer 1998

[Scheer98a] Scheer, A.-W.: ARIS – Vom Geschäftsprozess zum Anwendungssystem. Springer 1998

[Schienmann97] Schienmann, B.: Objektorientierter Fachentwurf. Teubner 1997

[Schienmann00] Schienmann, B.; Strassenburg, S.; Schelling, A.: Erfolgreiches Anforderungsmanagement. In: Betriebswirtschaftliche Blätter 12 (2000), S. 597–602

[Schneider98] Schneider, G.; Winters, J. P.: Applying Use Cases. Addison-Wesley 1998

[Schuler90] Schuler, W.: FMEA – Ein Instrument des Risikomanagement. In: Qualität und Zuverlässigkeit 8 (1990), S. 444–448

[Simon62] Simon, H. A.: The Architecture of Complexity. In: Proc. of The American Philosophical Society 6 (1962) 106, S. 303–310

[Simon85] Simon, H. A.: The Sciences of the Artificial. 2. Auflage. MIT Press 1985

[SIZ-AE99] SIZ GmbH (Hrsg.): SIZ AE-Modell Objektorientierte Entwicklung. Version 1.0. SIZ GmbH 1999

[SIZ-AE01] SIZ GmbH (Hrsg.): SIZ AE-Modell Strukturierte Entwicklung. Version 2.0. SIZ GmbH 2001

[SIZ-AM00] SIZ GmbH (Hrsg.): Leitfaden Anforderungsmanagement. SIZ GmbH 2000

[Sommerville97] Sommerville, I.; Sawyer, P.: Requirements Engineering. A good practice guide. Wiley 1997

[Sowa92] Sowa, J. F.; Zachman, J. A.: Extending and Formalizing the Framework for Information System Architecture. In: IBM Systems Journal 3 (1992) 31, S. 590–616

[Standish95] Standish Group (Hrsg.): The Scope of Software Development Project Failures. CHAOS-Report. Standish Group 1995

[Staud99] Staud, J.: Geschäftsprozessanalyse mit Ereignisgesteuerten Prozessketten. Springer 1999

[Stevens98] Stevens, R.; Brook, P.; Jackson, K.; Arnold, S.: Systems Engineering. Coping with Complexity. Prentice Hall 1998

[Stokes91] Stokes, D. A.: Requirements Analysis. In: McDermid, J. A. (Hrsg.): Software Engineer's Reference Book. Butterworth-Heinemann 1991, S. 16/1–16/21

[Stülpnagel00] Stülpnagel, A. v.; Nickel, P.: Möglichkeiten und Grenzen einer einheitlichen IT-Architektur für die Sparkassenorganisation. In: Priewasser, E.; Kleinheyer, N. (Hrsg.): Handbuch Veränderungsmanagement und Restrukturierung im Kreditgewerbe. Fritz Knapp Verlag 2000, S. 453–473

[Strunz77] Strunz, H.: Entscheidungstabellentechnik. Hanser 1977

[Sommerville97] Sommerville, I.; Sawyer, P.: Requirements Engineering. A Good Practice Guide. Wiley 1997

[Taylor96] Taylor, D. A.: Business Engineering with Object Technology. Wiley 1996

[Thayer98] Thayer, R. H.; Dorfman, M.: Software Requirements Engineering. 2. Auflage. IEEE Computer Society Press 1998

[Thomsett98] Thomsett, R.: It's the Expectations, Stupid! In: Requirements Management: A New Look. Cutter Information Corporation 1998, S. 43–48

[Veersteegen01] Veersteegen, G.: Projektmanagement mit dem Rational Unified Process. Springer 2001

[Weinberg95] Weinberg, G. M.: Just Say No! Improving the Requirements Process. In: American Programmer 10 (1995) 8, S. 19–23

[Wiegers99] Wiegers, K. E.: Software Requirements. Microsoft Press 1999

[Wilkie93] Wilkie, G.: Object-Oriented Software Engineering. Addison-Wesley 1993

[Wirfs-Brock90] Wirfs-Brock, R. J.; Wilkerson, B.; Wiener, L.: Designing Object Oriented Software. Prentice Hall 1990

[Yeh80] Yeh, R.; Zave, P.: Specifying Software Requirements. In: Proc. of the IEEE 9 (1980) 68, S. 1077–1085

[Yourdon89] Yourdon, E.: Modern Structured Analysis. Yourdon Press 1989

[Zachman87] Zachman, J. A.: A Framework for Information Systems Architecture. In: IBM Systems Journal 3 (1987) 26, S. 276–292

Index